D1750309

EUL VERLAG

Dr. Simone Kreyer

Multikulturelle Teams in interkulturellen B2B-Verhandlungen

Eine empirische Untersuchung am Beispiel der deutschen und französischen Kultur

Mit einem Geleitwort von Prof. Dr. Robert Wilken, ESCP Europe Wirtschaftshochschule Berlin

EUL VERLAG

Bibliografische Information der Deutschen Nationalbibliothek

Die Deutsche Nationalbibliothek verzeichnet diese Publikation in der Deutschen Nationalbibliografie; detaillierte bibliografische Daten sind im Internet über <http://dnb.d-nb.de> abrufbar.

Dissertation, ESCP Europe Wirtschaftshochschule Berlin, 2011, unter dem Namen: Simone Fucks

ISBN 978-3-8441-0106-5
1. Auflage Dezember 2011

© JOSEF EUL VERLAG GmbH, Lohmar – Köln, 2011
Alle Rechte vorbehalten

JOSEF EUL VERLAG GmbH
Brandsberg 6
53797 Lohmar
Tel.: 0 22 05 / 90 10 6-6
Fax: 0 22 05 / 90 10 6-88
E-Mail: info@eul-verlag.de
http://www.eul-verlag.de

Bei der Herstellung unserer Bücher möchten wir die Umwelt schonen. Dieses Buch ist daher auf säurefreiem, 100% chlorfrei gebleichtem, alterungsbeständigem Papier nach DIN 6738 gedruckt.

Geleitwort

Mit der gestiegenen Internationalisierung von Unternehmen hat die Relevanz von interkulturellen Geschäftsverhandlungen an Bedeutung gewonnen. In Europa betrifft dies insbesondere die Geschäftsbeziehungen zwischen deutschen und französischen Unternehmen. Neben den ohnehin hohen Anforderungen an Geschäftsverhandlungen sind im länderübergreifenden Kontext vor allem die interkulturellen Unterschiede zwischen den beteiligten Verhandlungsparteien, aber auch innerhalb eines Ein- oder Verkäuferteams zu beachten.

Vor diesem Hintergrund untersucht die vorliegende Arbeit die Auswirkungen von kulturellen Unterschieden zwischen deutschen und französischen Verhandlungspartnern auf Verhandlungsverhalten und -ergebnis. Die Verfasserin betrachtet mono- und multikulturelle Verhandlungsteams im Rahmen empirischer Verhandlungssimulationen. Die Verhandlung wird in einem übergreifenden, integrierten Modell betrachtet. Mit dem gewählten Vorgehen adressiert Frau Kreyer zahlreiche Lücken in der Verhandlungsforschung. Ein zentraler Untersuchungsaspekt besteht in der Frage, welche Bedeutung ein Teammitglied haben kann, das denselben kulturellen Hintergrund wie der Verhandlungspartner hat; auf diese Weise könnten kulturelle Differenzen zumindest zum Teil überbrückt werden.

Die Untersuchungsergebnisse verdeutlichen das Zusammenwirken von Kultur und Teamzusammenstellung und führen zu bislang in der Literatur noch wenig betrachteten Interaktionseffekten. Die Arbeit verbindet ein anspruchsvolles empirisches Vorgehen mit einer hohen praktischen Relevanz und richtet sich daher sowohl an Wissenschaftler als auch an Praktiker. Durch die Untersuchung der deutschen und französischen Kultur ist die Arbeit insbesondere im europäischen Umfeld von Bedeutung. Aufgrund der umfassenden praktischen Implikationen wünsche ich der Arbeit eine angemessene Verbreitung.

Prof. Dr. Robert Wilken

Vorwort

Die vorliegende Arbeit entstand im Rahmen meiner Promotion als externe Doktorandin am Lehrstuhl für Internationales Marketing unter der Leitung von Prof. Dr. Robert Wilken an der ESCP Europe Wirtschaftshochschule Berlin.

Mein Dank gilt vor allem meinem Doktorvater Prof. Dr. Robert Wilken. Seine uneingeschränkte Unterstützung, die konstruktiven Diskussionen und sein äußerst wertvolles Feedback haben maßgeblich zum erfolgreichen Gelingen der vorliegenden Arbeit beigetragen. Insbesondere seine herzliche Art und seine inhaltliche Kompetenz werden mir sehr positiv in Erinnerung bleiben. Darüber hinaus möchte ich meinem Zweitgutachter Herrn Prof. Dr. Klaus Backhaus für das Erstellen des Zweitgutachtens danken. Außerdem gilt mein Dank den Professorinnen und Professoren der ESCP in Berlin und Paris, die mit Ihren wertvollen Kommentaren meine Arbeit stets bereichert haben. Nicht zuletzt bedanke ich mich bei den Doktorandinnen und Doktoranden der ESCP, die mir immer mit Rat und Tat zur Seite gestanden haben. Ein besonderer Dank gilt dabei Florian Dost und Jens Sievert für ihre äußerst warmherzige Art und methodische Unterstützung.

Ganz besonders möchte ich aber meinem Mann Felix danken, der mich auf allen Ebenen grenzenlos unterstützt hat und ohne den ich die Dissertation nicht so erfolgreich geschafft hätte.

Simone Kreyer

Inhaltsverzeichnis

ABBILDUNGSVERZEICHNIS .... **XIII**

ABKÜRZUNGSVERZEICHNIS .... **XVII**

1 EINLEITUNG **1**

1.1 Relevanz von multikulturellen Teams in interkulturellen B2B-Verhandlungen 1

1.2 Stand der Forschung 7

1.3 Vorgehensweise und Aufbau der Arbeit 15

2 GRUNDLEGENDE BEGRIFFE UND VERHALTENS-WISSENSCHAFTLICHES MODELL FÜR VERHANDLUNGEN **19**

2.1 Definition und Elemente von Verhandlungen 19
    2.1.1 Definition von Verhandlungen und Eingliederung in den übergeordneten Vermarktungsprozess im B2B-Bereich 19
    2.1.2 Verhandlungsparteien und Typologie der Interaktion von Verhandlungsparteien 22
    2.1.3 Verhandlungsgegenstände im B2B-Bereich und ihre Operationalisierung für die Forschung 24

2.2 Verhandlungstypen und das BATNA-Konzept 25
    2.2.1 Distributiver Verhandlungstyp 25
        2.2.1.1 Charakteristika distributiver Verhandlungen 25
        2.2.1.2 Einigungsraum distributiver Verhandlungen am Beispiel des Einigungszonenmodells von Raiffa (1982) 26
    2.2.2 Integrativer Verhandlungstyp 28
        2.2.2.1 Charakteristika integrativer Verhandlungen 28
        2.2.2.2 Einigungsraum integrativer Verhandlungen und effiziente Ergebnisse anhand des Verhandlungsbeispiels von Kelley (1966) 30
    2.2.3 Das BATNA-Konzept im Rahmen von Verhandlungen 33

2.3 Verhandlungsstrategien und -taktiken im Interaktionsprozess der Verhandlung – die Theorie der Kooperation 34
    2.3.1 Grundlegende Motive bei Verhandlungen und die Theorie der Kooperation 34
    2.3.2 Zusammenhang zwischen grundlegenden Motiven und Value Claiming- sowie Value Creating-Verhandlungsstrategien 36

2.4 Verhandlungsergebnisse 39

2.5 Verhaltenswissenschaftliches Modell von Neale und Northcraft (1991) als Strukturierungsrahmen für die vorliegende Fragestellung 42
    2.5.1 Auswahl und Aufbau des Modells von Neale und Northcraft (1991) 42
    2.5.2 Bestandteile des Modells von Neale und Northcraft (1991) 47
        2.5.2.1 Statische Variablen 47
        2.5.2.2 Dynamische Variablen 48
        2.5.2.3 Ergebnisvariablen 50
    2.5.3 Kultur, Teamzusammenstellung und Intrateamprozesse als Kontextvariablen und dynamische Variablen im vorliegenden verhaltenswissenschaftlichen Verhandlungsmodell 50

3 KONKRETISIERUNG DES MODELLS UND HERLEITUNG VON HYPOTHESEN 53

3.1 Kultur und Verhandlungen 53
3.1.1 Definition von Kultur und Abgrenzung zu verwandten Begriffen 53
3.1.1.1 Definition von Kultur 53
3.1.1.2 Abgrenzung von Kultur zu verwandten Begriffen 55
3.1.2 Elemente, Eigenschaften und Funktionen von Kultur 57
3.1.2.1 Elemente von Kultur 57
3.1.2.2 Eigenschaften von Kultur 58
3.1.2.3 Funktionen von Kultur 60
3.1.3 Teilkulturen und Multikulturalität 62
3.1.4 Kulturmodelle und die GLOBE-Studie 64
3.1.4.1 Überblick über die in der Managementforschung prominenten Kulturmodelle 64
3.1.4.2 Das Kulturmodell der GLOBE-Studie 67
3.1.4.3 Die Kulturdimensionen der GLOBE-Studie 68
3.1.4.4 Kritische Betrachtung und Würdigung der GLOBE-Studie 71
3.1.5 Kultur als Kontextvariable im verhaltenswissenschaftlichen Verhandlungsmodell 73
3.1.5.1 Die Besonderheit interkultureller Verhandlungen 73
3.1.5.2 Theorien zur Wirkung von Kultur auf Verhalten: Kultur als geteiltes Wertesystem 75
3.1.6 Hypothesenformulierung 79
3.1.6.1 Präzisierung von Kollektivismus als relevanter kultureller Wert für Verhandlungen 79
3.1.6.2 Einfluss von Kultur auf Verhandlungsverhalten 81
3.1.6.3 Einfluss von Kultur auf die Verhandlungsergebnisse individueller Gewinn und Effizienz 85

3.2 Teams in Verhandlungen 88
3.2.1 Definition von Teams und Abgrenzung zur Gruppe 88
3.2.2 Struktur und zentrale Eigenschaften von Teams sowie Teamtypologien als Grundlage zur Beschreibung von Verhandlungsteams 90
3.2.2.1 Struktur von Teams 90
3.2.2.2 Zentrale Eigenschaften von Teams 91
3.2.2.3 Teamtypologien und Verhandlungsteams 93
3.2.3 Entwicklung eines Teams, Beschreibung der Prozesse im Team sowie Teameffektivität 95
3.2.3.1 Teamentwicklung: Das 5-Stufen-Modell von Tuckman und Jensen (1977) 95
3.2.3.2 Prozesse innerhalb eines Teams (Intrateamprozesse) 98
3.2.3.3 Modelle zur Erklärung von Teameffektivität sowie Dimensionalität der Teameffektivität 100
3.2.4 Die Bedeutung von kultureller Diversität im Team 102
3.2.4.1 Definition von Diversität und Relevanz im organisationalen Kontext (Diversity Management) 102
3.2.4.2 Kulturelle Diversität im Team 105
3.2.5 Teamzusammenstellung und Intrateamprozesse als Kontexvariable und dynamische Variable im verhaltenswissenschaftlichen Verhandlungsmodell 108
3.2.5.1 Teams in Verhandlungen und Besonderheiten von multikulturellen Verhandlungsteams in interkulturellen Verhandlungen 108
3.2.5.2 Theorien zur Wirkung von Teamzusammenstellung auf Intrateamprozesse und Verhandlungsverhalten: Die Theorie der sozialen Identität und das Similarity Attraction-Paradigma 110
3.2.6 Hypothesenformulierung 114
3.2.6.1 Einfluss von Kultur auf Intrateamprozesse 114
3.2.6.2 Einfluss von Teamzusammenstellung auf Intrateamprozesse 116
3.2.6.3 Einfluss von Teamzusammenstellung auf Verhandlungsverhalten 119
3.2.6.4 Einfluss von Teamzusammenstellung auf die Verhandlungsergebnisse individueller Gewinn und Effizienz 121

Inhaltsverzeichnis XI

3.2.6.5 Einfluss von Intrateamprozessen auf das Verhandlungsverhalten – Annahme eines Carry-over-Effektes 123

3.3 Kognition in Verhandlungen – Verhandlungsziele **128**
- 3.3.1 Definition und Eigenschaften von Verhandlungszielen 128
- 3.3.2 Hypothesenformulierung 129
  - 3.3.2.1 Einfluss von Kultur auf das Verhandlungsziel 129
  - 3.3.2.2 Einfluss von Verhandlungsziel auf die Verhandlungsergebnisse individueller Gewinn und Effizienz 130

3.4 Hypothesenformulierung für Verhandlungsverhalten und Verhandlungsergebnisse **133**
- 3.4.1 Beziehung zwischen Verhandlungsverhalten innerhalb einer Verhandlungspartei sowie zwischen Verhandlungspartnern 133
- 3.4.2 Einfluss von Verhandlungsverhalten auf die Verhandlungsergebnisse individueller Gewinn und Effizienz 134
- 3.4.3 Beziehungen zwischen den Ergebnisvariablen individueller Gewinn, Effizienz und Zufriedenheit 138

3.5 Zusammenfassende Betrachtung: das Hypothesengerüst im verhaltenswissenschaftlichen Verhandlungsmodell **141**

4 FORSCHUNGSMETHODIK UND EMPIRISCHE UNTERSUCHUNG....143

4.1 Untersuchungsaufbau **143**
- 4.1.1 Überblick 143
- 4.1.2 Auswahl der Probanden, experimentelle Manipulation und Aufbau 145
- 4.1.3 Vorbereitung der Verhandlung, Inzentivierung der Teilnehmer und Verhandlungsmedium 148
- 4.1.4 Die Fallstudie Peter Pollmann 151
- 4.1.5 Durchführung der Verhandlung und anschließender Online-Fragebogen 153
- 4.1.6 Rücklaufquote, Umgang mit Ausfällen und endgültige Experimentalgruppen 154
- 4.1.7 Beurteilung der vorliegenden experimentellen Untersuchung 156

4.2 Auswahl eines *Mixed-Method*-Ansatzes zur Messung der vorliegenden Konstrukte **161**
- 4.2.1 Messbezogene Schwächen in bisherigen verhaltenswissenschaftlichen Verhandlungsstudien 161
- 4.2.2 Direkte Messung: Inhaltsanalytische Auswertung des Verhandlungsverhaltens 166
  - 4.2.2.1 Kodierungsprozess und verwendetes Kodierungsschema nach Alexander et al. (1991) 167
  - 4.2.2.2 Überprüfung der Kodierung und Bestimmung der Kodierungsreliabilität 169
  - 4.2.2.3 Analyseniveau und -einheit 174
- 4.2.3 Indirekte Messung: Kulturkonstrukte, Intrateamprozesse, Zufriedenheit und Kontrollvariablen 175
  - 4.2.3.1 Kulturkonstrukte 177
  - 4.2.3.2 Intrateamprozesse 178
  - 4.2.3.3 Zufriedenheit 180
  - 4.2.3.4 Kontrollvariablen 181
- 4.2.4 Automatische Messung: Verhandlungsziel, individueller Gewinn und Effizienz 182

4.3 Beschreibung der statistischen Verfahren **183**
- 4.3.1 Bivariate Korrelationsanalysen 185
- 4.3.2 Auswahl eines varianzanalytischen Vorgehens (ANOVA) und Prüfung der Voraussetzungen 185
- 4.3.3 Gütemaße zur Beurteilung der Ergebnisse der bivariaten Korrelationsanalysen und ANOVAs 189

4.3.4 Überprüfung der Zusammenhänge im Gesamtmodell mit Hilfe eines PLS-Pfadmodells 190
    4.3.4.1 Gegenüberstellung der beiden Verfahren PLS und LISREL und Auswahl von PLS als geeignetes Analyseverfahren...................... 191
    4.3.4.2 Abbildung von kategorialen Moderatoreffekten in PLS und Auswahl eines Product Term Approaches 194
    4.3.4.3 Spezifizierung des vorliegenden Modells 197

4.4 Ergebnisse der deskriptivstatistischen Analysen, der ANOVAs und der bivariaten Korrelationsanalysen 198
    4.4.1 Manipulation Check und Überprüfung der kulturellen Unterschiede zwischen den deutschen und französischen Probanden............................... 198
    4.4.2 Deskriptive Darstellungen der gescheiterten Verhandlungen und der Verhandlungsergebnisse Effizienz und individueller Gewinn................. 201
    4.4.3 Ergebnisse der ANOVAs zur Überprüfung des Einflusses der Kontextvariablen auf die Effizienz und den individuellen Gewinn............ 204
    4.4.4 Bivariate Korrelationsanalysen für die dynamischen Variablen: Zusammenhänge zwischen den Intrateamprozessen und zwischen dem Verhandlungsverhalten von Verkäuferteam und Einkäufer.......................... 209

4.5 Ergebnisse des mit Hilfe von PLS geschätzten Gesamtmodells 211
    4.5.1 Beurteilungskriterien und Übersicht der Zusammenhänge im PLS-Gesamtmodell.. 211
    4.5.2 Einfluss von Kontextvariablen auf Intrateamprozesse 214
    4.5.3 Einfluss von Intrateamprozessen auf Verhandlungsverhalten – Analyse der *Carry-over*-Effekte 215
    4.5.4 Einfluss von Kontextvariablen auf Verhandlungsverhalten 216
    4.5.5 Einfluss von Kontextvariablen auf die Effizienz und den individuellen Gewinn.. 220
    4.5.6 Einfluss von Verhandlungsverhalten auf die Effizienz und den individuellen Gewinn... 221
    4.5.7 Beziehung zwischen den Verhandlungsergebnissen 222
    4.5.8 Einfluss von Kontextvariablen auf die Zielsetzung und die Wirkung der Zielsetzung auf den individuellen Gewinn... 222
    4.5.9 Interpretation der Determinationskoeffizienten im Modell..................... 223
    4.5.10 Ergebnisse der Mediationsanalyse 226

4.6 Zusammenfassung der Ergebnisse und Synthese der Hypothesenprüfung 229

5 DISKUSSION 235

5.1 Forschungsbeitrag der vorliegenden Arbeit 235

5.2 Zentrale Ergebnisse und Interpretation 238

5.3 Implikationen für die Verhandlungspraxis 245

5.4 Kritische Würdigung der vorliegenden Arbeit und Ausblick auf die zukünftige Forschung 248

ANHANG 257

LITERATURVERZEICHNIS 299

Abbildungsverzeichnis

Abbildung 1:	Aufbau der Arbeit	16
Abbildung 2:	Typologie der Interaktionsansätze im B2B-Marketing	23
Abbildung 3:	Einigungszonenmodell zwischen Verkäufer und Einkäufer	27
Abbildung 4:	Vertragsraum für das Fallbeispiel eines integrativen Verhandlungstyps nach Pruitt & Lewis (1975)	30
Abbildung 5:	Zahlenbeispiel eines integrativen Verhandlungstyps nach Pruitt & Lewis (1975)	31
Abbildung 6:	Zentrale Ergebnisarten bei Verhandlungen	40
Abbildung 7:	Verhaltenswissenschaftliches Verhandlungsmodell	44
Abbildung 8:	Elemente der Kultur	58
Abbildung 9:	Funktionen der Kultur	61
Abbildung 10:	Bedeutende Kulturmodelle in der aktuellen Managementforschung	65
Abbildung 11:	Gegenüberstellung charakteristischer Attribute für niedrige und hohe Ausprägungen in Kollektivismus	80
Abbildung 12:	Eigenschaften von Teams	92
Abbildung 13:	Typologie von Teams im organisationalen Kontext	94
Abbildung 14:	Beschreibung der fünf Stufen der Teamentwicklung nach Tuckman und Jensen (1977)	97
Abbildung 15:	Intrateamprozesse in der Übersicht	99
Abbildung 16:	Kategorisierung von Diversitätsdimensionen nach hoher und niedriger Visibilität	103
Abbildung 17:	Vor- und Nachteile kulturell heterogener Teams	107
Abbildung 18:	*Expectancy-Disconfirmation*-Modell von Oliver et al. (1994) zur Erklärung der Zufriedenheit bei einer Verhandlung	140
Abbildung 19:	Wirkungszusammenhänge der vorliegenden Arbeit	142
Abbildung 20:	Untersuchungsaufbau der vorliegenden Arbeit	143
Abbildung 21:	Übersicht über die vorliegenden Experimentalgruppen	147
Abbildung 22:	Endgültige Experimentalgruppen der vorliegenden Untersuchung	156
Abbildung 23:	Beurteilung potenzieller Störfaktoren für die vorliegende experimentelle Durchführung	158

Abbildung 24:	Übersicht über die gewählten Erfassungsmethoden im Rahmen des *Mixed-Method*-Ansatzes	163
Abbildung 25:	Kodierungsschema zur Analyse des Verhandlungsverhaltens	169
Abbildung 26:	Cohen's kappa und Anzahl der *Units*	172
Abbildung 27:	Gütemaße zur Beurteilung der vorliegenden Konstruktmessung	177
Abbildung 28:	Bewertung der Kulturdimension (institutioneller) Kollektivismus	178
Abbildung 29:	Bewertung von gleichberechtigter Entscheidungsfindung und Zusammenhalt im Team	179
Abbildung 30:	Bewertung von Zufriedenheit	180
Abbildung 31:	Vorgehen zur Berechnung des Verhandlungsziels und des individuellen Gewinns	182
Abbildung 32:	Analyse der Voraussetzungen der ANOVA	188
Abbildung 33:	Unterscheidungsmerkmale zwischen LISREL und PLS	192
Abbildung 34:	Vergleich der Kulturwerte zwischen deutschen und französischen Probanden sowie Validierung anhand der GLOBE-Werte	200
Abbildung 35:	Darstellung der möglichen und tatsächlich erzielten Verträge im Vetragsraum	202
Abbildung 36:	Deskriptive Werte der Verhandlungsergebnisse individueller Gewinn und Effizienz	203
Abbildung 37:	Ergebnisse der ANOVA – Haupteffekte in der Effizienz	205
Abbildung 38:	Ergebnisse der ANOVA – Wechselwirkung in der Effizienz	206
Abbildung 39:	Ergebnisse der ANOVA – Haupteffekte im individuellen Gewinn	207
Abbildung 40:	Ergebnisse der ANOVA – Wechselwirkung im individuellen Gewinn	208
Abbildung 41:	Ergebnisse der Korrelationsanalysen für Intrateamprozesse und Verhandlungsverhalten	210
Abbildung 42:	Ergebnisse des Gesamtmodells in PLS	213
Abbildung 43:	Darstellung des Wechselwirkungseffektes für die Intrateamprozesse	215
Abbildung 44:	Darstellung der Wechselwirkung für das Verhandlungsverhalten des Verkäuferteams	217

Abbildungsverzeichnis

Abbildung 45:	Darstellung der Wechselwirkung für das Verhandlungsverhalten des Einkäufers	219
Abbildung 46:	Korrelation zwischen Verhandlungszielen und individuellem Gewinn für Ein- und Verkäufer	223
Abbildung 47:	Übersicht Determinationskoeffizienten (R^2) und Effektstärken (f^2) für die Moderatoreffekte	225
Abbildung 48:	Beispielhafte Darstellung eines Mediatormodells	227
Abbildung 49:	Zusammenfassung der Hypothesen	232
Abbildung 50:	Zusammenfassung der Schwerpunkte der Arbeit in Anlehnung an die bestehenden Forschungslücken	238

Abkürzungsverzeichnis

AMOS	Analysis of Moment Structures
ANOVA	Analysis of Variance
ATT	Attackierendes Veerhandlungsverhalten
AVE	Average Variance Extracted
BATNA	Best Alternative to a Negotiated Agreement
B2B	Business to Business
B2C	Business to Consumer
CFI	Comparative Fit Index
CMB	Common Method Bias
CMV	Common Method Variance
E	Einkäufer
EFF	Effizienz
EM	Expectation Maximization
EMS	Electronic Meeting Systems
EQS	Structural Equation Modelling Software
erw.	erweitert
GEV	Gleichberechtigtes Entscheidungsverhalten
ggf.	gegebenenfalls
ggü.	gegenüber
GLOBE	Global Leadership and Organizational Behavior Effectiveness
IG	Individueller Gewinn
INT	Integrierendes Verhandlungsverhalten
LISREL	Linear Structural Relations

MANOVA	*Multivariate Analysis of Variance*
MI	*Measurement Invariance*
N	Nationalität
ND	Nationale Dominanz
NSS	*Negotiation Support Systems*
PLS	*Partial Least Squares*
RMSEA	*Root Mean Square Error of Application*
SPSS	*Statistical Package for the Social Sciences*
STD	*Standard Deviation*
TZ	Teamzusammenstellung
TIP	*Time Interaction Performance*
überarb.	überarbeitet
V	Verkäufer
vollst.	vollständig
ZIT	Zusammenhalt im Team

1 Einleitung

1.1 Relevanz von multikulturellen Teams in interkulturellen B2B-Verhandlungen

Verhandlungen gelten seit jeher als der wesentliche Mechanismus bei Interaktionen im sozialen, politischen und wirtschaftlichen Umfeld. Gerade im Rahmen von unternehmensübergreifenden Austauschprozessen bieten sie die Möglichkeit, den hohen Koordinationsbedarf bei Transaktionen zu reduzieren (Backhaus, Herbst, Voeth & Wilken, 2010, S. 149f). Ihnen kommt dadurch eine tragende Rolle bei Interaktionen zwischen Geschäftspartnern (Business-to-Business(B2B)-Bereich) zu.[1]

Verhandlungen im B2B-Bereich gelten als komplex und herausfordernd (vgl. Cellich, 2004). Sie umfassen ein breites Spektrum an Entscheidungsfeldern. Neben dem Preis existieren hier weitere Verhandlungsgegenstände, wie z.b. Finanzierungsmöglichkeiten oder Garantiebestimmungen. Dabei ist es wahrscheinlich, dass die einzelnen Verhandlungsparteien die Verhandlungsgegenstände unterschiedlich präferieren. Statt mit der reinen Festlegung des Preises setzen sich Verhandlungen im B2B-Bereich oft mit differenzierten Anspruchshaltungen von Geschäftspartnern auseinander, die es in Einklang zu bringen gilt (vgl. Vuorela, 2005). Der Aufbau von wechselseitig nutzenstiftenden Beziehungen zwischen den Geschäftspartnern spielt somit eine bedeutende Rolle. Dadurch gleichen B2B-Verhandlungen häufig einem intensiven Austauschprozess, welcher durch mehrere Interaktionen über einen längeren Zeitraum gekennzeichnet ist. Des Weiteren sind Verhandlungen im B2B-Bereich an umfangreiche monetäre und nichtmonetäre Konsequenzen sowie an zentrale strategische und ressourcenbezogene Entscheidungen des Unternehmens gekoppelt (Mintu-Wimsatt & Calantone, 1991, 2005).[2]

---

[1] Business-to-Business (B2B) beschreibt allgemein die Handelstransaktionen zwischen Unternehmen oder Geschäftspartnern und nicht, wie Business-to-Customer (B2C), den Handel zwischen Unternehmen und Endkunde oder Konsument. B2B-Transaktionen sind entlang der gesamten Wertschöpfungskette zu finden, z.b. zwischen Hersteller und Groß- oder Einzelhändler (Backhaus & Voeth, 2007).

[2] B2B-Verhandlungen unterscheiden sich dabei von anderen Verhandlungen. Beispielsweise sind B2C-Verhandlungen oftmals durch eine einseitige Kaufentscheidung, z.B. auf Seiten des Endkonsumenten geprägt (Backhaus et al., 2010). Auch finden sich Unterschiede zwischen B2B-Verhandlungen und Verhandlungen im innerbetrieblichen Umfeld. Bei letzteren

Die gelungene Durchführung von Verhandlungen im B2B-Bereich gilt demzufolge als sehr anspruchsvoll und erfordert nicht nur Verhandlungsgeschick, sondern verlangt von den verhandelnden Parteien auch ein breiteres Spektrum an Kompetenzen und Ressourcen. Demzufolge sind B2B-Verhandlungen kaum von einer einzelnen Person erfolgreich durchzuführen (Agndal, 2007). Seit einiger Zeit lässt sich daher beobachten, dass im Rahmen von Verhandlungen vermehrt Teams statt Einzelpersonen eingesetzt werden. Der verstärkte Einsatz von Teams – sowohl auf der Einkäufer- als auch auf der Verkäufer-Seite – soll u.a. ein breiteres Kompetenzspektrum und mehr Flexibilität in der Verhandlung schaffen, wodurch ein genereller kompetitiver Wettbewerbsvorteil erhofft wird (Benoliel, 2007; Ceparano, 1995; Gelfand & Realo, 1999; Hajro & Pudelko, 2010; Morgan, 2001; Puri, 1992).[3]

Vor allem die Zusammenstellung der Teams ist dabei von zentraler Bedeutung. Sie gilt als wesentlicher Einflussfaktor sowohl auf die Prozesse innerhalb des Teams als auch auf das Verhandlungsverhalten (Thomas & Ravlin, 1995). Deshalb stehen Führungskräfte vor der Herausforderung, die Teams hinsichtlich Wissen, Können oder auch Fähigkeiten optimal zusammenzustellen (Mumford et al., 2008; Stevens & Campion, 1994).

Die Globalisierung trägt zu einer zusätzlich erhöhten Komplexität von Verhandlungen im B2B-Bereich bei (Leung, Rabi, Buchan, Erez & Gibson, 2005).[4] Neben dem starken Anstieg des internationalen Handelsvolumens in den letzten

---

besteht neben einer einseitigen Kaufentscheidung zusätzlich ein Einigungszwang. Beispiele für unternehmensinterne Verhandlungen sind die Abstimmung zu internen Verrechnungspreisen oder Gehaltsverhandlungen im Rahmen von Beförderungen.

[3] Teams stellen einen wesentlichen Bestandteil der Managementpraxis dar und sind in allen Organisationseinheiten zu finden: von der Herstellung bis hin zur strategischen Planung oder zum Topmanagement. Eine Umfrage unter den Forbes-1.000-Unternehmen ergab, dass ca. 78% der Unternehmen Teams einsetzen (Wheelan, 2005, siehe auch Sally & O'Connor, 2006). Teams wirken sich für die Organisation nicht nur positiv auf die Leistung aus, sondern bieten den jeweiligen Mitgliedern auch die Möglichkeit, sich durch die Teamarbeit stärker zu beteiligen und die eigene Verantwortung zu erhöhen. Dadurch wird eine Steigerung des eigenen Selbstwertgefühls in der Organisation erwartet (Katzenbach & Smith, 1993). Dieser Erkenntnis liegt die Annahme zugrunde, dass Teams eine bestimmte Aufgabe besser lösen können als eine einzelne Person oder unabhängig agierende Personen (Katzenbach & Smith, 1993; Kirkman & Shapiro, 2005; Koc-Menard, 2009).

[4] Globalisierung bezeichnet die wachsende wirtschaftliche Abhängigkeit zwischen Ländern, welche sich in dem starken Anstieg im Austausch von Gütern, Dienstleistungen, Kapital und Wissen über die Ländergrenzen hinweg äußert (Govindarajan & Gupta, 2001). Für eine definitorische Unterscheidung zwischen Globalisierung und Internationalisierung siehe Kutschker und Schmid (2008, S.7ff und S.159ff).

20 Jahren äußert sich die Globalisierung u.a. in der steigenden Zahl strategischer Allianzen und internationaler Fusionen sowie der weltweiten multimedialen Vernetzung auf der Basis des Internets (Boyacigiller, 2004; House, Hanges, Javidan, Dorfman & Gupta, 2004; World Economic Forum, 2009; World Trade Organization, 2010).[5] International zu agieren dient Unternehmen nicht nur dazu, neue Märkte zu erschließen und damit Skalierungseffekte für die jeweiligen Produkte und Dienstleistungen zu erzielen (Mintu-Wimsatt & Calantone, 1991, S. 10). Vielmehr werden internationale Aktivitäten, z.B. der Aufbau von Tochtergesellschaften in anderen Ländern, auch als Notwendigkeit angesehen, wettbewerbsfähig zu sein (Brett & Okumura, 1998).[6]

Trotz zahlreicher Möglichkeiten und Vorteile, die internationale Aktivitäten für Unternehmen bereithalten, stellen sie diese jedoch auch vor bedeutende Anforderungen. Kultur wird dabei als eine der größten Herausforderungen erachtet. Beispielsweise sind interkulturelle Verhandlungen (Verhandlungen zwischen Verhandlungsparteien mit unterschiedlichen kulturellen Hintergründen) wesentlich komplexer als intrakulturelle Verhandlungen (Verhandlungen zwischen Verhandlungsparteien aus einer Kultur). Die Gründe hierfür sind vielfältig. Generell wird davon ausgegangen, dass Kultur Denken, Erwartungen und Handeln einer Person beeinflusst und sich somit auf jede soziale Interaktion auswirkt (Reynolds, Simintiras & Vlachou, 2003). Da Verhandlungen und Teamarbeit Formen der sozialen Interaktion darstellen, kann angenommen werden, dass sich kulturelle Werte in diesen beiden Prozessen äußern. Unterschiedliche kulturelle Werte gehen folglich z.B. mit unterschiedlichem Verhandlungsverhalten und Erwartungshaltungen an die gemeinsame Zusammenarbeit einher. Treffen im Rahmen von sozialen Interaktionen unterschiedliche Kulturen aufeinander, resultiert deswegen zunächst ein sog. *Dilemma of Differences* oder *Culture Clash* (Adair, Okumura & Brett, 2001; Adair, Tinsley & Taylor, 2006; Li, Tost & Wade-Benzoni, 2007; Tinsley, Curhan & Kwak, 1999). Eine solche Situation ist u.a. durch Missverständnisse, Misskommunikation und Missinterpretationen ge-

---

[5] Eine Ausnahme bildet aufgrund der Wirtschaftskrise das Jahr 2009 (World Trade Organization, 2010). Für eine ausführliche Beschreibung der Entwicklung des internationalen Geschäfts im Rahmen der Globalisierung siehe Drucker (1995), Govindarajan und Gupta (2001), Leung et al. (2005) oder Schaeffer (2003).
[6] Für einen Überblick zu den möglichen Internationalisierungsstrategien siehe Kutschker und Schmid (2008, S.846ff).

kennzeichnet (Adair et al., 2001; Copeland & Griggs, 1985; Salacuse, 1999, 2007; Tung, 1988).[7] Destruktive Emotionen, wie z.B. Wut, Verärgerung oder Frustration, sowie nicht optimale Ergebnisse können die Folgen dieses *Culture Clash* sein (Brett, 2000). Bei Interaktionen zwischen Parteien einer Kultur sind diese Problematiken abgeschwächt. Vielmehr existieren in intrakulturellen Fällen gemeinsame Werte und Erwartungen an die Interaktion, welche den Kommunikationsprozess erleichtern. Bestehende Konflikte sind der Aufgabe an sich geschuldet oder auf Persönlichkeitseigenschaften zurückzuführen.

Diese kulturelle Herausforderung der Globalisierung ist bei Teamverhandlungen im B2B-Bereich sowohl auf Verhandlungs- als auch auf Teamebene zu spüren. Auf Verhandlungsebene werden die verhandelnden Parteien (Einkäufer oder Verkäufer) somit nicht nur mit unterschiedlichen marktbezogenen Regulierungen oder wirtschaftlichen Bestimmungen konfrontiert. Teams treffen vor allem auf Verhandlungspartner mit unterschiedlichen kulturellen Hintergründen, welche konträre Annahmen über und Erwartungen an die Verhandlungssituation sowie unterschiedliche Ziele haben können (Faure & Rubin, 1993; Reynolds et al., 2003). So postulieren Li et al. (2007), dass „*... cultural influences can be found in virtually every aspect of negotiation – from negotiator cognition, motivation, and emotion, to mediation, communication, power strategy, and the technological and social context.*" (S. 235). Einige Autoren sehen Kultur sogar als die wesentliche Determinante von Verhandlungsverhalten und -ergebnis (Brett, 2000). Der *Culture Clash* wird neben den genannten, nicht optimalen Ergebnissen und Frustrationen auch als Begründung für die hohe Quote an gescheiterten interkulturellen Verhandlungen genannt (Brett, 2000). Interkulturelle Verhandlungen stellen folglich eine größere Herausforderung dar als intrakulturelle Verhandlungen (Bazerman, Curhan, Moore & Valley, 2000).

Auch auf Teamebene sind die kulturellen Konsequenzen der Globalisierung für Verhandlungen im B2B-Bereich zu spüren. Der verstärkte länderübergreifende Austausch an Fachkräften, z.B. *Expatriates*, oder Gastarbeitern führt bei den Mitarbeitern von Unternehmen zu einer steigenden kulturellen Diversität (Earley & Gibson, 2002; Gibson & Zellmer-Bruhn, 2001; Jackson, Joshi, & Erhardt,

---

[7] Eine der Begründungen liegt u.a. in den Unterschieden hinsichtlich der Präferenzen für verbale und non-verbale Kommunikation zwischen Kulturen (Hall, 1959).

2003; Jelinek & Wilson, 2005; Matveev & Nelson, 2004).[8] Aufgrund des verstärkten Einsatzes von Teams in Verhandlungen spiegelt sich die kulturelle Diversität unter den Mitarbeitern auch in den eingesetzten Verhandlungsteams wider. Ein Verhandlungsteam kann nicht nur aus Mitgliedern einer Kultur (monokulturell), sondern auch aus Mitgliedern mit unterschiedlichen kulturellen Hintergründen (multikulturell) bestehen. Folglich lässt sich der *Culture Clash* auch auf Teamebene übertragen. Durch die kulturelle Herkunft kommt es zu unterschiedlichen Auffassungen und Perspektiven über die gemeinsame Zusammenarbeit sowie zu unterschiedlichen Arbeitsweisen, die es zu integrieren und zu koordinieren gilt (Boros, Meslec, Curseu & Emons, 2010; Brodt & Thompson, 2001).

Die Besonderheit eines multikulturellen Verhandlungsteams liegt folglich in der Konfrontation und dem Umgang mit der kulturellen Herausforderung auf zwei Ebenen: sowohl auf intraorganisationaler (innerhalb des Teams) als auch auf interorganisationaler Ebene (zwischen dem Team als Verhandlungspartei und dem Verhandlungsgegner). Multikulturelle Verhandlungsteams stehen dabei vor der komplexen Aufgabe, zunächst innerhalb des Teams trotz möglicher interkultureller Unterschiede eine gemeinsame konstruktive Lösung zu finden (Behfar, Friedman & Brett, 2008; Hajro & Pudelko, 2010). Diese Lösung muss anschließend auch auf die Verhandlungsebene transferiert werden, auf der sich das Team wiederum den kulturellen Unterschieden zum Verhandlungspartner gegenüber sieht. Nur wenn die kulturellen Differenzen erfolgreich überbrückt werden, kann eine konstruktive Verhandlung gewährleistet werden. Infolgedessen muss die Verhandlungspartei neben der allgemeinen Verhandlungskompetenz auch über spezifische interkulturelle Kompetenzen verfügen, wie z.B. die Antizipation von kulturellen Unterschieden sowohl auf der Teamals auch auf der Verhandlungsebene sowie ein adäquates Reaktionsspektrum auf diese Unterschiede (Graham & Sano, 1984; Rothlauf, 2009).[9] Cox und Blake (1991) formulieren somit treffend, dass *"... das erfolgreiche Management von Diversität einen Wettbewerbsvorteil erzeugen kann."* (S. 45).

---

[8] Dies erfordert nicht nur substanzielle Anpassungen in der Organisationsstruktur multinationaler Unternehmen und den entsprechenden Führungskonzepten, sondern auch den expliziten Umgang im Rahmen eines *Diversity Managements* (Moran, Harris & Moran, 2007).

[9] Dies spiegelt sich unter anderem in dem starken Anstieg der Nachfrage nach Verhandlungstrainings für international agierende Führungskräfte wider (Nierenberg, 2008).

Zusammenfassend kann gesagt werden, dass interkulturelle Verhandlungen als eine der größten Herausforderungen im *International Business* gelten (Cullen, 2007; Mintu-Wimsatt & Calantone, 1991). Gerade weil die Abbruchquote sowie der damit einhergehende materielle und immaterielle Verlust bei internationalen Geschäftsverhandlungen hoch ist (Reynolds, Simintiras & Vlachou, 2003; Tung, 1988), bildet der konstruktive Umgang mit kulturellen Unterschieden die zentrale Erfolgsdeterminante bei interkulturellen Interaktionen (Cellich, 2004).

Die vorliegende Arbeit soll daher einen Beitrag zum besseren Verständnis der Dynamiken von multikulturellen Teams in interkulturellen Verhandlungen leisten. Die Zielsetzung besteht darin, die Auswirkungen der kulturellen Zusammenstellung im Team auf die internen Teamprozesse, das Verhandlungsverhalten sowie das Verhandlungsergebnis zu überprüfen. Dabei soll der Frage nachgegangen werden, ob die Multikulturalität im Verhandlungsteam für eine konstruktive Reaktion auf die Anforderungen in der interkulturellen Verhandlung genutzt werden kann. Zwar führt ein Teammitglied mit gegensätzlicher Kultur zu seinen Teammitgliedern einerseits zu Diversität innerhalb des Teams und den damit einhergehenden Problematiken (*Culture Clash*). Andererseits könnte dieses Teammtiglied aber auch als kultureller Übersetzer fungieren und das Team dabei unterstützen, Missverständnisse und Missinterpretationen auf der Verhandlungsebene zu vermeiden und somit ein besseres Verhandlungsergebnis zu erzielen. Dieser zentrale Aspekt adressiert die Konstellation innerhalb des Teams und geht mit der Frage einher, ob mono- oder multikulturelle Teams in interkulturellen Verhandlungen bessere Ergebnisse erzielen. Die Untersuchung von kultureller Diversität im Team und von ihren Auswirkungen sowohl auf die Prozesse innerhalb des Teams als auch auf die interkulturelle Verhandlung bilden demnach die Schwerpunkte der vorliegenden Arbeit.

1.2 Stand der Forschung

In den letzten 20 Jahren wurde das Thema Kultur und Verhandlung in wissenschaftlichen Disziplinen immer populärer und stellt mittlerweile ein zentrales Gebiet der Verhandlungsforschung dar (Gelfand, Erez & Aycan 2007).[10] In den Studien zu Kultur und Verhandlung existiert eine Vielzahl an Forschungsthematiken, Fragestellungen und Herangehensweisen (siehe auch Anhang 1). Die Mehrheit der Studien lässt sich entsprechend der Unterteilungen von Boyacigiller (2004) und Hart (1998) in drei Arten von Untersuchungen untergliedern, wobei die grundlegende Differenzierung in der Untersuchung von intrakulturellen (1 und 2) und interkulturellen Verhandlungen (3) liegt:[11]

1) *Monokulturelle Perspektive:* Untersuchung einer Verhandlung oder von Verhandlungspartnern einer spezifischen Kultur, häufig mit dem Ziel, bestimmte Empfehlungen oder auch Schwierigkeiten im Falle einer Verhandlung mit Vertretern dieser Kultur aufzuzeigen.

2) *Kulturvergleichende Perspektive:* Betrachtung intrakultureller Verhandlungen, d.h. Verhandlungen zwischen Verhandlungspartnern mit gleichem kulturellen Hintergrund. Anschließender Vergleich der Beobachtungen (z.B. charakteristische Verhandlungsstile) zwischen unterschiedlichen Kulturen.[12]

3) *Interkulturelle Perspektive:* Analyse der Interaktion von Verhandlungspartnern mit unterschiedlichen kulturellen Hintergründen, z.B. Verhandlungen zwischen Amerikanern und Japanern. Schwerpunkte der Analyse bilden die dabei aufkommenden Konflikte und mögliche Besonderheiten, wie z.B. Anpassungen im Verhalten.

Die monokulturelle Perspektive bildet den Ursprung in der kulturellen Verhandlungsforschung. Anschließend folgte die kulturvergleichende Perspektive, welche bis heute die Forschungslandschaft dominiert. Untersuchungen mit interkultureller Perspektive haben aufgrund ihrer hohen Relevanz in den letzten

---

[10] Beispielsweise identifiziert Agndal (2007) etwa ein Drittel der zwischen 1995 und 2005 veröffentlichten Artikel zu Geschäftsverhandlungen als Artikel mit Bezug auf kulturelle Fragestellungen im Rahmen von Verhandlungen (S. 4ff).
[11] Siehe hierzu auch Sackmann (1997a,b).
[12] In der Literatur ist diese Perspektive häufig als *cross-cultural perspective* benannt.

Jahrzehnten zwar zugenommen, sie repräsentieren aber immer noch einen deutlich geringeren Anteil (vgl. Adler & Graham, 1989; Adler, Graham & Gehrke, 1987; Graham, 1985a; Graham, Mintu & Rogers, 1994; Kersten, Köszegi & Vetschera, 2003; Mintu & Catalone, 1991; Adair, Taylor & Tinsley, 2009). Dabei bestehen gerade in interkulturellen Verhandlungssituationen besondere Dynamiken, deren Transparenz und Verständnis von hoher praktischer Relevanz sind (Brett & Okumura, 1998; Gelfand & Dyer, 2001; Gelfand et al., 2007; Lee, 2005).[13] Untersuchungen und Theorien zu Prozessen dieser interkulturellen Schnittstellen sind noch rar und bedürfen einer weiteren detaillierten Analyse (vgl. Chao & Moon, 2005; Erez & Gati, 2004).

Die zur Beantwortung der Fragestellungen gewählten Untersuchungsmethoden sind sehr vielfältig und entstammen vermehrt sozialwissenschaftlichen Disziplinen. Es lassen sich insbesondere folgende fünf Methoden hervorheben (Faure & Rubin, 1993): Analyse von Archivdaten bzw. *Case-Study*-Analysen,[14] Feldbefragung (inkl. Expertenbefragung), Feldstudie, Feldexperiment und Laborexperiment.[15] Empirische Studien dominieren die Verhandlungsforschung, Laborexperimente sind dabei die präferierte Methode (Brett & Gelfand, 2005; Chan & Levitt, 2009).[16]

Als bevorzugtes Verhandlungsmedium dominieren *Face-to-Face*-Verhandlungen, wobei elektronisch mediierte Verhandlungen – aufgrund ihrer starken Zunahme in der Praxis – mittlerweile häufiger verwendet werden. Zur Messung der dabei interessierenden Prozesse stellen quantitative Fragebögen

---

13 Daneben existieren konkrete praktische Ratgeber mit Hinweisen auf Erfolgsfaktoren in Verhandlungen (Song, Hale & Rao 2004) sowie generelle Überblicke zum aktuellen Forschungsstand (z.B. Agdnal, 2007; Brett, 2000; Gelfand & Dyer, 2000; Morris & Fu, 2001; Reynolds et al., 2003; Simintiras & Thomas, 1998).

14 *Case-Study*-Analysen bieten sich zur Untersuchung von Verhandlungen in der Praxis an. Dabei werden unter anderem Zeitungsartikel, Geschäfts- und Medienberichte oder andere statistische Daten herangezogen, um Informationen über Verhandlungsprozesse und -ergebnisse zu sammeln und aufzubereiten (vgl. Fang, Fridh & Schultzberg, 2004; Weiss, 1987, 1993). Beispielsweise verwendete Weiss (1987, 1993) diese Methode zur Analyse verschiedener internationaler Joint-Venture-Verhandlungen, u.a. zwischen GM und Toyota sowie Alcatel und Lucent.

15 Eine detaillierte Darstellung der weiteren Methoden findet sich in Faure und Rubin (1993, S. 217ff).

16 Während 1990 mit zwei Dritteln die nicht empirischen Untersuchungen dominierten, basierten 2000 fast 80% der Studien auf empirischen Untersuchungen (siehe Agdnal, 2007, S. 5, oder vgl. Reynolds et al., 2003). In Anhang 1 befindet sich ein Überblick über zentrale Studien zu intra- und interkulturellen Verhandlungen.

(im *Paper-Pencil*- sowie Online-Format) die am häufigsten verwendete Methode dar (vgl. Adair & Brett, 2005). Trotz bekannter Nachteile (z.B. Erinnerungsfehler oder Verzerrung aufgrund sozial erwünschtem oder kulturell bedingtem Antwortverhalten) dominiert dieser Ansatz in der Forschungspraxis. Qualitatives Vorgehen (z.b. inhaltsanalytische Herangehensweisen durch die Kodierung von Videoaufnahmen, Audioaufnahmen oder Mitschriften) wird aufgrund des hohen Aufwands und des hohen Ressourcenbedarfs weitestgehend gemieden (Brett & Gelfand, 2005; Chan & Levitt, 2009; Inglehart, Basáñez, Díez-Medrano, Halman, & Luijkx, 2004; siehe auch Anhang 1). Dennoch bieten die qualitativen Herangehensweisen zusätzliches Erklärungspotenzial zu bisher ungedeuteten oder widersprüchlichen Zusammenhängen. Deswegen wird von vielen Autoren die Kombination aus quantitativer und qualitativer Forschung als geeignete Herangehensweise empfohlen (Taras, Rowney & Steel, 2009).

In Bezug auf die betrachteten Kulturen lassen sich die meisten Untersuchungen zu asiatischen Ländern (darunter vor allem China und Japan) und den USA finden (Adair et al., 2001; Sheer & Shen 2003; siehe auch Anhang 1).[17] Jedoch hat sich das untersuchte Kulturspektrum in den letzten Jahrzehnten deutlich vergrößert, getrieben u.a. durch den wirtschaftlichen Stellenwert der *Emerging Markets*.[18] Zwar fanden auch zentraleuropäische Länder wie Deutschland und Frankreich (Brannen & Salk, 2000; Campbell, Graham, Jolibert & Meissner, 1988, Carroll, 1988), Länder aus dem skandinavischen Raum (Natlandsmyr & Rognes, 1995) oder auch Singapur (Ooi, 2002) in den letzten Jahren Einzug in

---

[17] Dieser Fokus erklärt sich zum einen durch die Relevanz der wirtschaftlichen Beziehungen zwischen diesen Ländern, zum anderen aber auch durch die starke Dominanz amerikanischer Forscher und Forschungsstile in der kulturellen Verhandlungsforschung. Überdies liegt dieser Fokus auch in der Tatsache begründet, dass zwischen asiatischen und amerikanischen Kulturen eine deutliche kulturelle Divergenz angenommen wird (Faure, 1999; Ghauri & Fang, 2001).

[18] Als *Emerging Markets* werden die Märkte bezeichnet, die durch intensives Wachstum und Industrialisierung gekennzeichnet sind. Sie bieten ein breites Feld an Handelsmöglichkeiten, Technologietransfer sowie Direktinvestitionsopportunitäten. Insgesamt gelten 28 Länder als *Emerging Markets*, wobei China, Indien, Indonesien, Brasilien und Russland die fünf größten Märkte darstellen (Jain, 2006, S. 384 f). Verhandlungsstudien finden sich u.a. zu Indien (Christie, Kwon, Stroeberl, & Baumhart, 2003; Krishna, Sahay & Walsham, 2004), Vereinigte Arabische Emirate (Almaney & Alwan, 1982; Loch, Straub, Kamel & Robinson, 2003), Russland (Ralston, Holt, Terpstra & Kai-Cheng, 2008), Brasilien (Harrison, 1983), Südkorea (DeMente, 1988); Mexiko (Condon, 1985) und Thailand (Fieg, 1980).

die Verhandlungsforschung. Verhandlungen in bzw. mit diesen Kulturen bieten jedoch noch genügend Potenzial für weitere Forschung.[19]

Besonders kontrovers diskutiert wird die Operationalisierung von Kultur. Zahlreiche Studien erfassen Kultur lediglich als Nationalität auf Basis des Ausweises und formulieren Hypothesen daher ausschließlich über nationale oder geografische Stereotypen. Nur wenige Forscher begründen die Hypothesen über das Verhalten mit den zugrundeliegenden kulturellen Werten.[20] Dabei repräsentieren Individualismus bzw. Kollektivismus von Hofstede (1980) und *High* bzw. *Low Context* von Hall (1959) die in der Verhandlungsforschung am häufigsten verwendeten kulturellen Werte. Der Fokus auf einen kulturellen Wert zur umfassenden Beschreibung von kulturellen Unterschieden greift aber zu kurz (Brett, 2000, 2007; Richardson & Smith, 2007). So werden kulturelle Werteprofile empfohlen.[21]

In der Literatur werden darüber hinaus die Zusammenhänge zwischen Kultur und der jeweiligen Stellgröße unterschiedlich postuliert: Kultur kann als direkte, indirekte Einflussgröße oder aber auch als Kriterium konzipiert sein (Kirkman, Lowe & Gibson, 2000, 2006). Es dominiert die ausschließliche Betrachtung der direkten Effekte von Kultur. Dazu zählt z.B. der Vergleich von Verhandlungsverhalten und Höhe und Wichtigkeit von Verhandlungsergebnissen zwischen unterschiedlichen Kulturen. Häufig werden auch nur einzelne Zusammenhänge betrachtet, übergreifende Wirkungsgefüge hingegen vernachlässigt. Die Überprüfung der Zusammenhänge erfolgte bei diesen Modellen auf unterschiedlichen Analyseebenen, z.B. Individualniveau (Betrachtung des Verhaltens jeder Partei) oder Dyadenniveau (Betrachtung der Verhandlung übergreifend). Des Weiteren werden unerwartete Ergebnisse meist erst ex-post durch kulturelle Unterschiede erklärt, anstatt Kultur bereits vorab als Determinante für die Verhandlung zu sehen. Auch wird häufig erst im Nachhinein über mögliches Ver-

---

[19] Siehe hierzu auch z.B. Hendon (2001), Kumar und Worm (2003) oder Natlandsmyr und Rognes (1995).
[20] Werte werden dabei in Form von Wertedimensionen erfasst. Häufig werden bereits existierende Indexwerte für die Kultur von den jeweiligen Autoren übernommen, ohne diese selbst erhoben zu haben (vgl. Hofstede, 2001).
[21] Beispielsweise können zwei Kulturen zwar auf einer Wertedimension gleiche Ausprägungen besitzen, jedoch auf mehreren anderen Wertedimensionen deutliche Unterschiede aufweisen. Einen Überblick über generelle Kritikpunkte an der Erfassung und Operationalisierung von Kultur finden sich u.a. bei Taras et al. (2009).

handlungsverhalten versucht, die direkten Ergebnisse zu erklären. Die Erklärungen beruhen in diesem Zusammenhang häufig auf Vermutungen, da das Verhandlungsverhalten selten direkt erfasst wird. Solche auf direkte Effekte ausgerichtete, weniger komplexe Modelle werden in der Literatur als implizite Modelle oder auch *Black Box*-Modelle bezeichnet (Gelfand & Dyer, 2000; Vachon & Lituchy, 2006). Die Bezeichnung „implizit" rührt daher, dass keine Annahmen über das Zustandekommen der direkten Effekte getroffen werden. Nur vereinzelt werden zusätzliche Variablen, wie z.B. Rolle in der Verhandlung, als weitere Erklärungsfaktoren in das Modell aufgenommen (z.B. Bazermann, Magliozzi & Neale, 1985; Huber & Neale, 1986; Neale & Northcraft, 1986).

Aktuellere Modelle in der kulturbezogenen Verhandlungsforschung tragen diesen Kritikpunkten Rechnung, indem sie wesentlich komplexere Wirkungszusammenhänge annehmen und weitere Einflussvariablen, wie z.b. motivationale oder kognitive Zustände, zu integrieren versuchen (Pruitt & Carnevale, 1993). Beispiele für solche expliziten Modelle sind das dynamisch psychologische Modell für Kultur und Verhandlung von Gelfand und Dyer (2000), das Modell interkultureller Verhandlungen von Brett (2000), der dynamisch konstruktivistische Ansatz zu kulturellen Einflüssen auf Verhandlungsverhalten von Morris und Fu (2001) oder das für die vorliegende Arbeit genutzte verhaltenswissenschaftliche Modell von Neale und Northcraft (1991). In diesen Modellen werden indirekte Effekte von Kultur auf das Verhandlungsergebnis integriert. Beispielsweise lassen sie sich über das Verhandlungsverhalten modellieren und statistisch in Form von u.a. Moderator- oder Mediatoreffekten abbilden. So konnte beispielsweise in Untersuchungen die moderierende Wirkung von Gruppencharakteristika auf kulturelle Einflüsse nachgewiesen werden (vgl. Buchan, Croson & Dawes, 2002). Auch Kultur selbst kann einen moderierenden Effekt haben (Adler, Brahm & Graham, 1992; Graham, Kim, Lin & Robinson, 1988). In Zukunft sollten folglich konkretere Modellspezifikationen der Einflüsse von und mit Kultur betrachtet werden.

Im Hinblick auf die Konstellation in der Verhandlung konzentriert sich die Forschung fast ausschließlich auf Verhandlungen zwischen Einzelpersonen. Teamverhandlungen werden trotz der praktischen Relevanz in der Forschungsliteratur vernachlässigt (Thompson, Peterson & Brodt, 1996; siehe auch Anhang

1). Erst Anfang der 1990er Jahre wurden verstärkt Studien zum Thema Teamverhandlungen durchgeführt (Brodt & Tuchinsky, 2000; Brodt & Thompson, 2001; O'Connor, 1997; Polzer, 1996; Peterson & Thompson, 1997; Thompson et al., 1996). Dabei stand insbesondere der Vergleich von Verhandlungsverhalten und Verhandlungsergebnis zwischen Einzel- und Teamverhandlungen im Vordergrund.

Aufgrund der ansteigenden Bedeutung von Teams in B2B-Verhandlungen rückt auch die Frage nach einer adäquaten Zusammenstellung des Teams in den Vordergrund (Arnett, Macy & Wilcox, 2005; Backhaus, van Doorn & Wilken, 2008; Mumford, Morgeson, van Iddekinge & Campion, 2008; Thomas & Ravlin, 1995). Neben der Größe des Verkäuferteams wird besonders die Diversität im Team als zentrale Determinante der Prozesse innerhalb eines Teams (Intrateamprozesse) und der Teameffektivität genannt (Morgan, 2001). In den bereits vorliegenden Untersuchungen zu Teamverhandlungen wird Diversität unterschiedlich interpretiert. Beispielsweise mischten Sally und O'Connor (2006) in ihren Teams erfahrene Verhandler mit Novizen. Peterson und Thompson (1997) untersuchten, inwiefern sich Freundschaft zwischen den Teammitgliedern auf die Effektivität des Verhandlungsteams auswirkt. Des Weiteren war die funktionale Diversität – vor allem in Verkäuferteams – Gegenstand empirischer Studien (Arnett et al., 2005). Untersuchungen zur Diversität auf der Basis von unterschiedlichen kulturellen Herkünften und ihrer Effekte auf die Verhandlung existieren jedoch kaum. Dabei spielen gerade kulturell heterogene Teams – beispielsweise durch den Anstieg an *Expatriates* und durch zunehmend internationale Tätigkeiten der Unternehmen – in der Praxis eine zentrale Rolle (Koc-Menard, 2009).

Ein Grund für die Vernachlässigung von multikulturellen Teams in interkulturellen Verhandlungen könnte darin liegen, dass diese Untersuchungsgegenstände (Verhandlung, Kultur und Intrateamprozesse) drei, bisher vermehrt parallel laufenden theoretischen Strömungen in der Literatur entstammen und folglich wenig aufeinander aufbauen. Literatur, die Themen aus allen drei Literaturströmen integriert, existiert demzufolge kaum (Arrow, McGrath & Berdahl, 2000; Poole, Siebold, & McPhee, 1996). Während die Forschung zu Kultur und Verhandlung intensiv betrieben wurde, fehlte es bei der Team- und Verhandlungsforschung lange an Überschneidungen (Messick & Mackie, 1989; Mohammed, Rizzuto, Hiller, Newman & Chen, 2008). Währenddessen beschäftigte sich die Gruppen- bzw. Teamforschung insbesondere mit der Lösung von Aufgaben innerhalb des Teams und mit Teameffektivitätsprozessen (Brodt & Thompson, 2001). „Diskussion im Team" wurde dabei häufig mit „Verhandlungen im Team" gleichgesetzt. Verhandlungen zwischen zwei Parteien blieben jedoch außen vor (Mohammed, Mathieu & Bartlett, 2002).

Bei der Untersuchung von multikulturellen Verhandlungsteams müssen zunächst die Prozesse betrachtet werden, welche innerhalb des Teams stattfinden und durch die Multikulturalität im Team hervorgerufen bzw. verändert werden. Zu diesen Intrateamprozessen gehören beispielsweise die Bewältigung der potenziellen kulturbedingten Konflikte oder die Synthese der unterschiedlichen Perspektiven. Einer der bedeutendsten Aspekte bei der Untersuchung von multikulturellen Teamverhandlungen besteht jedoch im Transferprozess der Intrateamprozesse auf die Verhandlung. Dabei muss der zentralen Frage nachgegangen werden, inwiefern sich die Intrateamprozesse auf das Verhalten des Teams gegenüber dem Verhandlungspartner (Interteamverhalten, Verhandlungsverhalten) übertragen lassen. Ansatzweise lässt sich diese Thematik mit Studien zu Intergruppenkonflikten abdecken (z.B. Alderfer, 1987; Richter, 2005; Steinel et al., 2010; van Kleef, Steinel, van Knippenberg, Hogg & Svensson, 2007). Doch nur wenige Autoren – darunter Backhaus et al. (2008), Behfar et al. (2008), Brett, Friedman und Behfar (2009), Friedman und Jacka (1975), Keenan und Carnevale (1989) oder Thompson und Fox (2001) – betrachten diese Transferprozesse und die dabei relevanten Wirkmechanismen im Rahmen von Verhandlungen und werden somit dem Anspruch an eine integrierte Betrachtung von Teamverhandlungen gerecht (für einen Überblick an Verhandlungsstudien mit Teams siehe Anhang 1).

Zusammenfassend lässt sich festhalten, dass die Untersuchungen zu Kultur, Teams und Verhandlungen eine Vielzahl von Fragestellungen und Herangehensweisen hervorgebracht, aufgrund der Komplexität des Themas jedoch noch nicht sämtliches Potenzial ausgeschöpft haben (Gelfand & Dyer, 2000). Forschungspotenzial besteht insbesondere bei der Untersuchung von interkulturellen Verhandlungen sowie Teamverhandlungen und den dabei entstehenden Verhandlungsdynamiken. Vor allem die Analyse von Verhandlungsinteraktion und Eigenschaften der Verhandlungsparteien bietet diesbezüglich mögliche Ansatzpunkte. Auch fehlt ein übergreifendes Modell, welches die einzelnen Zusammenhänge von Kultur, Teamprozessen und Verhalten in Verhandlungen strukturiert und beschreibt.

Die vorliegende Arbeit hat zum Ziel, die genannten inhaltlichen und methodischen Forschungsdefizite zu adressieren. Inhaltlich setzt sich die Arbeit mit interkulturellen Teamverhandlungen auseinander. Dazu wurde eine Stichprobe aus deutschen und französischen Probanden[22] ausgewählt. Eine Untersuchung dieser beiden Kulturen ist aufgrund des bisherigen Fokus' auf amerikanisch-asiatische Verhandlungen bzw. einer häufig vorgenommenen gesamteuropäischen Betrachtung nicht nur von forschungstheoretischer Relevanz, sondern trägt auch der herausragenden Bedeutung der deutsch-französischen Wirtschaftsbeziehung Rechnung. Im Gegensatz zu Einzelverhandlungen, die bei der Mehrheit der Untersuchungen im Mittelpunkt stehen, sollen hier zudem Teams als Verhandlungsparteien und die Auswirkungen von Multikulturalität im Team auf die Verhandlung betrachtet werden. Dadurch wird gleichzeitig versucht, der praktischen Relevanz dieser Aspekte gerecht zu werden. Dabei wird ein besonderes Augenmerk auf die Auswirkungen von kultureller Diversität auf den Interaktionsprozess – sowohl zwischen den Teammitgliedern als auch zwischen den Verhandlungsparteien – gerichtet. Dadurch soll der zentralen Frage Rechnung getragen werden, ob ein multikulturelles Team im Rahmen einer interkulturellen Verhandlung von Vor- bzw. Nachteil sein kann. Es soll untersucht werden, ob ein Mitglied im Verhandlungsteam mit gleichem kulturellen Hintergrund wie der Verhandlungspartner als kultureller Übersetzer fungieren und mögliche Missverständnisse vermeiden bzw. reduzieren kann. Eine solche Reduzierung der kulturellen Differenzen könnte zu einem besseren Ergebnis führen. Gleichzeitig wird angenommen, dass durch die kulturelle Ähnlichkeit zwischen den Verhandlungsparteien mit Hilfe dieses einen Mitglieds möglicherweise eine stärker intrakulturelle Verhandlungssituation geschaffen

---

[22] Im fortlaufenden Text wird mit den Begriffen Proband, Deutsche und Franzosen sowohl das männliche als auch weibliche Geschlecht angesprochen.

Einleitung 15

werden kann. Dadurch ließen sich sowohl die kulturvergleichende als auch die interkulturelle Perspektive in der vorliegenden Arbeit integrieren.

Um diese Zusammenhänge abzubilden, wurde ein Modell gewählt, welches indirekte Effekte der Kultur über Verhandlungsverhalten und Intrateamprozesse auf das Verhandlungsergebnis explizit berücksichtigt. Zusammen mit kognitiven Variablen soll damit ein besseres Verständnis bezüglich des dynamischen Charakters interkultureller Teamverhandlungen generiert werden. Zusätzlich zu einer Einzelbetrachtung der Effekte werden die Zusammenhänge in einem übergeordneten Wirkungsgefüge dargelegt und mit Hilfe eines PLS-Pfadmodells analysiert. Zur Messung der Verhandlungsinteraktion wird eine Verhandlungssimulation durchgeführt, bei der das Verhandlungsverhalten direkt erfasst und durch inhaltsanalytisches Vorgehen ausgewertet wird. Eine solche Kombination aus quantitativen und qualitativen Verfahren stellt einen methodisch besonders umfangreichen Ansatz dar, der in der Literatur immer wieder verlangt wird.

1.3 Vorgehensweise und Aufbau der Arbeit

Entsprechend der Zielsetzung der Arbeit wurde die in Abbildung 1 dargestellte Vorgehensweise gewählt.

Zunächst werden die relevanten Grundlagen von Verhandlungen in Kapitel 2 als theoretischer Bezugsrahmen diskutiert. Nach der Beschreibung der Charakteristika von Verhandlungen (z.B. Verhandlungstypen, -strategien und -ergebnis) mündet Kapitel 2 in der Vorstellung eines verhaltenswissenschaftlichen Verhandlungsmodells. Das Modell wird zur Strukturierung der betrachteten Zusammenhänge verwendet und in Kapitel 3 konkretisiert.

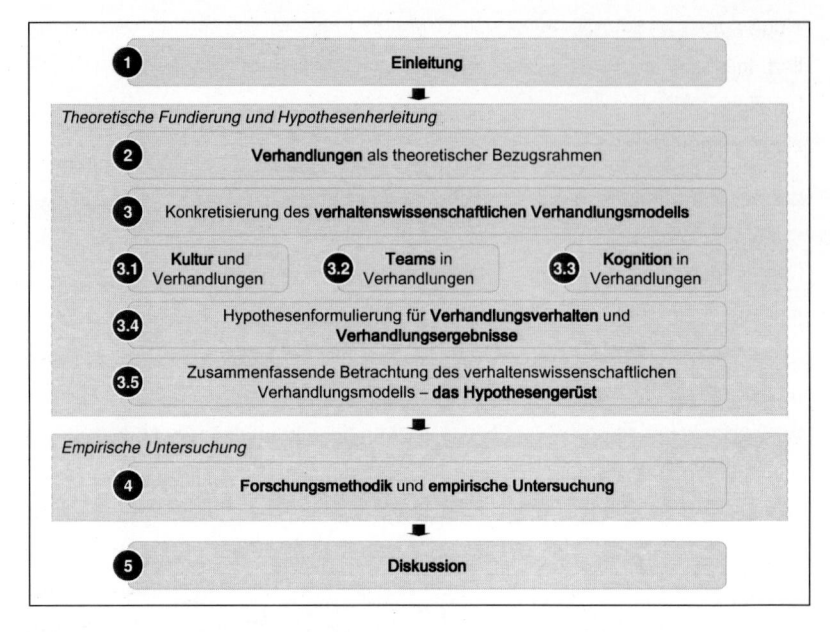

Abbildung 1: Aufbau der Arbeit

Kapitel 3 umfasst die theoretische Fundierung zu den Konstrukten Kultur (Abschnitt 3.1), Teams (Abschnitt 3.2) und Verhandlungsziel (Abschnitt 3.3) als gewählte Konkretisierungen des verhaltenswissenschaftlichen Verhandlungsmodells sowie die Formulierung der Hypothesen. Dabei stellen die Ausführungen zu Kultur und Teams den Schwerpunkt der Arbeit dar.

In Abschnitt 3.1 werden zunächst die begrifflichen Grundlagen des Konstrukts Kultur diskutiert, bevor anschließend auf die Thematik Kultur und Verhandlungen eingegangen wird. In Anlehnung an die Theorie der Kultur als geteiltes Wertesystem sollen im Anschluss die Hypothesen zu dem Einfluss von Kultur auf Verhandlungsverhalten und -ergebnis abgeleitet werden. Bei der begrifflichen und theoretischen Fundierung von Teams in Verhandlungen in Abschnitt 3.2 wird insbesondere auf die Thematik der kulturellen Diversität im Team eingegangen und ihre Auswirkungen auf Teamprozesse diskutiert. Mit Hilfe der Theorie der sozialen Identität und des *Similarity-Attraction*-Paradigmas werden am Ende des Abschnitts die Hypothesen in Bezug auf Multikulturalität im Team, Teamprozesse, Verhandlungsverhalten und -ergebnisse formuliert. Im Anschluss wird in Kapitel 3.3 auf die Verhandlungsziele als kognitive Variablen eingegangen und deren Zusammenhang mit dem Verhandlungsergebnis formuliert. In Abschnitt 3.4 erfolgt die Herleitung der Zusammenhänge zwischen Verhandlungsverhalten und Verhandlungsergebnissen, welche zum Großteil replizierte Hypothesen aus bestehenden empirischen Untersuchungen bilden. Als Abschluss von Abschnitt 3 dient eine zusammenfassende Betrachtung der skizzierten Zusammenhänge in Form eines übergeordneten Hypothesengerüsts in Abschnitt 3.5.

In Kapitel 4 wird zunächst die Forschungsmethodik zur empirischen Untersuchung der formulierten Hypothesen diskutiert. Die empirische Untersuchung basiert auf einer experimentell durchgeführten Online-Verhandlung. Für die Auswertung der dabei gespeicherten Verhandlungsinteraktion erfolgt ein inhaltsanalytisches Vorgehen. In Kombination mit einer Befragung, die im Anschluss an die Online-Verhandlung durchgeführt wird, ergibt sich daraus ein *Mixed-Method*-Ansatz für die vorliegende Arbeit. Die Darstellung der Ergebnisse beginnt mit den deskriptiven Statistiken der Verhandlungsergebnisse. Darauf folgen die Ergebnisse der Varianzanalysen sowie der bivariaten Korrelationsanalysen. Den zentralen Teil der vorliegenden empirischen Untersuchung bildet ein PLS-Pfadmodell, in dem das übergeordnete Wirkungsgefüge überprüft wird.

Die Arbeit endet mit einer Schlussbetrachtung in Kapitel 5. Neben der Interpretation der Ergebnisse sowie den Implikationen für die Praxis wird darin die vorliegende Arbeit kritisch diskutiert und ein Ausblick auf potenzielle, zukünftige Forschungspotenziale zu Teams und Kultur in Verhandlungen gegeben.

2 Grundlegende Begriffe und Verhandlungsmodell

2.1 Definition und Elemente von Verhandlungen

2.1.1 Definition von Verhandlungen und Eingliederung in den übergeordneten Vermarktungsprozess im B2B-Bereich

In der Literatur besteht eine Vielzahl an möglichen Definitionen für Verhandlungen.[23] Übergreifend lassen sich Verhandlungen „*... als Prozesse beschreiben, bei denen zwei oder mehr Parteien versuchen, entgegengesetzte Präferenzen miteinander zu vereinbaren.*" (Carnevale & Pruitt, 1992, S. 532). Während Raiffa (1982) den beschriebenen Interessenkonflikt zwischen den Parteien in den Vordergrund stellt, betonen andere Autoren wie z.B. Thompson (2009) die Art und Weise der Verhandlung sowie ihren Kommunikations- und Entscheidungsfindungsgehalt. Nach Thompson (2009) müssen „*... Verhandlungen als interdependente Entscheidungsprozesse interpretiert werden, in denen zwei oder mehr Parteien versuchen, durch Kooperation eine für alle annehmbare Lösung zu finden, obwohl anfänglich unterschiedliche Präferenzen existieren.*" (S. 2f). Der Prozess dient dazu, die Präferenzunterschiede auszutauschen und Lösungsmöglichkeiten zu eruieren. Dabei stehen die Verhandlungspartner[24] in ständiger Interaktion miteinander. Dieser Austausch gleicht einem kontinuierlichen Manipulations- und Koordinationsvorgang (Koch, 1987).

Trotz der Vielfalt an möglichen Definitionen lassen sich zentrale Gemeinsamkeiten identifizieren (siehe hierzu auch Geiger, 2007, S.16f):

- Zu einer Verhandlung gehören *mindestens zwei Parteien* (Individuen, Gruppen oder auch Institutionen, vgl. Lewicki et al., 2004).

- Den Parteien sind in den Verhandlungen *bestimmte Rollen* zugeordnet, z.B. Ein- und Verkäufer.

---

[23] In der englischsprachigen Literatur werden Verhandlungen als *Bargaining* oder *Negotiation* bezeichnet. Obwohl die Begriffe dabei meist synonym verwendet werden, findet sich *Negotiation* eher im Zusammenhang mit formelleren Prozessen wieder, während *Bargaining* auch im Rahmen von alltäglichen Verhandlungen im Sinne von „Feilschen" verwendet wird (Lewicki, Saunders, Minton, Roy & Lewicki, 2004).

[24] Die Begriffe „Verhandlungspartner", „Verhandlungspartei" und „Verhandlungsgegner" werden im Folgenden synonym verwendet.

- Zwischen den Parteien besteht ein *Interessenkonflikt*. Dieser kann z.B. in unterschiedlichen Präferenzen,[25] Zielen oder Erwartungshaltungen zum Ausdruck kommen (vgl. Koch, 1987).

- Die Parteien stehen in *Interaktion* miteinander, um diesen Interessenkonflikt zu lösen. Kommunikation und Sprache (geschrieben, gesprochen oder auch Körpersprache) sind daher von zentraler Bedeutung (Vachon & Lituchy, 2006).

- Die Interaktion besteht aus einem *Wechselspiel unterschiedlicher Strategien*, welche der Herbeiführung eines Interessenausgleichs dienen sollen, z.B. Forderungen, Angebote oder auch entgegenkommendes Verhalten (Rubin & Brown, 1975).

- Die Parteien stehen in *interdependenter Relation* zueinander, da sie zur Erreichung der eigenen Lösung von der Entscheidung des Verhandlungspartners abhängig sind (Backhaus et al., 2010).

- Mit Verhandlungen wird die *Erlangung eines besseren Ergebnisses* als ohne Verhandlung angestrebt. Da meistens aber die *Maximierung des eigenen Nutzens* im Vordergrund steht, ist von opportunistischem und manipulativem Verhalten[26] auszugehen. Dadurch sollen Abkommen generiert werden, die der Verhandlungspartner ohne Aufforderung nicht angeboten hätte (Lewicki et al., 2004).

Dementsprechend soll in der vorliegenden Arbeit die Verhandlung als ein kommunikativer Prozess aufgefasst werden, bei dem mehrere Parteien, denen eine konkrete Rolle zukommt, mit Hilfe von Strategien versuchen, einen bestehenden Interessenkonflikt derart auszugleichen, dass für alle Parteien eine bessere Lösung als durch mögliche Alternativen generiert wird.

Häufig wird die Verhandlung in der Forschung als isolierter Prozess betrachtet. Gerade im B2B-Bereich sind Verhandlungen aber in einen breiteren Vermarktungs- oder Geschäftsprozess eingegliedert, der in der Literatur anhand von

---

[25] Als Verhandlungspräferenz werden nach Herbst (2007, S. 23) alle Erwartungen und Vorstellungen bezüglich der anstehenden Entscheidung verstanden.

[26] Unter Manipulation oder Beeinflussung wird in diesem Zusammenhang nicht die negative Bedeutung der Begriffe angesprochen, welche z.B. in Täuschung oder Betrug liegt. Vielmehr ist unter diesen Begriffen die Herausforderung oder Induzierung einer besseren Lösung gemeint.

Grundlegende Begriffe und Verhandlungsmodell 21

sog. Phasenmodellen abgebildet wird (z.B. Backhaus & Günter, 1976; Lichtenau, 2005; Koch, 1987; Unterschütz, 2004; Utikal, 2001; für einen Überblick siehe Backhaus & Voeth, 2007 oder Geiger, 2007). Der Beginn der Verhandlungssituation wird dabei weitaus früher als die eigentliche Verhandlung angesetzt, z.B. bei der Voranfrage oder Akquisition (sog. *Voranfrage- oder Anbahnungsphase*). Auch ist das Ende der eigentlichen Verhandlung *(Verhandlungsphase)* nicht als Abschluss des Vermarktungsprozesses zu sehen. Erst nach vollzogenem Gütertransfer oder Vertragserfüllung gilt der Vermarktungsprozess als abgeschlossen *(Abwicklungs- und Gewährungsphase)*.[27]

Ähnlich wie der Vermarktungsprozess lässt sich auch die Verhandlung – isoliert betrachtet – in mehrere Stationen untergliedern, die durch spezifische Aktivitäten und Prozesse charakterisiert sind. Dadurch erhalten Verhandlungen einen sog. Phasencharakter (Adair & Brett, 2005; Haft, 2000; Olekalns, Smith & Walsh, 1996; Weingart & Olekalns, 2004). Auch hier existieren zahlreiche Modelle in der Literatur, z.B. die Phasenmodelle von Adair und Brett (2005), Haft (2000) sowie Holmes (1992).[28] Obwohl sich die einzelnen Modelle in der Anzahl der Phasen unterscheiden, lassen sich übergreifend folgende chronologische Gemeinsamkeiten in den Phasen identifizieren: Rahmenaktivitäten (z.B. gegenseitige Positionierung), Identifikation des Problems, Problemlöseverhalten und Lösungsfindung.[29] Eine explizite Beschreibung der einzelnen Phasen liegt

---

[27] Da für die vorliegende Fragestellung lediglich die konkrete Verhandlungsphase im Fokus steht, soll für die genauen Inhalte der weiteren Phasen an die jeweiligen Autoren verwiesen werden (z.B. Backhaus & Günter, 1976; Geiger, 2007; Koch, 1987; Utikal, 2001). Wichtig ist das Bewusstsein für die Eingliederung der Verhandlungsphase in einen übergeordneten Vermarktungsprozess, welcher durch z.B. den organisationalen Kontext ebenfalls Einfluss auf die Verhandlung an sich nehmen kann.

[28] Eine weitere Übersicht an Phasenmodellen findet sich bei Weingart und Olekalns (2004) sowie bei Douglas (1962). Alternative Konzepte zu den traditionellen Phasenmodellen betrachten konkrete Momente und Gegebenheiten in der Verhandlung und lassen diesen bestimmte Interpretationen und Konsequenzen zukommen. Sie legen den Fokus auf sog. *Critical Moments* (Menkel-Meadow, 2004; Putnam, 2004), welche zur Konfliktveränderung oder -lösung führen können. Andere Autoren untersuchen sog. *Turns* (Handlungen, die zur Befreiung aus der defensiven Position und Motivation des Verhandlungspartners zur Kollaboration dienen (vgl. Kolb, 2004) sowie *Moves* (überraschende strategische Züge, von denen beide Parteien profitieren, vgl. Stuart, 2004).

[29] Gelfand und Brett (2004) postulieren, dass für jede Phase charakteristische Verhaltenssequenzen bestehen. Verhaltenssequenzen beschreiben in diesem Zusammenhang Muster von Verhandlungsverhalten, welche die Relation des Verhandlungsverhaltens beider Verhandlungspartner zueinander beschreiben. Darüber hinaus existieren allgemeine Verhaltensmuster, wie z.B. die Zunahme des Detaillierungsgrades der Informationen und Sachargumente sowie der Häufigkeit der Offerten im Laufe der Verhandlungen (Voeth & Herbst, 2006). Für nähere Ausführungen zu Verhaltenssequenzen siehe Donohue (1981), Gelfand

jedoch nicht im Fokus dieser Arbeit. Deswegen soll an dieser Stelle auf die jeweilige Literatur verwiesen werden (Donohue, 1981; Lytle, Brett & Shapiro, 1999; Moore, 2004; Moore, Kurtzberg, Olekalns & Smith, 2000; Thompson & Hastie, 1990; Thompson & Morris, 1999; Wilson & Putnam, 1990).

Im Allgemeinen gilt die Darstellung eines Vermarktungs- und Verhandlungsprozesses in Phasen als statisch und ist in der Realität derart strikt nur selten anzufinden (Haft, 2000).[30] Die Phasenmodelle bieten somit eher einen generellen Rahmen für die Strukturierung von Vermarktungsprozessen und Verhandlungssituationen. Die Erwähnung der Phasenmodelle diente daher dem Verständnis der allgemeinen Eingliederung der spezifischen Verhandlungsphase in eine übergeordnete breitere Verhandlungssituation und der Bewusstmachung unterschiedlicher Phasen in einer Verhandlung selbst.

2.1.2 Verhandlungsparteien und Typologie der Interaktion von Verhandlungsparteien

Die Konstellation aus zwei Verhandlungsparteien wird als Dyade oder dyadische Verhandlung bezeichnet (Raiffa, 1982). Früher dominierten Solo-Verkäufer *(Seller)* und -Einkäufer *(Buyer, Purchasing Agent)* als die zentralen Verhandlungsparteien. Heute werden vermehrt Verhandlungsteams eingesetzt (vgl. Ceparano, 1995; Hutt & Speh, 2004; Patton & Balakrishnan, 2010; Puri, 1992; vgl. Abschnitt 1.1). Diese Verhandlungsteams werden als sog. *Selling* und *Buying Center* oder *Verkäufer-* und *Einkäuferteams* bezeichnet und umfassen meist Personen aus unterschiedlichen funktionalen Bereichen (vgl. Hutt, Johnston & Ronchetto, 1985; Johnston & Bonoma, 1981; Venkatesh, Kohli & Zaltmann, 1995). Durch den Einsatz von Verkäufer- und Einkäuferteams bei Verhandlungen soll u.a. ein breiteres Kompetenzspektrum und mehr Flexibilität in der Ver-

---

und Brett (2004), Olekalns und Smith (2000), Putnam und Jones (1982) oder Weingart, Thompson, Bazerman und Carroll (1990).

[30] Die Vielfalt an realen Verhandlungssituationen lässt sich in den Phasenmodellen nur abstrakt abbilden. Des Weiteren variieren B2B-Verhandlungen deutlich in deren Dauer und Intensität der einzelnen Phasen. Auch können Phasen übersprungen werden oder sich stark überlappen. Adair und Brett (2005) nehmen darüber hinaus an, dass trotz allgemeingültiger phasenspezifischer Charakteristika (emische Perspektive) kulturspezifische Variationen in den Verhaltensweisen (bzw. -sequenzen, etische Perspektive) zu finden sind (siehe hierzu auch Adair, Weingart & Brett, 2007, S. 1.057f).

handlung generiert werden, wodurch ein genereller, kompetitiver Wettbewerbsvorteil erhofft wird (Morgan, 2001; vgl. auch Abschnitt 1.1).[31]

Die *Buyer-Seller-*Interaktion bildet zwar den Verhandlungskern, daneben können aber noch weitere Parteien am Gelingen der Verhandlung beteiligt sein. Es ist möglich, dass auf intraorganisationaler Ebene bereits Verhandlungen zwischen Organisationseinheiten, z.b. im Rahmen von internen Preisverrechnungen, zeitlich vorgelagert sind. Gleichzeitig können besonders im Falle von B2B-Verhandlungen Drittparteien, wie z.b. Beratungsunternehmen, Banken- oder Versicherungen, die Verhandlung auf inter- oder intraorganisationaler Ebene begleiten (vgl. Engelhardt & Günter, 1981; Koch, 1987).

Für die Marketingforschung lässt sich demnach behaupten, dass sich die Ansätze zur Beschreibung und Analyse der Interaktion zwischen Einkäufer und Verkäufer nach der Anzahl und Art der beteiligten Parteien unterscheiden lassen. In Anlehnung an Kern (1990) ergibt sich daraus folgende Typologie (siehe auch Girmscheid, 2006):

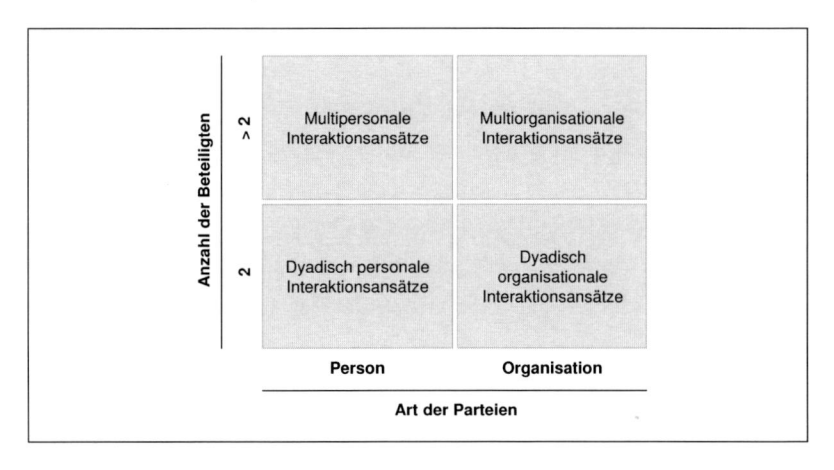

Anzahl der Beteiligten		Person	Organisation
	> 2	Multipersonale Interaktionsansätze	Multiorganisationale Interaktionsansätze
	2	Dyadisch personale Interaktionsansätze	Dyadisch organisationale Interaktionsansätze
		Art der Parteien	

Abbildung 2: Typologie der Interaktionsansätze im B2B-Marketing (eigene Darstellung, in enger Anlehnung an Kern, 1990, S.18)[32]

---

[31] Aufgrund der hohen Relevanz von Teams in internationalen B2B-Verhandlungen soll in Kapitel 3.2 darauf explizit eingegangen werden.

[32] Der Begriff Interaktionsansatz entstammt der Überlegung, dass Akteure im Industriegütermarketing in einem Abhängigkeitsverhältnis zueinander stehen. Der Austausch zwischen

Da in der vorliegenden Untersuchung die Verhandlung zwischen jeweils zwei Parteien betrachtet und der Verkäufer in der Verhandlung durch ein Team repräsentiert wird (siehe hierzu auch Abschnitt 4.1), lässt sich die Arbeit der dyadisch organisationalen Perspektive zuordnen.

Die vorliegende Beschreibung dient der Differenzierung zwischen dyadischen und Multi-Aktoren-Perspektiven sowie der Sensibilisierung für die unterschiedlichen Arten von beteiligten Parteien an einer Verhandlung. Für eine detailliertere Beschreibung der Interaktionsansätze wird auf die entsprechenden Autoren verwiesen (siehe u.a. Kern, 1990; Girmscheid, 2006).

2.1.3 Verhandlungsgegenstände im B2B-Bereich und ihre Operationalisierung für die Forschung

Bei B2B-Verhandlungen bilden mehrere Gegenstände die Verhandlungsgrundlage, wodurch der Verhandlungsspielraum deutlich erhöht wird. Bei solchen Mehrthemenverhandlungen bzw. *Multi-Issue*-Verhandlungen reicht das mögliche Spektrum von finanziellen und technologischen Verhandlungsgegenständen bis hin zu juristischen Festlegungen. Dazu zählen z.B. Preis, Produkteigenschaften, Verpackungen, Liefermenge und -termine, Garantie und Finanzierungsmöglichkeiten, Aufbau und Wartung, Schulung der lokalen Mitarbeiter sowie sonstige Nebenleistungen (vgl. Kutschker & Kirsch, 1978; Ito, Hattori & Klein, 2007; Ito, Klein & Hattori, 2008).[33] Trotz der Vielzahl an möglichen Verhandlungsgegenständen, spielt der Preis häufig die wichtigste Rolle, da er den monetären Gegenwert für die erbrachte Leistung und Gegenleistung widerspiegelt (Kutschker & Kirsch, 1978). Die verhandelten Leistungen und Gegen-

---

den Akteuren ist zusätzlich durch eine zeitliche Abfolge von Aktivitäten und Reaktionen gekennzeichnet (siehe Kern, 1990). Im Falle von zwei Beteiligten wird von einer dyadischen Interaktion, bei mehr als zwei Parteien von einer Multi-Aktoren-Interaktion gesprochen (siehe auch Backhaus & Voeth, 2007). Spezifisch in der Verhandlungsliteratur finden sich Multi-Aktoren-Interaktionen auch als Mehrparteienverhandlungen (*Multi-Party Negotiations*, siehe Crump & Glendon, 2003; Lewicki et al., 2004).

[33] Beispiele zu empirisch untersuchten Mehrthemenverhandlungen siehe Fatima, Wooldridge und Jennings (2004, 2006), Ito et al. (2007) oder Lai et al. (2004). Im Prinzip können zahlreiche Faktoren Gegenstand der Verhandlung sein. Backhaus und Voeth (2007) sehen jedoch einige als unverzichtbare Verhandlungsgegenstände an, die sich in vier Kategorien unterteilen lassen (siehe auch Joussen, 1996): Technische Leistungen (bzw. Leistungsmodifikationen und mögliche Lösungen), Betriebswirtschaftliche Konditionen (z.B. Zahlungsbedingungen, effektiver Abschlusspreis), Projektabwicklung (Gültigkeit und Inkrafttreten des Vertrages, Abnahmeregelungen, Patente, Haftungen oder Garantien) sowie Vertragsstörungen (Verzug sowie Schadensersatz).

leistungen sowie Rechte und Pflichten werden im Allgemeinen in einem Vertrag festgehalten.

Inwiefern das zu verhandelnde Industriegut Verhandlungsspielraum zulässt, ist von unterschiedlichen Faktoren abhängig. Beispielsweise können sich Verhandlungen darin unterscheiden, wie stark die technologische Konkretisierung eines Industriegutes zum Zeitpunkt der Verhandlung bereits fortgeschritten ist bzw. inwiefern Flexibilität bei der Verhandlung von technologischen oder auch finanziellen Komponenten des Industriegutes erwünscht ist (vgl. Koch, 1987).[34]

Die Komplexität von Verhandlungen mit mehreren Vertragsgegenständen geht vor allem auf zwei Gründe zurück. So besteht für jede Verhandlungspartei ein detailliertes Präferenzprofil hinsichtlich der unterschiedlichen Vertragsgegenstände, welches es durch den Verhandlungsgegner im Laufe der Verhandlung zu eruieren und mit dem eigenen Profil abzugrenzen gilt. Gleichzeitig wird durch mehrere Verhandlungsgegenstände der Lösungsraum von der Ein- auf eine Mehrdimensionalität vergrößert, was die Kalkulation von eigenem Nutzen und dem Nutzen des Verhandlungspartners sowie die Wahl einer adäquaten Verhandlungsstrategie erschwert (Lai, Li, Sycara & Giampapa, 2004).

2.2 Verhandlungstypen und das BATNA-Konzept

2.2.1 Distributiver Verhandlungstyp

2.2.1.1 Charakteristika distributiver Verhandlungen

Grundsätzlich wird bei Verhandlungstypen zwischen distributiver und integrativer Verhandlung abgegrenzt. Die zwei Verhandlungstypen unterscheiden sich in der Relation der Präferenzen der Verhandlungsparteien zueinander. Bei distributiven Verhandlungstypen sind die Präferenzen hinsichtlich der Vertragsgegenstände entgegengesetzt bzw. konfliktär (Anbieter verlangt hohen Preis, Nachfrager einen niedrigen). Der Verlust des einen Verhandlungspartners bedeutet gleichzeitig den Zugewinn des anderen Verhandlungspartners. Konfliktäre Präferenzen liegen vor allem dann vor, wenn nur ein Gegenstand verhan-

---

[34] Koch (1987) unterscheidet in diesem Zusammenhang – in Anlehnung an Minzberg, Raisinghani und Théorét (1976) – zwischen drei Verhandlungen („solution given", „solution ready made", „solution modified"), die hinsichtlich der noch verhandelbaren Vertragsgegenstände variieren. Zur weiteren Detaillierung sei auf die Autoren verwiesen.

delt wird – wie im Falle einer einfachen Preisverhandlung – oder wenn die zu verhandelnden Faktoren bereits mehrheitlich restringiert sind (vgl. Thompson, 2009).

2.2.1.2 Einigungsraum distributiver Verhandlungen am Beispiel des Einigungszonenmodells von Raiffa (1982)

Die konfliktäre Präferenzkonstellation bei einer distributiven Verhandlung lässt sich am Einigungszonenmodell (ZOPA-Konzept – Zone of Possible Agreements) von Raiffa (1982) veranschaulichen. Das Modell fungiert nicht nur als Basis der modernen Verhandlungsforschung, auch wesentliche Begriffe aus verhaltenwissenschaftlichen Verhandungsstudien lassen sich damit verdeutlichen. Abbildung 3 zeigt das Modell.

Das Einigungszonenmodell beschreibt die zu einem Zeitpunkt stattfindende Verhandlungssituation zwischen einem Einkäufer und einem Verkäufer. Die Einigungszone ZOPA wird von den Reservationspunkten (RP) des Ein- und Verkäufers begrenzt (Verkäufer RP_V links, Einkäufer RP_E rechts).[35] Der Reservationspunkt RP_V beschreibt dabei den minimalen Wert für den Verkäufer, bei dem er den Vertrag eingehen würde. Im Falle einer Preisverhandlung ließe sich der Reservationspunkt als der Preis beschreiben, für den der Verkäufer gerade die Kosten des Verhandlungsgutes, z.B. Produktion, gedeckt hat, jedoch keinen Gewinn erzielen würde.

---

[35] In der Literatur sind für die Einigungszone unterschiedliche Begriffe zu finden. Neben „ZOPA" (Raiffa, 1982) existiert auch der Ausdruck „Verhandlungszone" (u.a. bei Backhaus & Voeth, 2007; Geiger, 2007). Die Begriffe können inhaltlich äquivalent verwendet werden (Lewicki et al., 2004).

Grundlegende Begriffe und Verhandlungsmodell 27

```
         ←——— Einigungszone ———→
              (ZOPA)

           Gewinn         Gewinn
          Verkäufer      Einkäufer

   ─────┬──────────┬──────────────┬─────
       RP_V        X             RP_E
        Verhandlungs-    Verhandlungs-
        richtung Verkäufer  richtung Einkäufer
```

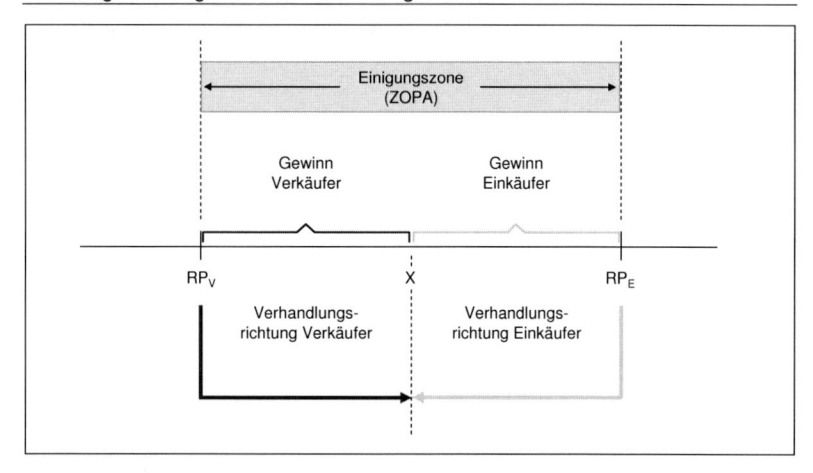

Abbildung 3: Einigungszonenmodell zwischen Verkäufer und Einkäufer (eigene Darstellung, in Anlehnung an Raiffa, 1982, S. 46)[36]

Alle Werte niedriger als der Reservationspunkt RP_V würden für den Verkäufer einen Verlust darstellen. Entsprechend ist das Ziel des Verkäufers, den Vertragswert X *(Final Contract Value)* zu maximieren. Für den Einkäufer entspricht der Reservationspunkt RP_E dem Maximalwert, den er in der Verhandlung eingehen würde. Beispielsweise würden alle Werte größer als der Reservationspunkt bei Preisverhandlungen das Budget des Einkäufers übersteigen. Die Minimierung des Vertragswerts X ist somit das Ziel des Einkäufers. Die konfliktäre Präferenzenkonstellation in distributiven Verhandlungen zwischen der Maximierung des Vertragswerts durch den Verkäufer und der Minimierung des Vertragswerts durch den Einkäufer wird hier abermals deutlich.

Nur für den Fall, dass der Reservationspunkt des Verkäufers RP_V kleiner ist als der Reservationspreis des Einkäufers RP_E, existiert eine Verhandlungszone.[37] Der Vertragswert X bewegt sich innerhalb der Verhandlungszone und beschreibt in Relation zu den Reservationspunkten die individuellen Gewinne. So entspricht die Differenz zwischen X und RP_V dem Gewinn des Verkäufers, die

---

[36] Es sei darauf hingewiesen, dass in der ursprünglichen Darstellung von Raiffa (1982, S. 46) die X-Achse dem Preis entsprach, so dass höhere Werte (nach rechts) mit höheren Preisen einhergingen. Das Modell lässt sich aber genauso auf andere Vertragsgegenstände oder Operationalisierungen anwenden, so dass hier die abstraktere Darstellung gewählt wurde.

[37] Ist der RP_E kleiner als der RP_V, so können nur solche Ergebnisse erzielt werden, die für mindestens eine der beiden Parteien ein Verlust bedeuten bzw. die den Reservationspunkt unter- (Verkäufer) oder überschreiten (Einkäufer).

Differenz zwischen RP_E und X dem Gewinn des Einkäufers. Die Summe beider Gewinne ergibt die Spannweite der Verhandlungszone. Da die Spannweite der Verhandlungszone eine konstante Größe verkörpert, bedeutet ein Zuwachs im Gewinn des einen Verhandlungspartners gleichzeitig eine Reduktion des Gewinns des anderen. Zuwachs und Reduktion besitzen dabei das gleiche Ausmaß. Eine solche Situation wird demzufolge auch als *Win-lose-* oder Nullsummenspiel bezeichnet.[38]

Das Modell geht davon aus, dass zumindest der eigene Reservationspunkt bekannt und stabil ist. In der Realität besteht jedoch häufig nicht nur über den eigenen Reservationspunkt eine vage Vorstellung, sondern auch über die Höhe oder mögliche Verteilung des Reservationspunktes des Verhandlungspartners. Es wird angenommen, dass die Kenntnis über die Höhe des Reservationspunkts (durch zum Teil detaillierte Produktions- und Verwaltungskosteninformation) das Verhandlungsverhalten und -ergebnis beeinflusst (vgl. Plinke, 1985; Raiffa, 1982; Wilken, Cornelißen, Backhaus & Schmitz, 2010).

2.2.2 Integrativer Verhandlungstyp

2.2.2.1 Charakteristika integrativer Verhandlungen

Existieren mehrere Vertragsgegenstände (wie z.B. bei Mehrthemenverhandlungen) und sind die Präferenzen und Prioritäten nicht bezüglich jedes einzelnen Verhandlungsgegenstandes rein distributiv verteilt, kann von einem integrativen Verhandlungstyp gesprochen werden. In einem solchen Fall legt beispielsweise der Verkäufer Wert auf die Fremdmontage des verkauften Gutes, während der Einkäufer die Lieferzeit priorisiert. Durch geschicktes Verhandeln kann den Präferenzen und Prioritäten beider Verhandlungspartner Rechnung getragen werden. Zugeständnisse auf den jeweils weniger wichtigen Gegenständen führen dabei zu einer Nutzenmaximierung beider Parteien. Die Erhöhung des gemeinsamen Nutzens entspricht der Vergrößerung der zu verhandelnden Masse *(Negotiation Pie)*, wovon auch gleichzeitig der individuelle Gewinn profitieren kann (Thompson, 2009). Der grundlegende Unterschied zu distributiven Ver-

---

[38] Obwohl Raiffa (1982) dieser Bezeichnung ebenfalls zustimmt, räumt er gleichzeitig ein, dass durch einen Verhandlungsabbruch eine weitere Möglichkeit zur Lösung der Konfliktsituation besteht und deshalb eher die Bezeichnung Quasi-Nullsummenspiel zutreffen würde. Da aber für beide Verhandlungspartner eine abgeschlossene Verhandlung eine bessere Situation darstellt als eine abgebrochene, kann dies vernachlässigt werden.

handlungen liegt somit in der Möglichkeit zur Erhöhung des gemeinsamen Nutzens, ohne einen der beiden Verhandlungspartner wesentlich zu benachteiligen. Die Identifikation der jeweiligen Präferenzen gilt dabei als zentrale Voraussetzung für integrative Verhandlungen (vgl. Lax & Sebenius, 1986).

In der Realität können vereinzelt trotz integrativen Potenzials konfliktäre Präferenzen bestehen bleiben. In solchen Fällen sind die Interessen weder komplett komplementär noch komplett kompatibel. Diese Situationen treten dann auf, wenn z.B. in einer integrativen Verhandlung konfliktäre Elemente bestehen bleiben oder die Wichtigkeiten auf sämtlichen Gegenständen zwischen beiden Parteien variieren. Die Herausforderung besteht dabei darin, neben der Vergrößerung der Verhandlungsmasse diese auch zwischen den einzelnen Verhandlungspartnern aufzuteilen. Folglich können in integrativen Verhandlungstypen auch distributive Verhandlungszüge auftreten. Diese werden häufig auch als *Mixed-Motive*-Situation bezeichnet (Pruitt, 1981, Raiffa, 1982). Solche Situationen stellen insofern eine Herausforderung für die verhandelnden Parteien dar, als zwar auf der einen Seite die Maximierung des gemeinsamen Interesses beider Parteien im Vordergrund steht, auf der anderen Seite aber auch die eigenen Interessen nicht vernachlässigt werden sollten. Sie werden auch als „Dilemma des Verhandelnden" bezeichnet (*Negotiator's Dilemma,* Lax & Sebenius, 1986, S. 158, siehe auch Kelley, 1966; O'Connor, 1997; Raiffa, 1982).

Weiterhin existieren Situationen, in denen ein vorhandenes integratives Potenzial als solches nicht wahrgenommen wird und nur distributiv verhandelt wird. Eine solche Situation wird als *Fixed-Pie Perception* bezeichnet (Thompson, 2009) und kann durch unterschiedliche Faktoren begründet sein. Dazu zählen Zeitdruck (DeDreu, 2003), persönliche Motivation (Agndal, 2007) oder kulturelle Werte (Drake, 2001; Gelfand et al., 2007). Mit steigender Anzahl an zu verhandelnden Vertragsgegenständen nimmt jedoch die Wahrscheinlichkeit für integratives Verhalten zu, da sich die Kompensationsmöglichkeiten mehren (Backhaus et al., 2010).

2.2.2.2 Einigungsraum integrativer Verhandlungen und effiziente Ergebnisse anhand des Verhandlungsbeispiels von Kelley (1966)

Zur Verdeutlichung integrativer Verhandlungen und effizienter Ergebnisse soll das Zahlenbeispiel der integrativen Verhandlung von Kelley (1966) verwendet werden. Die Verteilung möglicher Ergebnisse bei integrativen Verhandlungen ist nicht mehr wie bei den distributiven Verhandlungen innerhalb einer linearen Einigungszone zu finden.[39] Im vorliegenden Zahlenbeispiel entspricht sie beispielsweise einer Punktewolke (siehe Abbildung 4). Es ergibt sich der sog. Vertragsraum *(Contract Space)*, welcher durch die möglichen individuellen Verhandlungsergebnisse auf den beiden Achsen aufgespannt wird.[40]

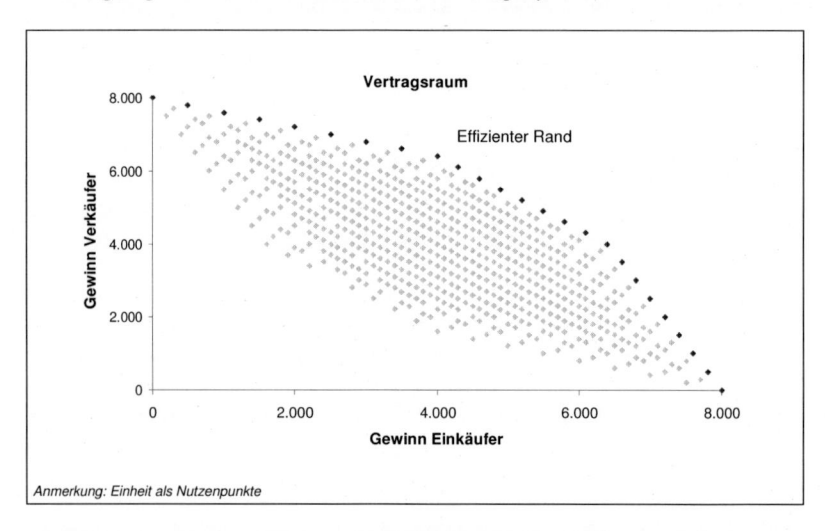

Abbildung 4: **Vertragsraum für das Fallbeispiel eines integrativen Verhandlungstyps nach Pruitt & Lewis (1975)**

Generell ist es bei der Darstellung von integrativen Verhandlungen aus forschungsökonomischen Gründen sinnvoll, eine geeignete Operationalisierung der Verhandlungsgegenstände vorzunehmen. Zur vergleichbaren Beschreibung konfliktärer oder auch komplementärer Präferenzen bietet sich die Operationali-

---

[39] Dies gilt für integrative Verhandlungen im Allgemeinen.
[40] Die dem Vertragsraum in Abbildung 4 zugrunde liegenden Werte sind in der Tabelle in Abbildung 5 dargestellt. Der maximale individuelle Gewinn einer Verhandlungspartei beträgt 8.000. Gleichzeitig hat der Verhandlungspartner dabei einen individuellen Gewinn von 0.

sierung durch Nutzenwerte oder -einheiten an. Nutzeneinheiten bilden den Wert bzw. die Bedeutung der jeweiligen Ausprägung des Vertragsgegenstandes für den jeweiligen Verhandlungspartner ab. Erste derartige Modellierungen sind bei Pruitt und Lewis (1975) sowie Raiffa (1982) zu finden. Je nach Forschungsinteresse lassen sich Nutzeneinheiten auch in andere Bezeichnungen überführen. Soll beispielsweise der Einkäufer im Vordergrund stehen, so bietet sich eine Operationalisierung der Bewertung der Verhandlungsgegenstände als Kostenpunkte bzw. -einheiten an. Obwohl Nutzenwerte häufig mit dem jeweiligen monetären Wert (Geldeinheiten) gleichgesetzt werden, bieten sie gegenüber diesen mehrere Vorteile (vgl. Berninghaus, Ehrhart & Güth, 2010). Während bei einfachen Preisverhandlungen der Preis mittels Geldeinheiten abgebildet werden kann, lassen sich im Falle von Mehrthemenverhandlungen komplexere Vertragsgegenstände wie z.B. Garantie weniger gut in Geldeinheiten übertragen. Des Weiteren wird bei der Entscheidung über ein Angebot nicht nur der reine Preis eines Verhandlungsobjekts, sondern auch das Risiko, welches damit einhergeht, berücksichtigt. Das Risiko kann jedoch durch den monetären Wert des Verhandlungsobjekts allein nicht abgebildet werden, deswegen wäre auch hier die Übertragung in Nutzeneinheiten sinnvoll.

Vertrags- gegenstand	Lieferzeit		Rabatte		Finanzierung	
Ebene	Gewinn Verkäufer	Gewinn Einkäufer	Gewinn Verkäufer	Gewinn Einkäufer	Gewinn Verkäufer	Gewinn Einkäufer
A	0	4.000	0	2.400	0	1.600
B	200	3.500	300	2.100	500	1.400
C	400	3.000	600	1.800	1.000	1.200
D	600	2.500	900	1.500	1.500	1.000
E	800	2.000	1.200	1.200	2.000	800
F	1.000	1.500	1.500	900	2.500	600
G	1.200	1.000	1.800	600	3.000	400
H	1.400	500	2.100	300	3.500	200
I	1.600	0	2.400	0	4.000	0

Anmerkung: Einheit als Nutzenpunkte

Abbildung 5: Zahlenbeispiel eines integrativen Verhandlungstyps nach Pruitt & Lewis (1975) (eigene Darstellung, ursprüngliches Zahlenbeispiel nach Kelley, 1966)

Auch in Bezug auf das vorliegende Beispiel sind die einzelnen Vertragsgegenstände anhand von Nutzenpunkten abgebildet. Wie aus Abbildung 5 hervorgeht, sind die Präferenzen zwischen Ein- und Verkäufer unterschiedlich verteilt.

In der Tabelle sind drei Verhandlungsgegenstände (Lieferzeit, Rabatt und Finanzierung) mit den jeweiligen individuellen Nutzenpunkten für den Einkäufer und Verkäufer dargestellt. Pro Verhandlungsgegenstand bestehen neun Ebenen (A bis I). Jede Kombination aus den einzelnen Ergebnissen lässt sich als Punkt im Vertragsraum abbilden. Während die Lieferzeit für den Einkäufer die größte Bedeutung hat (4.000 Nutzenpunkte), verkörpern Finanzierungsbedingungen den wichtigsten Verhandlungsgegenstand für den Verkäufer. Bei Rabatten besitzen die Verhandlungsparteien entgegengesetzte – also distributive – Präferenzen. Im Falle der Kompromisslösung über alle Vertragsgegenstände (Kombination der Ebenen E-E-E) werden insgesamt 8.000 Nutzenpunkte generiert, welche zu gleichen Teilen (4.000) zwischen den Parteien aufgeteilt sind.[41] Der maximale gemeinsame Nutzen ist dadurch jedoch nicht erreicht. So lassen sich durch andere Kombinationen, wie z.B. A-F-H, nicht nur ein höherer Gesamtnutzen (als Summe individueller Nutzenpunkte: 9.800), sondern auch höhere individuelle Gewinne erzielen (Verkäufer: 5.200, Einkäufer: 4.600) als bei der Kompromisslösung. Der Maximalgesamtnutzen von 10.400 Nutzenpunkten ist generell bei der Kombination von Ebene A in der Lieferzeit und Ebene I in der Finanzierung erzielt, unabhängig von der Ebene der Rabatte. Sollen für beide Parteien die individuellen Gewinne maximiert werden, so ist dies in der Kombination A-E-I mit einem Wert von 5.200 zu finden. Diese Ergebnisse liegen an der oberen rechten Geraden der Verteilung und werden als effizient bezeichnet.

---

[41] Werden Zu- bzw. Eingeständnisse parallel entlang der Ebenen getätigt (A-A-A, B-B-B bis I-I-I), ergibt sich ein distributives Setting, bei dem der Verlust der einen Verhandlungspartei mit dem Gewinn der anderen einhergeht. Die Verteilung würde der Hauptdiagonalen im Vertragsraum entsprechen. Diese Kombinationen werden als horizontale Optionen bezeichnet (Pruitt & Lewis, 1975).

Als effizient (pareto-optimal)[42] werden dabei allgemein die Ergebnisse beschrieben, bei denen es keine bessere Lösung für beide Verhandlungspartner gibt, ohne dass der Nutzenzuwachs eines Verhandlungspartners mit einer Nutzenreduktion des anderen Verhandlungspartners verbunden ist (Thompson, 2009). Diese Lösungen liegen am oberen rechten Rand der Punktewolke (dunkelblau gekennzeichnet) und werden folglich als *effizienter Rand* bezeichnet (vgl. Raiffa, 1982; siehe effizienter Rand in Abbildung 4). Die dazugehörigen Dyaden konnten im Vergleich zu Dyaden am unteren Rand der Punktewolke eine größere Verhandlungsmasse generieren.

2.2.3 Das BATNA-Konzept im Rahmen von Verhandlungen

Unabhängig von dem Verhandlungstyp sollten beide Verhandlungspartner vorab ihre möglichen Alternativen zu der vorliegenden Verhandlung kennen und analysieren. Dieses Konzept wird als BATNA *(Best Alternative To Negotiated Agreement)* bezeichnet und wurde von Fisher und Ury in die Verhandlungsliteratur eingeführt (Fisher & Ury, 1981). BATNA beschreibt das beste alternative Angebot – außerhalb der vorliegenden Verhandlungssituation –, welches angenommen werden kann, wenn die vorliegende Verhandlung scheitert oder wenn kein gemeinsames Ergebnis erlangt wird. BATNA ergibt sich dabei aus der Analyse der möglichen Alternativen im Transaktionsumfeld. Für distributive Verhandlungen bezeichnen die im ZOPA-Modell genannten Reservationspunkte der Parteien den rechnerischen Wert ihrer jeweils besten Alternative. Die Festlegung des BATNA gestaltet sich jedoch mit zunehmender Anzahl an Verhandlungsgegenständen komplexer und ist demzufolge für integrative Verhandlungen nicht immer einfach bzw. offensichtlich.

Nach Lewicki et al. (2004) verleiht die Kenntnis über bestehende, attraktive Alternativen dem Verhandelnden die Macht, bei inakzeptablen Angeboten entweder die Ziele höher zu setzen und weniger Eingeständnisse zu machen oder die Verhandlung zu verlassen und auf adäquate Alternativen zurückzugreifen. Liegen keine attraktiveren Optionen vor oder besteht keine Kenntnis über diese,

---

[42] Der Begriff „pareto-optimal" stammt aus der Spieltheorie und bezeichnet ein Ergebnis, bei dem keine Alternative der im Verhandlungsraum möglichen Ergebnisse für beide Parteien ein besseres individuelles Ergebnis bietet. Pareto-optimales Ergebnis wird häufig synonym zu effizientem Ergebnis verwendet (u.a. Adair & Brett, 2004; Lax, 1981; Lax & Sebenius, 1986, 1987; Olekalns et al., 1996).

besitzt der Verhandelnde weniger Verhandlungsmacht. Insbesondere ein hohes eigenes BATNA kann das individuelle Verhandlungsergebnis stark beeinflussen (Backhaus & Voeth, 2007). Das BATNA beeinflusst zudem auch die Zieldefinition sowie die Formulierung des Erstangebots (siehe Abschnitt 3.3). Sind keine Alternativen vorhanden, fallen häufig Reservationspunkt und BATNA zusammen. Liegen Alternativen vor, sollte ein Verhandelnder auf kein schlechteres Angebot als das BATNA eingehen.

2.3 Verhandlungsstrategien und -taktiken im Interaktionsprozess der Verhandlung – die Theorie der Kooperation

2.3.1 Grundlegende Motive bei Verhandlungen und die Theorie der Kooperation

Zur Lösung des Konfliktes im Rahmen des Interaktionsprozesses in der Verhandlung stehen jeder beteiligten Partei unterschiedliche Verhaltensweisen zur Verfügung. Diese Verhaltensweisen werden von Verhandlungsstrategien und -taktiken repräsentiert und sind je nach Verhandlungstyp und -ziel unterschiedlich zielführend. Während die Strategie als der übergeordnete Prozess zur Erreichung der Lösung verstanden wird, sind Taktiken als gezeigte Handlungen zur Erfüllung dieses übergeordneten Prozesses zu verstehen.[43]

Generell wird bei Verhandlungsstrategien zwischen zwei Kategorien unterschieden (Lax & Sebenius, 1986): *Value Claiming* und *Value Creation*. Die differenzierenden Beschreibungsmerkmale der beiden Verhandlungsstrategien kommen inhaltlich den Charakteristika von distributiven und integrativen Verhandlungstypen gleich.

In der Literatur existieren zahlreiche Modelle zur Erklärung der Wahl von Verhandlungsstrategien. Im Folgenden sollen dabei die *Theory of Cooperation* von Deutsch (1949) und das *Dual-Concern*-Modell von Pruitt und Rubin (1986) als

---

[43] Aufgrund dessen, dass Verhandlungen als Interaktionsprozess aufzufassen sind und durch Reziprozität und gegenseitige Beeinflussung im Verhandlungsverhalten geprägt sind, lassen sich Strategien lediglich als dominierende Richtlinien innerhalb einer Verhandlung auffassen. Die Planbarkeit der Taktiken hält dem Verlauf der Verhandlung nur geringfügig stand. So sind zu Beginn der Verhandlung die bestehenden Präferenzstrukturen noch unbekannt, was eine direkte Lösung des vorliegenden Konflikts erschwert. Erst durch die Preisgabe von Informationen, z.B. durch die Formulierung eines Erstangebots, werden diese verdeutlicht (vgl. Backhaus et al., 2010).

zwei wesentliche Theorien der Verhandlungsforschung vorgestellt werden. Im Gegensatz zu den klassischen Verhandlungstheorien – wie z.B. traditionell ökonomische Verhandlungstheorien oder Spieltheorie (z.B. Nash, 1950; Siegel & Fouraker, 1960; von Neumann & Morgenstern, 1947) – nehmen diese beiden Theorien nicht an, dass Verhandelnde durch das alleinige grundlegende Motiv der Maximierung des eigenen Gewinns geleitet werden. Vielmehr gehen sie vom Vorhandensein zweier parallel existierender Motive – egoistisch und prosozial – aus, welche das Verhandlungsverhalten und am Ende das Verhandlungsergebnis bedingen (DeDreu, Weingart & Kwon, 2000).

Die *Theory of Cooperation* (Theorie der Kooperation) von Deutsch (1949)[44] besagt, dass strategische Verhaltensweisen und der Umgang mit Konflikten dadurch bedingt sind, wie die Abhängigkeit zwischen den eigenen Ziele und den Zielen des Verhandlungspartners wahrgenommen wird (vgl. Tjosvold, 1998; Fiske, Gilbert & Lindzey, 2010). Die Wahrnehmung hängt von dem sozialen Wertesystem bzw. der sozialen Motivation der Verhandlungspartei ab (Fiske et al., 2010). Generell lassen sich dabei zwei soziale Motive unterscheiden: ein egoistisches und ein prosoziales Motiv.

Die *Theory of Cooperation* wird auch als Grundlage des *Dual-Concern*-Modells von Pruitt und Rubin (1986) aufgefasst. Die Autoren sehen die beiden Motive egoistisch und prosozial aber im Gegensatz zu Deutsch (1949) als zwei unabhängige Bedenken *(Concern)*, welche in hoher und niedriger Ausprägung auftreten können (Ghauri & Usunier, 2005; Pruitt & Rubin, 1986; Thomas, 1999). Ergebnis ist ein Vierfelderschema, charakterisiert durch jeweils hohe/niedrige Ausprägung in *Other-Concern* und hohe/niedrige Ausprägung in *Self-Concern*.[45] Die Kombination aus den beiden Motiven bedingt das strategische Verhalten (Fiske et al., 2010). In zahlreichen empirischen Anwendungen des *Dual-Concern*-Modells konnten die zugeordneten vier Verhaltensweisen nicht nachgewiesen werden (Ben-Yoav & Pruitt, 1984a,b; Carnevale & Pruitt, 1992; DeDreu et al., 2000; DeDreu & Thompson, 1990; Fiske et al., 2010; Holt & De-

---

[44] Siehe auch Deutsch (1973) und Deutsch (2000).
[45] Die sich daraus ergebenen Verhandlungsstrategien sind *Contending* (hoher *Other-Concern*, niedriger *Self-Concern*), *Problem-Solving* (hoher *Other-Concern*, hoher *Self-Concern*), *Inaction* bzw. *Avoiding* (niedriger *Other-Concern*, niedriger *Self-Concern*) und *Forcing* (niedriger *Other-Concern*, hoher *Self-Concern*) (vgl. DeDreu et al., 2000).

Vore, 2005; Tinsley, 2001). Vielmehr reduzierten sich die angegebenen vier Verhaltensweisen meistens auf zwei Verhandlungsstrategien: hoher *Self-* und gleichzeitig niedriger *Other-Concern* (kompetitiv) sowie niedriger Self- und gleichzeitig hoher *Other-Concern* (kooperativ). Auch in kulturellen Verhandlungsstudien ist diese vergleichsweise simple Differenzierung mehrheitlich zu finden (Tinsley, 2001).[46] Inhaltlich entspricht dies der von Deutsch (1949) postulierten Kategorisierung.

Die Ursprünge der sozialen Motive liegen u.a. in der jeweils vorliegenden Situation, aber insbesondere in der sozialen Werteorientierung der Verhandelnden begründet (Deutsch, 2000; Deutsch et al., 2006; Fiske et al., 2010).[47] Während aus der Situation hervorgehende Motive vor allem durch die Instruktion von außen – z.B. durch Vorgesetzte, Vorgaben in Experimentalsituationen oder konkrete monetäre Anreize[48] – induziert werden, wird von der sozialen Werteorientierung angenommen, dass sie über die Zeit erlernt und stabil ist und Verhalten, Erwartungen und Einstellungen der Person bedingt (van Lange et al., 1997).

Die Basis der *Theory of Cooperation* liegt damit in der grundlegenden Annahme, dass ein enges Zusammenspiel zwischen Zielwahrnehmung, sozialem Wertesystem und Verhandlungsverhalten existiert. Diese Annahme wird von zahlreichen Studien unterstützt (DeDreu, Giebels & van de Vliert, 1998; Deutsch, 1973; Tjosvold, 1998).

2.3.2 Zusammenhang zwischen grundlegenden Motiven und Value Claiming- sowie Value Creating-Verhandlungsstrategien

Von den beiden grundlegenden Motiven wird ausgegangen, dass sie charakteristische Verhaltensweisen und damit auch Verhandlungsstrategien bedingen. Deutsch, Coleman und Marcus (2006) vermuten, dass das egoistische Motiv eher kompetitives Verhandlungsverhalten nach sich zieht, und mit einem proso-

---

[46] In einigen Fällen wurde daneben noch Avoiding/Inaction als eine dritte Verhandlungsstrategie hervorgehoben (siehe Boros et al., 2010 oder Oetzel & Ting-Tommey, 2003).

[47] Siehe auch DeDreu und van Lange (1995) sowie van Lange, Otten, De Bruin und Joireman (1997).

[48] Beispielsweise ergaben sich bei DeDreu und van Lange (1995) prosoziale und egoistische Dyaden folgendermaßen: Bei einer Experimentalgruppe wurde das Ergebnis der gesamten Dyade inzentiviert, es entstanden dadurch prosoziale Dyaden. Demgegenüber wurde bei der anderen Experimentalgruppe die Bezahlung an die Höhe des individuellen Ergebnisses geknüpft und somit egoistische Dyaden geschaffen.

zialen Motiv vermehrt kooperatives Verhandlungsverhalten einhergeht. Dies lässt sich wie folgt begründen.

Verhandelnde mit egoistischem bzw. distributivem Motiv zielen auf die Maximierung des eigenen Ergebnisses ab und lassen dabei die Wünsche ihres Verhandlungspartners entweder außer Acht oder betrachten diese als störend. Ihre Zielorientierung entspricht einer *Win-lose*-Auffassung. Charakteristisches Verhandlungsverhalten äußert sich u.a. in Zurückhalten von Informationen, Überredung, Täuschungen, geringer Kompromissbereitschaft, Verteidigung der eigenen Position, unilateralen Zugeständnissen auf Seiten des Verhandlungsgegners, feststehenden Verkaufsangeboten, klaren und direkten Äußerungen sowie Ablehnung alternativer Vorschläge bis hin zu Drohungen, persönlicher Zurückweisung, persönlichem Angriff und Befehlen (Fiske et al., 2010). Soll bei konträren Zielen eine Einigung erreicht werden, so ist diese nur durch Eingeständnisse des Verhandlungspartners zu erzielen. Solche Taktiken verstärken die ohnehin aufgrund der geringen Ressourcen bestehende Konflikträchtigkeit und damit einhergehende Emotionalität im Interaktionsprozess. Nicht selten wird dadurch die geforderte und notwendige Sachlichkeit überlagert und reduziert. Fiske et al. (2010) bezeichnen daher dieses Motiv auch als kompetitiv. Durch die grundsätzlich herrschende Auffassung, dass der Gewinn einer Verhandlungspartei mit dem Verlust der anderen einhergeht, lassen sich diese Taktiken auch als distributives Verhalten bezeichnen und den Verhandlungsstrategien des *Value Claiming* zuordnen (vgl. Walton & McKersie, 1965).

Demgegenüber suchen Verhandelnde mit prosozialen Motiven nach Möglichkeiten, sowohl die eigenen Interessen und Präferenzen als auch die des Verhandlungspartners zu integrieren (Deutsch et al., 2006). Kompromissbereitschaft, das Aufstellen von fairen Angeboten, individuelle Informationspreisgabe, Offenheit, Flexibilität und Koordination sind charakteristische prosoziale Verhandlungstaktiken. Somit geben sie den Präferenzen des Verhandlungspartners im Gegensatz zu egoistisch motivierten Verhandelnden ein positives Gewicht und streben nach einer *Win-win*-Situation (z.B. DeDreu & Boles, 1998; DeDreu & McCusker, 1997; van Lange et al., 1997). Durch den Austausch von z.B. individuellen Präferenzen kann eine für alle beteiligten Parteien befriedigende Lösung gefunden werden. Aufgrund des intensiven Informationsaustausches sowie der expliziten Berücksichtigung aller Präferenzen werden diese Taktiken auch als integratives Verhalten bezeichnet und lassen sich dementsprechend den *Value Creation*-Verhandlungsstrategien zuordnen (Walton & McKersie, 1965).

Unter den integrativen Verhandlungsstrategien existieren einige Taktiken, die besonders der Maximierung des gemeinsamen Ergebnisses bzw. effizienten Ergebnis der Verhandlung dienen. Mehrere Autoren bieten hierzu detaillierte Überblicke, wobei sich fünf wesentliche Verhandlungstaktiken identifizieren lassen (z.B. Lewicki, Barry & Saunders, 2007; Pruitt, 1981, 2001; Thompson, 1990):[49]

- *Expanding the Pie* adressiert zum einen die Aufnahme zusätzlicher Ressourcen (z.B. Vertragsgegenstände),[50] die so gewählt sind, dass die Erwartungen beider Parteien erfüllt werden können. Dazu lassen sich auch *Side Deals* zählen, sog. Nebengeschäfte parallel zur eigentlichen Verhandlung. Zum anderen kann eine Separation eines komplexen Vertragsgegenstandes in Einzelteile vorgenommen werden, um somit wieder mehr Präferenzunterschiede zu erzeugen.

- *Logrolling* beschreibt eine gegenseitige Zugeständnisabfolge (*Mutually Beneficial Trade-offs*), bei der dem Verhandlungspartner auf dessen präferierten Vertragsgegenstand entgegengekommen wird und der Vertragspartner im Gegenzug hinsichtlich der eigenen Präferenzen Zugeständnisse eingeht.[51]

---

[49] Generell lassen sich zwei Arten von Einflussfaktoren identifizieren, welche auf das individuelle Verhandlungsergebnis und die Effizienz einwirken (vgl. Backhaus & Voeth, 2007). Verhaltenswissenschaftliche Einflussfaktoren *(Behavioral Success Factors)* bzw. Verhandlungsstrategien sind u.a. das Setzen hoher Erstangebote oder hoher Ziele sowie ein intensiver Informationsaustausch. Demgegenüber gehören ein hohes BATNA, starke Machtasymmetrie oder Zeitdruck zu den strukturellen Einflussfaktoren *(Structural Success Factors)*. Während das individuelle Verhandlungsergebnis durch beide Arten von Faktoren beeinflusst wird, wirken sich insbesondere die verhaltenswissenschaftlichen Einflussfaktoren positiv auf die Effizienz aus. Zusätzlich wird von anderen Autoren noch eine Reihe weiterer, konkreter Möglichkeiten zur Erhöhung des integrativen Potenzials genannt, wie z.B. klare und akkurate Kommunikation, Bildung von Vertrauen oder Motivation und Commitment zum gemeinsamen Lösen des Problems (z.B. Lewicki et al., 2007 oder Pruitt, 1981).

[50] Es sei darauf hingewiesen, dass die Anzahl der verhandelbaren Vertragsgegenstände vor allem in empirischen Verhandlungssimulationen fix ist. In der Realität ist eine Erweiterung jedoch denkbar.

[51] Liegt eine derartige Kompensationsmöglichkeit in einer einmaligen Verhandlung vor, ist *Logrolling* sehr wahrscheinlich. Kann in einer Verhandlung jedoch nur ein Verhandlungs-

- *Non-specific Compensation* adressiert die Kompensation von Zugeständnissen durch Mittel, welche nicht in direkter Relation zum Kostenpotenzial des Verhandlungspartners stehen. Bei der Auswahl der Kompensation sollte sich an den individuellen Präferenzen sowie der Höhe der erfolgten Eingeständnisse orientiert werden.

- *Cost Cutting (Specific Compensation)* beschreibt die Erhöhung des Gewinns einer Partei bei gleichzeitiger Minimierung der Kosten der anderen Verhandlungspartei.

- *Bridging* bezieht sich auf die Generierung neuer Alternativen, welche sich nicht im Spektrum der vorliegenden Lösungsmöglichkeiten befinden und bei denen die Präferenzen beider Verhandlungsparteien adressiert werden.

2.4 Verhandlungsergebnisse

Wie in Abbildung 6 dargestellt, kann grundlegend zwischen substanziellen und nichtsubstanziellen Verhandlungsergebnissen unterschieden werden (vgl. Backhaus et al., 2010).

Das wohl einfachste substanzielle Ergebnis liegt in dem dichotomen Maß Einigung vs. keine Einigung.[52] Eine Einigung lässt sich nach Thompson (1990) in den zwei ökonomischen Maßen des individuellen Gewinns und der Effizienz

---

partner Eingeständnisse machen und müssen die des Verhandlungspartners auf eine andere Verhandlung vertagt werden (es liegt also eine mehrmalige Verhandlung vor), nimmt die Bereitschaft zum *Logrolling* ab.

[52] Backhaus et al. (2010) sowie Schoop, Köhne und Ostertag (2010) fügen der formalen Einigung nach der eigentlichen Verhandlung noch weitere Einigungsformen hinzu, die der Verhandlung zeitlich vor- und nachgelagert sind und als „Zusatzkoordinationsmechanismen" bezeichnet werden. Die Autoren unterscheiden zwischen *Pre-Settlement Settlement (PreSS)*, in denen bereits vorab Diskussionspunkte oder konkrete Leitlinien für die Verhandlungen festgelegt werden. Während des *Post-Settlement Settlements (Post-PSS)* kann eine Optimierung der vorgenommenen Einigung vorgenommen werden. In der Forschungspraxis dominiert aufgrund der einfachen Operationalisierung und Quantifizierung die Unterscheidung von Thompson (1990) zwischen ökonomischem und psychologischem Verhandlungsergebnis. Häufig stellen individueller Gewinn und Effizienz dabei die ökonomische und Zufriedenheit die psychologische Variable dar. In der Literatur sind noch weitaus mehr Arten von Verhandlungsergebnissen zu finden. So erwähnt Cellich (2004) *Profit Sharing*, *Equity Ownership* oder den reinen Austausch von Gütern als substanzielles Verhandlungsergebnis. Oliver et al. (1994) fügen dem noch die Wahrscheinlichkeit, eine Einigung zu erreichen, sowie die Schnelligkeit, mit der die Einigung erreicht wird, hinzu. Die Art und Weise von Nachverhandlungsprozessen könnte ebenfalls als Verhandlungsergebnis gelten (Chan & Levitt, 2009). Das Thema wurde insofern als relevant identifiziert, als in der

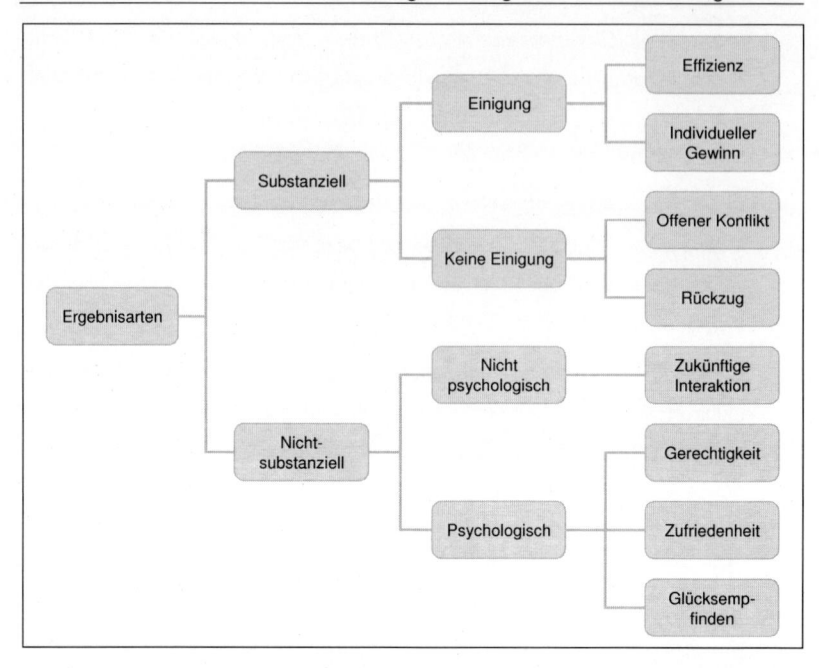

Abbildung 6: Zentrale Ergebnisarten bei Verhandlungen (eigene Darstellung)

ausdrücken (vgl. Oliver, Balakrishnan & Barry, 1994).[53] Während der individuelle Gewinn das parteienspezifische ökonomische Verhandlungsergebnis darstellt, beschreibt die Effizienz das dyadische Ergebnis, welches dem Maß für die Gesamtheit aller aktivierten Ressourcen entspricht (Tripp & Sondak, 1992). Die Effizienz einer Verhandlung wird im Allgemeinen durch den gemeinsamen Gewinn als Summe der individuellen Verhandlungsergebnisse gemessen und als *Joint Gain* oder *Joint Profit* bezeichnet (Raiffa, 1982). In der Literatur wird jedoch kritisiert, dass *Joint Gain* als einfache Summe aus den individuellen Gewinnen nicht in allen Situationen als Maß für die Effizienz geeignet ist. Maße, wie beispielsweise der *Integrativeness Quotient* von Lax und Sebenius (1987)

Praxis mehr als die Hälfte der abgeschlossenen Verträge nachverhandelt werden (Guasch & Straub, 2006).

[53] Insbesondere in Situationen, in denen neben dem Preis auch weitere Vertragsgegenstände verhandelt werden, besteht die Möglichkeit, dass sich nur hinsichtlich weniger Vertragsgegenstände geeinigt wurde, andere jedoch offen gelassen wurden und einer Nachverhandlung bedürfen. Diese Fälle sollen hier vernachlässigt werden. Eine Einigung lässt sich formell (im Rahmen eines Vertrages) oder auch informell (als *Gentlemen Agreement*) ausdrücken (Faure, 1999).

oder die *Pareto Efficiency* (Paretoeffizienz) von Tripp und Sondak (1992) bilden mögliche Alternativen (vgl. Clyman, 1995).

Können sich die verhandelnden Parteien in keinem Falle einigen, so äußert sich dies u.a. in einem beidseitigen Rückzug oder aber in einem offenen Konflikt. Während im ersten Fall noch die Wahrscheinlichkeit besteht, eine Wiederaufnahme der Verhandlungen einzuleiten, ist dies im zweiten Fall eher unwahrscheinlich. Zu den nichtsubstanziellen Verhandlungsergebnissen lassen sich die von Thompson (1990) als psychologische Variablen bezeichneten Faktoren einordnen. Neben Zufriedenheit gehören dazu affektive Zustände, wie z.B. Glück und empfundene Gerechtigkeit. Des Weiteren unterscheiden sich Verhandlungen in dem Ausmaß und der Qualität der Beziehung zwischen den Verhandlungspartnern sowie in dem Vorhandensein von zukünftig geplanten Verhandlungen (z.B. *Expected Future Negotiation EFN* bei Oliver et al., 1994; Cellich, 2004). Da diese Gegebenheiten ebenfalls ein Verhandlungsergebnis darstellen, sollen sie hier als mögliche Interaktionsfolgen aufgeführt werden.[54] Bei langfristig orientierten Verhandlungspartnern sind besonders nichtsubstanzielle Verhandlungsergebnisse – dabei vor allem Zufriedenheit und wahrgenommene Gerechtigkeit – von Relevanz, da sie über zukünftige Verhandlungsinteraktionen entscheiden.

Bei alleiniger Betrachtung der substanziellen Ergebnisse ist eine Aussage über die Qualität des Verhandlungsergebnisses häufig schwierig. Erst der Vergleich mit z.B. Vorgaben, Zielen oder Erwartungen sowie der subjektiven Interpretation entscheidet darüber, ob das Ergebnis als Erfolg gewertet werden kann oder nicht. Gleiches gilt für die Entwicklung von Zufriedenheit oder empfundener Gerechtigkeit (Fisher, Ury & Patton, 2009). Daran sind die Interdependenzen zwischen substanziellen und nichtsubstanziellen Verhandlungen deutlich zu erkennen. Die subjektiven Interpretationen nicht nur des erhaltenen Verhandlungsergebnisses, sondern auch der vorgefallenen Verhandlungsinteraktion, bedingen die Zufriedenheit und damit die Wahrscheinlichkeit für spätere

---

[54] Backhaus et al. (2010) führen die Kategorie „Beziehungsfolgen" als nichtsubstanzielles Verhandlungsergebnis auf, worunter die Güte der Beziehung zwischen den Verhandlungspartnern zu verstehen ist. Der Wille oder die Erwartung an zukünftige Verhandlungen – wie von Oliver et al. (1994) beschrieben – wird dabei nicht explizit adressiert, findet aber neben der reinen Beziehungsqualität in der Literatur häufig Erwähnung. Daher soll hier der Begriff der Interaktion gewählt werden, dem die Güte der Beziehung untergeordnet wird.

Zusammenkünfte. Wird die Verhandlung negativ interpretiert, z.B. durch das Gefühl einer Benachteiligung oder fehlenden Respekts während der Verhandlung, kann dies eine weitere Zusammenarbeit erschweren oder sogar gänzlich unterbinden (vgl. Backhaus et al., 2010). Die Zufriedenheit spielt daher neben den klassischen ökonomischen Verhandlungsergebnissen eine zentrale Rolle. Ihre Wirkungsmechanismen sind jedoch noch wenig erforscht (Brett, 2000; O'Connor, 1997).

2.5 Verhaltenswissenschaftliches Modell von Neale und Northcraft (1991) als Strukturierungsrahmen für die vorliegende Fragestellung

2.5.1 Auswahl und Aufbau des Modells von Neale und Northcraft (1991)

Bei der Beschreibung von Verhandlungen reicht es nicht aus, eine isolierte Betrachtung einer Verhandlungspartei oder ihre Reaktion auf die Aktivität des Ein- oder Verkäufers vorzunehmen. Vielmehr steht die Analyse der wechselseitigen Beeinflussung der Verhandlungspartner vor dem Verhandlungskontext im Vordergrund. Für die vorliegende Fragestellung wird deswegen ein Ansatz benötigt, der sowohl den konkreten Prozess der Verhandlung als auch weitere Erklärungsvariablen zulässt.

Ein solcher Ansatz muss nicht nur erlauben, die Verhandlungsparteien in den vorliegenden Kontext zu setzen, sondern auch den spezifischen Informationsaustausch zwischen den Verhandlungsparteien explizit zu integrieren. Da in dieser Arbeit zudem Teams als Verhandlungsparteien fungieren, müssen sich ebenfalls die Interaktion auf Teamebene sowie der anschließende Transfer der Synthese auf die Verhandlungsebene einbinden lassen (Behfar et al., 2008; Brett et al., 2009; Keenan & Carnevale, 1989). Es soll daher in der vorliegenden Arbeit von einer rein dyadischen Betrachtung (im Sinne von Gesamtbetrachtung) des Verhandlungsverhaltens abgesehen werden. Vielmehr sind die Individual- und Teamebene von Interesse, da die Interaktion im Vordergrund steht und kulturspezifische Unterschiede im Verhandlungsverhalten angenommen werden. Von der expliziten Betrachtung des Verhandlungsverhaltens wird zudem angenommen, dass dadurch Prognosen auf das Verhandlungsergebnis gemacht werden können. Durch die Berücksichtigung der dynamischen Variablen kann somit der Kritik an den bisherigen empirischen Modellen Rechnung getragen und eine zusätzliche Erklärungsperspektive auf die bisherigen gefundenen direkten Zusammenhänge geliefert werden.

Mikroskopisch-individualistische Ansätze erfüllen die genannten Anforderungen, da sie die konkrete Verhandlung in den Mittelpunkt der Untersuchung stellen (Kutschker & Kirsch, 1978). Alle in Abschnitt 2.2.1.1 beschriebenen Begriffe wie z.B. ZOPA lassen sich in diese Ansätze integrieren.[55] Generell lässt sich bei mikroskopisch-individualistischen Ansätzen zwischen managementbezogenen und theoretischen Ansätzen unterscheiden, wobei Letztere sich in spieltheoretische und verhaltenswissenschaftliche Ansätze untergliedern lassen. Insbesondere die verhaltenswissenschaftlichen Ansätze lassen die Analyse von verschiedenen Rahmenparametern zu und fokussieren sich auf die Interaktion zwischen den Verhandlungspartnern. Zur Erklärung der gefundenen Zusammenhänge wird dabei auf Theorien aus der Verhaltens-, Kommunikations- und Sozialwissenschaft sowie aus der Psychologie zurückgegriffen (Backhaus, Geiger & Wilken, 2006).

Ein Modell der mikroskopisch-individualistischen Perspektive findet sich in dem verhaltenswissenschaftlichen Verhandlungsmodell von Neale und Northcraft (1991). Es eignet sich zur Strukturierung der in der vorliegenden Arbeit adressierten Wirkungszusammenhänge zwischen Kultur, Teamzusammenstellung, Kognition, Intrateamprozessen, Verhandlungsinteraktion und -ergebnis.[56] Die Eignung lässt sich hinsichtlich mehrerer Aspekte begründen. Neale und Northcraft (1991) adressieren in ihrem Modell die dyadische Verhandlungssituation zwischen zwei Parteien und unterscheiden dabei zwischen drei Ebenen

---

[55] Zur realitätsnahen Erfassung von Transaktionen von Industriegütern stehen dem Forscher auch sog. Interaktionsansätze zur Verfügung, welche die verbalen und nichtverbalen interdependenten Aktionen und Reaktionen zwischen zwei oder mehr Parteien in den Mittelpunkt stellen (Kern, 1990). Dennoch eignen sich diese Ansätze weniger gut für die vorliegende Arbeit. Beispielsweise setzen die Interaktionsansätze die Verhandlung in einen wesentlich breiteren Kontext (z.B. Netzwerkansätze, Easton & Håkansson, 1996) oder berücksichtigen ein und dieselbe persönlichen oder organisationalen Rahmenparameter (vgl. Backhaus & Voeth, 2007).

[56] Es sei darauf hingewiesen, dass das Modell von Neale und Northcraft (1991) explizit als ein Bezugsrahmenmodell innerhalb der *Behavioral Negotiation Theory* und nicht als Theorie an sich aufzufassen ist (vgl. Hausken, 1997). Neale und Northcraft (1991) sind durch das Zusammentragen von Ergebnissen eher induktiv vorgegangen und verfolgen keine deduktive Herangehensweise mit dem Ziel der Erstellung einer in sich geschlossenen Theorie (Hausken, 1997).

der Verhandlung: Die Ebene der statischen Variablen umfasst gegebene Variablen einer Verhandlung, die kontextuale Charakteristika beinhalten. Die Ebene der dynamischen Variablen bezieht sich auf die verhandelnden Parteien und umfasst kognitive Variablen sowie die eigentliche Verhandlungsinteraktion der Parteien, welche der Ebene den Namen verleiht. Die Verhandlungsergebnisse bilden die letzte Ebene und beziehen sich auf das Resultat der Verhandlung. Das ursprüngliche Modell ist in Abbildung 7 dargestellt.

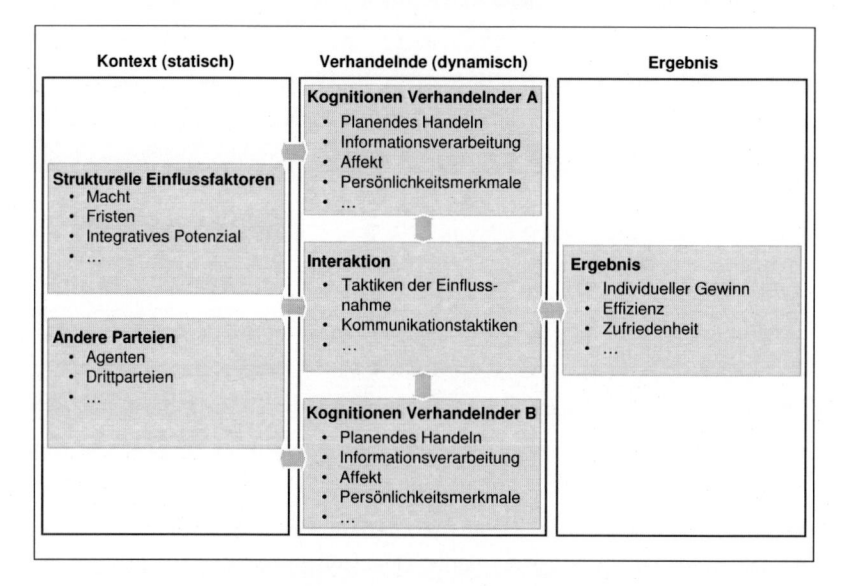

Kontext (statisch)	Verhandelnde (dynamisch)	Ergebnis
Strukturelle Einflussfaktoren • Macht • Fristen • Integratives Potenzial • …	**Kognitionen Verhandelnder A** • Planendes Handeln • Informationsverarbeitung • Affekt • Persönlichkeitsmerkmale • …	**Ergebnis** • Individueller Gewinn • Effizienz • Zufriedenheit • …
Andere Parteien • Agenten • Drittparteien • …	**Interaktion** • Taktiken der Einflussnahme • Kommunikationstaktiken • …	
	Kognitionen Verhandelnder B • Planendes Handeln • Informationsverarbeitung • Affekt • Persönlichkeitsmerkmale • …	

Abbildung 7: Verhaltenswissenschaftliches Verhandlungsmodell (eigene Darstellung, in enger Anlehnung an Neale und Northcraft, 1991, S. 177)[57]

Wie aus den Pfeilen in Abbildung 7 ersichtlich, werden keine kausalen Beziehungen angenommen, sondern eher mögliche Wirkungszusammenhänge zwischen Kontext- und dynamischen Variablen aufgezeigt (vgl. Hausken, 1997 oder Neale & Northcraft, 1991). Der Einfluss von Kontextvariablen auf die Verhandlungsergebnisse verläuft indirekt über die dynamischen Variablen, so dass

---

[57] Es sei darauf hingewiesen, dass Neale und Northcraft (1991) in ihrem ursprünglichen Modell zwar das Verhandlungsergebnis nicht untergliedern, aber in ihren Ausführungen u.a. zwischen ökonomischen und psychologischen Verhandlungsergebnissen trennen. Daher sind für Abbildung 7 beispielhaft die drei in der Literatur am häufigsten berücksichtigten Verhandlungsergebnisse aufgeführt.

die Erklärung der Verhandlungsergebnisse ausschließlich über die dynamischen Variablen erfolgt.

Zwar geben Neale und Northcraft (1991) keine Anleitung für die Anwendung des Modells, jedoch erlaubt die Flexibilität des Modells Anpassungen an unterschiedlichste Kontexte. Allein die Unterteilung in drei Ebenen sowie deren Relation zueinander ist determiniert, so dass sich beliebig viele und je nach Fragestellungen unterschiedliche Variablen, die den Beschreibungen von Kontext- oder dynamischen Variablen entsprechen, in das Modell aufnehmen lassen (vgl. Hausken, 1997).[58] Die beiden in der vorliegenden Arbeit als Schwerpunkt gewählten Variablen Kultur und Teamzusammenstellung lassen sich folglich als Kontextvariablen in das Modell integrieren.

Durch die gesonderte Betrachtung der dynamischen Variablen bietet das Modell eine zusätzliche Erklärungsebene zu den bisher dominierenden direkten Beziehungen zwischen Kontextvariablen und Ergebnisvariablen. Generell wurde die Verhandlungsinteraktion bei den bestehenden Untersuchungen weitgehend vernachlässigt und somit auf eine potenzielle Erklärungsebene der direkten Effekte verzichtet. Diese Modelle gelten daher in der Literatur als *Black Box*-Modelle (Graham, 1985a,b; Vachon & Lituchy, 2006; siehe auch Abschnitt 1.2). Das liegt daran, dass Autoren die Analyse des Verhandlungsverhaltens, z.B. durch inhaltsanalytisches Vorgehen, aufgrund des dabei anfallenden hohen forschungsmethodischen Aufwands meiden Jedoch wird aber gerade von der Verhandlungsinteraktion als Interaktionsprozess angenommen, dass sie einen wesentlichen Beitrag zur Erklärung der erhaltenen Verhandlungsergebnisse leistet.[59] Zudem lassen sich auch die Intrateamprozesse aufgrund der Flexibilität des Modells als zusätzliche dynamische Variable integrieren und mit der Verhandlungsinteraktion in Zusammenhang stellen. Dadurch wird ein zusätzli-

---

[58] Dies wird durch den fehlenden Anspruch der Autoren an Vollständigkeit gestützt.
[59] Die Vernachlässigung von dynamischen Variablen ist aus forschungsökonomischer Hinsicht allerdings nachzuvollziehen. Vor allem die Betrachtung und Auswirkung von Verhandlungsinteraktion verlangt eine äußerst aufwendige Form der Datenerhebung. Audio- bzw. Video-Aufzeichnungen oder Internetchats, Protokollierung von schriftlichem Austausch sowie die anschließende Transkribierung oder Kodierung in Kombination mit inhaltsanalytischen Auswertungen haben sich zwar als adäquate Methoden erwiesen, erfordern jedoch wesentlich mehr Ressourcen als bei der gängigen Verwendung und Auswertung von Fragebögen (vgl. Agndal, 2007; Drake, 2001; Wheelan, 2005).

cher Erklärungsgehalt für die Verhandlungsinteraktion – und am Ende für die Ergebnisse – erwartet.

Des Weiteren können zwar vereinzelt Ergebnisse für die isolierten Beziehungen in der Literatur gefunden werden, häufig wird aber versäumt, die Zusammenhänge in ein übergeordnetes Wirkungsgefüge zu setzen. Letzteres ist mit dem Modell gegeben.

Neale und Northcraft (1991) sehen ihr Modell überdies als Möglichkeit zur Integration interdisziplinärer Ansätze. Während die Autoren selbst spieltheoretische Ansätze sowie Annahmen der *Principle-Agent*-Theorie[60] gerade für die Zusammenhänge zwischen Kontext- und dynamischen Variablen verwenden, lassen sie Raum für die Aufnahme von Variablen weiterer Disziplinen, wie z.B. Soziologie, Kommunikationswissenschaft oder Psychologie. Dieser interdisziplinäre Ansatz kann mehr Erklärungspotenzial für bisher ungedeutete Zusammenhänge liefern (vgl. Hausken, 1997).

Die Grundzüge des Modells lassen sich bei anderen Autoren ebenfalls in abstrahierter oder auch leicht abgewandelter Form als Ergebnis sowohl von induktivem als auch von deduktivem Vorgehen wiederfinden (z.B. Agndal, 2007). Besonders bei Modellen von Vertretern der Kulturforschung ist die Struktur des Modells von Neale und Northcraft (1991) vorhanden. Beispielsweise findet sich eine analoge Struktur im Modell zum Einfluss von Kultur auf internationale Geschäftsverhandlungen (siehe u.a. Graham, 2002). Von der Kultur als Kontextvariable wird in diesen Modellen angenommen, dass sie nicht nur die Kognition des Verhandelnden beeinflusst, sondern auch einen wesentlichen Einflussfaktor auf das Verhandlungsverhalten darstellt. Letzteres verkörpert letztendlich eine Determinante des Verhandlungsergebnisses (ökonomisch oder psychologisch, Brett, 2000; Graham et al. 1988).

Hinzu kommt, dass häufig nur die Variation in einer der Ergebnisvariablen, insbesondere dem individuellen Verhandlungsergebnis, zu erklären versucht wurde. Gerade für Verhandlungen im Geschäftsbereich sind aber Verhandlungseffizienz und Zufriedenheit von essenzieller Bedeutung (vgl. Ma et al.,

---

[60] Werke zur Spieltheorie finden sich bei Osborne und Rubinstein (2001), Nash (1950) oder von Neumann und Morgenstern (1947), Werke zur *Principle-Agent*-Theorie bei Eisenhardt (1989) oder Nikkinen und Sahlström (2004).

2002). Daher sollen im vorliegenden Modell die dynamischen Variablen zur Erklärung von allen drei Ergebnisvariablen Effizienz, individueller Gewinn und Zufriedenheit verwendet werden. Auch dieses Vorhaben lässt sich problemlos in dem Modell von Neale und Northcraft (1991) umsetzen.

2.5.2 Bestandteile des Modells von Neale und Northcraft (1991)

2.5.2.1 Statische Variablen

Statische Variablen bilden den Hintergrund der verhandelnden Parteien zum Zeitpunkt vor der Verhandlung ab und werden deswegen auch als Kontextvariablen bezeichnet. Sie werden als gegeben angenommen und sind deshalb statisch und unveränderbar (Hausken, 1997; Neale & Northcraft, 1991). Neale und Northcraft (1991) unterscheiden diesbezüglich zwischen strukturellen Einflüssen und anderen Parteien.

Strukturelle Einflüsse werden als grundlegende Gegebenheiten erachtet, die auf die Kognition des Verhandelnden sowie die Interaktion zwischen den Verhandlungsparteien einwirken. Zu ihnen gehören Macht, Fristen und integratives Potenzial. Macht lässt sich dabei beispielsweise als Machtunterschied oder Abhängigkeitsverhältnis in der Verhandlung abbilden. In diesem Zusammenhang wird angenommen, dass höhere Macht häufig mit einer höheren Zielsetzung einhergeht (vgl. auch Abschnitt 3.3, Comer & Nicholls, 2000). Daneben konnte auch nachgewiesen werden, dass vorab feststehende Zeitbeschränkungen auf das Verhandlungsverhalten wirken (vgl. Agndal, 2007).[61] Unter integrativem Potenzial verstehen die Autoren die Möglichkeit, unterschiedliche Interessen miteinander zu vereinbaren. Dieses Potenzial ist entweder durch die Situation an sich gegeben (z.B. im Falle eines integrativen Verhandlungstyps), oder es resultiert aus Ähnlichkeiten in den Prioritäten oder in der Werteveranlagung, wie es bei einem gleichen kulturellen Hintergrund der Fall wäre (vgl. u.a. Gelfand et al., 2007; Gelfand & Brett, 2004; Gelfand & Dyer, 2000; Graham et al., 1988).

Die Kontextavariable „andere Parteien" bezieht sich auf Agenten und Drittparteien (siehe hierzu auch Bazerman et al., 2000; Crump, 2007; Crump & Glendon, 2003; Polzer, Mannix & Neale, 1998). Häufig werden Unternehmen durch

---

[61] Beispielsweise zeigte sich, dass Fristen distributive Forderungen oder *Bluffs* reduzieren (vgl. Agndal, 2007; Raiffa, 1982; Salacuse, 1998).

sog. Agenten am Verhandlungstisch vertreten, welche entsprechende Vorgaben und Befugnisse innehaben. Diese verhandeln neben ihren individuellen Präferenzen auch in Anlehnung an ein ihnen vorgegebenes Anreizsystem, welches laut der *Principal-Agent*-Theorie ihr Verhandlungsverhalten wesentlich beeinflusst (vgl. Nikkinen & Sahlström, 2004). Beispiele solcher Agenten sind Verhandlungskommissionen, Arbeitgeberverbände oder Gewerkschaften bei Tarifverhandlungen. Demgegenüber existieren Drittparteien, die die Verhandlungsparteien nicht vertreten, sondern eher die Rolle eines Mediators oder Schlichters übernehmen.[62] Durch ihre Unabhängigkeit und objektive Sichtweise sollen sie versuchen, Verhandlungen, die ins Stocken geraten sind, weiterzutreiben und als subjektiv wahrgenommene unvereinbare Interessen zu integrieren (vgl. Arnold & O'Connor, 1999).[63]

2.5.2.2 Dynamische Variablen

Dynamische Variablen beschreiben das eigentliche Geschehen der Verhandlung zwischen den Parteien. Neale und Northcraft (1991) unterscheiden zwischen Verhandlungsinteraktion und Kognition der Verhandelnden.

Die Verhandlungsinteraktion bezieht sich direkt auf den Austausch zwischen den beiden Verhandlungsparteien. Sie beschreibt damit die Inter-Parteien- bzw. Inter-organisationale Ebene, z.B. im Falle von Verhandlungen zwischen Geschäftspartnern. Die Autoren unterscheiden zwischen Einfluss- und Kommunikationstaktiken bei der Verhandlungsinteraktion. Unter Taktiken der Einflussnahme verstehen Neale und Northcraft (1991) Methoden, die eine Partei verwendet, um eine Meinungsänderung bei der anderen Partei hervorzurufen oder eine Einschätzung der Verhandlungssituation zu erlangen, die so zu Beginn der Verhandlung nicht vorgelegen hat. Beispiele für Taktiken der Einflussnahme im verhaltenswissenschaftlichen Verhandlungskontext sind Behauptun-

---

[62] Ein Mediator ist im Sinne eines Vermittlers in einem Kommunikationsprozess zu verstehen, der – mit dem Ziel einer gemeinsamen Vereinbarung – zum konstruktiven Beilegen oder Vermeiden von Konflikten eingesetzt wird. Demgegenüber besitzt ein Schlichter eine wesentlich deutlichere deeskalierende Funktion, jedoch mit dem gleichen Ziel, einen Kompromiss beider Verhandlungsparteien zu erlangen (Besemer, 2002). Ein Schiedsrichter wäre eine weitere mögliche Drittpartei. Diese Rolle unterscheidet sich jedoch von den beiden vorangegangenen dadurch, dass sie Entscheidungskraft und Mitbestimmungsrecht hinsichtlich des finalen Vorschlags und somit des Verhandlungsergebnisses hat.

[63] Empirische Studien zum Einfluss von Drittparteien oder Agenten bei Verhandlungen finden sich bei Herbig und Gulbro (1997), Herbig und Kramer (1992) sowie Weiss (1994a,b).

Grundlegende Begriffe und Verhandlungsmodell 49

gen, rationale Argumentation oder Manipulation. Kommunikationstaktiken bilden die zentralen Interaktionselemente zwischen den Verhandlungspartnern. Eine binäre Unterteilung in mögliche Kommunikationstaktiken (kompetitiv vs. kooperativ) gibt Putnam (1990).

Kognition gilt als Oberbegriff für die höheren geistigen Funktionen, insbesondere Denken, Wahrnehmung, Erkennen und Verstand (Tewes & Wildgrube 1994). Unter diese intellektuellen und psychischen Prozesse sortieren Neale und Northcraft (1991) Variablen wie z.b. planendes Handeln, Informationsverarbeitung, Affekt und Persönlichkeitsmerkmale.

Verhandlungsplanung umfasst die Vorbereitung der Verhandlung durch das Zurechtlegen möglicher strategischer Vorgehensweisen und Reaktionen auf das Verhalten des Verhandlungspartners. Unter Verhandlungsplanung fallen auch die individuellen Ziele für die Verhandlung, die das Verhandlungsverhalten determinieren bzw. in Relation mit dem Verhandlungsergebnis eine Aussage über die Zufriedenheit ermöglichen. Aufgrund der Wichtigkeit von Verhandlungszielen in der Verhandlungspraxis wird dieser Punkt gesondert in Abschnitt 3.3 betrachtet.

Bei der Aufnahme und Verarbeitung von Informationen werden häufig Heuristiken verwendet. Darunter werden Methoden verstanden, die erlernt sind und auf bestehendes Wissen zurückgreifen. Insbesondere beim Vorhandensein von sehr wenigen oder auch sehr umfangreichen Informationen werden Heuristiken als effiziente Regeln zur Verarbeitung oder Lösung des Problems verstanden, die den Informationsverarbeitungsprozess deutlich verkürzen können. Jedoch können Heuristiken in Situationen mit hoher Unsicherheit auch zu kognitiven Verzerrungen führen (*Cognitive Biases*, vgl. Gigerenzer, 2008; Tversky & Kahneman, 1974).[64]

---

[64] Zu kognitiven Verzerrungen gehören *Anchoring und Adjustment:* Verzerrung von Einschätzungen durch willkürliches Setzen von Referenzpunkten und Zielen; *Availability:* Überlagerung real vorhandener Fakten durch verfügbares Wissen und Erinnerungen; *Fixed-Pie Assumption:* Wahrnehmung der Verhandlung als distributive Situation trotz vorliegendem integrativen Potenzials; *Framing:* Unterschiedliche Interpretation und Forcierung des Verhaltens in Abhängigkeit von der Ziel- oder Referenzpunktsetzung; *Overconfidance:* Überschätzung individueller Urteilsfähigkeit (Neale & Northcraft, 1991). In Abschnitt 3.3 werden zudem im Rahmen des *Expectancy-Disconfirmation*-Paradigmas weitere kognitive Verzer-

Unter Affekt[65] wird eine Gemütsbewegung bezeichnet, die die verhandelnde Partei zu einer spezifischen Handlung motiviert. Affekt ist emotional behaftet und kann positiv (Freude) oder auch negativ (Ärger) ausgeprägt sein (Fröhlich, 2002). Des Weiteren kann sich der Affekt in Abhängigkeit von der Interaktion (insbesondere von der Reaktion des Verhandlungspartners) im Laufe der Verhandlung verändern.

Persönlichkeit gilt als ein individuell einzigartiges Muster an Dispositionen, Gewohnheiten oder Einstellungen, anhand derer jeder Mensch sich von anderen unterscheidet. Zu den zentralen Persönlichkeitseigenschaften zählen Introversion und Extraversion (Cattell, 1978; Fröhlich, 2002; Guilford, 1971).

2.5.2.3 Ergebnisvariablen

Das Modell ermöglicht die Aufnahme verschiedener Ergebnisarten einer Verhandlung und lässt zudem die mögliche Interaktion zwischen den einzelnen Ergebnissen zu. In der Literatur wurde dabei vor allem zwischen individuellem Gewinn und Zufriedenheit sowie individuellem Gewinn und Effizienz bedeutende Zusammenhänge gefunden (Agndal, 2007). Einen Überblick zu möglichen Verhandlungsergebnissen wurde bereits in Abschnitt 2.4 gegeben. Des Weiteren werden die Ergebnisvariablen, v.a. Effizienz, individueller Gewinn sowie die Zufriedenheit, in Abschnitt 3 im Rahmen der Hypothesenformulierung detailliert betrachet. Deswegen soll hier auf eine weitere Ausführung verzichtet werden.

2.5.3 Kultur, Teamzusammenstellung und Intrateamprozesse als Kontextvariablen und dynamische Variablen im vorliegenden verhaltenswissenschaftlichen Verhandlungsmodell

Die Beschreibungen der Kontextvariablen sind derart offen formuliert, dass eine Vielzahl an Einflussfaktoren als Kontextvariablen denkbar ist. Des Weiteren sind alternative Variablen zu den von den Autoren genannten Variablen explizit gewünscht (siehe vorangegangener Abschnitt). U.a. Stabilität oder zeitliche und

---

rungen aufgeführt und des Weiteren erklärt, wie diese auf die Verhandlungsinteraktion wirken.

[65] Aufgrund des logischen und rationalen Vorgehens bezeichnen die Autoren Informationsverarbeitung als eher „kalten" und Affekt als eher „heißen" kognitiven Prozess (*Hot Cognitive Processes*, vgl. auch Hausken, 1997).

kausale Reihenfolge sollten bei den Variablen aber gegeben sein. Eine in der internationalen Verhandlungssituation äußerst relevante Determinante, die die Kriterien einer solchen Kontextvariable erfüllt, besteht im kulturellen Hintergrund der verhandelnden Parteien. Kultur wird in zahlreichen Studien als eine wesentliche Kontextvariable in internationalen Geschäftsverhandlungen angenommen, die nicht nur die Verhandlungsinteraktion, sondern auch das Verhandlungsergebnis beeinflusst. Aufgrund ihres überdauernden Charakters und ihres A-priori-Bestehens lässt sich Kultur ebenfalls als Kontextvariable im Rahmen des Modells von Neale und Northcraft (1991) interpretieren.

Gerade bei Transaktionen zwischen internationalen Geschäftspartnern werden überdies vermehrt Teams eingesetzt. Die Teamzusammenstellung und der sich damit erhoffte Einfluss auf die Prozesse innerhalb des Teams und auf die Verhandlung spielen dabei eine wesentliche Rolle. Die Literatur befasst sich besonders mit der zentralen Frage, ob es für das Unternehmen von Vorteil ist, eher homogene oder heterogene Teams als Verhandlungspartei einzusetzen. Homogenität oder Heterogenität wird hinsichtlich u.a. fachlicher Kompetenz, Geschlecht oder kulturellem Hintergrund untersucht. Die Teamzusammenstellung wäre folglich ebenfalls eine mögliche Kontextvariable im Sinne des Modells von Neale und Northcraft (1981).

Bei der Betrachtung von Teams in Verhandlungen ist weiterhin zu berücksichtigen, dass nicht nur das statische Element der Teamzusammenstellung Verhandlungsinteraktion und -ergebnis beeinflussen kann. Auch spielen die dynamischen Charakteristika der teaminternen Prozesse eine Rolle für das Verhandlungsverhalten und -ergebnis. Der in einer Verhandlungssituation vorliegende Konflikt wird im Falle eines Einkäufer- oder Verkäuferteams nicht nur durch eine Person, sondern durch mehrere Teammitglieder aufgenommen und verarbeitet. Potenzielle Differenzen in Meinungen oder Auffassungen müssen im Rahmen von interaktiven Prozessen wie z.B. Problemlösungsverhalten im Team gelöst werden, um am Ende eine gemeinsame Entscheidung zu treffen. Die Entscheidung wird im Anschluss „auf den Verhandlungstisch" gebracht und durch die Interaktion mit dem Verhandlungspartner erneut beeinflusst. Teamprozesse lassen sich daher mit dem von Neale und Northcraft (1991) beschriebenen Informationsverarbeitungsprozess vergleichen und als weitere dynamische Variable in das Modell integrieren. In diesem Fall werden die Informationen nicht nur auf Individualniveau, sondern auch innerhalb des Teams „offen" verarbeitet.

Die Zuordnung von Kultur und Teamzusammenstellung zu den Kontextvariablen und Intrateamprozesse zu den dynamischen Variablen lässt sich dadurch stützen, dass teaminterne Prozesse stark von der Zusammensetzung und der kulturellen Herkunft der Teammitglieder – also dem Verhandlungskontext – geprägt sind. Intrateamprozesse bilden zusammen mit dem Verhandlungsverhalten die zentralen dynamischen Variablen für die vorliegende Arbeit. Eine weitere dynamische Variable wird durch das Verhandlungsziel repräsentiert. In zahlreichen Studien konnte der Einfluss dieser kognitiven Variable insbesondere auf das Verhandlungsergebnis bestätigt werden. Das Verhandlungsziel steht zwar nicht im Fokus der vorliegenden Arbeit, soll aber aufgrund der angenommenen kulturellen Unterschiede aufgenommen werden.

Aufgrund der zentralen Relevanz der direkten Effekte, z.B. von der Kultur auf das Verhandlungsergebnis, in der bestehenden Literatur sollen diese auch im vorliegenden Modell analysiert werden. Dadurch lässt sich nicht nur eine bessere Vergleichbarkeit mit vorhandenen Ergebnissen herstellen. Vielmehr wird somit die Analyse ermöglicht, inwiefern die indirekten Effekte die direkten Zusammenhänge beeinflussen. Da das Modell keinen konkreten Anwendungsrichtlinien unterliegt und in der vorliegenden Arbeit lediglich als Strukturierungsrahmen und nicht als theoretische Fundierung verwendet wird, wird die Aufnahme der direkten Effekte als gerechtfertigt angesehen.

3 Konkretisierung des Modells und Herleitung von Hypothesen

3.1 Kultur und Verhandlungen

3.1.1 Definition von Kultur und Abgrenzung zu verwandten Begriffen

3.1.1.1 Definition von Kultur

Der Begriff Kultur unterliegt sowohl im Alltag als auch in der Wissenschaft einer vielseitigen Verwendung und vagen Beschreibung (vgl. Büschges, 1996). Im Folgenden soll sich auf die Definition von Kultur im wissenschaftlichen Sinne konzentriert werden.

Kultur hat ihre Wurzeln als wissenschaftlicher Untersuchungsgegenstand im Bereich der Anthropologie (Cullen, 2007). Aber auch in anderen Disziplinen, darunter vor allem Sozialwissenschaften, Sprachwissenschaften oder Psychologie, findet die Kultur eine zentrale Rolle als Forschungsthematik über die letzten Jahrzehnte. Durch die verstärkte Internationalisierung von Unternehmen zum Ende des 20. Jahrhunderts hat die Kultur zudem auch ein starkes Interesse in Fächern wie Betriebswirtschaft und internationales Management entfacht (Kutschker & Schmid, 2008; Rothlauf, 2009).

Das breite Spektrum an Disziplinen, die durch oft divergierende wissenschaftliche Ausrichtungen, Kontexte oder Perspektiven sowie individuelle Forschungsinteressen der Autoren gefärbt sind, bedingt die unzähligen und nicht immer übereinstimmenden Kulturdefinitionen (vgl. Boyacigiller, 2004; Harrison & Huntington, 2000; House et al., 2004; Kutschker & Schmid, 2008; Rothlauf, 2009; Sackmann, 1997a,b). Zudem trägt die hohe Komplexität des Konstrukts Kultur zum Reichtum an Definitionen sowie deren oft konträre Konzeptualisierung und divergierende Wortgebung bei (Samovar, Porter & McDaniel, 2010). Dieser Meinung schließen sich mehrere Autoren, u.a. Berry (1997) an, der behauptet, Kultur ist das „... c-word: mysterious, frightening and to be avoided." (S. 144).

Bereits in den 1950er Jahren trugen Kroeber und Kluckhohn (1952) 164 unterschiedliche Definitionen zusammen, welche in den 1960er Jahren auf mehr als 200 anstiegen (Rocher, 2001).[66]

Eine der ersten präzisen Definitionen von Kultur stammt von dem Gründer der kulturellen Anthropologie Sir Edward Burnett Tylor (1871): *"Culture [...] taken in its broad, ethnographic sense is that complex whole which includes knowledge, belief, art, morals, law, custom and other capabilities and habits acquired by a man as a member of the society."* (1871, S. 1).

Eine Erweiterung dieser Präzisierung von Tylor (1871) findet sich in der populären und allgemein akzeptierten Definition von Kluckhohn (1951) wieder: *"Culture consists in patterned ways of thinking, feeling and reacting, acquired and transmitted mainly by symbols, constituting the distinctive achievements of human groups, including their embodiments in artifacts; the essential core of culture consists of traditional (i.e. historically derived and selected) ideas and especially their attached values."* (S. 86).

Kultur umfasst somit die Gesamtheit der Grundannahmen, Werte, Normen, Einstellungen und Überzeugungen einer menschlichen Einheit, die sich in einer Vielzahl von Verhaltensweisen, Symbolen und Artefakten ausdrückt und Unterschiede zwischen menschlichen Einheiten erklären kann (Brett, 2001; Lytle et al., 1995). Sie gilt als Antwort auf die Vielzahl an Herausforderungen, auf die eine menschliche Einheit im Laufe der Zeit reagiert hat.

Während die genannten Autoren auf eine detaillierte Beschreibung und Konzeption von Kultur abzielten, haben andere versucht, eine universelle Beschreibung aufzustellen (Roberts, 1970), in der die Komplexität von Kultur stark reduziert und somit ein allgemeingültiger und disziplinübergreifender Charakter geschaffen werden kann (Lüsebrink, 2004; Perlitz, 2004; Smith, 2006). So postuliert Redfield (1948) Kultur als *"... shared understandings made manifest in act and artifacts."* (S. vii). Auch Hofstede (1980, 2001) bleibt in seiner Definition

---

[66] Durch die starke Zunahme an grenzübergreifenden Fragestellungen vor dem Hintergrund der Globalisierung, z.B. internationaler oder kulturvergleichender Managementforschung, dürfte die Anzahl in den letzten Jahren nicht nur weiter stark angestiegen sein (Hofstede, 2001), sondern auch im Hinblick auf die damit verbundenen Herausforderungen und Veränderungen zu Anpassungen geführt haben (Dülfer, 2001).

allgemein, indem er Kultur beschreibt als „...*the collective programming of the mind that distinguishes the members of one group or category of people from another.*" (S. 9).

Generell ist es bei Untersuchungen von Kultur und Verhalten wichtig, sowohl die kognitiven Elemente als auch die Verhaltensaspekte und deren Beziehung zueinander in die Präzisierung des Begriffs Kultur zu berücksichtigen. Dadurch wird dem Phänomen Rechnung getragen, dass zwischen kognitiven Aspekten, wie Gedanken, Einstellung oder Motiven, und Verhalten eine unbestrittene Interaktion besteht (House & Javidan, 2004). Insbesondere in der Definition von Kluckhohn (1951) wird dies adressiert. Aufgrund des umfassenden und präzisen Wesens dieser Definition und der erlangten Popularität in kultureller Anthropologie und Kulturforschung soll demzufolge die Definition von Kluckhohn (1951) auch hier zur Beschreibung des Begriffs Kultur dienen.

3.1.1.2 Abgrenzung von Kultur zu verwandten Begriffen

Aufgrund des vielfältigen und disziplinübergreifenden Gebrauchs wird der Begriff Kultur häufig unpräzise verwendet und nicht klar von anderen Begriffen, wie z.B. Nation, Zivilisation,[67] Tradition[68] und Persönlichkeit,[69] abgegrenzt. Vor allem mit Nation wird der Begriff Kultur in der wissenschaftlichen Diskussion und in der Praxis synonym verwendet.

---

[67] Zivilisation wird als ein zeitlicher Abschnitt oder eine Gesellschaft verstanden. In einer ursprünglichen Definition wird sie als Art und Weise bezeichnet, wie miteinander gelebt werden soll. Zivilisation gibt Regeln und Gesetze vor, in denen unter anderem Manieren, gegenseitige Anständigkeit und Artigkeit enthalten sind (vgl. Nerlich, 2001). In einer neueren Definition wird dem noch ein hoher Stand an technischer und wissenschaftlicher Entwicklung sowie eine soziale und politische Ordnung hinzugefügt (vgl. Elias, Thomas & Quilley, 2007).

[68] Tradition lässt sich als ein wesentlicher Bestandteil und ein Merkmal von Kultur auffassen und findet sich sowohl in menschlichem Verhalten als auch in materiellen Dingen wie Kleidung oder Essen wieder. Dabei umfasst sie ungeschriebene Gesetze und Gewohnheiten (vgl. Moran et al., 2007).

[69] Nach Fröhlich (2002) gilt Persönlichkeit als umfassende Bezeichnung für die Beschreibung und Erklärung der Bedingungen, Wechselwirkungen und Systeme, die interindividuelle Unterschiede des Erlebens und Verhaltens erfassen und ggf. die Vorhersage eines künftigen Verhaltens ermöglichen. „*Als Systeme werden dabei Eigenschaften im Sinne von Dispositionen, Gewohnheiten und Einstellungen verstanden.*" (Fröhlich, 2002, S. 330). Von zentraler Bedeutung dabei ist die Auffassung der Persönlichkeit als ein individuell einzigartiges Muster, anhand dessen jeder Mensch sich von anderen unterscheidet (Cattell, 1978; Guilford, 1971; Samovar et al., 2010). Guilford (1971) setzt Persönlichkeit treffend in Relation zur Kultur, in dem er folgert, dass: „*... personality is to an individual what culture is to a human collectivity.*" (S. 13).

Eine Nation beschreibt ein politisch souverän organisiertes, geordnetes und soziales System (locker oder festgefügt), welches von dem Großteil ihrer Mitglieder als Gemeinschaft (häufig auch imaginär) aufgefasst wird und über zeitlichen Charakter verfügt (Elwert, 1989). Die Mitglieder einer Nation besitzen in der Regel eine gemeinsame Geschichte und Sprache und haben eine gemeinsame Nationalität. Innerhalb einer Nationalität können mehrere Kulturen vereint sein. Im Gegensatz zur Kultur entspricht der Begriff Nation oder Nationalität mehrheitlich einer politischen Perspektive (Nübel, 2004).

In der Literatur wird die Abgrenzung zwischen bzw. Gleichsetzung von Nationalität und Kultur kontrovers diskutiert. Aus der Definition von Kultur geht hervor, dass sich Kultur auf eine Gruppe aus Individuen (Kollektiv)[70] bezieht, historisch gewachsen und erlernt ist, sowie zwischen Generationen transferiert wird. Eine Kultur kann über die nationalen Grenzen hinweg existieren oder aber auch innerhalb einer Nation, parallel zu mehreren anderen Kulturen als „Subkultur" bestehen. Viele Nationen, wie z.B. Amerika, Australien, Kanada oder Singapur, sind durch ein paralleles Existieren mehrerer „Subkulturen" gekennzeichnet (Cullen, 2007). Eine Nation daher als eine homogene Kultur zu werten, die einheitliche Normen, Grundeinstellungen und Werte sowie Verhaltensweisen besitzt, führt vor allem bei nation- bzw. kulturvergleichenden Forschungsfragen zu konzeptionellen Problemen. Kritiker unterstützen folglich die Aussage, dass die Gleichstellung von Kultur und Nation zu vereinfacht und unzulässig sei.

Den Fürsprechern dient diese pragmatische Gleichsetzung als eine handhabbare und in der Realität einfach anzuwendende Operationalisierung des Begriffs Kultur. Die Gleichsetzung erfolgt in den meisten Fällen zwischen der Nation und der darin dominierenden Kultur. Die dominierende Kultur ist für gewöhnlich durch die Kultur des Kollektivs mit dem größten Populationsanteil oder die größte politische oder ökonomische Macht repräsentiert. Nach der Gleichsetzung wird die dominierende Kultur auch als nationale Kultur bezeichnet (Cullen, 2007). Im Bereich des internationalen Managements wird argumentiert, dass auch die internationalen Geschäfte hauptsächlich durch die dominierende Kultur innerhalb einer Nation geprägt sind. Der Einfluss äußert sich u.a. in der Ge-

---

[70] Kollektiv kann als Überbegriff für Gruppe, Gesellschaft oder ähnliche Begriffe genutzt werden.

schäftssprache sowie in der Art und Weise, wie internationale Geschäfte geplant, durchgeführt und reguliert werden (Cullen, 2007). Trotz alternativer Betrachtungen von Kultur bildet die Nationalität heute noch in über zwei Dritteln der kulturvergleichenden Studien die Operationalisierung von Kultur (vgl. Schaffer & Riordan, 2003). Da in der vorliegenden Arbeit ebenfalls Fragestellungen im internationalen Rahmen betrachtet und anschließend Implikationen für das Management und die Praxis diskutiert werden, sollen Kultur und Nation – trotz der aufgeführten Kritikpunkte – gleichgesetzt und die Nationalität als Repräsentanz der dominierenden Kultur gesehen werden.

3.1.2 Elemente, Eigenschaften und Funktionen von Kultur

3.1.2.1 Elemente von Kultur

Obwohl die Kulturdefinitionen stark variieren, gibt es einige Bestandteile, die bei dem Großteil der Definitionen vorkommen. Eine übergreifende Kategorisierung der relevanten Bestandteile bzw. Kulturelemente kann bei Kutschker und Schmid (2008) gefunden werden (siehe Abbildung 8).

Die Autoren unterscheiden zwischen Werten, Normen, Grundannahmen, Einstellungen, Überzeugungen, Symbolen und Verhalten.[71] Zusammen mit Grundannahmen bilden Werte die am tiefsten liegenden Elemente von Kultur.[72] Werte, Grundannahmen, Normen, Einstellungen und Überzeugungen werden im Rahmen von Symbolen,[73] Verhalten und Ritualen innerhalb einer Kultur übertragen und aufrechterhalten.

---

[71] Auf das Element „Held", welches u.a. von Hofstede (2001) oder Rothlauf (2009) angeführt wird, soll hier verzichtet werden. Helden werden als fiktive, historische oder zeitgenössische Personen beschrieben, die als Leitbilder oder Vorbilder fungieren.
[72] Welches der beiden Elemente dem anderen zuvorkommt, wird in der Literatur kontrovers diskutiert (Hofstede, 2001; Kutschker & Schmid, 2008).
[73] Generell lassen sich drei Symbolarten unterscheiden (vgl. Kutschker & Schmid, 2008; Neuberger & Kompa, 1987): materielle, interaktionale und sprachliche Symbole. Da sich interaktionale Symbole in Bräuchen und Riten manifestieren, sollen diese unter dem separaten Element Ritual zusammengefasst werden.

Element	Beschreibung
Werte	Unsichtbare, immaterielle, auf höchstem Niveau aggregierte Orientierungspunkte, in Handlungen, Verhalten oder materiellen Einstellungen wiederzufinden. Sie definieren das Verständnis von u.a. gut/schlecht, richtig/falsch oder moralisch/unmoralisch
Grundannahmen	Generelle Orientierung über Menschen, Gesellschaft und Welt. Sind unsichtbar und immateriell und werden als selbstverständlich angenommen
Normen	Implizite Regeln für Verhalten. Geben standardisierte Vorgaben über adäquates und angepasstes Verhalten für bestimmte Situationen
Einstellungen	An konkrete Aspekte wie Objekte, Situationen, Handlungen oder Personen gekoppelt (sowohl auf kognitiver als auch auf emotionaler Ebene)
Überzeugungen	Individuelle, stabile Auffassungen über Gegebenheiten, Ideen oder Theorien, deren Richtigkeit jedoch nicht überprüft werden kann
Symbole	Äußern sich in, z.B. Bildern, Objekten, Worten oder auch Gesten – Materielle Symbole: z.B. architektonisches Erscheinungsbild, Logos oder Kleider – Sprachliche Symbole: z.B. vorherrschender Sprachstil, Witze, Floskeln, Anekdoten, Märchen oder auch Sprichwörter
Verhalten	Wahrnehmbare, konkrete menschliche Handlungen und Aktivitäten, extrinsisch oder intrinsisch motiviert
Ritual	Ausdrucksvolle kollektive Handlungen, z.B. Zeremonien, Begrüßungen

Abbildung 8: Elemente der Kultur (eigene Darstellung, in enger Anlehnung an Kutschker und Schmid, 2008, S. 687)[74]

3.1.2.2 Eigenschaften von Kultur

Der Kultur werden verschiedene Eigenschaften zugesprochen (Kasper, 1987). Aus der Definition in Abschnitt 3.1.1 gehen relevante Eigenschaften wie „auf Gruppen bezogen", „überliefert", „erlernt", „historisch gewachsen", „geteilt" oder „distinktiv" direkt hervor. Weitere Merkmale, wie Visibilität der Elemente der Kultur, Bewusstheit oder Stabilität, ergeben sich daraus eher indirekt (Moran et al., 2007). Alle Eigenschaften werden im Folgenden überblicksartig aufgelistet (vgl. Haviland, Prins, McBride & Walrath, 2010):

- *Gruppenbezogenheit:* Kultur ist ein soziales Konstrukt oder Phänomen, welches sich auf eine Gruppe, eine Gesellschaft oder ein Kollektiv bezieht (Boyacigiller, 2004). Dabei werden den Mitgliedern einer Kultur ge-

---

[74] Siehe hierzu auch Rothlauf (2009) sowie Cullen (2007).

teilte Systeme aus Erfahrungen, Gedanken, Verständnis und Weltanschauung zugesprochen, die in einer gemeinsamen Realität münden (House et al., 2004; Nolan, 1999).

- *Visibilität:* Kultur bzw. deren Elemente (siehe Abschnitt 3.1.2.1) lassen sich vereinfacht einer sichtbaren und einer eher unsichtbaren Ebene zuordnen (Brett, 2007; Kutschker & Schmid, 2008; Rocher, 2001; Rothlauf, 2009).[75] Zu den sichtbaren Elementen gehören Institutionen, Verhalten oder Symbole. Unsichtbare Elemente von Kultur finden sich in den Werten Grundannahmen, Normen, Einstellungen und Überzeugungen wieder. Sie liegen den sichtbaren Elementen zugrunde, verleihen diesen Sinn und können sich in diesen ausdrücken (Rocher, 2001). Kultur lässt sich daher als sog. *Multi-Layer*-Konstrukt betrachten (Taras et al., 2009).

- *Bewusstheit:* Kultur gilt als unbewusst und vorbewusst, aber auch als bewusst und erfahrbar. Dies bezieht sich auf die Elemente der Kultur, bei denen unbewusste oder vorbewusste Elemente wie Normen, Werte oder Grundannahmen bewusste Elemente wie Verhalten determinieren (Kutschker & Schmid, 2008).

- *Überlieferung:* Kultur, über Generationen hinweg überliefert, besitzt einen direkten Bezug zur Vergangenheit. Neben Institutionen wie Familie, Schule und Politik sind Schrift und Bilder gewöhnliche Medien zur Überlieferung von Kultur. Sprache, selbst ein Element der Kultur, besitzt dabei eine tragende Rolle (Hall, 1959; Kutschker & Schmid, 2008). Die Elemente der Kultur, vor allem Werte und Grundannahmen, sind überdau-

---

[75] Häufig wird dabei die Eisberg-Metapher von Schneider und Barsoux (2001) verwendet. Die sichtbare Ebene beschreibt die Spitze des Eisbergs, die aus dem Wasser ragt, die unsichtbare Ebene ist durch den wesentlich größeren Teil des Bergs repräsentiert, welcher sich unter Wasser befindet. Daneben existieren weitere Metaphern oder Begriffsfindungen zur Beschreibung der Ebenen von Kultur. Beispielsweise definiert Cullen (2007) die sichtbare, wahrnehmbare Ebene als *Front-Stage*, die unsichtbare, nicht wahrnehmbare Ebene als *Back-Stage*. Die Ebenen werden äquivalent von Moran et al. (2007) als explizite und implizite Ebenen determiniert. Eine weitere geläufige Beschreibung der Ebenen findet sich bei Kutschker und Schmid (2008) mit Percepta als wahrnehmbare und Concepta als nicht wahrnehmbare Ebene von Kultur. Diese Unterscheidung entspricht der materiellen und immateriellen Ebene von Osgood (1951). Häufig wird auch der Vergleich mit einem Zwiebelmodell herangezogen. Ihr schichtartiger Aufbau ist mit den Kulturelementen zu vergleichen, wobei Werte die innerste und Verhalten die äußerste Schicht einer Zwiebel darstellen (Salacuse, 2007).

ernd und werden nur gering von Wechselwirkungen oder anderen Einflüssen geprägt (Haviland et al., 2010; House et al., 2004).[76]

- *Erlernbarkeit:* Aus Sicht eines jeden Individuums ist Kultur erlernt. Der natürliche Lernprozess oder das Hineinwachsen in eine Kultur wird auch als Enkulturation bezeichnet und beginnt bereits mit den ersten sensorischen Erfahrungen im Kleinkindalter (Kutschker & Schmid, 2008; Samovar et al., 2010). Ähnlich wie die Überlieferung von Kultur sind für den Lernprozess des Individuums oder Kollektivs die Institutionen sowie die Medien, darunter vor allem Sprache, von tragender Bedeutung. Gelernt wird zudem über Beobachtung und Imitation des Verhaltens, welches von den Institutionen vorgelebt wird (Samovar et al., 2010).

- *Distinktheit:* Durch die kulturspezifischen Ausprägungen der Elemente resultiert ein einzigartiges kulturelles Profil oder Muster, anhand dessen sich die Kultur klar von anderen Kulturen unterscheiden lässt. Kultur besitzt somit ebenfalls einen Differenzierungscharakter (Moran et al., 2007).

3.1.2.3 Funktionen von Kultur

Moran et al. (2007) interpretieren den Zweck von Kultur derart, dass Kultur „...[helps] adapting to circumstances, [...] gives people a sense of who they are, of belonging, of how they should behave, and of what they should be doing." (S. 6). Diese sowie zahlreiche weitere Funktionen werden der Kultur in der Literatur zugeschrieben (Dill & Hügler, 1987; Ulrich, 1984; Samovar et al., 2010). Die wesentlichen Funktionen lassen sich, wie in Abbildung 9 dargestellt, zusammenfassen:[77]

---

[76] Ansätze zur Dynamik oder Anpassungsfähigkeit von Kultur in einer Verhandlungssituation siehe u.a. bei Berry, Poortinga, Segall und Dasen, (2002) oder Kitayama (2002). Weitere Betrachtungen von Kultur unter einem dynamischen Aspekt, z.B. aus systemischer Perspektive, finden sich bei Kitayama (2002). Als Beispiele für empirische Studien zu diesem Thema lassen sich z.B. Inglehart und Baker (2000) anführen. Für eine detaillierte Herleitung der Stabilität von Kultur siehe Hofstede (2001). Die Anpassung geschieht dabei über einen längeren Zeitraum und ist nur bei starken Abwandlungen in den Umwelteinflüssen möglich (Erez & Earley, 1987; Hofstede, 2001; Moran et al., 2007). Im Rahmen der Anpassungsfähigkeit wird auch die Entwicklung einer neuen Kultur diskutiert (*Third Culture, Hybrid Culture*, vgl. Adair et al., 2006 oder Gelfand et al., 2007). Da in der vorliegenden Studie jedoch eine kurzfristige und einmalige Verhandlungssituation betrachtet wird, soll dieser Aspekt hier ausgeblendet und im Rahmen des Forschungsausblicks in Kapitel 5 wieder aufgenommen werden.

[77] Siehe hierzu auch Berry et al. (2002), Erez und Earley (1987) sowie Kitayama (2002).

Funktion	Beschreibung
Anpassung	Unterstützt Mitglieder einer Kultur dabei, die wechselnden Herausforderungen der Umwelt zu bewältigen und Grund- sowie natürliche Bedürfnisse zu befriedigen
Motivation	Gilt als treibende Kraft hinter der Gesamtheit des menschlichen Handelns
Identität	Vermittelt die Rolle in und Zugehörigkeit zu einer Kultur
Integration	Generiert ein Gefühl einer sozialen Einheit, zu der sich jedes Mitglied zugehörig fühlt. Schafft Zusammenhalt innerhalb der Kultur sowie Unterscheidungskraft zu anderen Kulturen
Sinnstiftung	Ordnet Geschehnissen, Verhalten und Erfahrungen innerhalb eines Kollektivs eine tiefere Bedeutung zu
Komplexitäts-reduktion	Verkörpert einen Filter, durch den die Komplexität des Erlebens reduziert wird und Wirkungszusammenhänge verständlich gemacht werden
Ordnung	Schafft Systeme, mit denen Mitglieder eines Kollektivs zufälligen oder ungeordneten Gegebenheiten eine Struktur geben können
Orientierung	Gibt eine Auskunft darüber, was z.B. richtig und falsch, gut und schlecht oder moralisch ist
Legitimation	Rechtfertigt das Verhalten sowohl nach innen als auch gegenüber anderen Kulturen. Basiert auf den fundamentalen Argumentationsbeziehungen, die durch Elemente wie z.B. Normen, Werte oder Grundannahmen generiert werden

Abbildung 9: Funktionen der Kultur (eigene Darstellung, in enger Anlehnung an Kutschker und Schmid, 2008, S. 674ff)[78]

Kultur darf jedoch nicht ausschließlich vor der funktionalistischen Betrachtungsweise diskutiert werden. Obwohl ihre funktionale Relevanz unbestritten bleibt, ist Kultur – und ihre Elemente – den Mitgliedern nicht immer explizit oder dauerhaft bewusst. Vielmehr wird sie unbewusst als gegeben und selbstverständlich interpretiert. Das Ausmaß, in dem die Kultur ihre Funktionen einnimmt, kann zudem in Abhängigkeit von situationalen Gegebenheiten oder auch zwischen Kulturen variieren.

Vor allem wenn eine Kultur mit einer anderen Kultur konfrontiert wird und ein *Culture Clash* entsteht, steigt die Relevanz des funktionalistischen Paradigmas (Adair et al. 2001). In vielen dieser interkulturellen Situationen sind die Elemente der Kulturen nicht oder wenig kompatibel, was unter anderem zu Missverständnissen, Missinterpretationen oder falschen Attributionen führen kann

---

[78] Sieher hierzu auch Liebsch (2004).

(Brett & Okumura, 1998; Stauss & Mang, 1999; siehe zudem Abschnitt 3.1.5.1). Die Gefahr eines solchen Konflikts ist dann sehr groß, wenn die Kulturen besonders stark voneinander abweichen (vgl. Meffert, 1990). Während die Divergenz in den Kulturelementen die Konflikte auslösen, können Stärke und Fortbestehen der Konflikte durch die Funktionen der Kulturen, insbesondere durch Identitäts- und Integritätsbezug, forciert werden. Huntington (2002) begründet die Entstehung des Konflikts dadurch, dass die Mitglieder eines Kollektivs ein starkes Zusammengehörigkeitsgefühl entwickeln und sich dadurch aktiv von der anderen, fremden Kultur distanzieren. Die Orientierungsfunktion verleiht dem Kollektiv darüber hinaus ein Handlungsspektrum, welches durch die Legitimationsfunktion weder nach innen noch nach außen einer Rechtfertigung bedarf und somit ebenfalls Konflikte induziert und aufrechterhalten kann.

3.1.3 Teilkulturen und Multikulturalität

In der Definition wird Kultur immer in Relation zu einem bestimmten Kollektiv gesetzt, welches über geteilte Werte, Normen und Grundannahmen verfügt. Die Gesellschaft bildet das größte kulturelle Kollektiv. Aber auch andere Gruppen, sog. Teilkulturen, wie z.b. Organisationen, Unternehmen, politische Parteien, Bundesländer, regionale Gebiete oder Branchen sind Kollektive, die durch eine individuelle Kultur repräsentiert werden (Hofstede, 2000, 2001). Beispiele für Teilkulturen sind (vgl. Sackman, 1997a,b; Schneider & Barsoux, 2001):[79]

- Globalkultur
- Landes- oder Gesellschaftskultur, z.B. Deutschland
- Unternehmenskultur, z.B. Siemens
- Abteilungs- oder Professionskulturen sowie Hierarchiekulturen innerhalb eines Unternehmens, z.B. Rechnungswesen
- Branchenkultur, z.B. Pharmabranche
- Generationskulturen, wie z.B. Net Generation oder Generation X.

---

[79] In der Literatur finden sich unterschiedliche Bezeichnungen für Teilkultur. Häufige Verwendung findet „Ebenen der Kultur" oder „Kulturfelder" (Moran et al., 2007; Rothlauf, 2009). Für detaillierte Ausführungen der Teilkulturen wird auf die entsprechende Literatur verwiesen, siehe u.a. Frank (1997).

Konkretisierung des Modells und Herleitung von Hypothesen 63

An dieser Stelle bleibt noch zu erwähnen, dass zwar die Landeskultur als vorherrschende Kultur aufgefasst wird, Kollektive sich aber in Einzelfällen innerhalb einer anderen Teilkultur (z.B. Branchenkultur) ähnlicher sein können (Hofstede, 1980; Moran et al., 2007).[80]

Die Bedeutung der Elemente sowie die Funktion der Kultur gelten übergreifend und uneingeschränkt für alle eben beschrieben Teilkulturen. Die einzelnen Kulturen bedingen sich dabei gegenseitig (Kasper, 1987) und überlappen zum Teil, so dass ein Individuum mehreren Kulturen zugehörig sein kann und auch ein Unternehmen mehrere Kulturen besitzen kann (Cullen, 2007; Ghoshal & Bartlett, 1990). Dies wird als Multikulturalität bezeichnet (vgl. u.a. Bielefeldt, 2007; Kolb, 2009).[81]

Im Zusammenhang mit Multikulturalität wird in der Literatur eine ständige kontroverse Diskussion über die *Konvergenz* (Assimilation nationaler Kulturen) oder *Divergenz* (Fortbestehen oder Vergrößerung der Unterschiede nationaler Kulturen) als Konsequenz der Globalisierung geführt (House, 1997a; Leung et al., 2005; Rothlauf, 2009).[82] Obwohl beide Auffassungen in der Literatur vertreten und mit Praxisbeispielen belegt werden können, findet vor allem die Konvergenzhypothese viele Kritiker (Rothlauf, 2009; Smith & Bond, 1998; Zhang, Zheng & Wang, 2003). Neben dieser klassischen Diskussion wird in letzter Zeit eine dritte Annahme verstärkt in der Literatur diskutiert. Diese beschreibt die „Hybridisierung" der Kulturen, d.h. die Herausbildung einer neuen, eigenständi-

---

[80] Moran et al. (2007) separieren von der Landeskultur zusätzlich den Begriff der *Business Culture*, „*... as a reflection of [...] work and organizational life."* (S. 50). Detaillierte Beschreibungen von *Business*-Kulturen finden sich u.a. bei Hannon (2006).

[81] Die Multikulturalität auf Individualniveau stellt insbesondere Forscher bei der Messung von Kultur vor Herausforderungen. Die Komplexität kann zudem dadurch gesteigert werden, dass viele Personen als bi- oder multinational gelten. Das Attribut bi- oder multinational erhalten Personen entweder über die rein formale Zugehörigkeit zu unterschiedlichen Nationen, wenn beispielsweise beide Elternteile unterschiedliche Nationalitäten vorweisen, oder auch aufgrund einer stark international ausgerichteten akademischen oder professionellen Ausbildung. Sog. *Biculturals* haben demnach mehr als eine Kultur verinnerlicht (Benet-Martinez, Leu, Lee & Morris, 2002; Nguyen & Benet-Martinez, 2007). Die Implikationen für die Managementforschung finden seit einiger Zeit reges Interesse.

[82] Eine Konvergenz der Kulturen wäre vor allem für die Forschung von Bedeutung. Beispielsweise würden die bisher gegebenen Empfehlungen oder Geschäftspraktiken z.B. zum Management von kultureller Diversität bei einer Konvergenz der Kulturen hinfällig und durch Geschäftsstandards, die als *culture-free* gelten, ersetzt werden (Heuer, Cummings, & Hutabarat, 1999). Vertreter der Divergenzhypothese postulieren die Wahrung der nationalen Kultur als wertvolles Gut in Bezug auf das funktionalistische Paradigma der Kultur (vgl. Bhagat, Kedia, Harveston & Triandis, 2002).

gen Kultur aus der Kombination verschiedener Kulturen (Adair et al., 2006; Gelfand et al., 2007; Lüsebrink, 2003; Schwinn, 2006).[83]

Zusammenfassend lässt sich behaupten, dass Kultur ein komplexes Konstrukt unterschiedlicher Elemente ist, die in gewisser hierarchischer Organisation zueinanderstehen *(Multi-Layer)*, und sich in unterschiedlichen Teilkulturen, z.B. Unternehmens- und Landeskultur *(Multi-Level)* mit charakteristischen Funktionen wiederfinden. Die *Multi-Layer-/Multi-Level*-Perspektive wird besonders bei der Erfassung von Kultur relevant (Taras et al., 2009, S. 61).[84]

3.1.4 Kulturmodelle und die GLOBE-Studie

3.1.4.1 Überblick über die in der Managementforschung prominenten Kulturmodelle

Im letzten Jahrhundert sind zahlreiche Kulturmodelle zur Beschreibung und Erfassung von Kultur entstanden. Analog zu den Unterschieden in der Definition der Kultur hängt die Konzeption der Kulturmodelle stark von der Forschungsrichtung und Schwerpunktsetzung des jeweiligen Autors ab. So unterscheiden sich die Kulturmodelle u.a. hinsichtlich der zugrunde liegenden theoretischen Fundierung, des gewählten methodischen Ansatzes zur Herleitung der Modelle sowie der betrachteten Ebene, auf der die kulturellen Unterschiede manifestiert werden sollen. Nichtsdestotrotz liegt das übergeordnete Ziel aller Kulturmodelle darin, Kulturen in ihrer Komplexität zu beschreiben, zu analysieren und zu verstehen sowie Gemeinsamkeiten und Unterschiede zu anderen Kulturen zu identifizieren (Boyacigiller, 2004; Cullen, 2007; Rothlauf, 2009).

In Abbildung 10 sind die Kulturmodelle mit zentraler Relevanz für die aktuelle Managementforschung dargestellt (in Anlehnung an Kutschker & Schmid, 2008;

---

[83] Der Begriff „Hybridisierung" wird in der Literatur auch mit „Kreolisierung" gleichgesetzt (vgl. Schwinn, 2006). Hannerz (2009) übertrug diesen Begriff aus der Linguistik, der die Mischung von Sprache, Herkunft und Bräuchen aus Afrika, Europa, der Karibik und zum Teil Spanien bezeichnet, auf die kulturelle Ebene. Die globale Verbreitung unterschiedlichster Kulturen resultiert in einer Kulturmelange, sowohl auf individueller als auch auf gesellschaftlicher Ebene. Diese neue kulturelle Diversität ist eher durch eine Verbindung von Kulturen als durch deren Abgrenzung charakterisiert (Hannerz, 2009). Hybridisierung verkörpert einen langfristigen und kontinuierlich fortschreitenden Prozess, der durch Entwicklungen wie die weltweite Vernetzung durch elektronische Medien oder Migrationsbewegungen gefördert wird (Lüsebrink, 2003).

[84] Für eine detaillierte Beschreibung des Zusammenwirkens der unterschiedlichen Schichten *(Layer)* und Ebenen *(Level)* siehe Erez und Gati (2004) und Leung et al. (2005).

Konkretisierung des Modells und Herleitung von Hypothesen 65

Rothlauf, 2009). Dazu zählen neben den klassischen Modellen wie Kluckhohn und Strodtbeck (1961), Hall (u.a. 1998), Hofstede (1980), Trompenaars und Hampden-Turner (1997) oder Schwartz (1994) auch neuere Arbeiten, wie z.B. die GLOBE-Studie oder das Modell von Dülfer (1994).[85]

Zentrale Kulturmodelle in der Managementforschung							
Kulturdimensionen von Kluckhohn & Strodtbeck	Kulturdimensionen von Hall	Kulturdimensionen von Hofstede	Kulturdimensionen von Trompenaars & Hampden-Turner	Kulturdimensionen von Schwartz	Kulturdimensionen der GLOBE-Studie	Schichtenmodell von Dülfer

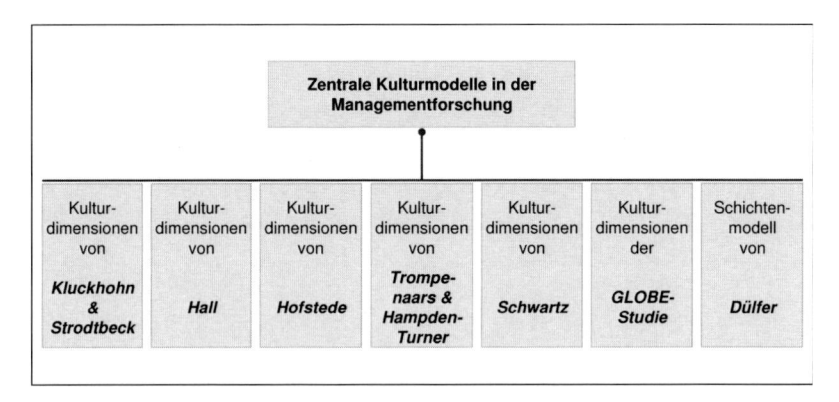

Abbildung 10: Bedeutende Kulturmodelle in der aktuellen Managementforschung (eigene Darstellung, in enger Anlehnung an Kutschker und Schmid, 2008, S. 701)

Die Modelle unterscheiden sich vor allem auf der gewählten Ebene, die zur Erklärung der kulturellen Unterschiede herangezogen wird. Während Kluckhohn und Strodtbeck (1961) ausdrücklich Grundannahmen fokussieren, beziehen Trompenaars und Hampden-Turner (1997) auch Werte mit ein. Hofstede (1980) wiederum basiert seine Analysen ausschließlich auf der Ebene der Werte. Eine Sonderstellung nimmt die GLOBE-Studie ein, da sie neben Werten explizit auch die Verhaltensebene, sog. Praktiken, als Erklärungsebene für kulturelle Unterschiede annimmt. Hall (1959) fokussiert die Kommunikation. Dülfer (1994) hat

---

[85] Neben der GLOBE-Studie ist die globale Studie über soziale Axiome von Leung und Bond (2004) eine der jüngsten großangelegten Kulturstudien. Soziale Axiome gelten dabei als generelle Überzeugungen und Erwartungen im sozialen Umfeld (vgl. Rotter, 1966). Auf der Basis von qualitativen und quantitativen Analysen wurden fünf Kulturdimensionen identifiziert, die auf Individualniveau angewendet werden können und deren Gültigkeit in mehr als 40 kulturellen Gruppen getestet wurde und bereits im Zusammenhang mit Beeinflussungstaktiken im Rahmen von Studien im internationalen Management angewendet wurden (siehe z.B. Fu et al., 2004; Leung & Bond, 2004).

eine gänzlich andere Perspektive inne, indem er von kulturell bedingten Entscheidungsfiltern ausgeht (siehe auch Dülfer & Jöstingmeier, 2008).[86]

Die in der Literatur und insb. in der Verhandlungsliteratur am häufigsten erwähnten Kulturmodelle gehen auf Hall und Hofstede zurück (Boyacigiller, 2004; Moran et al., 2007; Rothlauf, 2009). Häufig wird an diesen Modellen jedoch starke Kritik geäußert. So wird u.a. dem Modell von Hall (1959) vorgeworfen, die identifizierten Kulturdimensionen nicht auf der Basis empirischer Studien, sondern lediglich durch konzeptionelle Überlegungen identifiziert zu haben. An dem Kulturmodell von Hofstede (1980) wird u.a. die Gültigkeit der Dimensionen von 1980 für die heutige Forschung und einige methodische Schwachstellen kritisiert. Außerdem sei unklar, auf welche Teilkultur zum einen und auf welche Ebene der Kultur (Verhalten oder Werte) zum anderen die Dimensionen Bezug nehmen (vgl. Smith, 2006).

Die GLOBE-Studie versucht eine Vielzahl der Kritikpunkte zu adressieren. Zu den konzeptionellen Vorzügen zählt vor allem die differenzierte Betrachtung von Werten und Praktiken, die bei bisherigen Kulturmodellen fehlte und von denen jeweils ein separater Erklärungsgehalt nachgewiesen werden konnte (House & Javidan, 2004). Die Anwendungsmöglichkeiten in der Managementpraxis werden dadurch gesteigert. Überdies wird durch die separate Betrachtung von Werten und Praktiken sowohl auf gesellschaftlicher als auch auf Organisationsebene der angenommenen Kontextabhängigkeit kultureller Unterschiede Rechnung getragen, was für die vorliegende Arbeit von zentraler Bedeutung ist. Des Weiteren baut die GLOBE-Studie auf anderen Kulturmodellen – insbesondere Hofstede – auf und entwickelte einige der Dimensionen weiter. So konnte z.B. durch die Trennung der ursprünglichen Dimension „Kollektivismus" von Hofstede (1980) in „institutionellen" und „familienbezogenen Kollektivismus" eine trennschärfere Messung der jeweiligen Phänomene erzielt werden (vgl. Emrich et al., 2004). Außerdem wird die GLOBE-Studie insbesondere für ihre hohe methodische Anspruchshaltung und die Erfüllung wissenschaftlicher For-

---

[86] Neben diesen klassischen Modellen, die sich sowohl in der Literatur als auch in der Praxis bereits intensiver Anwendung erfreuen, besteht eine Vielzahl an weiteren Kulturstudien. Diese haben zwar den Bekanntheitsgrad der oben genannten Modelle noch nicht erreicht, ihre Relevanz ist aber für die aktuelle Managementforschung ebenfalls nicht zu vernachlässigen. Ein Überblick findet sich u.a. bei Brock, Barry und Thomas (2000), Kutschker und Schmid (2008), oder Steensma, Marino und Weaver (2000).

schungsstandards gelobt (Earley, 2006). Dabei ist vor allem die durch die Fragebogenkonzeption und -anwendung hergestellte sprachliche Äquivalenz zwischen Kulturen positiv hervorzuheben. So wurde der Fragebogen von einem internationalen Team erstellt und in mehrere Landesprachen übersetzt und rückübersetzt (*Double-Translation*). Dies ist insbesondere für kulturvergleichende sowie interkulturelle Studien und somit für die vorliegende Arbeit von Relevanz. Die Ergebnisse der GLOBE-Studie liefern zudem nicht nur wertvolle Einblicke in das Gebiet der Personalführung, sondern finden auch Anwendung in einer Reihe betriebswissenschaftlicher Teildisziplinen (House & Javidan, 2004; Kirkman et al., 2006).

Insgesamt stellt die GLOBE-Studie folglich eine vielversprechende Alternative zu den bisherigen Kulturkonzepten dar (Boyacigiller, 2004; House, 1997a). Aufgrund ihrer methodischen Anspruchshaltung und starken Anwendungsbezugs (z.B. Sicherstellung kultureller Äquivalenz oder Trennung zwischen Werten und Praktiken) eignet sie sich besonders zur Verwendung in interkulturellen Versuchsdesigns und soll daher im Folgenden näher erläutert werden.

Die detaillierte Beschreibung aller in Abbildung 10 dargestellten Kulturmodelle würde für die vorliegende Arbeit zu weit führen und von der Schwerpunktsetzung abweichen. Für alle weiteren genannten zentralen Kulturmodelle soll an dieser Stelle auf weiterführende Literatur verwiesen werden (siehe Cullen, 2007; Gelfand & Dyer, 2000; Kutschker & Schmid, 2008; Rothlauf, 2009).

3.1.4.2 Das Kulturmodell der GLOBE-Studie

Das Akronym GLOBE steht für *Global Leadership and Organizational Behavior Effectiveness*. Es beschreibt ein internationales Forschungsprojekt, bei dem 170 Forscher[87] in 60 Ländern zusammenarbeiten (House & Javidan, 2004). Das Forschungsprojekt verfolgt das Ziel, die Einflüsse auf und Zusammenhänge von Kultur und Führung zu analysieren und gliedert sich in drei Phasen.[88] Dabei wurden in 951 lokalen Unternehmen aus der Finanz-, Lebensmit-

---

[87] Diese Forscher werden nach House et al. (2004) auch als *Country-Co-Investigators (CCI)* bezeichnet.
[88] Während in der ersten Phase zwischen 1993 und 1994 die Konzeption des Forschungsdesigns stattfand, erfolgte zwischen 1994 und 1997 die Datenerhebung als zweite Phase. In der bis heute noch nicht abgeschlossenen dritten Phase werden hauptsächlich Auswertun-

tel- und Telekommunikationsbranche 17.370 Manager der mittleren Führungsebene zur Landes- bzw. Gesellschafts- und Organisationskultur sowie Personalführung befragt (House & Javidan, 2004).[89] Da (Sub-)Kulturen anstelle von Ländern (bzw. Nationen) betrachtet wurden, untersucht die GLOBE-Studie insgesamt 62 Gesellschaftskulturen in 59 Ländern, die sich wiederum in unterschiedliche Kulturkreise zusammenfassen lassen, z.b. Naher Osten oder Südasien (siehe House & Hanges, 2004 sowie Gupta & Hanges, 2004).[90]

Vor dem Hintergrund der Fragestellung in dieser Arbeit soll sich in der weiteren Beschreibung ausschließlich auf die Kulturdimensionen der GLOBE-Studie bezogen und die Führungsthematik vernachlässigt werden.[91]

3.1.4.3 Die Kulturdimensionen der GLOBE-Studie

Die GLOBE-Studie geht von kulturellen Werten aus, die sich auf Dimensionen abbilden lassen und dazu in der Lage sind, Unterschiede zwischen Kulturen zu beschreiben. Durch die individuelle Ausprägung auf jeder Dimension ergibt sich für jede Kultur ein spezifisches Profil.

Zur Entwicklung der Kulturdimensionen wurde dabei zum einen auf bestehende Skalen (z.B. Hofstede, 1980) zurückgegriffen, zum anderen wurden theoriegeleitet neue Skalen entwickelt. Durch statistische Analysen und die Nutzung von u.a. Interviews und Fokusgruppen erfolgte des Weiteren eine Validierung der Dimensionen. Neun Dimensionen waren das Ergebnis dieses *Mixed-Method*-Ansatzes. Das Besondere in der Entwicklung der Wertedimensionen lag des Weiteren darin, dass nicht nur klar zwischen Landes- bzw. Gesellschaftskultur

---

gen – unter anderem zu den Zusammenhängen zwischen Führungsverhalten und verschiedenen Erfolgsvariablen – durchgeführt (House et al., 2004).

[89] Der Umfang des verwendeten Fragebogens soll hier erwähnt werden: 75 Items zur Organisationskultur, 78 Items zur Landes- bzw. Gesellschaftskultur, 112 Fragen zur Führung sowie 27 Fragen zur Demografie. Der Fragebogen lag in zwei Versionen vor und wurde jeweils der Hälfte der Stichprobe vorgelegt: Version „Alpha" enthält die Items zur Organisationskultur (Werte und Praktiken), Version „Beta" die Items zur Landeskultur (Werte und Praktiken). Beide Versionen enthalten die Items zur Führung und Demografie. Pro Kulturdimension wurden zwischen drei und sechs Items aufgenommen (Kutschker & Schmid, 2008). Die Daten wurden zudem mit Ergebnissen anderer Studien, z.B. zu wirtschaftlichen Kennzahlen, korreliert (z.B. *The Human Development Report, The Global Competitiveness Report*, vgl. Javidan & Hauser, 2004).

[90] Es wurden zehn Kulturkreise oder *Cluster* unterschieden: angelsächsischer Raum, romanisches Europa, Nordeuropa, germanisches Europa, Osteuropa, Lateinamerika, Schwarzafrika, Naher Osten, Südasien sowie konfuzianisches Asien (Gupta & Hanges, 2004).

[91] Weiterführende Literatur hierzu findet sich in Cullen (2007), House (1997a,b), House et al. (2004), Javidan, House und Dorfman (2004) oder Moran et al. (2007).

("in this society...") und Organisationskultur ("in this organization...") getrennt wurde, sondern zusätzlich eine Unterscheidung zwischen Praktiken (*Practices*, "as is") und Werten (*Values*, "shoud be") stattfand. *Practices* beschreiben Handlungen oder Aktivitäten, so wie sie in einer Kultur tatsächlich anzufinden sind ("the way things are done in a culture", House et al., 2004). *Values* umschreiben Einstellungen oder Bewertungen, wie Dinge in einer Kultur theoretisch ausgeführt werden sollten ("the way things should be done in a culture", House et al., 2004). Es wird von einer spezifischen Erklärungskraft sowohl durch Werte als auch durch Praktiken allein ausgegangen.[92]

Ursprung und Bedeutung der neun Dimensionen sollen im Folgenden erläutert werden. Sie nehmen Bezug auf die Landes- und Gesellschaftskultur. Äquivalent könnten sie aber auch im Rahmen von Organisationskulturen erklärt werden.

Leistungsorientierung *(Performance Orientation)* bezieht sich auf den Grad, in dem in einer Kultur Leistung, Exzellenz und Innovation belohnt und gefördert werden. Im Verhalten äußert sich dies u.a. in der Ermutigung zur und konkreten Belohnung von guter Leistung (in der Schule, aber auch im Beruf) sowie in der persönlichen Zielsetzung (Javidan, 2004).

Zukunftsorientierung *(Future Orientation)* stellt fest, inwiefern Kulturen durch konkrete Planungen, Investitionen und Strategien zukunftsorientiert handeln (Ashkanasy, Gupta, Mayfield & Trevor-Roberts, 2004; Kluckhohn, 1951). Sie geht auf die Dimension Zeitorientierung von Kluckhohn und Strodtbeck (1961) zurück und zeigt auch Äquivalenzen zu der Langfrist-/ Kurzfristorientierung von Hofstede (1980).

Gleichberechtigung *(Gender Egalitarism)* bezieht sich auf das Ausmaß, in dem in einer Kultur versucht wird, Geschlechterunterschiede zu vermeiden bzw. zu minimieren und Gleichberechtigung zwischen Mann und Frau zu unterstützen. Gleichberechtigung sowie die nächste Dimension der Bestimmtheit basieren auf

---

[92] Als Folge existiert auf der Analyseebene pro Frage ein Quartett an Items, bestehend aus zwei Ebenen (Organisation und Land/Gesellschaft) sowie zwei Inhalten (Praktiken und Werte, House et al., 2004; Hanges, 2004; Hanges & Dickson, 2004). Für die Darlegung der Zusammenhänge zwischen Praktiken und Werten sei auf die Autoren verwiesen.

Hofstedes Dimension Maskulinität/Feminität (Emrich, Denmark & Den Hartog, 2004).[93]

Bestimmtheit *(Assertiveness)* ermittelt das Ausmaß an Härte, Dominanz und Aggressivität, die das Verhalten und die Beziehungen untereinander charakterisieren (Den Hartog, 2004). In Kulturen mit einer hohen Bestimmtheit werden unter anderem kompetitive Situationen, Wettbewerb und Herausforderungen wertgeschätzt (Den Hartog, 2004).

Institutioneller Kollektivismus *(Institutional Collectivism)* drückt aus, inwiefern institutionelle Praktiken und Werte das kollektive Gefüge und dessen Handeln fördern und wertschätzen. Gruppenzusammenhalt und Gruppeninteresse stehen im Vordergrund. Institutioneller Kollektivismus sowie der im Folgenden erklärte Innergruppen- oder Familienbasierte Individualismus/Kollektivismus gehen aus dem Individualismus/Kollektivismus von Hofstede (1980) hervor (Hanges & Dickson, 2004).

Im Gegensatz zum institutionellen Kollektivismus bezieht sich der *Innergruppenkollektivismus (Ingroup Collectivism)* konkret auf den gezeigten Stolz bzw. die Loyalität zu Gruppenmitgliedern. Gruppen können Familien, aber auch Organisationen sein (Hanges & Dickson, 2004).

Humanorientierung *(Human Orientation)* ist der Indikator für das Ausmaß an fairen, altruistischen, fürsorglichen, aber auch großzügigen Auffassungen und Verhalten innerhalb einer Kultur. Neben Freundlichkeit zählen auch konkrete Praktiken, wie beispielsweise Spendenbereitschaft, dazu. Diese Dimension geht auf die Theorien und Arbeiten von Kluckhohn und Strodtbeck (1961) und McClelland (1985) zurück.

Unsicherheitsvermeidung *(Uncertainty Avoidance)* erfasst das Ausmaß, in welchem uneindeutige Situationen als bedrohlich wirken oder toleriert werden. Unsicherheitsvermeidung wird durch die Verwendung von Traditionen, Riten oder

---

[93] Hofstede (1980) differenziert in seiner Dimension Maskulinität nicht explizit zwischen Werten (ob männlich oder weiblich) einer Gesellschaft und Rollenverteilungen bzw. Verhaltensanforderungen für Männer und Frauen in der Gesellschaft. Während Gleichberechtigung auf die Auffassung über die Rollenverteilung sowohl in Unternehmen, der Gesellschaft als auch im Privatleben abzielt, befasst sich die nächste Dimension Bestimmtheit mit der Beschreibung von Werten und Praktiken hinsichtlich weiblicher oder männlicher Ausprägung.

bürokratischen Regeln erzielt. Sie geht direkt auf die bereits erwähnte Dimension von Hofstede (1980) zurück.

Machtdistanz *(Power Distance)* beschreibt die Stärke, mit der eine Gesellschaft Machtunterschiede, Autorität oder Statusprivilegien akzeptiert oder gar unterstützt und forciert (Carl, Gupta & Javidan, 2004). Die Machtdistanz entstammt ebenfalls den Arbeiten von Hofstede (1980).

3.1.4.4 Kritische Betrachtung und Würdigung der GLOBE-Studie

Wie an allen Kulturmodellen wurde auch an der GLOBE-Studie Kritik geübt. Ein Großteil der folgenden Kritikpunkte lässt sich aber auch an Kulturmodellen im Allgemeinen anführen. Einige der kritischen Punkte wurden sogar in in einem offen geführten Disput mit u.a. Hofstede (2006) in der akademischen Literatur erörtert (detaillierte Auflistung siehe u.a. Graen, 2006).[94]

Neben der generellen Kritik universell eingesetzter Kulturdimensionen wird bei der GLOBE-Studie die angebliche Redundanz zwischen den neun Dimensionen kritisiert, die sich in hohen Interkorrelationen manifestiert (McSweeney, 2002). Daneben wird eine Repräsentativität der Stichprobe angezweifelt. Da lediglich Führungskräfte befragt wurden, wird eine Generalisierung der Ergebnisse auf die Allgemeinbevölkerung als problematisch erachtet. Vor allem in Bezug auf die Ausprägung der Leistungsorientierung könnte angenommen werden, dass diese bei der Berufsgruppe der Manager höher ausfällt als in anderen Berufen (Javidan, 2004). Überdies wird den Autoren vorgeworfen, tiefgründige Analysen einzelner Länder zugunsten der Maximierung der Anzahl der untersuchten Länder vernachlässigt zu haben (Smith, 2006). Mittlerweile wurde diesem Vorwurf durch den verstärkten Einsatz von qualitativen Forschungsmethoden bei der näheren Betrachtung von 25 der 62 Länder Rechnung getragen (vgl. Chhokar, Brodbeck & House, 2006). Da die Studie noch nicht abgeschlossen ist und Verbesserungsvorschläge noch aktiv aufgenommen werden können, sind die Auto-

---

[94] Weitere Literatur hierzu findet sich bei Macharzina, Oesterle und Wolf (1996), Sackmann und Phillips (2004), Schneider und Barsoux (2001) oder Weibler et al. (2000). Die Kritik bezieht sich sowohl auf generelle Punkte, wie z.B. einseitiger Fokus auf bipolare Wertedimensionen, fehlende Überschneidungsfreiheit zu Persönlichkeitsdimensionen, Uneinigkeit über die Anzahl ausreichender Dimensionen, keine eindeutige inhaltliche Operationalisierung und Abgrenzung sowie kontroverse Ansichten über die Stabilität der Dimensionen oder die vorherrschende Rolle der emischen Perspektive.

ren sowie Befürworter optimistisch, dass viele der genannten Kritikpunkte ausgeräumt werden können.

Der GLOBE-Studie kommt aber in der wissenschaftlichen Literatur auch Lob zugute. Neben den bereits in Abschnitt 3.1.4.1 dargestellten Vorzügen, wie z.B. die Trennung zwischen Werten und Praktiken sowie die Sicherstellung kultureller Äquivalenz bei der Fragebogengestaltung, existieren weitere Vorteile. Insbesondere ihre hohe methodische Anspruchshaltung und die Erfüllung wissenschaftlicher Forschungsstandards sind zu erwähnen. Beispielsweise wurden die jeweiligen Fragebogenhälften (Alpha und Beta) zwei unterschiedlichen Stichproben vorgelegt, so dass ein *Common Source Bias* verhindert werden konnte (House & Javidan, 2004). Des Weiteren entfernt sie sich von der Kritik der Branchen-/Unternehmenskulturabhängigkeit der Hofstede-Dimensionen dadurch, dass in ihr drei unterschiedliche Branchen und fast 1.000 verschiedene Unternehmen betrachtet wurden (Hutzenschreuter & Voll, 2007). Die erhaltenen Dimensionen – sowie die Struktur des Forschungsdesigns – konnten zudem nicht nur durch konfirmatorische Faktorenanalysen bestätigt, sondern auch durch Korrelation mit anderen Skalen validiert werden (z.B. *The Global Competitiveness Report* oder *The Human Development Report*, vgl. Javidan & Hauser, 2004). Auch ist der angewendete *Mixed-Method*-Ansatz als Kombination aus quantitativen Fragebogenuntersuchungen in 62 Kulturen und qualitativen Tiefeninterviews sowie Fokusgruppenuntersuchungen in 25 ausgewählten Kulturen hervorzuheben (Chhokar et al., 2006; House, Javidan, Dorfman & Sully de Luque, 2006). Schließlich weist sie eine Klassifikation in einheitliche Kulturkreise vor, die aufgrund der Homogenität das Phänomen der Regionalisierung unterstützen kann (Gupta & Hanges, 2004).[95] Durch ihren Umfang gilt GLOBE nicht nur als Studie, sondern auch als Netzwerk and Forschern und soziale Institution, deren umfangreiches Management ebenfalls Beachtung findet (vgl. Earley, 2006; House et al., 2004). Insgesamt stellt die GLOBE-Studie daher eine methodisch anspruchsvolle Untersuchung und mögliche Alternative zu den bisherigen Kulturkonzepten dar.

---

[95] Für weitere detaillierte Beschreibungen des Nutzens und der Grenzen der GLOBE-Studie im Hinblick auf die Führungsthematik siehe Earley (2006), Hofstede (2006) sowie Smith (2006).

3.1.5 Kultur als Kontextvariable im verhaltenswissenschaftlichen Verhandlungsmodell

Aus der Definition sowie in Anlehnung an die Darstellung der Eigenschaften und Funktionen von Kultur ergibt sich, dass Kultur auf das Verhalten und damit auf sämtliche soziale Interaktionen wesentlichen Einfluss nimmt. Da Verhandlungen ebenfalls als soziale Interaktionen aufgefasst werden können, ist davon auszugehen, dass Kultur auch Verhandlungen beeinflusst. Sie verkörpern beispielsweise die Basis für die Interpretation der Situation und des Verhaltens des Verhandlungspartners (Fiske & Taylor, 1991). Da Individuen eines Kollektivs aufgrund ihrer gemeinsamen kulturellen Herkunft eine gemeinsame Art zu denken, fühlen und handeln besitzen, wird angenommen, dass jede Kultur sowohl einen distinktiven Entscheidungsprozess als auch Verhandlungsstil besitzt (Gelfand & Dyer, 2001; Gelfand & McCusker 2002; Morris & Fu, 2001). Zahlreiche intrakulturelle Vergleichsstudien konnten dies bestätigen (z.B. Adair et al., 2004; Adair & Brett, 2005; Brett, 2001; Graham, 1984, 1985a; Herbig & Kramer, 1992; Lytle et al., 1995).

3.1.5.1 Die Besonderheit interkultureller Verhandlungen

Die kulturspezifischen Entscheidungsprozesse, Verhandlungsstrategien oder Kommunikationsstile besitzen in interkulturellen Verhandlungssituationen besondere Relevanz. Durch die Globalisierung werden die verhandelnden Parteien mit unterschiedlichen Kulturen konfrontiert. Es ist davon auszugehen, dass in einer solchen interkulturellen Verhandlungssituation gänzlich andere Dynamiken herrschen als bei intrakulturellen Verhandlungen und die ohnehin bereits anspruchsvolle Verhandlungssituation komplexer werden lässt (Bazerman et al., 2000; Li, Tost & Wade-Benzoni, 2007). Zu den charakteristischen Problematiken, die sich im Rahmen von Konfliktsituationen in interkulturellen Verhandlungen – sog. *Dilemma of differences* – äußern können, gehören (vgl. hierzu auch Salacuse, 1999; Tung, 1988):

- *Missverständnisse* in der verbalen Kommunikation werden hervorgerufen durch die kulturspezifische Bedeutung von Ausdrücken oder Redewendungen bzw. durch die oft falsche Verwendung von Wörtern oder Sätzen, wenn die Verhandlung in einer Fremdsprache geführt wird.

- *Missinterpretationen* von non-verbaler Kommunikation und Handlungen treten insbesondere bei unterschiedlichen Kommunikationspräferenzen auf: Redepausen oder Antwortverzögerungen werden je nach Kultur entweder als adäquate Unterbrechungen, beispielsweise Denkpausen, empfunden (z.B. bei *High-/Context*-Kulturen) oder gelten als unangenehm und verursachen Unsicherheit (z.B. bei *Low-Context*-Kulturen).

- *Misserfüllung* von verhaltensbezogenen Erwartungen: Erwartungen bestehen u.a. im Hinblick auf ethisches Verhalten, kulturspezifische Verhandlungsstile sowie auf das zu erzielende Verhandlungsergebnis. In interkulturellen Verhandlungen existiert häufig nicht nur ein Unterschied in der Vorstellung über ethisches Verhalten, sondern auch in der Akzeptanz von unethischem Verhalten (Allerheiligen, Graham & Lin, 1985; Rivers & Lytle, 2007). Zudem besitzen Verhandelnde häufig konkrete Vorstellungen, sog. Schemata, bis hin zu Stereotypen hinsichtlich des kulturbedingten Verhandlungsstils (Adair et al., 2009).

Missverständnisse und Missinterpretationen lassen sich auch anhand klassischer Kommunikationsmodelle, z.B. von Shannon und Waever (1949) oder Gibson (1997), erläutern. Diese gehen davon aus, dass die vom Sender übermittelte Nachricht nicht äquivalent mit der Nachricht sein muss, die den Empfänger erreicht. Alle vier Prozessschritte der Nachricht (*Encoding* – Verschlüsselung, *Transmission* – Weitergabe, *Receiving* – Erhalt und *Decoding* – Entschlüsselung) können durch den kulturellen Filter als ein möglicher Einflussfaktor überlagert sein. So kann z.B. der Einsatz von Körpersprache bei der Übermittlung einer Nachricht in Kulturen unterschiedliche Bedeutung haben und zu Missinterpretationen führen (Earley & Gibson, 2002).

Von den genannten Problematiken nimmt Cohen (1997) an, dass sie Verhandlungen erschweren und verlängern, zu Frustration beim Verhandelnden führen und am Ende für ein nicht optimales Ergebnis oder sogar ein Scheitern der Verhandlung verantwortlich sein können (Brett, 2000). Im Gegensatz dazu wird in intrakulturellen Verhandlungen von einer barrierefreien Kommunikation und einer geteilten Wertebasis ausgegangen, welche das Erreichen besserer Ergebnisse erleichtern.[96]

3.1.5.2 Theorien zur Wirkung von Kultur auf Verhalten: Kultur als geteiltes Wertesystem

In zahlreichen Studien konnte nachgewiesen werden, dass die gleichen situativen Reize zu unterschiedlichen Reaktionen und Verhaltensweisen in unterschiedlichen Kulturen führen (Agndal, 2007; Tse, Lee, Vertinsky & Wehrung, 1988). Die Frage, inwiefern die Kultur das Verhalten und somit auch das Verhandlungsverhalten beeinflusst, wurde in diesem Zusammenhang aus unterschiedlichen Blickwinkeln betrachtet. Auf Basis einer breiten Literaturrecherche identifizierte Janosik (1987) vier Ansätze, wie Kultur auf Verhandlungsverhalten wirken kann:[97]

- Kultur als gelerntes Verhalten *(Culture as Learned Behavior):* Alle in einer Kultur vorhandenen Verhaltensweisen – damit auch Verhandlungsverhalten – werden als erlernt angesehen, kein Fokus auf Kognition oder Auslöser des Verhaltens.

- Kultur als geteilte Werte *(Culture as Shared Values, CASV):* Kultur wird als ein geteiltes Wertesystem von den Mitgliedern einer Kultur aufgefasst, welches das Verhalten – damit auch das Verhandlungsverhalten – induziert.

- Kultur als Dialektik *(Culture as Dialectic):* Verhalten – und damit auch Verhandlungsverhalten – wird als Ergebnis der individuellen Variation auf einer charakteristischen Kulturdimension interpretiert.

- Kultur als Kontext *(Culture in Context, CIC):* Kultur gilt als einer von mehreren möglichen Einflussfaktoren, z.B. Persönlichkeit, Verhandlungssituation, organisationaler Kontext auf das Verhalten und damit auch auf das Verhandlungsverhalten.

---

[96] Eine detaillierte Abhandlung hierzu siehe Abschnitt 3.2.5.2 zur Hypothesenherleitung.
[97] Es wird angenommen, dass der Wirkungsprozess nicht nur auf das Verhandlungsverhalten zutrifft, sondern auch übergreifend für Verhaltensweisen, z.B. auch für Intrateamprozesse, angewendet werden kann.

Beim ersten Ansatz wird das Verhalten als direktes Ergebnis der kulturellen Herkunft angesehen, ohne jedoch Erklärungsansätze zu liefern. Demgegenüber beschreibt der zweite Ansatz nicht nur, wie Kultur aufgefasst wird, sondern auch, auf welche Art und Weise Kultur das Verhalten beeinflusst. Kultur als geteilte Werte stellt den in der Literatur am häufigsten verwendeten Ansatz dar.[98] Ein ähnlicher Fokus findet sich beim dritten Ansatz, wobei hier die individuelle Variation im Verhalten eine zusätzliche Rolle spielt. Ein etwas anderer Fokus ist im vierten Ansatz zu finden. Der „Kultur als Kontext"-Ansatz nimmt an, dass Kultur – unabhängig von ihrer Operationalisierung – nicht der einzige Einflussfaktor von Verhandlungsverhalten darstellt, sondern daneben auch Persönlichkeit, strukturelle oder organisatorische Einflüsse sowie deren Wechselwirkungen das Verhandlungsverhalten beeinflussen.[99] Eine isolierte Betrachtung einer dieser Komponenten sei unzureichend. Dies entspricht eher einem multikausalen Erklärungsmodell des menschlichen Verhaltens (Parsons, 1936). Die multikausale Betrachtung von Verhandlungsverhalten ist in der kulturellen Managementforschung ebenfalls verbreitet (siehe Gelfand & Dyer, 2000).

Zwar eignet sich der CIC-Ansatz zur Sensibilisierung für die Tatsache, dass Verhandlungsverhalten nicht durch Kultur allein determiniert ist, sondern auch auf mehrere Faktoren zurückzuführen ist. Jedoch macht er keine expliziten Angaben darüber, wie die einzelnen Faktoren (insbesondere Kultur) auf das Verhandlungsverhalten wirken. Dies ist eher durch den CASV-Ansatz gegeben. Dementsprechend ließe sich dieser problemlos als Teil der CIC-Perspektive auffassen und in diese integrieren.[100]

---

[98] In den Anfängen wurde dieser Ansatz vor allem durch die isolierte Wirkung von Kultur auf Verhandlungsverhalten untersucht. Mittlerweile werden komplexere Modelle angewendet, die Kultur als geteiltes Wertesystem und ihre Wechselwirkungen mit anderen Variablen (z.B. Kognition) betrachten.

[99] Konkrete Anwendungen dieser Perspektive finden sich bei Cai und Donohue (1997) und Cai et al. (2000). In vielen Studien wurde diese Perspektive als Erklärungsansatz gewählt, ohne jedoch die explizite Nomenklatur als CIC-Perspektive zu verwenden, z.B. Graham (1993).

[100] Es sei darauf hingewiesen, dass die Ansätze CASV und CIC sich nicht unbedingt ausschließen, was eine alternative Interpretation des Leitartikels von Janosik (1987) zulässt, als sie im Artikel von Drake (2001) dargestellt wurde. Janosik (1987) sowie die darin zitierten Autoren schließen im CIC-Ansatz nicht aus, dass Kultur als geteiltes Wertesystem aufgefasst werden kann. Äquivalent dazu werden im CASV-Ansatz zusätzliche Einflussfaktoren auf das Verhandlungsverhalten nicht formaltheoretisch zurückgewiesen. Lediglich wird vermutet, dass Verhandlungsverhalten zum Großteil durch Kultur beeinflusst wird (Janosik, 1987, S.389). In den zitierten Studien mit CASV-Perspektive wird keineswegs der ausschließliche

Konkretisierung des Modells und Herleitung von Hypothesen 77

In der vorliegenden Arbeit wird die Grundüberlegung der CIC-Perspektive aufgenommen und das Verhandlungsverhalten und -ergebnis sowohl auf Kultur als auch auf andere Kontextvariablen, wie z.b. Teamzusammenstellung, zurückgeführt. Dennoch soll im ersten Schritt eine Erklärungsgrundlage gebildet werden, wie Kultur das Verhandlungsverhalten beeinflusst. In Anlehnung an die in Abschnitt 3.1.1.1 gewählte Definition von Kultur als Wertesystem sowie die gewählte Erfassung von Kultur durch die GLOBE-Skalen bietet sich insbesondere der CASV-Ansatz an und soll daher im Folgenden detailliert werden.

Vertreter der CASV-Perspektive nehmen an, dass Denken dem Handeln vorangeht („... *thinking precedes doing.*", Janosik, 1987, S. 387) und dieses bestimmt. Denken und Handeln stehen somit im kausalen Zusammenhang. Die Denkmuster sind vom kulturellen Kontext gefärbt (Graham, 1985a,b). Der kulturelle Kontext besteht aus einem für die Kultur charakteristischen Werteprofil, welches von allen Mitgliedern geteilt (*shared*) und als stabil angenommen wird (Graham & Sano 1984; Janosik 1987). Dieses homogene kulturelle Werteprofil besitzt überdies differenzierenden Charakter zu anderen Kulturen (vgl. Abschnitt 3.1.2.1).

Es wird davon ausgegangen, dass jeder kulturelle Wert mit einer charakteristischen Zielorientierung oder einem Interesse einhergeht, welche(s) wiederum das Verhalten bedingt (Parsons, 1936). Jedes kulturelle Profil verfügt somit über typische Verhaltensweisen zur Erreichung der Ziele und Verfolgung der Interessen, wie es beispielsweise im Verhandlungsverhalten der Fall ist (Graham & Sano, 1984). Neben dem für die Kultur charakteristischen Verhandlungsverhalten existieren auch charakteristische Erwartungshaltungen an und Ziele für eine Verhandlung. Auch diese werden von den Mitgliedern einer Kultur geteilt und bilden ein sog. *Shared Cognition* oder *Shared Knowledge* über die

---

Einfluss von Kultur auf Verhandlungsverhalten proklamiert. Daher sollen in dieser Arbeit der CASV-Ansatz zur Beschreibung der Art und Weise der Wirkung von Kultur auf das Verhandlungsverhalten verwendet werden, während der CIC-Ansatz zur Begründung der Aufnahme zusätzlicher Faktoren, wie z.B. die Teamzusammenstellung, als Erklärungsfaktor im Modell dient.

spezifische Verhandlungssituation (Bushe & Coetzer, 2007; Adair & Brett, 2004; Mohammed & Dumville, 2001).[101]

Die Bedeutung von kulturellen Werten für die Verhandlung an sich und insbesondere in interkulturellen Situationen wird immer wieder bestätigt. In einem Literaturüberblick zeigte Gannon (1994), dass kulturelle Werte ca. 25-50% der Varianz in Einstellungen erklären können. Zudem weisen sie starke Zusammenhänge zu Verhaltensweisen auf, wie z.B. Entscheidungsfindung, Führungs- sowie Verhandlungsverhalten (Adair et al., 2001; Brannen & Salk, 2000; Gibson & Zellmer-Bruhn, 2001). Schließlich können situationsbezogene Restriktionen, wie z.B. Zeitdruck oder Unsicherheit, dazu führen, dass weniger Variation im Verhalten gezeigt wird und (unbewusst) verstärkt auf kulturell erlerntes Verhalten zurückgegriffen wird. Diese Prädispositionen erfüllen in diesen Situationen die Orientierungs- und Sinngebungsfunktion (Hofstede, 1980, siehe Abschnitt 3.1.2.3).

Aufgrund der Auffassung von Kultur als geteiltes Wertesystem und des zugesprochenen prädiktiven und kausalen Charakters von Kultur spiegelt die CASV-Perspektive auch die Annahmen der vorliegenden Arbeit zu Kultur und Verhalten wider. Es wird davon ausgegangen, dass die kulturellen Werte das Verhandlungsverhalten und die Verhaltensweisen im Team beeinflussen. Die CASV-Perspektive kann somit zur Erklärung der Variation im Verhandlungsverhalten und in den Intrateamprozessen herangezogen werden. Beiden Verhaltensweisen werden folglich kulturspezifische Ausprägungen zugesprochen. Diese kulturspezifischen Ausprägungen gelten zudem als stabil. Mögliche Anpassungen aufgrund der interkulturellen Situation werden aufgrund der Wahl eines gängigen Versuchsdesigns als vernachlässigbar erachtet.

---

[101] Für diese Wissensbasis und Denkstruktur finden sich in der Literatur neben *Shared Knowledge* oder *Shared Cognition* auch weitere Bezeichnungen, wie z.B. *Shared Mental Models* oder *Transactive Memory* (Cohen & Bailey, 1997; Lam et al., 2002).

3.1.6 Hypothesenformulierung

3.1.6.1 Präzisierung von Kollektivismus als relevanter kultureller Wert für Verhandlungen

Zur Formulierung der Hypothesen hinsichtlich des Einflusses von Kultur auf die dynamischen Variablen und auf das Verhandlungsergebnis soll sowohl auf die *Theory of Cooperation* von Deutsch (1949, 1973; siehe Abschnitt 2.3) als auch auf die CASV-Theorie (Janosik, 1987; siehe Abschnitt 3.1.5.2) zurückgegriffen werden. Mittels der *Theory of Cooperation* lässt sich begründen, dass das grundlegende Wertesystem das gezeigte Verhalten in sozialen Interaktionen und somit auch in Verhandlungen oder innerhalb eines Teams bedingt. Beispielsweise determiniert im Rahmen von Verhandlungen das Wertesystem, welche Verhandlungsstrategien präferiert gewählt werden. Besteht z.B. grundlegend ein prosoziales Motiv, so sind in der Verhandlung eher kooperative Verhaltensweisen zu erwarten. Demgegenüber ist bei egoistisch motivierten Individuen durch ihre *Win-lose*-Einstellung vermehrt distributives Verhalten wahrscheinlich. Da Kultur als grundlegendes Wertesystem aufgefasst wird, kann in Anlehnung an die CASV-Theorie angenommen werden, dass auch die kulturellen Werte das Verhandlungsverhalten und -ergebnis bedingen. Da Kulturen unterschiedliche Werteprofile besitzen, ist davon auszugehen, dass sich diese Profile in einer kulturspezifischen Präferenz für eine bestimmte Verhandlungsstrategie äußern.

Um adäquate Annahmen über die Einflüsse von Kultur auf das Verhandlungsverhalten und die Ergebnisvariablen sowie später auf die Intrateamprozesse (Abschnitt 3.2.6.1) treffen zu können, ist es zunächst sinnvoll, die beiden in der vorliegenden Arbeit betrachteten Kulturen in ihren für das Verhandlungsverhalten und die Kommunikation relevanten Werten gegenüberzustellen.[102]

Als Grundlage für die Hypothesenformulierung soll in der vorliegenden Arbeit die Wertedimension Individualismus/Kollektivismus dienen. Diese Dimension entspricht nicht nur der am häufigsten in Verhandlungsstudien verwendeten Kulturdimension (u.a. Taras et al., 2009). Ihr konnte außerdem eine hohe Diffe-

---

[102] Es sei an dieser Stelle darauf hingewiesen, dass der Einfluss von Kultur auf das Verhandlungsziel in Abschnitt 3.3.2.1 aufgegriffen wird, da erst im folgenden Kapitel die konzeptionelle Grundlage von Verhandlungszielen adressiert wird.

renzierungsfähigkeit zwischen Kulturen nachgewiesen werden. Des Weiteren wird Individualismus/Kollektivismus eine hohe Erklärungskraft für gezeigtes Verhalten zugesprochen (Agndal, 2007; Brett, 2000, 2007; Richardson & Smith, 2007). Auch für die vorliegenden Kulturen Deutsch und Französisch konnten in der Literatur bereits deutliche Unterschiede nachgewiesen werden, wie z.B. von House et al. (2004) oder Hofstede (1980). So gelten Deutsche u.a. als Vertreter von individualistischen Kulturen (niedrigere Ausprägung in Kollektivismus), Franzosen als Vertreter von kollektivistischen Kulturen (höhere Ausprägung in Kollektivismus). Neben Kollektivismus konnten in diesem Zusammenhang auch Unterschiede auf weiteren kulturellen Werten zwischen den genannten Kulturen gefunden werden (z.B. Hall, 1959). Diesbezüglich kann ebenfalls davon ausgegangen werden, dass die genannten Attribute nicht nur auf das Kollektiv der Kultur zutreffen, sondern auch in Subgruppen, z.B. Teams, bestehend aus den Repräsentanten der jeweiligen Kultur, vorzufinden sind (Cox & Blake, 1991; Cox et al., 1991; Watson & Kumar, 1992).[103]

Ausprägung	Niedrig (z.B. Deutschland)	Hoch (z.B. Frankreich)
Kollektivismus *Collectivism*	• Wertschätzung von Wettbewerb, individuellem Erfolg und Leistung • Verfolgung individueller Ziele zu Ungunsten von Gruppenzielen • Distanzierung zu Gruppen und Wahrung der Individualität • Aufgabenorientiertheit	• Wertschätzung von Zusammenhalt und prosozialem Verhalten • Verfolgung von Gruppenzielen zu Ungunsten individueller Ziele • Enge Beziehung zu anderen Personen und Streben nach Gruppenzugehörigkeit • Beziehungsorientiertheit

Abbildung 11: Gegenüberstellung charakteristischer Attribute für niedrige und hohe Ausprägungen in Kollektivismus (eigene Darstellung)

Wie Abbildung 11 verdeutlicht, beziehen sich die Hauptunterschiede zwischen Kulturen mit hoher und niedriger Ausprägung in Kollektivismus auf das Selbstkonzept, die individuelle Motivation zum Handeln sowie die Relation des Individuums zur Gruppe. Kulturen mit einer niedrigen Ausprägung in Kollektivismus legen Wert auf die Wahrung der Individualität und die Verfolgung des eigenen

---

[103] Individualismus und Kollektivismus beschreiben die beiden Enden einer Wertedimension. Je nach Betrachtung spiegeln sie daher hohe bzw. niedrige Ausprägungen wider. In der vorliegenden Arbeit wurde die kollektivistische Betrachtung gewählt (siehe auch House et al., 2004), so dass hohe Ausprägungen kollektivistischen Kulturen, niedrige Ausprägungen individualistischen Kulturen entspricht.

Interesses (siehe u.a. Adair et al., 2006; DeDreu et al., 2000). Individuelle Erfolge, welche insbesondere durch Wettbewerb und Betonung der eigenen Fähigkeiten und Kompetenzen erzielt wurden, werden in diesen Kulturen geachtet und belohnt. Dies findet sich u.a. in organisationalen Strukturen, z.B. in der individuellen Belohnung und Herausstellung des Erfolges von einzelnen Mitarbeitern wieder (Tse et al., 1988). Die Wertschätzung von individueller Leistung oder Erfolg durch die strikte Verfolgung eigener Ziele spiegelt sich in den in diesen Kulturen vorhandenen Helden und Sprichwörtern wider (Gelfand & Christakopoulou, 1999). In Amerika – als Vertreter von individualistischen Kulturen – werden Personen, wie z.b. Michael Jordan oder Steve Jobs, als Heldenfiguren deklariert. Auch in Sprichwörtern findet sich diese Einstellung wieder (z.B. „Just do it" oder „Be all that you can be", vgl. Gelfand & Christakopoulou, 1999, S.252). Hinzu kommt, dass individualistische Kulturen als aufgabenorientiert gelten und dabei auch keine Konflikte scheuen (vgl. Kaushal & Kwantes, 2006; Komarraju, Dollinger & Lovell, 2008).

Demgegenüber werden in kollektivistischen Kulturen die Zugehörigkeit zur Gruppe und die Verfolgung des Gruppeninteresses als oberste Priorität betrachtet. Die dadurch entstehende Harmonie und der Zusammenhalt in der Gruppe werden angestrebt und sehr geschätzt. Es ist daher nicht überraschend, dass die individuellen Ziele dabei zugunsten des Gruppenziels vernachlässigt werden. Die Herstellung und der Erhalt der Beziehung zwischen den Mitgliedern einer Gruppe dominieren die Zusammenarbeit, so dass Konflikte eher vermieden werden (Adair et al., 2006; DeDreu et al., 2000; Gelfand & Christakopoulou, 1999; House et al., 2004).

Es wird deshalb davon ausgegangen, dass individualistische Kulturen in ihrem Verhalten eher egoistisch motiviert sind, während kollektivistischen Kulturen ein prosoziales Motiv in ihren Handlungen zugrunde liegt. Dieser Zusammenhang soll die Grundlage für die Hypothesenformulierung bilden und im Folgenden hergeleitet werden.

3.1.6.2 Einfluss von Kultur auf Verhandlungsverhalten

Zahlreiche Untersuchungen konnten die in Abschnitt 2.3 postulierten, über Kulturen hinweg dominierenden Verhandlungsstrategien „kooperativ" und „kompetitiv" belegen. Die Gründe für die kulturspezifische Präferenz für eine der beiden Arten von Verhandlungsverhalten sind vielschichtig. Salacuse (1998) sucht eine Begründung in den unterschiedlichen Einstellungen zu charakteristischen Faktoren der Verhandlung. Der Autor konnte in einer Studie zehn Faktoren identifizieren, die in Abhängigkeit von der Kultur unterschiedlich aufgefasst werden und dadurch zu einem charakteristischen Verhandlungsverhalten führen.[104] Für die deutsche und französische Kultur bestehen insbesondere Unterschiede im Verhandlungsziel und in der Einstellung zum Prozess.[105]

Zunächst geht Salacuse (1998) davon aus, dass das Ziel einer Verhandlung je nach Kultur in einem schriftlichen Vertrag oder aber einer Beziehung zwischen Geschäftspartnern liegt. Ist Letzteres der Fall, so spielen die Atmosphäre in der Verhandlung und die anschließende Zufriedenheit eine zentrale Rolle für den Verhandelnden. Damit eine gute Beziehung aufgebaut werden kann, wird eher auf die Maximierung der ökonomischen Ziele verzichtet. Die Vernachlässigung eigener Interessen wird zugunsten der Zufriedenheit des Verhandlungspartners und der langfristigen Beziehung in Kauf genommen. Zugeständnisse sind die Folge.

Beim Vergleich zwischen Deutschen und Franzosen behauptet Salacuse (1998), dass Franzosen – als Vertreter von kollektivistischen Kulturen – tendenziell die Beziehung, Deutsche öfter den schriftlich abgeschlossenen Vertrag als Ziel einer Verhandlung sehen. Durch die Harmoniebedürftigkeit und die Orientierung an menschlichen Beziehungen in der französischen Kultur lässt sich dies gut begründen. Demgegenüber stellen individualistische Kulturen neben dem Vertragsabschluss die Maximierung des eigenen Gewinns und das Streben nach materiellem Erfolg in den Vordergrund und erachten diese Zielorientierung auch als weniger verwerflich (Priem & Shaffer, 2001).[106] Es bestehen dabei weniger Skrupel, auch einseitige, konfliktbehaftete und kompromisslosere Verhandlungen zu führen, wenn dadurch der materielle Gewinn gesteigert wer-

---

[104] Die Untersuchung wurde insgesamt an 310 Personen aus zwölf Ländern durchgeführt.
[105] Insbesondere in der Emotionalität bei einer Verhandlung fand Salacuse (1998) einen weiteren deutlichen Unterschied zwischen Deutschen und Franzosen. Da Emotionen aber nicht im Fokus der vorliegenden Arbeit stehen, soll dieser Aspekt vernachlässigt werden. Für die Darstellung der weiteren sieben Faktoren sei auf den Autor verwiesen.
[106] Für einen umfassenden Überblick über kulturelle Unterschiede in Bezug auf Ethik und Entscheidungsverhalten im Rahmen von Verhandlungen siehe Rivers und Lytle (2007).

den kann. Für weniger individualistische Kulturen würde die Vernachlässigung von gemeinschaftlichen Zielen zugunsten individueller Verwirklichung an ethische Grenzen stoßen (Rivers & Lytle, 2007). Es ist daher anzunehmen, dass zur Erreichung dieser doch eher konträren Ziele unterschiedliche Verhandlungsstrategien erfolgreich sind. Während die Maximierung des individuellen und materiellen Gewinns eher durch kompetitives Verhalten erreicht werden kann, ist für die Etablierung oder Pflege der Beziehung zwischen Verhandlungspartnern ein integrativer Verhandlungsstil zielführend.

Neben der divergierenden Zielpräferenz bestehen in Kulturen häufig unterschiedliche Auffassungen bzw. Wahrnehmungen (*Basic Concept of Negotiation*) von Verhandlungen, welche das Verhandlungsverhalten maßgeblich bedingen (vgl. Metcalf, Bird, Peterson, Shankarmahesh & Lituchy, 2007). Von Kulturen mit einer *Win-win*-Einstellung wird angenommen, dass das Ergebnis einer Verhandlung für beide Parteien akzeptabel sein muss. Sie streben danach, die Präferenzen des Verhandlungspartners zu identifizieren und mögliche gemeinschaftliche Lösungen durch einen intensiven Informationsaustausch zu finden. Verhandlungspartner mit dieser Einstellung starten in die Verhandlung bereits mit der Erwartung, Kompromisse einzugehen (Salacuse, 1998). Der Austausch an Präferenzen und Informationen, ein ausgeprägtes Problemlösungsverhalten sowie der Versuch, bestehende Präferenzen zu integrieren, lassen sich als charakteristische Merkmale einer Verhandlung in Kulturen mit einer *Win-win*-Einstellung identifizieren und als kooperatives Verhandlungsverhalten beschreiben (Pruitt & Lewis, 1975). Es wird versucht, nicht nur einen, sondern mehrere Vertragsgegenstände gleichzeitig in die Angebotsdefinition einzubeziehen. Daraus ergibt sich eine ganzheitliche, integrative Perspektive (Drake, 2001). Demgegenüber nehmen Kulturen mit einer *Win-lose*-Einstellung die Verhandlung als ein Nullsummenspiel wahr, bei dem der eigene Gewinn immer mit dem betraglich äquivalenten Verlust des Verhandlungspartners einhergeht.[107] In diesen Kulturen treten häufig *Fixed-Pie Perceptions* auf, welche

---

[107] Bei einer *Win-lose*-Einstellung herrscht die Annahme, dass es einen Gewinner und einen Verlierer gibt. Dabei besteht die Wahrnehmung, dass das eigene Interesse und die eigenen Ziele im direkten Gegensatz zu den Interessen und Zielen des Verhandlungspartners stehen. Zur Zielerreichung wird dabei ein sog. *Hardline*-Ansatz angewendet (vgl. Bazerman & Neale, 1992; Metcalf et al., 2007).

zu einem eher distributiven bzw. kompetitiven Verhandlungsstil führen (Drake, 2001).

Als Erklärung für die Entstehung dieser Einstellung werden Unterschiede in den prosozialen Motiven bzw. Werten genannt (DeDreu et al., 2000). Während kompetitive Motive zu einer *Win-lose*-Einstellung in Verhandlungen führen, sind kooperative Motive an eine *Win-win*-Einstellung geknüpft (vgl. Hoppman, 1995; Lewicki et al., 2004). In Anlehnung an Abbildung 11 lässt sich für Deutsche behaupten, dass sie durch die Wertschätzung von Wettbewerb und individuellem Erfolg durch ein kompetitives prosoziales Motiv charakterisiert sind und somit eine *Win-lose*-Einstellung im Rahmen von Verhandlungen besitzen. Demgegenüber vermitteln Franzosen durch das intensive Streben nach Harmonie und Konsens eher ein kooperatives prosoziales Motiv, welches mit einer *Win-win*-Einstellung einhergeht. Auch hat die Zielsetzung in der Verhandlung eine Auswirkung auf das gewählte Verhandlungsverhalten. Während Deutsche sich eher hohe ökonomische Ziele setzen, ist für Franzosen der Aufbau einer fruchtbaren Geschäftsbeziehung wichtiger. Das Verhandlungsziel jedoch impliziert spezifische Strategien oder Herangehensweisen an die Verhandlung (Olekalns & Smith, 2005; Putnam, 1990).

Empirische Untersuchungen bestätigen, dass kollektivistische Kulturen ein stärker integratives Verhalten zeigen, und dass individualistische Kulturen aufgrund ihrer *Win-lose*-Einstellung eher behauptendes, aggressives und kompetitives Verhalten vorweisen (Adair et al., 2001; Brett, 2000; Cai et al., 2000; Cox et al., 1991 Drake, 2001; Gelfand & Dyer, 2000; Pruitt, 2001). Die Präferenz für kompetitives Verhandlungsverhalten bei individualistischen Kulturen kann mit höheren ökonomischen Zielsetzungen erklärt werden. Abweichungen von Zielen werden nicht akzeptiert und weniger zufriedenstellende Angebote nicht angenommen (Graham & Herberger, 1983).[108] Diese Annahme können auch in Untersuchungen an kulturell bedingten Konfliktrahmen (kompromiss- vs. wettbewerbsorientiert, vgl. Drake & Donohue, 1996; Gelfand et al. 2001) sowie in zahlreichen Meta-Analysen und Untersuchungen zu Verhandlungen bestätigt

---

[108] Es wird nicht ausgeschlossen, dass individualistische Kulturen integratives Verhalten zeigen. Kompetitives Verhandlungsverhalten entspricht dabei der präferierten Verhandlungsstrategie, während integratives Verhalten gezielt instrumentalisiert eingesetzt wird (Kelley & Stahelski, 1970).

werden (vgl. Boros et al., 2010; Earley & Gibson, 1998; Leung et al., 2005; Simintiras & Thomas, 1997).[109]

Zusammenfassend lassen sich entsprechend folgende Hypothesen für das Verhandlungsverhalten aufstellen:

H1a: Kollektivistische Verkäuferteams zeigen weniger kompetitives Verhandlungsverhalten als individualistische Verkäuferteams.

H2a: Kollektivistische Verkäuferteams zeigen mehr kooperatives Verhandlungsverhalten als individualistische Verkäuferteams.

Es sei an dieser Stelle zum einen angemerkt, dass sich im Folgenden auf die Verkäuferseite fokussiert wird. Zum anderen werden in der vorliegenden Arbeit Teams als Verhandlungspartei betrachtet. Dabei wird – wie bereits erwähnt – davon ausgegangen, dass die kulturellen Werte nicht nur für das Individuum an sich, sondern auch für ein Kollektiv, wie z.B. Team, einer Kultur gelten. Des Weiteren verläuft in den meisten Fällen die Hypothesenherleitung für Verkäufer- und Einkäuferseite analog. Deswegen sollen die Hypothesen für die Einkäuferseite hier nicht zusätzlich aufgeführt werden. Sie sind in einer expliziten Darstellung im Anhang 2 zusammengefasst.[110]

3.1.6.3 Einfluss von Kultur auf die Verhandlungsergebnisse individueller Gewinn und Effizienz

Der Zusammenhang zwischen Kultur und Verhandlungsergebnis gilt als die zentrale untersuchte Beziehung in der kulturvergleichenden Verhandlungsforschung (Simintiras & Thomas, 1997). Im Folgenden soll die Hypothesenherleitung getrennt nach individuellem Gewinn und Effizienz betrachtet werden.

---

[109] Für weitere empirische Bestätigungen der Hypothesen siehe Adler et al. (1987, Unterschiede im kooperativen und kompetitiven Verhalten zwischen individualistischen und kollektivistischen Kulturen), Mintu-Wimsatt & Gassenheimer (2000, problemlösendes Verhandlungsverhalten als „Kernverhalten" bei kollektivistischen Kulturen), Chaisrakeo & Speece (2004, weniger integratives Verhandlungsverhalten bei individualistischen Kulturen) sowie Graham et al. (1994, weniger integratives Verhalten in Kulturen mit hohen Werten in Maskulinität). Siehe hierzu auch Anhang 1.

[110] Das Vorhandensein einer analogen Hypothesenformulierung für den Einkäufer ist daran zu erkennen, dass die Hypothese für das Verkäuferteam mit einem (a) gekennzeichnet ist. Die Hypothese für den Einkäufer besitzt entsprechend die Kennzeichnung (b). Je nach Zusammenhang befinden sie sich entweder direkt im Text oder im Anhang 2.

Individualistische Kulturen streben nach individuellem Erfolg und umfassender Verantwortung (Adler et al., 1987a). Von Deutschen wird angenommen, dass sie sich nicht nur höhere Ziele setzen, sondern diese beständiger verfolgen (vgl. Erez & Earley, 1987; Graham & Herberger, 1983). Da die Maximierung des individuellen Gewinns angestrebt wird, lassen sich Deutsche weniger von ihrem Zielweg abbringen und gehen weniger Kompromisse ein. Gleichzeitig verlangen sie von dem Verhandlungspartner, dass er Zugeständnisse macht. Durch das starke Eigeninteresse sowie durch die Tendenz zur *Fixed-Pie Perception* in individualistischen Kulturen wird diese Annahme gestützt (Drake, 2001; Gelfand et al., 2007). Metcalf et al. (2007) ergänzen, dass individualistische Kulturen aufgaben- und ergebnisorientiert vorgehen und dabei die meiste Zeit mit dem Lösen der Fragestellung und der Erreichung des bestmöglichen Gewinns beschäftigt sind. Die beständige Verfolgung des Ziels und die Wertschätzung von Erfolgen wird häufig mit der damit erwarteten Anerkennung durch Dritte begründet (Metcalf et al., 2007; Gibson & Zellmer-Bruhn, 2001; Kirkman & Shapiro, 2005).

Demgegenüber sind Franzosen durch ihre kollektivistische Orientierung darauf aus, einen maximalen Gewinn für alle Beteiligten zu erzielen. Adler et al. (1987a) begründen dies mit den Unterschieden in der Arbeitsethik: Franzosen betonen demnach Arbeit weniger im Sinne von individuellem Erfolg und Beförderung. Bei ihnen liegt mehr Gewicht auf den Arbeitsumständen, wie z.B. den gegenseitigen Beziehungen und der Atmosphäre sowie der Arbeitssicherheit. Aufgrund ihrer *Win-win*-Einstellung verfügen sie des Weiteren bereits vor der Verhandlung über eine gewisse Kompromissbereitschaft. Damit tendieren Franzosen auch dazu, auf die Maximierung ihres individuellen Gewinns zu verzichten und Eingeständnisse zu machen, wenn dadurch die Harmonie und persönliche Beziehung zum Verhandlungspartner gesichert werden kann (vgl. Gelfand & Dyer, 2000).

Auch empirisch konnten diese Annahmen gestützt werden. Beispielsweise bewiesen DeDreu et al. (2000) und Adler et al. (1987a), dass individualistische Kulturen höhere individuelle Gewinne erzielen als kollektivistische Kulturen. Auch Gelfand und Dyer (2000) konnten zeigen, dass in individualistischen und kollektivistischen Kulturen Unterschiede in der Wichtigkeit des individuellen

Konkretisierung des Modells und Herleitung von Hypothesen 87

Gewinns bestehen und sich diese ebenfalls in der Höhe des Gewinns niederschlagen. Deshalb soll auch für die vorliegende Arbeit folgende Hypothese postuliert werden:

H3a: Kollektivistische Verkäuferteams erzielen einen niedrigeren individuellen Gewinn als individualistische Verkäuferteams.

Effiziente Verhandlungen sind dadurch gekennzeichnet, dass unter den bestehenden Vorgaben des Verhandlungsraums für keinen der beiden Verhandlungspartner ein besseres Verhandlungsergebnis hätte erzielt werden können, ohne dass der Verhandlungspartner an individuellem Gewinn verliert. Das Erreichen effizienter Verträge ist insbesondere daran gekoppelt, wie gut die Verhandlungspartner es schaffen, die eigenen Präferenzen zu erreichen und gleichzeitig auf die Vorzüge des Verhandlungspartners einzugehen. Die Verfolgung des individuellen Gewinns, ohne dabei die Präferenzen des Verhandlungspartners zu berücksichtigen und Kompromisse einzugehen, ist für die Effizienz nicht zielführend. Dies betont den dyadischen Charakter der Effizienz als Ergebnismaß. Der Austausch an Informationen über die individuellen Präferenzen – sowohl die Preisgabe als auch das aktive Nachfragen beim Verhandlungspartner – wird dabei als essenzielles Verhandlungselement betrachtet.

Durch die Hervorhebung von gemeinschaftlichen Zielen und einer kooperativen Motivation in der französischen Kultur wird eine kompromissbereite Haltung generiert. Vertreter der französischen Kultur streben danach, die Präferenzen des Verhandlungspartners zu erfahren und versuchen anschließend, diese durch einen gemeinsamen Problem- bzw. Konfliktlöseprozess derart zu integrieren, dass beide Parteien mit der gefundenen Lösung zufrieden sind. Individuelle Ziele werden zugunsten des Gemeinwohls eingeschränkt. Die Befriedigung der Interessen beider Verhandlungspartner wird als soziale Verpflichtung erachtet (Brett & Okumura, 1998; Pruitt, 1998). Dadurch wird sich zudem erhofft, eine stabile und gemeinschaftliche Ausgangsbasis geschafft zu haben, die die zukünftige Zusammenarbeit erleichtert.

Eine derartige Orientierung, welche durch ein gegenseitiges Geben und Nehmen charakterisiert ist, existiert in individualistischen Kulturen weniger (vgl. Weingart, Bennett & Brett, 1993). Aufgrund des egoistischen Motivs bei individualistischen Kulturen streben diese nach der Maximierung des eigenen Gewinns und der Verfolgung der eigenen Interessen (Priem & Shaffer, 2001; Rivers & Lytle, 2007). Die Interessen und Präferenzen des Verhandlungspartners stehen weniger im Vordergrund. Eine Kompromissbereitschaft mit dem Ziel der Maximierung des gemeinsamen Gewinns wird gleichzeitig als eine Einschränkung der individuellen Präferenzen wahrgenommen (Gelfand & Christakopoulou, 1999).[111]

Auch in empirischen Untersuchungen konnte der Zusammenhang zwischen kooperativen Normen bzw. Motiven und effizienten Verhandlungsergebnissen mehrfach nachgewiesen werden. So zeigten beispielsweise Brett und Okumura (1998) sowie Pruitt (1981) oder Graham (1993), dass in kollektivistischen Kulturen höhere Effizienzen erzielt werden als in individualistischen Kulturen. Dies wird u.a. von Adler et al. (1987a), Allerheiligen et al. (1985) und Natlandsmyr und Rognes (1995) gestützt. Auch Chatman und Flynn (2001) stellten deutliche Zusammenhänge zwischen kooperativen Normen und Effizienz fest. Alle Ergebnisse werden damit begründet, dass kooperative Normen und Werte die Maximierung des gemeinsamen Gewinnes auslösen. Daher sollen auch hier folgende Zusammenhänge postuliert werden:

H4: Kollektivistische Verkäuferteams erzielen eine höhere Effizienz als individualistische Verkäuferteams.

3.2 Teams in Verhandlungen

3.2.1 Definition von Teams und Abgrenzung zur Gruppe

Aus der Vielfalt an Literatur zu Teams gehen zahlreiche Definitionen von Teams hervor. Da in der vorliegenden Arbeit Teams im Rahmen von Verhandlungen zwischen Geschäftspartnern betrachtet werden, soll eine Definition gewählt werden, die den organisationalen Kontext berücksichtigt.

Eine umfassende Definition von Teams im organisationalen Kontext liefern Cohen und Bailey (1997). Die Autoren greifen auf Arbeiten u.a. von Aldorfer (1977), Guzzo und Dickson (1996), Hackman (1987) sowie Sundstrom, De-

---

[111] Die Maximierung des gemeinsamen Gewinns wird von individualistischen Kulturen rein instrumentell eingesetzt, z.B. wenn dies ausdrücklich erwünscht ist und nur der maximale gemeinsame Gewinn einer Belohnung unterliegt (vgl. Weingart et al., 1993).

Meuse und Futrell (1990) zurück und beschreiben Teams wie folgt: *„A team is a collection of individuals who are interdependent in their tasks, who share responsibility for outcomes, who see themselves and are seen by others as an intact social entity, embedded in one or more larger social systems and who manage their relationships across organizational boundaries."* (Cohen & Bailey, 1997, S. 241).

Verschiedene Autoren fügen dieser eher allgemeinen Definition spezifische Merkmale hinzu. Beispielsweise ist für Katzenbach und Smith (1993) das gesetzte Leistungsziel im Team relevant. Sie sehen ein hohes Leistungsziel als einen wesentlichen Faktor für die Steigerung der persönlichen Beteiligung, der gegenseitigen Abhängigkeit sowie der geteilten Verantwortung der Teammitglieder. Hayes (1997) demgegenüber erachtet die Macht im Sinne von Autonomie und Entscheidungsgewalt als wesentliches Beschreibungsmerkmal eines Teams.

Da in der vorliegenden Arbeit Zielorientierung und Entscheidungsgewalt zentrale Bestandteile bei der durchgeführten Verhandlungssimulation darstellen und auch für die relevanten Teams in der Praxis essenzielle Eigenschaften widerspiegeln, soll die eher allgemeine Definition von Cohen und Bailey (1997) um die beiden Merkmale von Katzenbach und Smith (1993) sowie Hayes (1997) wie folgt ergänzt werden: *A team is a small collection of individuals who are interdependent in their tasks, who are committed to a common purpose and performance goal, who share responsibility for outcomes, who see themselves and are seen by others as an intact social entity, and who are embedded in one or more larger social systems.* Sie soll als Teamdefinition für die vorliegende Arbeit dienen.

Die Abgrenzung von Team und Gruppe fällt in der Literatur häufig schwer. Viele Autoren erheben keinen Anspruch auf eine korrekte Trennung der beiden Begriffe und verwenden sie synonym (vgl. Cohen & Bailey, 1997; Halverson & Tirmizi, 2008). Andere Autoren definieren Teams als eine mögliche Gruppenform.[112] Auch hier sollen Teams als eine spezifische Gruppenform aufgefasst

---

[112] So beschreiben Parks und Sana (1999) Teams als Gruppen in einem Arbeitsumfeld. Unabhängig von der spezifischen Definition fanden Cohen und Bailey (1997) heraus, dass je nach Forschungsdisziplin einer der beiden Begriffe präferiert verwendet wird. So findet sich

werden, die sich durch folgende Eigenschaften und Strukturen beschreiben lassen.

3.2.2 Struktur und zentrale Eigenschaften von Teams sowie Teamtypologien als Grundlage zur Beschreibung von Verhandlungsteams

3.2.2.1 Struktur von Teams

Die Teamstruktur zielt auf die deskriptive Beschreibung eines Teams ab. Zu den zentralen Merkmalen der Teamstruktur zählen:

- *Größe:* 2 bis 20 Personen werden als eine geeignete Teamgröße in der Literatur angegeben. Ein solcher Umfang lässt noch eine konstruktive Interaktion und eine gegenseitige, positive Beeinflussung in Form eines Meinungsaustausches zu. Auch durch empirische Studien wird bestätigt, dass sich die Teamgröße im Hinblick auf die Effektivität nur bis zu einer bestimmten Größe positiv auswirkt, danach jedoch abnimmt (Cohen & Bailey, 1997; Katzenbach & Smith, 1993).[113]

- *Rollenverteilung im Team:* Jedes Teammitglied nimmt eine Rolle ein, sei es durch die persönliche Präferenz, durch eine explizite Zuweisung oder als Ergebnis der Zusammenarbeit. Die Rollenverteilung umfassen dabei Prozesse, wie z.B. übertragene Rollenidentität (Übernahme und Identifi-

---

„Teams" verstärkt in der Managementliteratur wieder, während „Gruppe" als Begriff eher in sozialwissenschaftlicher Literatur mit starkem Bezug zur experimentellen Forschung benutzt wird (vgl. Kerr & Tindale, 2004 oder Levi, 2010). Teams werden zudem häufig im Rahmen von Sportdisziplinen und -wissenschaft verwendet. Halverson und Tirmizi (2008) versuchten, konkrete Unterscheidungsmerkmale der Begriffe zu identifizieren. In Anlehnung an die Arbeiten von Katzenbach und Smith (1993) fanden die Autoren Unterschiede auf den Ebenen der Größe, des Ziels, der Verantwortung und des Ergebnisses der Zusammenarbeit. Eine Gruppe kann hinsichtlich ihrer Größe wesentlich breiter gefasst sein als ein Team und daher auch aus über 1.000 Personen bestehen (vgl. Levi, 2010). Während durch die Gruppe entweder kein oder ein eher übergeordnetes, diffuses Ziel verfolgt wird, besteht für das Team eine konkrete Zielvorgabe. Außerdem sind Gruppen nicht durch ein kollektives Ergebnis – wie beim Team – gekennzeichnet, sondern vielmehr durch individuelle Arbeitsprodukte. Eine Verantwortungsteilung, wie sie im Team existiert, muss bei einer Gruppe nicht vorliegen.

[113] Katzenbach und Smith (1993) argumentieren in diesem Zusammenhang, dass die Teamgröße eher als eine Richtlinie aufzufassen ist. Theoretisch kann ein Team auch z.B. 100 Mitglieder umfassen. Dadurch werden jedoch andere Charakteristika, wie z.B. der intensive interpersonelle Austausch von individuellen Meinungen sowie Diskussionen im Team, deutlich erschwert. Des Weiteren besteht bei einer solchen Anzahl an Mitgliedern die Gefahr, dass sich Untergruppen bilden und somit der Gedanke eines Teams als kollektive Einheit verloren geht. Zudem stehen Teams in einer Größe von 100 auch vor logistischen Problemen.

kation des mit der Rolle konformen Verhaltens), Rollenwahrnehmung (individuelle Interpretation der zu übernehmenden Rolle), Rollenerwartung (Ansprüche der Mitglieder an die jeweilige Rolle) oder auch Rollenkonflikt (u.a. bei Diskonformität von Rollenwahrnehmung und -erwartung).

- *Führung:* Ähnlich wie bei der Rollenverteilung im Team kann die Führung entweder konkret vorgegeben werden, sich eine Person dafür innerhalb des Teams herausbilden oder sich aber auch für eine gleichberechtigte Arbeitsweise entschieden werden. Die Leistungsfähigkeit eines Teams kann stark von dem Führungsstil und der Führungsfähigkeit abhängen (vgl. Robbins, 2003).

- *Zusammensetzung/Diversität:* Die Diversität kann auf unterschiedlichen Merkmalen beruhen, z.b. auf demografischen Merkmalen wie Alter, Geschlecht, Kultur, ethnische Herkunft, oder auch auf organisationalen Merkmalen wie z.b. Kompetenz, Erfahrung oder organisationalem Hintergrund. Aufgrund der Wichtigkeit dieses Strukturmerkmals für die vorliegende Arbeit soll in Abschnitt 3.2.4.2 näher auf die Effekte der Diversität eingegangen werden.

Weitere Strukturmerkmale sind soziometrische Struktur oder Position in der Gesellschaft. Die Strukturmerkmale dienen der formalen Beschreibung von Teams. Daneben lassen sich Teams auch hinsichtlich ihrer funktionalen Bedeutung im organisationalen Kontext unterscheiden (siehe Abschnitt 3.2.2.3).

3.2.2.2 Zentrale Eigenschaften von Teams

Wie aus der Definition bereits hervorgeht, besitzen Teams bestimmte Eigenschaften, die gleichzeitig zur Abgrenzung zu anderen Kollektiven verwendet werden können. Die wesentlichen Eigenschaften sind in der folgenden Abbildung 12 zusammengefasst.

Charakteristika	Beschreibung
Zielorientierung	Mitglieder verfolgen ein gemeinsames Ziel
Wahrgenommene Zugehörigkeit	Mitglieder fühlen sich als dem Team zugehörig, aber auch Außenstehende nehmen das Team als geschlossene Entität wahr
Gegenseitige Verantwortung	Durch das gemeinsame Ziel und die Mitgliedschaft tragen sie gegenseitige Verantwortung bei der Erreichung des Ziels
Gegenseitige Abhängigkeit	Durch die gemeinsame Zielorientierung und gegenseitige Verantwortung sind Teammitglieder voneinander abhängig
Interpersonelle Interaktion	Zur Verfolgung des gemeinsamen Zieles erfordert es interpersonelle Kommunikation im Team
Gegenseitige Beeinflussung	Durch die Interaktion sind alle Mitglieder dazu in der Lage, sich gegenseitig zu beeinflussen
Strukturierte Beziehung	Rollenverteilung, Regeln und Normen, die die Interaktion der Mitglieder steuern
Individuelle Motivation	Befriedigung persönlicher Bedürfnisse durch die Mitgliedschaft in der Gruppe

Abbildung 12: Eigenschaften von Teams (eigene Darstellung)[114]

Die Zielorientierung vermittelt den Teammitgliedern eine klare Aspiration hinsichtlich des Ergebnisses der gemeinsamen Zusammenarbeit.[115] Durch die gemeinsame Verfolgung eines Ziels nehmen sich die Personen als Mitglieder eines Teams wahr. Gleichzeitig sehen Außenstehende das Team als eine Entität. Die gemeinsame Zielverfolgung erfordert zudem die individuelle Teilnahme und den Einsatz eines jeden einzelnen Teammitglieds. Dadurch trägt jedes Teammitglied zum Erfolg des Teams bei und ist für diesen verantwortlich. Die geteilte Verantwortung und gegenseitige Abhängigkeit sorgen dafür, dass ein Gemeinschaftsgefühl entsteht. Von einem gestärkten Gemeinschaftsgefühl sowie der Wertschätzung des individuellen Beitrags zum Teamerfolg wird angenommen, dass sie die Motivation des Teammitglieds steigern. Insbesondere durch die Anerkennung des individuellen Beitrags innerhalb des Teams wird das Bedürf-

---

[114] Vgl. hierzu Johnson und Johnson (1997), Katzenbach und Smith (1993) und Levi (2010). Die Bedeutung der einzelnen Charakteristika kann in Abhängigkeit von der Situation schwanken.

[115] Die Ziele werden meistens von der Organisation als Orientierung und „Startschuss" vorgegeben, wodurch für die Teams ein Lösungsraum aufgespannt wird. Inwieweit die Teams innerhalb dieses Lösungsraums individuell den Lösungsweg ausarbeiten können, hängt von der vorliegenden Autonomie und Entscheidungsbefugnis des Teams ab (Katzenbach & Smith, 1993).

nis nach Selbstwert befriedigt. Wahrgenommene Zugehörigkeit, gegenseitige Verantwortung und Abhängigkeit sowie individuelle Motivation sind demzufolge eng miteinander verbunden. Jede Teamarbeit ist durch einen intensiven Informationsaustausch bei der interpersonellen Interaktion zwischen den Teammitgliedern gekennzeichnet. Durch die Diskussion der individuellen Perspektiven und der gegenseitigen Kommentierung (gegenseitige Beeinflussung) soll am Ende ein Lösungs- und Entscheidungsansatz generiert werden. Regeln zur Zusammenarbeit, z.B. Meetingfrequenz und -länge oder Rollenverteilung, können entweder vorgegeben sein oder stellen Teile des Teamprozesses dar. Sie ergeben sich daraus geplant oder ungeplant (vgl. Katzenbach & Smith, 1993).[116]

3.2.2.3 Teamtypologien und Verhandlungsteams

Je nach Entstehungsursache können Teams unterschiedliche Funktionen in der und für die Organisation erfüllen. Eine wesentliche Rolle spielt dabei das Ausmaß an Autonomie und Entscheidungsgewalt, die das Team innehat. Daneben lassen sich weitere Dimensionen, wie z.B. Aufgabe, Teamzusammenstellung oder Dauer der Zusammenarbeit identifizieren, anhand derer sich Teams unterscheiden und Teamtypologien abgeleitet werden können. In Abbildung 13 sind die wesentlichen Teamtypologien zusammengefasst.

Verhandlungsteams (siehe graue Markierung) lassen sich den Aktionsteams zuordnen. Sie sind eher von kurzfristiger Dauer und werden je nach Bedarf eingesetzt. Die Dauer bezieht sich auf die konkrete Verhandlung. Des Weiteren sind sie durch einen intensiven Kontakt zwischen den Teammitgliedern vor- und nach der Verhandlung charakterisiert. Ihnen werden zum Teil Richtungsvorgaben für das Handeln von der Organisation vorgeben (z.B. Reservationspunkte). Die Verhandlungsinteraktion an sich liegt aber zum Großteil in der Verantwortung des Verhandlungsteams. Je nach Vorhaben und Bedarf können die Teammitglieder hinsichtlich z.B. Verhandlungserfahrung oder thematischem Hintergrund variabel zusammengestellt werden.

Neben Aktionsteams existieren noch weitere Teamarten, die je nach gewählten Klassifikationsdimensionen und Schwerpunktsetzung unterschiedlich ausfallen

---

[116] Die entstehenden Regeln oder auch Normen und Werte werden häufig als Teamkultur bezeichnet (Levi, 2010).

können. Viele überschneiden sich in der Literatur jedoch häufig (vgl. DeMeuse & Futrell, 1990; Hayes, 1997; Levi, 2010; McGrath, 1984; Sundstrom et al., 1990).[117]

Teamart	Klassifikationsmerkmal						Beispiel
	Entscheidungs-autonomie	Führungskonzept	Aktivitäten/ Aufgaben	Dauer der Zusammenarbeit	Teamzusammensetzung		
Arbeitsteams	◐	Supervisor/ Führung in der Organisation	Produktion von Gütern, Serviceleistungen	Langfristig	Gleiche Organisationseinheiten		Produktionsteams
Parallelteams	◐	Kontakt-/ Reportperson in der Organisation	Brainstorming, Empfehlungen	Mittelfristig	Unterschiedliche Organisationseinheiten		Qualitätszirkel
Aktionsteams	◐	Kontakt-/ Reportperson in der Organisation	Verhandlungen, Wettbewerbe	Kurzfristig	Je nach Bedarf		Verhandlungsteams
Projektteams	◕	Kontakt-/ Reportperson in der Organisation	Produkt- und Strategieentwicklung, Innovation	Mittelfristig	Unterschiedliche Organisationseinheiten		Innovationsteams
Managementteams	●	Innerhalb des Teams (z.B. Teamleiter)	Koordination und Vorgabe von strategischer Richtung, Leistungsbeurteilung	Langfristig	Unterschiedliche Organisationseinheiten		Top-Managementteam

Anmerkung: ● hohe Entscheidungsautonomie des Teams in Bezug auf die Organisation; O niedrige Entscheidungsautonomie des Teams in Bezug auf die Organisation; Teamart, zu denen Verhandlungen gehören

Abbildung 13: Typologie von Teams im organisationalen Kontext (eigene Darstellung)

---

[117] So klassifizieren Sundstrom et al. (1990) Teams nach ihrem Aufgabenbereich, wie z.B. Produktion oder Entwicklung, während McGrath (1984) Entscheidungsgewalt im Team als zentrales Klassifikationsmerkmal verwendet. Cohen und Bailey (1997) integrieren mehrere Klassifikationsdimensionen und formulieren damit eine sehr allgemeine Typologie, in die sich andere Typologien einordnen lassen. Die Autoren unterscheiden zwischen vier Teams: Arbeitsteams, Parallelteams, Projekt- und Managementteams (siehe auch Pina, Martinez & Martinez, 2008). Die Unterteilung von Katzenbach und Smith (1993) sowie Halverson und Tirmizi (2008) in formelle, informelle, *self-managed*, virtuelle Teams sowie Kommittees lassen sich ebenfalls als Unterkategorien der genannten Typologien auffassen. Auch weitere Teamtypologien können problemlos der Typologie von Cohen und Bailey (1997) untergeordnet werden. Beispielsweise lassen sich die beiden Teamarten „traditionelle Teams" und „self-managing Teams" von McGrath (1984) zu den Arbeitsteams von Cohen und Bailey (1997) zuordnen. Auch die eher aufgabenbereichsorientierte Unterteilung von Sundstrom et al. (1990) lässt sich dort integrieren: So entsprechen Produktions- und Service-Teams *(Production & Service)* den Arbeitsteams, Empfehlungs- und Involvierungsteams *(Advice & Involve)* den Parallelteams, Projekt- und Entwicklungsteams *(Project & Development)* den Projektteams. Aktionsteams entstammen der aufgabenbereichsorientierten Teamtypologie nach Sundstrom et al. (1990) und lassen sich nicht eindeutig den Kategorien von von Cohen und Bailey (1997) zuordnen und wurden für die vorliegende Darstellungen zusätzlich aufgenommen. Daraus ergeben sich die in Abbildung 13 dargestellten fünf Teamarten.

Außerdem kann jede Organisation für ihre Bedürfnisse spezifisch Teams in deren Zusammensetzung und Entscheidungsautonomie frei bestimmen, so dass in der Realität eine viel breitere Typologie an Teamarten anzunehmen ist. Von der Teamart wird zudem angenommen, dass sie einen wesentlichen Einfluss auf die Teamentwicklung und die teaminternen Prozesse sowie auf die Ergebnisse des Teams hat, wie z.B. Teameffektivität (eine übergeordnete Darstellung der Einflüsse findet sich in Abschnitt 3.5).

3.2.3 Entwicklung eines Teams, Beschreibung der Prozesse im Team sowie Teameffektivität

3.2.3.1 Teamentwicklung: Das 5-Stufen-Modell von Tuckman und Jensen (1977)

Die Teamentwicklung trägt der Tatsache Rechnung, dass sich die internen Prozesse und die Aufgaben im Team im Laufe der Zeit verändern. In Bezug auf Verhandlungsteams ist dies insofern relevant, da die Teamentwicklung und die dabei stattfindenden Prozesse wesentlich für die Verhandlung sind. So ist davon auszugehen, dass z.B. das gezeigte Verhandlungsverhalten davon abhängig ist, wie die internen Einigungsprozesse abgelaufen sind. Des Weiteren ist die Teamentwicklung gerade bei multikulturellen Teams von Bedeutung, als die unterschiedlichen kulturellen Hintergründe die gemeinsame Zusammenarbeit beeinflussen können. Beispielsweise können durch den *Culture Clash* Missverständnisse entstehen, die einen Einfluss auf die Teamentwicklung haben können (siehe auch Abschnitt 3.1.3; vgl. Adair et al., 2001; Adair et al., 2006; Tinsley et al., 1999)

Zur Beschreibung der Teamentwicklung sind in der Literatur zahlreiche Modelle zu finden, die insbesondere aus der Kleingruppenforschung hervorgegangen sind. Das populärste Modell ist das 5-Stufen-Modell von Tuckman und Jensen (1977). Es gehört zu den Stufenmodellen[118] und erfährt im Gegensatz zu anderen Modellen der Teamentwicklung auch eine hohe Popularität in anderen Disziplinen, wie z.B. in der Forschung zu Teams in Organisationen (vgl. Halverson & Tirmizi, 2008). Da sich das Modell zur Beschreibung der Entwicklungspro-

---

[118] Generell werden dabei zwei Arten von Modellen unterschieden: Stufenmodelle, die von einer sequenziell konsekutiven Entwicklung ausgehen, und sog. Phasen- oder Stadienmodelle, die eine rekursive und zyklische Entwicklung annehmen.

zesse von Teams mit Diversitätshintergrund eignet, soll es für für die vorliegende Arbeit genutzt und im Folgenden beschrieben werden.

Das 5-Stufen-Modell der Teamentwicklung entstand 1965 durch Tuckman. Bei der Analyse von 50 Studien zum Thema Kleingruppen-/Teamprozesse identifizierte der Autor die vier Stufen *Forming*, *Storming*, *Norming* und *Performing*, die Teams in ihrer Entwicklung durchlaufen. Diesen verdankt das Modell seine ursprüngliche Bezeichnung als *4-Stage-Modell*. 1977 komplettierten Tuckman und Jensen das Modell durch die letzte Phase *Adjourning*.[119] In Abbildung 14 sind die fünf Phasen sowie die jeweiligen Charakteristika aufgeführt. Zur Beschreibung der fünf Stufen eignen sich insbesondere vier Dimensionen: die Atmosphäre im Team, die Beziehung der Teammitglieder zueinander, die zu erfüllende Aufgabe sowie die Gestaltung des Leadership.[120]

In Anlehnungen an die Ausführungen von Maples (1988) lassen sich die vier Phasen in zwei übergeordnete Kategorien – Mitgliedschaft (*Membership*) und Kompetenz (*Competence*) – klassifizieren (vgl. Bushe & Coetzer, 2007). Alle Prozesse der Phasen *Forming* und *Storming* sehen die Autoren als notwendig zur Generierung eines Gefühls von *Mitgliedschaft* bzw. „Wir-Denkens". Der Großteil der Zeit wird zum Aufbau von Beziehungen und Rollenverteilungen verwendet. Im Gegensatz dazu werden die in den Phasen *Norming* und *Performing* bestehenden und sich entwickelnden Charakteristika als „Kompetenz" des Teams bezeichnet. Während dieser Phasen steht die effektive und effiziente Lösung der Aufgabe im Vordergrund.

---

[119] Viele der historisch folgenden Modelle replizierten oder adjustierten die fünf Stufen von Tuckman und Jensen (z.B. Francis & Young, 1992; Osburn & Moran, 2000). Neuere Modelle berücksichtigen daneben noch für den organisationalen Kontext relevante Einflussfaktoren, wie z.B. Zeitdruck (*Punctuated Equilibrium Model*, Gersick, 1988), oder Modelle von Chang, Bordia und Duck (2003). Weitere bekannte Modelle sind das TIP-Modell *(Time, Interaction, Performance)* von McGrath (1991) sowie das *Boundary-Spanning*-Modell von Ancona und Caldwell (1992). Sie finden zurzeit noch wenig Anwendung.

[120] Die einzelnen Stufen sowie der Übergang zur nächsten Stufe verlaufen meist implizit. Dabei hängt die Dauer von der Struktur der Teams und der vorliegenden Aufgabe ab. Trotz der Annahme einer linearen Abfolge der Stufen räumen Tuckman und Jensen (1977) ein, dass in der Realität zu einem bestimmten Zeitpunkt mehrere Stufen parallel präsent sein und nicht voneinander differenziert werden können. Dass Stufen übersprungen werden, wird von den Autoren aber ausgeschlossen. Für den Fall einer Veränderung in der Aufgabe kann in frühere Stufen zurückgekehrt werden, der erneute Übergang zu späteren Stufen verläuft in einem solchen Fall aber schneller.

Konkretisierung des Modells und Herleitung von Hypothesen

Phase	Atmosphäre	Beziehung	Aufgabe	Leadership
Forming	• Generierung eines sicheren Umfelds • Aufeinandertreffen impliziter Normen und kulturbedingter Erwartungen	• Zaghafter und zuvorkommender Umgang • Positionierung der eigenen Person in Relation zur Gruppe	• Zieldefinition • Identifikation von Kompetenzen im Team	• Bestimmung des Führungskonzepts (Person oder Verteilung von Führungsaufgaben)
Storming	• Offener Konflikt, Meinungsdifferenzen • Hinterfragen impliziter Normen (Rollen, Kommunikation)	• Aufeinandertreffen von Unterschieden bei Verhalten und Emotionen (Persönlichkeit, Kultur)	• Arbeitsplan • Integration unterschiedlicher Perspektiven	• Herausforderung für den Teamleiter • Umverteilung der Führungsaufgaben
Norming	• Angenehme Atmosphäre • Verständnis von Unterschieden	• Sinn für Gruppenidentität • Lösung emotionaler Konflikte	• Generierung von Gruppennormen für die gemeinsame Zusammenarbeit	• Wenig Beachtung von Status oder Hierarchie im Team
Performing	• Hohe Motivation zur Erreichung des Ziels • Zusammenarbeit ist angenehm und produktiv	• Gegenseitige Unterstützung • Generierung von Synergien	• Lösung der Aufgabe • Nutzung unterschiedlicher Perspektiven	• Involvierung des Teamleiters nur bedingt notwendig
Adjourning		• Antizipation des Ziels • Zusammenfassung der Ergebnisse aus vorangegangenen Phasen • Mögliche Konflikte im Umgang mit der Zielerreichung		

Abbildung 14: Beschreibung der fünf Stufen der Teamentwicklung nach Tuckman und Jensen (1977) (eigene Darstellung)

Lässt sich ein Team als entwickelt bezeichnen, so kann dies positive Einflüsse auf weitere Teamfaktoren haben. Bushe und Croetzer (2007) fassen die wesentlichen Faktoren eines hochentwickelten Teams zusammen: Je mehr ein Team entwickelt ist,

- desto größer ist das Bewusstsein als Team,
- desto stärker ist der Sinn für die gemeinsame Identität im Team und die Bereitschaft und Flexibilität, diese auch zu verändern,
- desto mehr kann das Team seine Potenziale nutzen,
- desto weniger und schwächer werden die emotional reaktiven Verhaltensweisen,
- und desto häufiger und stärker werden rationale und zielgerichtete Verhaltensweisen.

Durch die breite Anwendung und Anpassung des Modells von Tuckman und Jensen (1965) wurde es an vielen Stellen kritisiert. Durch die vereinfachte sequenzielle Darstellung werden mögliche Variabilitäten eines Teams und dabei nicht immer lineare Verläufe vernachlässigt (Chang et al., 2003).[121] In der Literatur herrscht außerdem eine kontroverse Diskussion darüber, ob jedes Team nach einem stetigen Prozess entwickelt ist oder die Entwicklung – für sich alleingenommen – als Erfolgsprodukt weniger Teams anzusehen ist (Bushe & Coetzer, 2007). Da die Herkunft des Modells in der Kleingruppenforschung liegt, steht vorwiegend das Ziel oder die Zusammenstellung des Teams im Fokus, organisationaler Kontext wird weitestgehend vernachlässigt (Busche & Coetzer, 2007).

Nichtsdestotrotz lässt sich das Modell aufgrund seiner allgemeinen Annahmen in vielfältigen Situationen anwenden und kann als ordnender Rahmen bei der Beschreibung von Teamprozessen dienen (u.a. Hüsgen, 2005; Kauffeld, 2001). Außerdem lassen die Autoren die Dauer offen, so dass die Stadien sowohl auf überdauernde Teams (z.b. Arbeitsteams) als auch kurzlebige Teams (z.B. Projektteams) angewendet werden können. Zudem bieten die Stufen des Modells eine Erklärungshilfe für die im Rahmen kultureller Diversität auftretenden Prozesse (nähere Ausführungen hierzu siehe Abschnitt 3.2.6).

3.2.3.2 Prozesse innerhalb eines Teams (Intrateamprozesse)

In den vorangegangenen Abschnitten wurde bereits häufig auf die Prozesse innerhalb eines Teams (Intrateamprozesse) hingewiesen. Sie umfassen eine Vielzahl von Methoden, Herangehensweisen und Ansätzen, die ein Team zur Erreichung seines Zieles verwendet (Williams & O'Reilly, 1998). Die zentralen Intrateamprozesse beziehen sich entweder auf die Interaktion im Team oder die bestehende bzw. sich entwickelnde Struktur im Team (siehe auch Teamentwicklung in Abschnitt 3.2.3.1).[122] Intrateamprozesse lassen sich grob in fol-

---

[121] Andere Modelle zur Beschreibung von Team- oder Gruppenprozessen postulieren zyklische und rekursive Prozesse als Grundlage von Teamentwicklung (z.B. Bushe & Coetzer, 2007, ein Vergleich von linearen und rekursiven Prozessen findet sich bei Chang et al., 2003).

[122] Teamprozesse werden dabei von der Struktur der zu bearbeitenden Aufgabe moderiert (Stewart & Barick, 2000). Beispielsweise unterscheiden sich Teamprozesse bei konzeptionellen und verhaltensorientierten Aufgaben (Chatman & Flynn, 2001) oder kreativen und routinierten Aufgaben (Polzer, Milton & Swann, 2002). Stewart und Barick (2000) und Bushe und Coetzer (2007) begründen dies mit der unterschiedlichen Notwendigkeit an empfundener Teamzugehörigkeit und unterschiedlichem Konfliktpotenzial je nach Aufgabe.

gende vier Kategorien einteilen (siehe auch Halverson & Tirmizi, 2008; Levi, 2010):[123]

Interaktionale Prozesse,
z.B. Kohäsion, Kooperation, Kommunikation

Strukturbezogene Prozesse,
z.B. Führung, Machtverhältnisse, Aufgabenverteilung

Konfliktbezogene Prozesse,
z.B. Entscheidungsfindung, Problemlöseverhalten, Konfliktverhalten

Emotionale Prozesse,
z.B. Vertrauen, Motivation, Einsatz

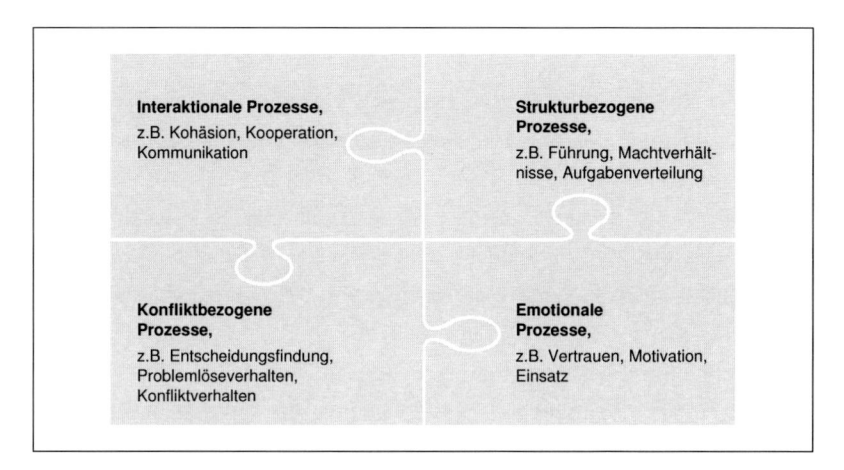

Abbildung 15: Intrateamprozesse in der Übersicht (eigene Darstellung, in Anlehnung an Halverson und Tirmizi, 2008, S. 111ff)

Zur Verwendung im Rahmen von Verhandlungsstudien eignen sich insbesondere solche Prozesse, die zur Beschreibung der Interaktion im Team, der Auseinandersetzung mit Konfliktsituationen sowie des Teamgefüges als Verhandlungseinheit dienen. Es ist dabei von Interesse, inwiefern die Teammitglieder an den internen Diskussionen sowie dem Informationsaustausch innerhalb des Teams teilnehmen und sich für die einzelnen Verhandlungstaktiken und Reaktionen am Verhandlungstisch entscheiden. Da das Team als Verhandlungspartei

---

[123] Zeitorientierung, Qualitätsverständnis, Anpassung, Infrastruktur, individueller Einsatz und Wissensintegration sind weitere in der Literatur angeführte Prozesse (vgl. Brief, 2008). Halverson (2008) unterscheidet zusätzlich zwischen offenen und verdeckten Prozessen im Team. Der Autor postuliert offene, sichtbare Intrateamprozesse, zu denen die bisher genannten Prozesse zählen, und verdeckte Intrateamprozesse, die die Teammitglieder nur bedingt wahrnehmen. Zu Letzteren gehören verdeckte Dynamiken, eingeschränkte Lösungsräume und schützende oder strategische Verheimlichungen. Halverson (2008) merkt an, dass eine Interaktion zwischen verdeckten und offenen Intrateamprozessen besteht. Verdeckte Dynamiken sind kollektiv unterdrückte Emotionen, Wünsche oder Bedürfnisse, die die gemeinsame Zusammenarbeit unterschwellig überlagern. Eingeschränkter Lösungsraum bezieht sich auf Überlegungen und Diskussionen im Team, die sich häufig in einem bestimmten Lösungsraum bewegen, „blinde Flecken" oder „Out of the Box"-Denken wird vernachlässigt. Schützende Verheimlichungen sind Themen, die ein Team aus Angst oder Scham zu vermeiden versucht, darunter auch individuelle Agenden, die von der Teamagenda abweichen (Halverson, 2008). Für eine detaillierte Erklärung der weiteren Intrateamprozesse sei auf die dementsprechende Literatur verwiesen, darunter Brief (2008), Jäkel (2008) oder Levi (2010).

auftritt, muss des Weiteren das Teamgefüge im Sinne von dem gemeinsamen Auftreten und Zusammenhalt beschrieben werden. Dabei sind die Beziehung des Einzelnen zur Gruppe sowie die Relevanz der Verfolgung eigener Ziele von zentraler Bedeutung (Thomas, 1999). Gleichberechtigtes Entscheidungsverhalten als Vertreter der konfliktbezogenen Prozesse und Zusammenhalt im Team als Vertreter der interaktionalen Prozesse sind Intrateamprozesse, auf die derartige Bedingungen zutreffen und die sich folglich zur Beschreibung im Rahmen von Verhandlungen eignen. Sie beziehen sich auf die gemeinsame Zusammenarbeit und die Beziehung der Mitglieder im Team zueinander. Beide Konstrukte wurden erfolgreich im Rahmen von *Team-Performance*-Untersuchungen (Evans & Dion, 1991; Stashevsky & Elizur, 2000) sowie im Verhandlungskontext (vgl. Backhaus et al., 2008; Lawler, Thye & Yoon, 2000; Thompson et al., 1996) angewendet und sollen auch in der vorliegenden Arbeit die betrachteten Intrateamprozesse darstellen.

3.2.3.3 Modelle zur Erklärung von Teameffektivität sowie Dimensionalität der Teameffektivität

Die ursprünglichsten Modelle zur Erklärung von Teameffektivität (*Input-Output*-Modelle) bezogen sich auf den direkten Einfluss von Input-Faktoren, wie z.B. Gruppengröße auf die Teameffektivität (*Output*-Faktor). Aufgrund der fehlenden Erklärungsgrundlage für die gefundenen Zusammenhänge und der generellen Komplexität von Teameffektivität wurden diese Modelle jedoch schnell von detailreicheren Ansätzen abgelöst. McGrath (1964) konzipierte ein sog. *Input-Process-Output*-Modell (siehe Anhang 3) zur Erklärung von Teameffektivität, auf das bis heute viele nachfolgende Modelle aufsetzen und das sehr dem verhaltenswissenschaftlichen Modell von Neale und Northcraft (1991) ähnelt (Cohen & Bailey, 1997; Guzzo & Dickson, 1996; Hackman, 1987; Salas et al., 2003). Wie bei Neale und Northcraft (1991) wird bei dem Modell zwischen drei Ebenen unterschieden. Die *Input*-Ebene untergliedert McGrath in individuelle, Team-, organisationale und umweltbezogene Faktoren. Die *Process*-Ebene beinhaltet interne, aber auch externe Teamprozesse, z.B. die Kommunikation mit der Organisation (Cohen & Bailey, 1997). Das Modell mündet in der Teameffektivität, welche multidimensional definiert ist. Die Integration von externen Prozessen in das Modell zur Erklärung von Teameffektivität bildete ein Novum in der Teamforschung. Bis zu diesem Zeitpunkt wurden vermehrt Prozesse innerhalb des

Teams betrachtet und weniger die Relation der Teamprozesse auf außenstehende Organisationen oder andere Teams, wie z.B. in einer Verhandlungssituation, berücksichtigt.

Ähnlich wie bei Neale und Northcraft (1991) wird auch in dem Modell von McGrath (1964) davon ausgegangen, dass die Wirkung von Kontextvariablen (z.B. Teamzusammenstellung) auf die Teameffektivität durch dynamische Variablen (z.B. Kommunikation im Team) beeinflusst wird. Dies kann als eine weitere Bestätigung der Wahl des Modells von Neale und Northcraft (1991) zur Strukturierung der vorliegenden Effekte gesehen werden.

Hinsichtlich der Frage, wie sich Teameffektivität beschreiben lässt, existieren zwei Schulen, die jeweils unterschiedliche Dimensionalitäten von Teameffektivität annehmen:[124] monodimensionale und multidimensionale Beschreibungen (vgl. Pina et al., 2007; Sundstrom et al., 1990). Monodimensionale Modelle beschreiben Teameffektivität über ein einziges, meist objektives Konstrukt, wie z.B. Teamperformance, oder das Ausmaß der Produktivität.[125] Die Teameffektivität äußert sich somit in der reinen Komplettierung der dem Team auferlegten Aufgabe (Hackman, 1987; Levi, 2010). Monodimensionale Modelle bilden somit eine sehr einseitige und managementbezogene Perspektive auf Teameffektivität. Persönliche Weiterentwicklung oder Ausmaß der Kooperation wird dabei gänzlich vernachlässigt (Levi, 2010). Sundstrom et al. (1990) sehen eine Konsequenz der Vernachlässigung individueller Ressourcen in der möglichen Verweigerung einer weiteren Zusammenarbeit durch die Teammitglieder.

In multidimensionalen Modellen setzt sich die Effektivität eines Teams aus mehreren Konstrukten zusammen. Für Hackman (1987) ist Teameffektivität neben der reinen Komplettierung der auferlegten Aufgabe auch in den dabei erstellten sozialen Beziehungen und der individuellen Weiterentwicklung zu sehen. Diese sozialen Beziehungen haben die gemeinsame Zusammenarbeit unterstützt und können das Fortbestehen des Teams fördern. Auch Halverson und Tirmizi (2008) heben in ihren Arbeiten das Lernen als Teil der Teameffektivität hervor.

---

[124] Vereinfacht wird Teameffektivität oder Leistungsfähigkeit des Teams dabei – besonders bei der Betrachtung von Arbeitsteams – mit Teamerfolg gleichgesetzt.

[125] Als repräsentatives Beispiel kann die Definition von Shea und Guzzo (1987) angeführt werden. Die Autoren definieren Teameffektivität im Zusammenhang mit monodimensionalen Modellen als „... *production of designated products or services per specification.*" (S. 329).

Trotz der unterschiedlichen Auffassung über die Dimensionalität von Teameffektivität liegt beiden Modellen die gemeinsame Annahme zugrunde, dass das Teamergebnis besser ist als das Ergebnis, was durch ein Individuum allein hätte erzielt werden können. „Besser" bezieht sich sowohl auf die Qualität, Quantität, Kreativität, Innovation als auch auf die Dauer zur Erreichung des Ziels. Multidimensionale Modelle berücksichtigen zusätzlich die Zufriedenheit mit dem Ergebnis, sowohl individuell, im Team als auch im Management oder bei den jeweiligen Verantwortlichen (u.a. Levi, 2010).

Bei multidimensionalen Modellen besteht eine Schwierigkeit darin, dass die einzelnen Teameffektivitätskriterien in komplexer und häufig konfliktträchtiger Art und Weise miteinander in Verbindung stehen können (Argote & McGrath, 1993). So könnte eine starke Fokussierung auf die Zufriedenheit der Teammitglieder und die persönliche Weiterentwicklung mit einer verringerten Produktivität einhergehen. Kirkman, Tesluck und Rosen (2001) und Pina et al. (2007) bemängeln daneben, dass häufig keine klare Abgrenzung zwischen Prädiktor und Kriterium von Teameffektivität besteht. Zudem ist ein Vergleich oder eine Generalisierung der empirischen Ergebnisse und deklarierten Zusammenhänge aufgrund der vielfältigen Operationalisierungsmöglichkeiten mit Vorsicht vorzunehmen (vgl. Pina et al., 2007). Des Weiteren besteht eine unterschiedliche Objektivität bei der Messung der Teameffektivitätskriterien. So können Teamleistung und verhaltensbezogene Ergebnisse weitestgehend objektiv durch Fakten, z.B. Anzahl der hergestellten Produkte pro Zeiteinheit, erhoben werden, während bei Einstellungskriterien subjektive Messungen, z.B. Fragebogen, verwendet werden (Kirkman et al., 2001).

3.2.4 Die Bedeutung von kultureller Diversität im Team

3.2.4.1 Definition von Diversität und Relevanz im organisationalen Kontext (Diversity Management)

Diversität *(Diversity)* oder Diversifizierung im Team oder generell im Unternehmen adressiert die Unterschiedlichkeit bzw. Vielfalt der einzelnen Mitglieder (Ely & Thomas, 2001). Thomas (1999) integriert in seiner Definition von Diversität nicht nur Unterschiede, sondern auch bestehende Gemeinsamkeiten: *„Diversity refers to the collective (all inclusive) mixture of differences and similarities."* (S.

246). Der Begriff Diversität wird in der Team- und Gruppenforschung mit dem Ausdruck Heterogenität (vs. Homogenität) synonym verwendet.

Diversität oder Heterogenität lässt sich dabei auf verschiedenen Kerndimensionen abbilden, die sich entweder auf die Demografie des Individuums oder dessen Arbeitsumfeld beziehen (Pelled, Eisenhardt & Xin, 1999; Stuber; 2004; Sundstrom et al., 1990). Bei diesen Kerndimensionen wird zwischen oberflächlicher (hohe Visibilität) und tiefgehender (niedrige Visibilität) Diversität unterschieden (Dietz & Peterson, 2005; Sepehri & Wagner, 2002).

	Demografische Dimensionen	Arbeitsbezogene Dimensionen
Hohe Visibilität	• Alter • Geschlecht • Ethnische Zugehörigkeit • Nationalität • Befähigung/Behinderung	• Status • Sprache • Funktionaler Hintergrund
Niedrige Visibilität	• Persönlichkeit • Kultur • Sexuelle Orientierung • Humor • Religion	• Bildung • Fachkompetenz • Berufserfahrung

Abbildung 16: Kategorisierung von Diversitätsdimensionen nach hoher und niedriger Visibilität (eigene Darstellung, in Anlehnung an Sepehri und Wagner, 2002, S. 131)

Wie in Abbildung 16 dargestellt, äußert sich oberflächliche Diversität in leicht wahrnehmbaren Unterschieden im Geschlecht, Alter, ethnischer Zugehörigkeit, Nationalität sowie in Bezug auf arbeitsbezogene Faktoren, im funktionalem Hintergrund oder Status im Unternehmen.[126] Oberflächliche Diversität wird auch häufig als demografische Diversität bezeichnet und ist besonders zu Beginn der gemeinsamen Zusammenarbeit von Relevanz. Im Laufe der Zeit verliert sie aber an Bedeutung (Levi, 2010). Demgegenüber liegt die tiefgehende Diversität u.a. in Unterschieden der Persönlichkeit, Kultur, Bildung und Erfahrung.

Hoch und niedrig visible Dimensionen sind jedoch nicht unabhängig voneinander. So ist beispielsweise der funktionale Hintergrund bzw. die Organisationsabteilung oder -einheit, aus der die Person stammt, stark mit der Fachkompe-

---

[126] Arbeitsbezogene Faktoren werden von Dietz und Perterson (2005) oder Stuber (2004) auch als organisationale Diversität bezeichnet.

tenz dieser Person verbunden (Sepehri & Wagner, 2002). Die Nützlichkeit von Diversität im Verhandlungsteam wird u.a. in Abschnitt 3.2.4.2 aufgegriffen.

Das Ausmaß der Diversität wird häufig mit ähnlich vs. unähnlich beschrieben (Brief, 2008). Dieser binäre Charakter vernachlässigt jedoch die Tatsache, dass sich Individuen auf einer Dimension (z.b. Berufserfahrung) ähnlich sind, auf einer anderen Dimension jedoch starke Unterschiedlichkeit aufweisen (z.B. Kultur). Deswegen empfehlen einige Autoren die Beschreibung der Diversität anhand eines aggregierten, kontinuierlichen Maßes über unterschiedliche Dimensionen hinweg (vgl. Chatman & Flynn, 2001).

Der Umgang mit Diversität ist in der organisationalen Praxis unter dem Begriff *Diversity Management* angesiedelt.[127] Taylor Cox (1991) definiert *Diversity Management* als „... *planning and implementing organizational systems and practices to manage people so that the potential advantages of diversity are maximized while its potential disadvantages are minimized.*" (S. 34). Das Ziel von *Diversity Management* ist daher neben der positiven Diskriminierung *(Affirmative Action)*, d.h. der Integration von benachteiligten Gruppen, die Herstellung einer positiven Atmosphäre sowie die konstruktive Nutzung von Diversität für die organisationale Praxis (Vedder, 2006).

Der Nutzung von Diversität liegt die Annahme zugrunde, dass Heterogenität eine Vielfalt an Perspektiven hervorbringt, die insbesondere bei der Lösung von komplexen und kreativen Aufgaben von Vorteil ist, da diese intensives Problemlösungsverhalten verlangen. Demgegenüber führt Diversität und die damit verbundene Unterschiedlichkeit auch zu Herausforderungen, wie z.B. Missverständnissen oder Mehrdeutigkeit (siehe Abschnitt 3.1.5.1; vgl. Adler, 2002; Haselier & Thiel, 2005).[128] Erst wenn die Nachteile konstruktiv bewältigt worden sind, können die eben genannten Vorteile effektiv genutzt werden. Die Berücksichtigung von Diversität ist damit bei der Untersuchung von Teamprozessen von zentraler Relevanz.

---

[127] Eine neuere Untersuchung der Fortune-1000-Unternehmen hat ergeben, dass ca. 95% aller großen amerikanischen Unternehmen Initiativen zum Umgang mit Diversität implementiert haben (vgl. Grensing-Pophal, 2002; Jackson & Joshi, 2004).
[128] Dabei sollte jedoch angemerkt werden, dass weder in der empirischen Forschung noch in der Praxis eine systematische Erfolgsbeurteilung der postulierten Vorteile von Diversität besteht (Süß & Kleiner, 2005).

3.2.4.2 Kulturelle Diversität im Team

In der organisationalen Praxis haben multinationale Teams durch die Globalisierung von Unternehmen und den Anstieg an *Expatriates* deutlich zugenommen. Zahlreiche Autoren argumentieren in diesem Zusammenhang, dass multikulturelle bzw. multinationale Teams[129] der Organisation zu strategischen Vorteilen verhelfen können (Earley & Gibson, 2002; Gibson & Zellmer-Bruhn, 2001; Jackson, Joshi & Erhardt, 2003; Jelinek & Wilson, 2005; Matveev & Nelson, 2004; Thomas & Ravlin, 1995; Vallaster, 2005; vgl. Abschnitt 1.1).

Über die Effektivität von multikulturellen Teams wird in der Literatur jedoch kontrovers diskutiert. Zum einen besteht die Überzeugung, dass durch das Zusammentreffen unterschiedlicher Kulturen zu Beginn – in der *Forming-*, *Storming-* und *Norming-*Phase – der konfliktbehaftete *Culture Clash* im Vordergrund steht (vgl. Kapitel 3.1.5). Shapiro, Furst, Spreitzer und von Glinow (2002) beobachten eine niedrigere Teamidentität in multikulturellen Teams, die zu einer Verlängerung der Kennenlernphase und einer Vorenthaltung von Informationen führen kann. Zudem leiden multikulturelle Teams häufig unter einem hohen Ethnozentrismus (Brief, 2008; für einen generellen Überblick siehe William & O'Reilly, 1998) und starken emotionalen oder aufgabenbezogenen Konflikten (Salk & Brannon, 2000; von Glinow, Shapiro & Brett, 2004; siehe auch Abbildung 19).[130] Bevor diese Konflikte nicht überwunden sind, fällt die inhaltliche Bewältigung der vorliegenden Aufgabe in der *Performing-* und *Adjourning-*Phase schwer.

---

[129] In Anlehnung an die in Kapitel 3.1.1.2 angesprochene Diskussion zur Auffassung von Kultur als Nationalität finden sich in der Literatur sowohl die Begriffe multinationale als auch multikulturelle Teams. Adler (2002) definiert Teams mit zwei unterschiedlichen Kulturen als binational bzw. bikulturell, Teams mit mehr als zwei unterschiedlichen Kulturen als multinational bzw. multikulturell. Auch Hajro und Pudelko (2010) definiert ein multinationales bzw. multikulturelles Team (MNT) bestehend aus Individuen aus mindestens drei unterschiedlichen Kulturen, die zusammenarbeiten und Ressourcen, Wissen und Informationen integrieren. In der vorliegenden Arbeit soll jedoch der Ausdruck multikulturell für ein Team mit zwei Kulturen verwendet werden. Mögliche Unterschiede in Abhängigkeit von der Anzahl der im Team vorhandenen Kulturen sollen hier nicht adressiert werden.

[130] Earley und Mosakowski (2000) weisen zudem darauf hin, dass das Ausmaß der kulturellen Unterschiede zwischen den Teammitgliedern eine Rolle bei den Konflikten spielt. Ely und Roberts (2008) fügen dem hinzu, dass kulturelle Diversität durch den Vergleich der eigenen Kultur mit anderen Kulturen und durch die offensichtlichen Differenzen entstanden ist. Kulturelle Diversität sei charakterisiert durch „... *a history of intergroup prejudice, discrimination and oppression.*" (Ely & Roberts, 2008, S.175).

Andere Autoren behaupten, dass kulturelle Diversität zwar zu Konflikten führt, diese aber auch konstruktiv genutzt werden können. Inwiefern eine konstruktive Nutzung stattfinden kann, hängt von verschiedenen Faktoren ab. Dazu zählen insbesondere die zur Verfügung stehende Zeit sowie die Art der vorliegenden Aufgabe. Beispielsweise konnte Thomas (1999) nachweisen, dass gerade am Anfang der gemeinsamen Zusammenarbeit heterogene Teams vorwiegend mit kulturellen Konflikten und der Integration der unterschiedlichen Perspektiven beschäftigt sind. Die interpersonelle Herausforderung überlagert die inhaltliche Bearbeitung der Aufgabe, so dass zu Beginn meist noch kein Nutzen aus dem vorliegenden Potenzial an unterschiedlichen Perspektiven gezogen werden kann (siehe auch Harrison et al., 2002). Steht den multikulturellen Teams allerdings ein längerer Zeitraum[131] zur Verfügung, so ist die Wahrscheinlichkeit hoch, dass die kulturell bedingten Differenzen überwunden und sich diese zu Nutze gemacht wurden. Bessere Leistungen hinsichtlich Qualität, Lösungsvielfalt und Kreativität werden erwartet (vgl. Krell, 2004; Watson, Kumar & Michaelson, 1993; Zaidi, Saif & Zaheer, 2010). Als Begründung werden das breite Wissens- und Informationsrepertoire sowie ein umfassender Erfahrungshorizont angeführt (McLeod & Lobel, 1992). Während homogene Teams vor allem bei Routineaufgaben bessere Leistungen erbringen, könnte dementsprechend der Einsatz von multikulturellen Teams insbesondere bei Aufgaben, welche eine hohe Kreativität sowie ein intensives Problemlösungsverhalten erfordern, von Vorteil sein (Krell, 2004; Ravlin & Meglino, 1993; weitere Vorteile siehe Abbildung 17). Dieser Vorteil kann überdies noch durch das Management bzw. die Führungskräfte vergrößert werden. Die aktive Adressierung potenzieller Konflikte durch das Management vorab kann dabei helfen, die Kommunikation zwischen kulturell unterschiedlichen Teammitgliedern und die Zusammenarbeit im Team zu verbessern (Ayoko, Hartel & Cullen, 2002; Baba, Gluesing, Ratner & Wagner, 2004).

Der Prozess zur Herausbildung von Vorteilen bei interkulturellen Teams wird von verschiedenen Autoren als interkulturelle Synergie bezeichnet (Schirmer, 2008). Während Synergie im Allgemeinen als der aus der gemeinsamen Zu-

---

[131] Über den Umfang der zeitlichen Vorgabe herrscht noch Uneinigkeit, so dass keine konkreten Vorgaben gemacht werden können.

sammenarbeit und Forderung entstehende Nutzen gilt, definiert Adler (1997) interkulturelle Synergie wie folgt: „*Intercultural synergy is an approach to manage the impact of cultural diversity and allows organizations to solve problems effectively when working in cross-cultural environments.*" (S. 115). Thomas (1999) sieht in interkultureller Synergie die gegenseitige Nutzung und Ergänzung von Werten, Normen und Verhaltensweisen, die in ihrem Gesamtgefüge qualitativ hochwertiger sind als die reine Summe der Einzelelemente. Zusammenfassend lassen sich die Vor- und Nachteile von kultureller Diversität im Team folgendermaßen darstellen:

Vorteile	• Erhöhte Kreativität und Innovation durch Perspektiven und Erfahrungsvielfalt • Breiteres Lösungsspektrum und mehr Alternativen • Intensivierte Konzentration auf das Verständnis der Teammitglieder
Nachteile	• Mangel an Kohäsion durch Misstrauen, geringere interpersonale Anziehung, Stereotypisierung • Fehlkommunikation durch Sprachprobleme und unterschiedliche Kommunikationspräferenzen • Häufige Konflikte durch die unterschiedlichen Herangehensweisen, Vorstellungen und Normen, die u.a. das Problemlöseverhalten überlagern

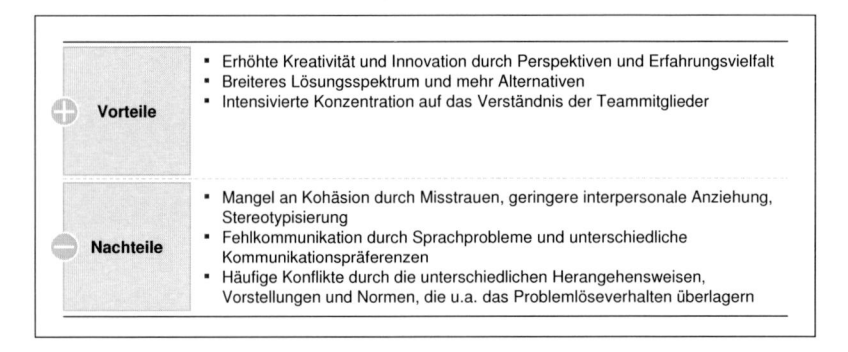

Abbildung 17: Vor- und Nachteile kulturell heterogener Teams (eigene Darstellung)

Um diese widersprüchlichen Annahmen über die Konsequenzen von Diversität zu klären, ist es notwendig, alternative Perspektiven zu berücksichtigen (vgl. Earley & Gardner, 2005; Earley & Mosakowski, 2000; Jackson & Joshi, 2004; Williams & O'Reilly, 1998). Da Diversität mehrheitlich binär als homogen vs. heterogen erfasst wird, ohne explizit z.B. auf das vorliegende Ausmaß einzugehen, empfehlen Thomas, Ravlin und Wallace (1994) die Betrachtung intermediärer Mechanismen. Die explizite Berücksichtigung der kulturellen Werte, in denen sich die Teammitglieder unterscheiden, die konkrete Teamzusammenstellung hinsichtlich der kulturellen Heterogenität sowie die relative Distanz zwischen den jeweiligen Kulturen könnten solche intermediäre Mechanismen darstellen. Die Betrachtung könnte zusätzliches Potenzial zur Erklärung von Teamprozessen und -effektivität liefern. Zusätzlich empfehlen die Autoren auch kognitive, emotionale und Interaktionsprozesse, wie z.B. Problemlösungsverhalten, Kommunikation oder Kooperation im Team, als intermediäre Mechanismen zu berücksichtigen (Joshi, 2006). In der vorliegenden Arbeit stehen gerade diese intermediären Mechanismen im Fokus, um die Auswirkungen von Diversität im Team besser zu verstehen. Die Diversität bezieht sich in der vorliegenden Arbeit auf die kulturellen Werte und wird u.a. durch die Teamzusammenstellung generiert. Des Weiteren werden auch die Intrateamprozesse als intermediäre Mechanismen berücksichtigt.

3.2.5 Teamzusammenstellung und Intrateamprozesse als Kontexvariable und dynamische Variable im verhaltenswissenschaftlichen Verhandlungsmodell

3.2.5.1 Teams in Verhandlungen und Besonderheiten von multikulturellen Verhandlungsteams in interkulturellen Verhandlungen

Vergleichbar mit der Wichtigkeit in der generellen organisationalen Praxis werden auch in Verhandlungen Teams verstärkt eingesetzt (Brodt & Thompson, 2001; Gelfand & Realo, 1999). In Bezug auf die Einkäuferseite ergab eine Umfrage von Pelletier (2004) an fast 200 Unternehmen, dass über drei Viertel der Unternehmen Teams – sog. *Buying-Center* – bei Einkaufsverhandlungen einsetzen. Dieser Trend lässt sich branchenübergreifend, z.B. Werbung, Handel oder Telekommunikation, fortsetzen (vgl. Balakrishnan & Patton, 2006).

Für die Verkäuferseite postuliert Cummings (2007), dass über 75% der Unternehmen einen teambasierten Verkaufsansatz – sog. *Selling-Center* – wählen. In der Praxis sind diese als sog. *Core-Selling-Teams* (Kernverkäuferteams) u.a. im Rahmen des *Key Account Managements* (KAM) anzutreffen (Arnett et al., 2005).[132] Durch den Einsatz von Teams werden sich dabei ein breiteres Reaktionsspektrum und mehr Flexibilität versprochen (Homburg, Workman & Jensen, 2002). Im B2B-Bereich werden Beziehungen zum Kunden sowie die Fokussierung auf die Kundenbedürfnisse immer wichtiger, so dass die Felxibilität im Verkäuferteam zu einer höheren Kundenzufriedenheit und -bindung führen kann (Homburg, Workman & Jensen, 2002). Die steigenden Ansprüche in der Verkaufswelt veränderten die klassische Rolle eines Verkäufers hin zu der eines Geschäftspartners (Dubinsky, 2006).

---

[132] *Key Account Management (KAM)* umfasst die Akquirierung und Betreuung der größten und wichtigsten Kunden eines Unternehmens, die besondere Leistungen in Bezug auf Marketing, Service oder Administration erhalten (vgl. Arnett et al., 2005).

Auch empirisch können die Vorteile von Teams in Verhandlungen nachgewiesen werden. In einem direkten Vergleich der Leistung zwischen Einzelpersonen und Teams kommen die Autoren zu dem einheitlichen Ergebnis, dass Teams bessere Verhandlungsergebnisse – insbesondere Effizienzen – erzielen (u.a. Brodt & Tuchinsky, 2000; Gelfand & Realo, 1999; Morgan & Tindale, 2001; O'Connor, 1997; Peterson & Thompson, 1997; Polzer, 1996; Thompson et al., 1996). Begründet wird dies zum einen damit, dass Teams über ein breiteres Spektrum an Kompetenzen und Wissen verfügen. Der dadurch generierte intensive Informationsaustausch erhöht die Wahrscheinlichkeit zur Identifikation von integrativem Potenzial bei Teams. Darüber hinaus könnte es im Team zu einer expliziten inhaltlichen Rollenverteilung und somit zu der Entwicklung von spezifischen Expertisen kommen, die zusätzliche Vorteile gegenüber Einzelpersonen verkörpern (Brodt & Tuchinsky, 2000). Viele dieser Erklärungsversuche bedürfen aufgrund der fehlenden Betrachtung der Intrateamprozesse noch weiterer empirischer Evidenz.

Für international agierende Unternehmen stellt der kulturelle Aspekt auf zwei Ebenen eine zusätzliche Herausforderung dar. Ein *Culture Clash* – und dessen Konsequenzen, wie z.B. Missverständnisse – ist sowohl innerhalb des Teams als auch zwischen den Verhandlungsparteien denkbar: Zum einen können aufgrund der starken kulturellen Diversität unter den Mitarbeitern eines international agierenden Unternehmens die Mitglieder eines Verhandlungsteams unterschiedliche kulturelle Herkünfte besitzen. Diese können zur Konfliktsituation z.B. bei der Diskussion über eine geeignete Verhandlungsstrategie führen. Danach folgt der Transfer der Entscheidung auf die Verhandlungsebene. Auch hier kann das Team mit Verhandlungspartnern unterschiedlicher kultureller Herkunft konfrontiert sein, woraus sich eine erneute, kulturell herausfordernde Situation ergibt, diesmal in Bezug auf den Verhandlungspartner (Behfar et al. 2008; Friedman, 1994).

Die Teamzusammenstellung ist folglich eine Herausforderung für Führungskräfte (Thomas & Ravin, 1995). Im Rahmen von Verhandlungen mit Unternehmen aus anderen Kulturen lässt sich die Frage stellen, inwiefern sich die kulturelle Zusammensetzung unter den Teammitgliedern für die Verhandlung zu Nutze gemacht werden kann (Mumford et al., 2008; Stevens & Campion, 1994).

3.2.5.2 Theorien zur Wirkung von Teamzusammenstellung auf Intrateamprozesse und Verhandlungsverhalten: Die Theorie der sozialen Identität und das Similarity Attraction-Paradigma

Trotz der Fülle an Literatur zu Verhandlungsverhalten als eine Strategie zur Lösung von Konflikten ist noch wenig darüber bekannt, welche Faktoren das Verhalten in Teamverhandlungen determinieren. Insbesondere die kulturelle Zusammenstellung von Teams wurde dabei außer Acht gelassen (van Kleef et al., 2007). Noch weniger Informationen sind zu der Schnittstelle zwischen Intrateamprozessen bzw. -verhalten und Verhandlungsverhalten vorhanden (vgl. Backhaus et al., 2008; siehe hierzu auch Anhang 1).

Zur Lösung der hier vorliegenden Fragestellungen soll auf klassische Teamtheorien zurückgegriffen werden. Insbesondere die *Theorie der sozialen Identität* von Taijfel und Turner (Tajfel & Turner, 1986) sowie das *Similarity-Attraction-Paradigma* von Bryne (1971) sollen dazu genutzt werden, eine Erklärungsgrundlage für die Einflüsse von Teamzusammenstellung auf die Intrateamprozesse und das Verhandlungsverhalten in interkulturellen Situationen zu schaffen. Des Weiteren werden durch die Theorien mögliche Ansätze zur Begründung des Transfers der Intrateamprozesse auf das Verhandlungsverhalten erwartet. Beide Theorien wurden im Rahmen von Verhandlungsforschung bereits angewendet (vgl. Chan & Levitt, 2009; Imai & Gelfand, 2010; Keenan & Carnevale, 1989; Rivers & Lytle, 2009).

Die Theorie der sozialen Identität bzw. „The social identity theory of intergroup behavior" geht auf Henri Taijfel und John C. Turner zurück und befasst sich mit der Beschreibung und Entstehung von Intra- und Intergruppenprozessen. Sie gilt als die zentrale Theorie für die Forschung zu den Zusammenhängen von Diversität und Gruppenprozessen und -effektivität (Williams & O'Reilly, 1998). Aufgrund des Ursprungs in der Gruppenforschung soll in den weiteren Ausführungen der Theorie der sozialen Identität die Bezeichnung Gruppe verwendet werden. Der Theorie liegen zwei Annahmen zugrunde. Zum einen besitzt ein Individuum nicht nur eine Identität, sondern kann in Abhängigkeit vom sozialen

Kontext und der Zugehörigkeit zu verschiedenen sozialen Gruppen[133] über mehrere soziale Identitäten verfügen. Unter soziale Identität verstehen die Autoren „... *that part of an individual's self concept which derives from his knowledge of his membership of a social group (or groups) together with the value and emotional significance attached to that membership.*" *(Tajfel, 1978, S. 63).*[134] Soziale Identität beeinflusst in der spezifischen Situation das Denken, Fühlen und Handeln der Individuen dieser sozialen Gruppe (Turner, Hogg, Oakes, Reicher & Wetherell, 1987).

Der Wert und die emotionale Bindung, die mit der sozialen Identität einhergehen, werden in der zweiten Grundannahme aufgegriffen: Gruppenzugehörigkeit und die damit verbundene soziale Identität können die Ursache von empfundenem Stolz und Selbstwertgefühl sein (Mannix & Neale, 2005; Stets & Burke, 2000). Da Individuen nach einem hohen Selbstwertgefühl und Selbstachtung streben, kann dieses Bedürfnis durch die soziale Identifikation mit der Gruppe befriedigt werden.

Neben der sozialen Identität geht die Theorie von drei weiteren Bestandteilen bzw. mentalen Prozessen aus:

1) Soziale Kategorisierung: Kategorisierung der eigenen Person und anderen Personen in Eigengruppe (*Ingroup*) und Fremdgruppe (*Outgroup*)

2) Sozialer Vergleich: Evaluation der Eigengruppe durch soziale Vergleiche mit der Fremdgruppe

3) Soziale Distinktheit: Tendenz, die eigene Gruppe als positiv unterschiedlich zu betrachten (*Ingroup*-Favorisierung).

Die soziale Kategorisierung betrifft die Einteilung in Gruppen auf der Basis von bestimmten, charakteristischen Merkmalen. Obwohl die passive, z.B. durch Dritte vorgegebene Einteilung in eine Gruppe bereits ausreicht, um eine soziale Identifikation mit dieser „eigenen" Gruppe zu empfinden (*Minimal-Group-Phe-*

---

[133] Als soziale Gruppe verstehen Tajfel und Turner (1986) „... *a collection of individuals who perceive themselves to be members of the same social category, share some emotional involvement in this common definition of themselves, and achieve some degree of social consensus about the evaluation of their group and of their membership in it.*" (S. 15).

[134] Die soziale Identität beschreibt somit das „Wir", welches in Verbindung mit der Zugehörigkeit zu einer Gruppe zu finden ist. Demgegenüber referiert die persönliche Identität zu dem Wissen über sich selbst bzw. zu den individuellen Attributen (Hogg & Vaughan, 2002).

nomenon, Billig & Tajfel, 1973; Tajfel & Turner, 1986), gelten u.a. Geschlecht oder Kultur als klassische Kategorisierungsmerkmale. Je nach Kategorie werden bestimmte Eigenschaften mit den Gruppenmitgliedern verbunden (Stereotypisierung). Diese Annahmen münden in der *Self-Categorization Theory* von Turner (1987). Durch die eigene Zugehörigkeit zur Eigengruppe (*Ingroup*) erfolgt gleichzeitig eine Trennung zwischen dieser und der Fremdgruppe *(Outgroup).* Im Anschluss findet ein sozialer Vergleich der beiden statt (Haslam, 2001), woraus eine spontane Bevorzugung der Eigengruppe sowie eine Abwertung bis hin zur Diskriminierung der Fremdgruppe resultieren.[135] Diese positive Distinktheit bzw. *Ingroup*-Favorisierung äußert sich in einem starken Zusammenhalt und einer positiven Aufwertung und Integrität der Eigengruppe (Tajfel, 1970, 1982; Tajfel & Turner, 1986; Turner et al., 1987).[136] Die Diskriminierung sowie feindliches Verhalten gegenüber Mitgliedern der Fremdgruppe liegt in der Verteidigung der eigenen Identität begründet. Der *Ingroup*-Favorisierung muss folglich nicht zwingend ein Interessenkonflikt zwischen der Eigen- und der Fremdgruppe vorausgehen, jedoch kann dieser die *Ingroup*-Favorisierung forcieren (vgl. Sherif, Harvey, White, Hood, & Sherif, 1961).

Das Ausmaß der *Ingroup*-Favorisierung sehen Tajfel und Turner (1986) insbesondere abhängig von

- dem Ausmaß der *Identifikation mit der Ingroup*, z.B. bei starker Übereinstimmung des Selbst-Konzepts bzw. des Wertesystems zwischen den Individuen der Gruppe,

- dem Ausmaß, in dem die vorliegende Situation die *Untergliederung in Gruppen* verlangt, z.B. in einer Interessenkonfliktsituation im Rahmen einer Verhandlung,

- oder dem Ausmaß der *wahrgenommenen Relevanz eines Gruppenvergleichs,* welche durch den relativen und absoluten Status der Gruppe für die Person bedingt ist.

---

[135] Da die Zugehörigkeit zu der Gruppe mit der eigenen Selbstachtung verknüpft ist, führt eine Aufwertung der eigenen Gruppe gleichzeitig zu einer Verbesserung der Selbstachtung (Tajfel & Turner, 1986).
[136] Andere Bezeichnungen in der Literatur sind *Loyal Members* (Castelli, DeAmicis & Sherman, 2007) oder *Ingroup Bias* (Nesdale & Flesser, 2001).

In Bezug auf die Diversitätsforschung haben die Stereotypisierung und *Ingroup*-Favorisierung einen bedeutenden Einfluss auf die Gruppenprozesse und -effektivität. So kann beispielsweise trotz ausdrücklicher Zuteilung zu einem Verkäuferteam die *Ingroup*-Favorisierung bei kulturell stark heterogenen Teams deutlich geringer ausfallen als bei kulturell homogenen Teams. Ein möglicher Grund liegt in den sich durch unterschiedliche Wertesysteme und Kommunikationspräferenzen ergebenden Barrieren. Diese zeigen sich gerade zu Beginn der gemeinsamen Arbeit besonders deutlich (Gebert, 2004). Des Weiteren kann es zu Subgruppenbildung kommen (Earley & Mosakowski, 2000; van Knippenberg & Schippers, 2007).

Die Selbstkategorisierung erfolgt durch die Zuordnung der eigenen Person auf der Basis von Übereinstimmung in bestimmten Merkmalen, wie z.B. Geschlecht oder Kultur. Das Ausmaß der Gleichartigkeit und dessen Einfluss auf die Teamprozesse spiegeln eine zentrale Thematik in der Diversitätsforschung wider und werden im *Similarity-Attraction*-Paradigma aufgegriffen.

Das *Similarity-Attraction*-Paradigma geht auf Bryne (1971) sowie Berscheid und Walster (1969) zurück und besagt: Je mehr sich Individuen als ähnlich wahrnehmen, desto stärker fühlen sie sich voneinander angezogen und desto eher entwickeln sie Sympathie füreinander. Individuen mit ähnlichen Charakteristika, wie z.B. kulturellen Werten oder Erfahrungen, treten aufgrund ihrer wahrgenommenen Gemeinsamkeiten leichter in Kontakt und entwickeln schneller eine gemeinsame Basis als Individuen mit unterschiedlichen Charakteristika (vgl. DuBois & Karcher, 2005).[137] Übertragen auf die Teamforschung, lässt sich damit folgern, dass kulturell homogene Teams aufgrund der vergleichbaren kulturellen Wertesysteme einen leichteren und stabileren Zusammenhalt aufbauen als heterogene Teams.

---

[137] Dadurch, dass zur gleichen Zeit unterschiedliche Merkmale existieren können, die zu einem Ähnlichkeitsvergleich führen, stellt sich die Frage, welches Merkmal dominiert und auf Basis wessen die Ähnlichkeit gesucht und Sympathie entwickelt wird. Wie in Abschnitt 3.2.3.3 bereits gezeigt wurde, gibt es oberflächliche Merkmale wie z.B. Geschlecht oder auch tieferliegende Merkmale wie z.B. Kultur. Da insbesondere Werte, Normen und Grundannahmen Denken, Fühlen und Verhalten beeinflussen, wird davon ausgegangen, dass der Vergleich vor allem über gemeinsame Wertesysteme vorgenommen und nach Ähnlichkeiten gesucht wird. Die Ähnlichkeit der tieferliegenden Dimensionen dominiert dabei die Ähnlichkeit der oberflächlichen Merkmale (Ravlin & Meglino, 1993).

3.2.6 Hypothesenformulierung

3.2.6.1 Einfluss von Kultur auf Intrateamprozesse

Wie in Abschnitt 3.1 beschrieben, wird angenommen, dass durch die unterschiedlichen Werteprofile Kulturen bestimmte Verhaltensweisen, z.B. Verhandlungsverhalten präferieren. Gleiches gilt für die Präferenz für unterschiedliche Arbeitsweisen im Team. Für die Verhandlung sind dabei insbesondere zwei Prozesse wichtig. Zum einen ist die Art und Weise, wie der Konflikt im Team verarbeitet wird und Entscheidungen, z.B. für ein bestimmtes Verhandlungsverhalten getroffen werden, von Interesse. Zum anderen spielt es eine wichtige Rolle, wie und ob das Team als Einheit in der Verhandlung auftritt und wie stark die Teammitglieder zusammenhalten (vgl. Abschnitt 3.2.3.2).

Wie in Abschnitt 3.1.6.1 dargelegt, unterschieden sich Deutsche und Franzosen sich vor allem hinsichtlich der Beziehung der Individuen zueinander. Aufgrund ihrer hohen Ausprägung in Kollektivismus streben Franzosen nach Harmonie und Zusammenhalt in der Gruppe und entwickeln eine hohe Identifikation mit ihr (vgl. Adair et al., 2006; Bond & Smith, 1995, 1996; DeDreu et al., 2000; Hofstede, 1980; Schwartz, 1994). Der Aufbau enger personeller Beziehungen erhält dabei eine ebenso hohe Wertschätzung. Um dies zu erreichen, werden die eigenen Ziele häufig dem Gruppenziel untergeordnet (Gelfand & Christakopoulou, 1999). Durch ihren intensiven Fokus auf Kooperation und ihre Beziehungsorientierung lässt sich vermuten, dass bei der französischen Kultur ein engerer Zusammenhalt im Kollektiv besteht als bei der deutschen Kultur (Gibson & Zellmer-Bruhn, 2001; Simintiras & Thomas, 1997). Individuelles Hervorstechen aus der Gruppe wird vermieden (vgl. hierzu auch Earley & Gibson, 1998; Triandis, 1996; Hofstede, 1980). Dieses Bekenntnis zur Gruppe und das Streben nach einem für alle akzeptablen Ergebnis verhindert zudem auch opportunistisches Verhalten und stärkt somit den Zusammenhalt (Jap & Ganesan, 2000). Zudem wurde für Kollektivisten eine stärkere Favorisierung der eigenen Gruppe nachgewiesen. Der Zusammenhalt im Team wird folglich zusätzlich dadurch gesteigert, dass sich aktiv von anderen Kulturen abgegrenzt wird (Ting-Toomey et al., 1991; Wheeler, 2002). Individuen aus Kulturen mit niedrigen Werten in Kollektivismus betrachten sich selbst eher als unabhängiges Wesen, Gruppenidentität und -zusammenhalt werden weniger stark betont.

Zudem besitzen sie eine weitaus stärkere Akzeptanz für Intragruppenkonflikte (Komarraju et al., 2008). Daraus lässt sich folgende Hypothese für den Zusammenhang zwischen Kultur und Intrateamprozessen ableiten:

H5: Kollektivistische Verkäuferteams zeigen einen stärkeren Zusammenhalt im Team als individualistische Verkäuferteams.

Auch in Bezug auf das Entscheidungsverhalten in einem Team lassen sich kulturelle Unterschiede vermuten. Tse et al. (1998) behaupten, dass alle Aspekte zur Entscheidungsfindung im Team in verschiedenen Kulturen unterschiedlich ablaufen. Zu diesen Aspekten zählen Problemidentifikation und -definition, anschließender Informationsaustausch und Konfliktregulation, Umgang mit konfliktären Meinungen und letztendlich die Synthese zur Entscheidung. Die französische Kultur legt beispielsweise Wert auf die Interessen der einzelnen Teammitglieder und versucht, diese zu integrieren. Durch den Wunsch nach Kooperation und Vermeidung von Konflikten verfolgt sie das Ziel, alle vorhandenen Meinungen im Team aufzunehmen und eine für jeden akzeptable Lösung zu finden. Ein intensiver Informationsaustausch, an dem alle Mitglieder beteiligt sind, soll als Basis für die Lösungsfindung dienen (Salacuse, 1998). Dies konnte von Cai et al. (2000) empirisch bestätigt werden. Demgegenüber sind Deutsche durch das starke Ich-bezogene Selbstkonzept bestrebt, ihre eigenen Ziele konsequent zu verfolgen. Dabei werden auch Konflikte oder Auseinandersetzungen mit Personen anderer Meinung in Kauf genommen (Lam, Chen & Schaubroeck, 2002). Durch das Streben nach individuellem Erfolg werden zudem die Interessen anderer Personen als weniger wichtig erachtet. Im Rahmen von Teamentscheidungen könnte sich dies dahingehend auswirken, dass Deutsche bei der Umsetzung und Verfolgung ihrer eigenen Ideen die konfliktären Meinungen weniger beachten und an der kooperativen Lösung der Konflikte weniger interessiert sind (Boros et al., 2010; Cohen, 1997; Gibson & Zellmer-Bruhn, 2001). Dies konnte u.a. durch Lam et al. (2002) bestätigt werden. Daraus lässt sich folgender Zusammenhang für Kultur und gleichberechtigte Entscheidungsfindung ableiten:

H6: Kollektivistische Verkäuferteams zeigen eine stärkere Gleichberechtigung bei der Entscheidungsfindung als individualistische Verkäuferteams.

3.2.6.2 Einfluss von Teamzusammenstellung auf Intrateamprozesse

Zahlreiche Autoren bezeichnen das Ausmaß, mit dem sich Teammitglieder miteinander identifizieren, als zentralen Einflussfaktor für Teamprozesse und -ergebnisse, da mit der sozialen Identifikation emotionale und kognitive Konsequenzen einhergehen (Bushe, 2001; Bushe & Coetzer, 2007; Garcia-Priteto, Bellard & Schneider, 2003; Curseu, 2006, Curseu, Schalk & Wessel, 2008). In Anlehnung an die Theorie der sozialen Identität und an das *Similarity-Attraction-Paradigma* muss davon ausgegangen werden, dass in kulturell heterogenen Teams eine soziale Identifizierung mit dem Team zunächst eine Herausforderung darstellt. Unterschiedliche Einstellungen und Werte sowie Erwartungen an die gemeinsame Zusammenarbeit bilden deutliche Hindernisse.[138] Adler (2002) behauptet zudem, dass der Aufbau von gegenseitigem Vertrauen und Sympathie durch diese kulturelle Diversität behindert wird. Auch fühlen sich die Mitglieder in multikulturellen Teams weniger zueinander hingezogen (vgl. Triandis, Davis, Vassiliou & Nassiakou, 1965). Diese Konflikte, welche von Steiner (1972) als *Process Losses* oder von Triandis et al. (1965) als *Social Stress* bezeichnet werden, hemmen eine konstruktive Zusammenarbeit (vgl. Ahearne, Mackenzie, Podsakoff, Mathieu & Lam, 2010). Häufig wird versucht, diese internen Konflikte mit übertriebener Freundlichkeit zu kompensieren, welche – für sich genommen – jedoch auch effiziente Prozesse behindern kann (Adler 2002).

In kulturell heterogenen Teams kommt es in der Anfangsphase zu potenziellen Konfliktsituationen, die auf mehreren Ebenen begründet sind. Bereits durch oberflächliche Unterschiede wie Aussehen, Sprache oder Dialekt können Vorurteile und kulturelle Stereotypen ausgelöst werden, welche zu einer unbewussten Differenzierung von den anderen Teammitgliedern führen (Tsalikis, Deshields & LaTour, 1991).[139] Kulturell bedingte Kommunikationsstile – sowohl

---

[138] Es sei darauf hingewiesen, dass kulturelle Wertesysteme unterschiedlich stark voneinander abweichen können. Je vergleichbarer die kulturellen Wertesysteme (oder Kulturprofile) sind, desto ähnlicher sind sich die Kulturen und desto attraktiver sind sie sich folglich.

[139] Simintiras und Thomas (1998) behaupten, dass es auch zwischen Personen einer Kultur z.B. aufgrund unterschiedlicher Persönlichkeitseigenschaften zu Unähnlichkeiten und fehlender Sympathie kommen kann. Dies wird jedoch dann übertroffen, wenn Personen unterschiedlicher Kulturen aufeinandertreffen. In solchen Situationen, behaupten die Autoren, fühlen sich Individuen eher zur eigenen Kultur hingezogen – unabhängig von individuellen Differenzen (vgl. auch Stening, 1979).

auf verbaler als auch auf non-verbaler Ebene – können in Missinterpretationen und negativen Emotionen enden, die eine gemeinsame Zusammenarbeit zunächst erschweren (Adair et al., 2001, 2006; Boros et al., 2010; Brett & Okumura, 1998; Gibson & Vermeulen, 2003; Harrison & Klein, 2007; vgl. Abschnitt 3.1.5.1). Zusätzlich bestehen in jeder Kultur unterschiedliche Einstellungen und Erwartungen an eine soziale Interaktion sowie konkrete Annahmen über Rollenverteilung im Team, was die Informationskomplexität noch erhöht (Adair & Brett, 2005; Brodt & Thompson, 2001; Halevy, 2008). Diese Konfliktsituation muss vom Team vor der Bearbeitung der eigentlichen Aufgabe bewältigt werden.[140] Erst dann kann sichergestellt werden, dass die folgende Zusammenarbeit nicht destruktiv von den kulturellen Konflikten überschattet wird (Bond & Smith, 1996; Earley & Mosakowski, 2000; Crump, 2005; vgl. hierzu auch die Phasen der Teamentwicklung in Abschnitt 3.2.3.1).

Durch diese Unterschiede in Kommunikation und Einstellungen fällt es den einzelnen Personen schwer, sich mit den Teammitgliedern sozial zu identifizieren und eine gemeinsame Wissensbasis und Denkstruktur zu schaffen (Swaab et al., 2004). Dies konnte von Halevy (2008) empirisch bestätigt werden. Auch fällt damit die *Ingroup*-Favorisierung weniger intensiv aus als in monokulturellen Teams (Keenan & Carnevale, 1989). Je stärker diese kulturellen Unterschiede sind, desto niedriger sind des Weiteren – in Anlehnung an das *Similarity-Attraction*-Paradigma – die interpersonelle Sympathie und das Vertrauen (Simintiras & Thomas, 1997; Adler & Graham, 1989). Letzteres wird jedoch als grundlegende Voraussetzung für eine gute Beziehungsentwicklung gesehen (Hajro & Pudelko, 2010; Swann, Milton & Polzer, 2000). In Bezug auf die anstehende Verhandlungssituation resultieren zusätzliche Konflikte im Team dadurch, dass die Kulturen unterschiedliche Verhandlungsverhalten präferieren und als angebracht erachten (Adler & Graham, 1989).[141]

Empirisch konnte dies durch Thompson et al. (1996) bestätigt werden. Teams aus Freunden, welche durch gleiche Interessen und Erfahrungen charakterisiert sind, empfinden ein stärkeres Vertrauen, eine höhere Ähnlichkeit und Sympathie füreinander. Ein stärkerer Zusammenhalt im Team und eine höhere Team-

---

[140] Diese Phase kann zum Teil sehr zeitintensiv sein (Earley & Mosakowski, 2000).
[141] Zu kulturell bedingtem ethischen Verhandlungsverhalten siehe Abschnitt 3.1.6.2.

effizienz waren die Folge. Chatman und Flynn (2001) konnten zudem zeigen, dass demografische Heterogenität zu einer geringeren Betonung der Kooperation im Team führt.

Dies lässt vermuten, dass eine fehlende Identifikation mit der Gruppe sowie die Selbstkategorisierung aufgrund unterschiedlicher kultureller Herkünfte zu einem niedrigeren Konsensus in der Gruppe führen. Die wahrgenommene Unähnlichkeit und die damit einhergehende Differenzierung von den anderen Teammitgliedern münden in einem geringeren Zusammengehörigkeitsgefühl bei multikulturellen Teams. Daher wird folgende Hypothese postuliert:

H7: Monokulturelle Verkäuferteams zeigen einen stärkeren Zusammenhalt im Team als multikulturelle Verkäuferteams.

Auch die Art und Weise, wie Entscheidungen getroffen werden, ist von dieser Konfliktsituation betroffen. Die fehlende Identifikation mit dem Team sowie fehlendes Vertrauen und nicht vorhandene Sympathie in multikulturellen Teams lassen vermuten, dass Teammitglieder sich u.a. aufgrund ihrer Frustration oder Unsicherheit der Diskussion enthalten (von Glinow et al., 2004; Kirkman & Shapiro, 2005; Koc-Menard, 2007). Andere Kulturen hingegen sind möglicherweise gewöhnt, die Diskussion zu dominieren. Watson et al. (1993) konnten in diesem Zusammenhang zeigen, dass kulturell heterogene Teams ineffektivere Interaktionsprozesse (u.a. Entscheidungsprozesse) aufweisen. Ein gleichberechtigter Entscheidungsfindungsprozess in multikulturellen Teams ist somit schwierig. In monokulturellen Teams wird demgegenüber aufgrund der starken Ähnlichkeit in der Wissensbasis und den Denkstrukturen eine soziale Identifikation miteinander geschaffen, welche eine positive Beziehung und Vertrauen zueinander generiert (Thomas, 1999). Ein derartiges Umfeld ermutigt zur Äußerung der eigenen Meinung und Perspektive. Mögliche Uneinigkeiten werden durch persönliche Wertschätzung und Anerkennung dabei aufgefangen (Bushe & Coetzer, 2007; Cox & Blake, 1991; Thomas, 1999). Daher wird folgende Hypothese aufgestellt:

H8: Monokulturelle Verkäuferteams zeigen eine stärkere Gleichberechtigung bei der Entscheidungsfindung als multikulturelle Verkäuferteams.

3.2.6.3 Einfluss von Teamzusammenstellung auf Verhandlungsverhalten

Die grundlegende Überlegung der vorliegenden Arbeit bezog sich auf die Konstellation im Verhandlungsteam. Dabei wird der Frage nachgegangen, ob ein Teammitglied im Verkäuferteam mit gleichem kulturellen Hintergrund wie der Einkäufer dazu in der Lage ist, die interkulturellen Konflikte zwischen Verkäuferteam und Einkäufer zu reduzieren. Diese Konflikte beruhen auf den kulturellen Unterschieden zwischen der „dominierenden" Kultur im Verkäuferteam und der Kultur des Einkäufers. Werden Teams mit drei Mitgliedern betrachtet, entspricht die dominierende Kultur im monokulturellen Fall der Kultur von allen drei Mitgliedern, im multikulturellen Fall von den zwei Mitgliedern mit der gleichen Kultur. Die kulturellen Unterschiede zwischen Verkäuferteam und Einkäufer werden dann als besonders groß angenommen, wenn das Verkäuferteam monokulturell ist. Liegt aber ein multikulturelles Team vor, wird vermutet, dass das Mitglied mit dem gleichen kulturellen Hintergrund wie der Einkäufer die Rolle eines „kulturellen Übersetzers" übernimmt. Durch die Übereinstimmung in dem Werteprofil und den Erwartungshaltungen an eine Verhandlung lassen sich die kulturellen Unterschiede zwischen Einkäufer und Verkäufer reduzieren. Der Austausch von Verhandlungspräferenzen verläuft dabei leichter, und es kann eine bessere Basis für die Verhandlung geschaffen werden. Mit der Aufnahme eines Verkäuferteammitglieds mit dem gleichen kulturellen Hintergrund wie der Einkäufer lässt sich somit eine eher intrakulturelle Verhandlung ermöglichen. Welche Auswirkungen die verstärkt intrakulturelle Situation im Gegensatz zu der eher interkulturellen Situation im monokulturellen Fall auf das Verhandlungsverhalten hat, soll im Folgenden erklärt werden.

In Anlehnung an die *Theorie der sozialen Identität* und das *Similarity-Attraction-Paradigma* wird im multikulturellen Fall durch die stärkere Übereinstimmung der kulturellen Werte eine höhere Ähnlichkeit zwischen Einkäufer und Verkäuferteam empfunden. Aufgrund der gleichen Präferenzen existieren eine gemeinsame Wissensbasis und Denkstruktur, welche Vertrauen und Sympathie generieren können (Bushe & Coetzer, 2007; Mohammed & Dumville, 2001; O'Connor & Arnold, 2010). Zudem ist der Verkäufer dazu in der Lage, Kommunikationsprobleme zu deuten und Präferenzen des Einkäufers zu antizipieren und adäquat zu adressieren (Simintiras & Thomas, 1997). Gerade Letzteres dient einem problemlosen Informationsaustausch, der die Grundlage kooperativen Verhaltens bildet (Morgan & Hunt, 1994). Je ähnlicher sich die Verhandlungsparteien zudem fühlen, desto eher gehen sie von gleichen Verhandlungszielen aus (Adler & Graham, 1989). Andere Autoren fügen hinzu, dass in intrakulturellen Verhandlungssituationen intensiveres Problemlösungsverhalten gezeigt wird und eine offenere Atmosphäre herrscht. Kooperatives Verhalten wird somit gefördert (Adler & Graham, 1989; Chatman & Flynn, 2001; Chen & Li, 2005; Graham, 1985a,b). In einer Untersuchung von Campbell, Graham, Jolibert und Meisner (1988) wurde die Ähnlichkeit von Verhandlungspartnern und ihr Einfluss auf das Verhandlungsverhalten untersucht. Eine hohe wahrgenommene Ähnlichkeit geht dabei mit einem kooperativen Verhalten einher. In intrakulturellen Verhandlungen wird zudem weniger kompetitives Verhalten gezeigt (Beersma & DeDreu, 1999; Venkatesh et al., 1995).

Eine soziale Identifikation und empfundene Ähnlichkeit zwischen Verkäuferteam und Einkäufer ist bei monokulturellen Teams weniger wahrscheinlich. Die durch die unterschiedlichen Kulturen hervorgerufenen Konflikte zwischen den Verhandlungspartnern stehen im Vordergrund (Behfar et al., 2008). Innerhalb des Teams jedoch sind die soziale Identifikation sowie die empfundene Ähnlichkeit aufgrund der kulturellen Homogenität stark ausgeprägt, wodurch eine starke *Ingroup*-Favorisierung generiert wird. Wie in Abschnitt 3.2.5.2 bereits erläutert, geht mit einer starken Favorisierung des eigenen Teams auch gleichzeitig eine Differenzierung zu der *Outgroup*, im vorliegenden Fall also dem Einkäufer, einher. Die Differenzierung erfolgt u.a. über kritisches Verhalten gegenüber der *Outgroup* (vgl. Makimura & Yamagishi, 2003). Es kann deshalb vermutet werden, dass monokulturelle Teams sich dem Einkäufer gegenüber eher abweisend und weniger offen präsentieren, um somit den Teamkonsensus zu verstärken. Daher lassen sich folgende Hypothesen ableiten:

H9a: Monokulturelle Verkäuferteams zeigen mehr kompetitives Verhandlungsverhalten als multikulturelle Verkäuferteams.

H10a: Monokulturelle Verkäuferteams zeigen weniger kooperatives Verhandlungsverhalten als multikulturelle Verkäuferteams.

Auch aus der Perspektive des Einkäufers lässt sich das Ingroup-/Outgroup-Phänomen auf die Verhandlungsebene anwenden. Befindet sich im Verkäuferteam ein Mitglied mit dem gleichen kulturellen Hintergrund wie der Einkäufer, so wird vermutet, dass sich für den Einkäufer die kulturelle Distanz zum Verkäuferteam reduziert. Durch dieses eine Mitglied könnten die negativen Konsequenzen eines *Culture Clashs*, der bei monokulturellen Teams erwartet wird, reduziert werden und der Einkäufer dazu motiviert werden, kooperativ zu verhandeln. Daher soll auch für den Einkäufer für das Verhandlungsverhalten folgender Zusammenhang postuliert werden:

H9b: Bei monokulturellen Verkäuferteams zeigen Einkäufer mehr kompetitives Verhandlungsverhalten als bei multikulturellen Verkäuferteams.

H10b: Bei monokulturellen Verkäuferteams zeigen Einkäufer weniger kooperatives Verhandlungsverhalten als bei multikulturellen Verkäuferteams.

3.2.6.4 Einfluss von Teamzusammenstellung auf die Verhandlungsergebnisse individueller Gewinn und Effizienz

Multikulturelle Teams sind weniger in der Lage als monokulturelle Teams, die in einer Konfliktsituation dargebotenen Informationen konstruktiv zu verarbeiten (Halevy, 2008). Aufgrund der unterschiedlichen Präferenzen und Erwartungen an eine Verhandlung muss zunächst der bestehende Konflikt gelöst werden (Adair et al., 2006). So existieren z.B. unterschiedliche Vorstellungen hinsichtlich eines moralisch akzeptablen Verhaltens in einer Verhandlung (Zarkada-Fraser & Fraser, 2001). Demgegenüber werden in monokulturellen Teams durch eine soziale Identifikation mit dem Team Kommunikation, Koordination und strategisches Vorgehen gefördert (Earley & Mosakowski, 2000). Es wird angenommen, dass durch den konfliktfreien Informationsaustausch, die geteilte Wissensbasis und die Denkstruktur die Strategien besser identifiziert werden können, welche zur Maximierung des individuellen Gewinns in der jeweiligen Situation zielführend sind (vgl. Adair et al., 2006). Dies liegt daran, dass monokulturelle Teams ein gemeinsames Verständnis des zu lösenden Konflikts sowie der Antizipation möglicher Gefahren oder Problemstellungen besitzen (Earley & Mosakoswki, 2000). Konsensus wird als zentraler Garant für qualitativ hochwertige Teamentscheidungen angesehen (DeDreu, 2003; Kerr & Tindale, 2004). Konsensus impliziert darüber hinaus, dass Entscheidungen gemeinsam getroffen werden. Ein individuelles Verantwortungsgefühl eines jeden Teammitglieds führt zu einem stärkeren Commitment im Hinblick auf die Zielverfolgung und -erreichung. Solch eine geschlossene Entscheidungsfindung und ausgeprägte Zielstrebigkeit endet häufig in besseren Verhandlungsergebnissen (Bornstein, 2003; Halevy, 2008; Thompson et al., 1996; Wildschut, Pinter, Vevea, Insko & Schopler, 2003). Deshalb soll folgender Zusammenhang postuliert werden:

H11a: Monokulturelle Verkäuferteams erzielen einen höheren individuellen Gewinn als multikulturelle Verkäuferteams.

Durch die *Ingroup*-Favorisierung streben monokulturelle Teams nach der Maximierung des Erfolgs der Eigengruppe. Da bei der Erreichung dieses Ziels eine Aufwertung der Gruppe und damit eine Steigerung des individuellen Selbstwerts einhergehen, ist davon auszugehen, dass monokulturelle Teams schwer von dieser Zielerreichung abweichen. Daher kann für Einkäufer, die mit mono- bzw. multikulturellen Teams verhandeln, folgender Zusammenhang formuliert werden:

H11b: Bei monokulturellen Verkäuferteams erzielen die Einkäufer einen niedrigeren individuellen Gewinn als bei multikulturellen Verkäuferteams.

In Bezug auf die Effizienz kann davon ausgegangen werden, dass multikulturelle Teams durch die stärker intrakulturelle Situation höhere Effizienzen erzielen (Brett & Okumura, 1998; Graham, 1985a,b; Kumar, 2004). Dies liegt insbesondere an dem verstärkt kooperativen Verhalten zwischen Verkäuferteam und Einkäufer bei multikulturellen Teams (Cunningham, Nezlek & Banaji, 2004; DeDreu, 2004). Durch die vertrauensvollere Atmosphäre werden Informationen leichter ausgetauscht und Präferenzen mitgeteilt – außerdem steigt die Kompromissbereitschaft. Beides ist eine grundlegende Voraussetzung zum Abschluss effizienter Verträge (DeDreu, Beersma, Stroebe & Euwema, 2006; DeDreu et al., 2000). Zudem wird davon ausgegangen, dass besonders die Präferenzen des Einkäufers durch den Verkäufer im multikulturellen Team aufgrund der ähnlichen Denkstruktur antizipiert werden können, was sich in kooperativen Angeboten äußern kann (vgl. Imai & Gelfand, 2010). Adler und Graham (1989) konnten dabei den Zusammenhang zwischen Kooperation und Effizienz nachweisen. Demgegenüber wird bei monokulturellen Teams aufgrund der inkompatiblen Schemata zwischen Verkäuferteam und Einkäufer angenommen, dass das integrative Potenzial nicht so leicht ausgeschöpft werden kann und durch die interkulturellen Konflikte effiziente Lösungswege seltener und in geringerem Ausmaß identifiziert werden (Adair, 1999). Dass in intrakulturellen Situationen höhere Effizienzen erzielt werden, konnte in zahlreichen Studien bestätigt werden (vgl. Graham, 1985a,b; Jones & Goncalez, 1999; Kumar, 2004). Dementsprechend soll auch in der vorliegenden Arbeit folgender Zusammenhang postuliert werden:

H12: Monokulturelle Verkäuferteams erzielen eine niedrigere Effizienz als multikulturelle Verkäuferteams.

Da die Effizienz als dyadisches Maß betrachtet wurde, kann auf eine Hypothesenformulierung für den Einkäufer verzichtet werden.

3.2.6.5 Einfluss von Intrateamprozessen auf das Verhandlungsverhalten – Annahme eines Carry-over-Effektes

Aufgrund der bestehenden Forschungslücke bei der Untersuchung von Teamverhandlung bilden die im Folgenden dargestellten Herleitungen – neben den Zusammenhängen in Bezug auf die Kultur und Teamzusammenstellung – den Kern der vorliegenden Untersuchung. Mit den dargestellten Hypothesenherleitungen soll ein besseres Versändnis über die Schnittstelle von Teamebene und Verhandlungsebene geschaffen werden.

Im Gegensatz zu Verhandlungen von Einzelpersonen existieren in Teamverhandlungen nicht nur auf der Verhandlungsebene Konfliktpotenziale. Auch die Intrateamprozesse stellen eine Herausforderung in der Verhandlung dar (Bornstein, 2003; Halevy, Bornstein & Sagiv, 2008; siehe auch Abschnitt 1.2 und 3.2). So gilt es, nicht nur die eigenen Interessen, sondern auch die der Teammitglieder zu integrieren, um am Ende eine adäquate Verhandlungsstrategie zu implementieren (Behfar et al., 2008). Der Einfluss von Intrateamprozessen auf das Verhandlungsverhalten wird kontrovers diskutiert und führt häufig zu unterschiedlichen Ergebnissen.[142] Dies mag zum Teil auch der noch niedrigen Popu-

---

[142] Zusätzlich wird in der Literatur auch die Wirkung der Intrateamprozesse auf das Verhandlungsergebnis betrachtet (Backhaus et al., 2008; Peterson & Thompson, 1997; Thompson

larität in der empirischen Forschung geschuldet sein (Hoegl, Weinkauf & Gemuenden, 2004). Keenan und Carnevale (1989) diskutieren in ihrem einschlägigen Werk zwei mögliche Hypothesen, welche die Auswirkungen von Kooperation und Konflikt im Team auf das Verhandlungsverhalten beschreiben.[143]

Zum einen besteht die Möglichkeit, dass sich die Prozesse im Team und das Verhandlungsverhalten des Teams stark unterscheiden. Im Hinblick auf die Kooperation bedeutet dies, dass eine hohe Kooperation im Team zu einem eher zurückweisenden, kompetitiven Verhandlungsverhalten führt. Begründet wird der Zusammenhang mit Hilfe der *Ingroup*-Favorisierung (vgl. Tajfel & Turner, 1986; Abschnitt 3.2.5.2). Je höher die Kooperation und das Zusammengehörigkeitsgefühl im Team ist, desto eher wird versucht, dies durch eine Distanzierung zum Verhandlungsgegner zu verstärken. Friedman und Jacka (1975) konnten beispielsweise bestätigen, dass ein größerer Zusammenhalt im Team zu einer stärkeren Feindseligkeit gegenüber dem Verhandlungspartner führt. Gleichzeitig wirkt sich aber auch eine feindselige und kompetitive Verhandlungssituation negativ auf den Gruppenzusammenhalt aus (Sherif et al., 1961). Im Gegensatz zu kooperativem Verhalten im Team können konfliktbehaftete Situationen im Team zu kooperativem Verhandlungsverhalten führen. Durch Unstimmigkeiten und Uneinigkeiten im Team wird der Zusammenhalt verringert, und die Grenzen nach außen werden geschwächt. Weniger kompetitives Verhalten gegenüber dem Verhandlungspartner ist die Folge (Keenan & Carnevale, 1989).

In der alternativen Hypothese wird ein sog. *Carry-over*-Effekt[144] für kooperatives und kompetitives Verhalten postuliert. Für Kooperation im Team wird angenommen, dass sie sich auf das Verhandlungsverhalten transferiert. Die positiven Erfahrungen aus der gemeinsamen Zusammenarbeit im Team, wie z.B. gegenseitiges Vertrauen oder das Fehlen von Konflikten, übertragen sich auf

---

et al., 1996). Da der Fokus auf der Schnittstelle zwischen Intrateamprozessen und Verhandlungsverhalten liegt, soll hier auf diesen direkten Zusammenhang verzichtet und der Schwerpunkt auf den indirekten Effekt gelegt werden.

[143] Zwei grundlegende Abhandlungen zu der Beziehung von Intra- und Intergruppenkonflikt findet sich bei Simmel (1898) und Coser (1959). Demgegenüber haben Autoren wie Richards, Wilson, Schwebach und Young (1993) spieltheoretische Ansätze und die *Principal-Agent*-Theorie genutzt, um Erklärungen für die Zusammenhänge zwischen Gruppendynamiken und Konfliktlösungsstrategien in Bezug auf das Verhalten von Staatsoberhäuptern zu finden.

[144] *Carry-over*-Effekt wird auch als *Spill-over*-Effekt bezeichnet, siehe Hoegl, Weinkauf und Gemuenden (2004) oder Labianca, Brass und Gray (1998).

die Verhandlung und generieren dort eine positive Einstellung und Atmosphäre, welche Übereinstimmungen fördert (Keenan & Carnevale, 1989). Auch im entgegengesetzten, konfliktbehafteten Fall wird davon ausgegangen, dass sich kompetitives Verhalten im Team auf die Verhandlung überträgt. Erklärungen finden sich sowohl im Konflikt-Eskalations-Modell von Pruitt und Rubin (1986) als auch in der *Group-Repair-Hypothese* (Coser, 1959; Keenan & Carnevale, 1989; Simmel, 1989). Das *Konflikt-Eskalations-Modell* geht davon aus, dass Konflikte im Team zu negativen Erfahrungen mit anderen und somit zu einer Deindividuation führen. Durch die distanzierte und zum Teil ablehnende Einstellung anderen Individuen gegenüber entwickelt sich zusätzlich eine *Win-lose*-Mentalität, welche sich in einem eher kompetitiven Verhandlungsverhalten äußert (Pruitt & Rubin, 1986). Demgegenüber postuliert die *Group-Repair-Hypothese*, dass bei starken internen Konflikten kompetitives Verhalten außerhalb des Teams instrumentell zur Verbesserung des internen Gefüges eingesetzt wird: „*...people in groups may create hostile relations with out-groups as a mechanism to alleviate internal conflict and increase group cohesion.*" (Majeski, 2008, S. 4).

Keenan und Carnevale (1989) konnten in ihrer Arbeit den *Carry-over*-Effekt sowohl für kooperatives Verhalten als auch für kompetitives Verhalten empirisch bestätigen, wobei der Effekt für kooperatives Verhalten leicht stärker war. Backhaus et al. (2008) kommen dabei zu konträren Ergebnissen. Während ein starker Zusammenhalt im Team und ein gleichberechtigtes Entscheidungsverhalten zwar zu signifikant weniger kompetitivem Verhandlungsverhalten führen, steht ein problemlösendes (kooperatives) Verhandlungsverhalten in keinem Zusammenhang zum Intrateamverhalten. Forgas (1998) kam jedoch zu gleichen Ergebnissen wie Keenan und Carnevale (1989). Der Verhandlung vorangelagerte Aktivitäten und Erfahrungen, insbesondere die Stimmungen, übernehmen die Funktion sog. *Priming*-Effekte und beeinflussen demnach nachgelagerte Handlungen (Forgas & Fiedler, 1996). Bei der Untersuchung von Stimmungen und Emotionen vor den Verhandlungen zeigte sich sowohl für positive als auch negative Stimmungen kongruentes Verhandlungsverhalten. Individuen in einer positiven Stimmung weisen weniger Aggressivität und Feindlichkeit auf und handeln flexibler, kooperativer und kompromissbereiter (vgl. Hertel & Fiedler, 1994). Auch bei Hoegl et al. (2004) und Williams (2001) zeigte sich die hohe

Intrateamkooperation förderlich für die Kollaboration zwischen Teams.[145] O'Connor (1997) konnte überdies zeigen, dass eine gegenseitige Verantwortung im Team den Interteamwettbewerb dämpft. Auch in der vorliegenden Arbeit soll dementsprechend von einem *Carry-over*-Effekt für einen hohen Zusammenhalt im Team ausgegangen werden.

Teammitglieder mit einem hohen Zusammenhalt im Team erfahren eine positive Stimmung und haben Vertrauen in die Fähigkeiten der anderen Teammitglieder (vgl. Brodt & Thompson, 2001). Es wird daher davon ausgegangen, dass die positive Stimmung in einem kooperativen und problemlösenden Verhalten in der Verhandlung mündet. Folglich kann folgende Hypothese formuliert werden:

H13: Beim Verkäuferteam geht ein stärkerer Zusammenhalt im Team mit einem höheren Maß an kooperativem Verhandlungsverhalten einher.

Gleichzeitig wird feindseliges sowie kompetitives Verhalten aufgrund des starken Zusammenhalts im Team negativ beurteilt und daher auch im Rahmen der Verhandlung zu vermeiden versucht (vgl. Venkatesh et al., 1995). Schaffen es die Teams nicht, ihre internen Konflikte zu lösen, so behauptet Bornstein (2003), sind sie auch nicht in der Lage, im Rahmen der Verhandlung einen konstruktiven Prozess zu vollziehen und kooperativ zu handeln. Daher kann folgende Hypothese aufgestellt werden:

H14: Beim Verkäuferteam geht ein stärkerer Zusammenhalt im Team mit einem niedrigeren Maß an kompetitivem Verhandlungsverhalten einher.

Auch in Bezug auf gleichberechtigtes Entscheidungsverhalten wird ein *Carry-over*-Effekt erwartet. In Teams mit hoher Gleichberechtigung bei der Entscheidungsfindung werden alle Meinungen äquivalent behandelt und jedes Teammitglied wird zur Äußerung seiner Perspektive angehalten. Anschließend werden diese Perspektiven werthaltend in den Entscheidungsprozess aufgenommen. Dieser intensive und anerkennende Informationsaustausch vermittelt den einzelnen Teammitgliedern das Gefühl von Wertschätzung und

---

[145] Die Autoren gehen zusätzlich von einer bidirektionalen Wirkung aus, so dass auch ein kooperatives Umfeld auf der Verhandlungsebene zu einer höheren Kooperation im Team führen kann.

Vertrauen in dessen Fähigkeiten (Forgas, 1998). Es ist daher anzunehmen, dass sich durch diese Erfahrung eine *Win-win*-Einstellung herausgebildet hat, welche die Teams in der Verhandlung ebenfalls zur Offenheit für die Perspektiven des Verhandlungspartners motivieren. Gleichzeitig sind diese aber auch gewillt, eigene Präferenzen auszutauschen. Daher wird folgende Hypothese formuliert:

H15: Beim Verkäuferteam geht eine hohe Gleichberechtigung bei der Entscheidungsfindung mit einem höheren Maß an kooperativem Verhandlungsverhalten einher.

Wird die Meinung der Teammitglieder wenig wertgeschätzt und ggf. ignoriert sowie die Entscheidungsfindung im Team womöglich durch eine Person dominiert, so frustriert dies die jeweiligen Teammitglieder schnell und es kann sich ein offener oder geschlossener Konflikt im Team entwickeln. Von der negativen Teamerfahrung wird vermutet, dass sie sich in einer *Win-lose*-Einstellung auf das Verhandlungsverhalten überträgt und somit eher zur Wahl von kompetitiven Verhandlungsstrategien führt. Halevy (2008) behauptet in diesem Zusammenhang, dass ein interner Konflikt „*...will most likely reduce its effectiveness in pursuing mutually beneficial trade-offs with the other team.*" (S. 1.689).

Somit lässt sich für den Zusammenhang zwischen gleichberechtigtem Entscheidungsverhalten im Team und kompetitivem Verhandlungsverhalten folgende Hypothese formulieren:

H16: Beim Verkäuferteam geht eine hohe Gleichberechtigung bei der Entscheidungsfindung mit einem niedrigeren Maß an kompetitivem Verhandlungsverhalten einher.

Vom Zusammenhalt im Team und von dem Ausmaß an gleichberechtigtem Entscheidungsverhalten wird angenommen, dass sie sich gegenseitig positiv bedingen. Eine wertschätzende Aufnahme individueller Perspektiven in der Entscheidungssituation kann zu einem starken Zusammenhalt im Team führen. Gleichzeitig kann durch ein enges Gemeinschaftsgefühl im Team Vertrauen generiert werden, wodurch die einzelnen Teammitglieder motiviert werden, ihre individuelle Meinung frei im Team zu äußern. Deshalb wird folgender Zusammenhang zwischen den Intrateamprozessen vermutet:

H17: Zusammenhalt im Team und gleichberechtigte Entscheidungsfindung sind positiv korreliert.

3.3 Kognition in Verhandlungen – Verhandlungsziele

3.3.1 Definition und Eigenschaften von Verhandlungszielen

Kognitive Variablen sind für Neale und Northcraft (1991) sowie für Autoren mit ähnlichen Modellen feste Bestandteile der dynamischen Variablen. Von ihnen wird angenommen, dass sie zum einen durch die Kontextvariablen bedingt sind, zum anderen aber auch einen wesentlichen Beitrag zur Erklärung des Verhandlungsergebnisses liefern. Insbesondere von den Verhandlungszielen als eine kognitive Variable wird angenommen, dass sie eine tragende Rolle bei Verhandlungen innehaben. In der vorliegenden Arbeit übernimmt die kognitive Variable die Rolle einer Kontrollvariable, während die Betrachtung von Kultur und Teamzusammenstellung den Schwerpunkt darstellt.

In der Literatur werden Ziele im Allgemeinen auch als Aspiration oder Erwartung bezeichnet (Cohen, 2003). Ein Verhandlungsziel im Speziellen beschreibt den Nutzen oder Wert eines Abschlusses, den die jeweilige Verhandlungspartei zu erreichen versucht (vgl. Thompson, 1991, 2009; Oliver et al., 1994). Seine Höhe wird in der Anbahnungsphase der Verhandlung definiert, und es dient als kognitiver Referenzpunkt für die Entscheidung, ob das Angebot angenommen oder abgelehnt werden soll.

Ziele sollten im Allgemeinen konkret, spezifisch, fokussiert und realistisch sein. Je konkreter und spezifischer das Verhandlungsziel demnach ist, desto exakter kann nicht nur die eigene Kommunikation gelenkt und das Angebot formuliert werden, sondern auch das Verhandlungsangebot des Partners interpretiert und darauf reagiert werden. Ob das Verhandlungsziel dabei eine gute und wahrscheinlich erreichbare Größe darstellen soll (Pruitt & Lewis, 1975; Kimmel, Pruitt, Magenau, Konar-Goldband & Carnevale, 1980; Oliver et al., 1994) oder den höchsten, gerade noch erreichbaren Wert widerspiegelt (Thompson, 1995), wird in der Literatur kontrovers diskutiert.

Das Verhandlungsziel muss nicht nur in dem ökonomischen Ergebnis der Verhandlung bestehen, sondern kann sich auch in der persönlichen Beziehung zwischen den beiden Verhandlungsparteien äußern. Beispielsweise besitzt in kollektivistischen Kulturen eine gute Beziehung zum Verhandlungspartner wesentlich mehr Wichtigkeit als die Höhe des individuellen Gewinns (Agndal, 2007). Im Hinblick auf die Formulierung des ökonomischen Verhandlungsziels stehen unterschiedliche Determinanten zur Verfügung. Insbesondere wird auf wirtschaftliche Determinanten zurückgegriffen. Während beispielsweise bei der Bestimmung des Reservationspreises bereits entstandene Kosten (z.b. Produktion, vgl. Abschnitt 2.2.1) verrechnet werden, wird zudem zur Definition des Verhandlungsziels ein absoluter oder relativer Gewinnaufschlag integriert. Eine zweite Determinante zur Ermittlung des Verhandlungsziels stellt das Transaktionsumfeld dar. Die Analyse von möglichen Alternativen im Vorfeld der anstehenden Verhandlung ist dabei nicht nur für das BATNA essenziell (siehe Abschnitt 2.2.3), sondern auch für die Bestimmung des Zieles der Verhandlung. In einer Mehrthemenverhandlung lassen sich Verhandlungsziele für jeden Vertragsgegenstand oder übergreifend formulieren.

Verhandlungsziele können von der Verhandlungspartei selbst gesetzt werden oder von außen beispielsweise durch die Organisation vorgegeben sein. Bei der individuellen Zielformulierung spielen vor allem Präferenzen, Orientierungen, Informationen und Vorstellungen über die anstehende Verhandlung eine wesentliche Rolle. Durch die Organisation vorgegebene Ziele können entweder explizite Einsparungen zum Vorjahr adressieren oder aus internen Zielsetzungsprozessen resultieren. Abteilungsspezifische Zielerreichungsvorgaben oder individuelle Leistungsvorgaben im Rahmen eines Anreizsystems sind Beispiele solch interner Zielsetzungsprozesse (Neale & Bazerman, 1985).

3.3.2 Hypothesenformulierung

3.3.2.1 Einfluss von Kultur auf das Verhandlungsziel

Aufgrund der *Win-win*-Einstellung ist die Maximierung des individuellen Gewinns bei kollektivistischen Kulturen eher zweitrangig. Ökonomische Gewinne sind jedoch für individualistische Kulturen aufgrund ihres stark ausgeprägten Wettbewerbsempfindens von übergeordneter Relevanz (Gelfand & Dyer, 2000; Gelfand, Brett, Imai, Tsai & Huang, 2005; Gelfand & Christakopoulou, 1999; Vachon & Lituchy, 2006). Öttingen und Gollwitzer (2004) argumentieren, dass die Zielsetzung insbesondere an die mit der Zielerreichung verbundenen Konsequenzen gekoppelt ist. Beispielsweise sind Kulturen mit einer hohen Ausprägung in Individualismus danach bestrebt, hoch gesteckte Verhandlungsziele zu verfolgen, da diese – bei Zielerreichung – mit besonderem individuellem Erfolg und Wertschätzung von Dritten verbunden werden. Persönliche Wertschätzung und individueller Erfolg gelten bei individualistischen Kulturen als grundlegendes Motiv zur Handlung. Deshalb kann davon ausgegangen werden, dass sich individualistische Kulturen höhere Verhandlungsziele setzen. Daraus lassen sich folgende Hypothesen ableiten:

H18a: Kollektivistische Verkäuferteams setzen sich niedrigere Verhandlungsziele als individualistische Verkäuferteams.

Wilson und Putnam (1990) sowie Locke und Latham (2002) argumentieren zudem, dass sich individualistische Kulturen nicht nur höhere ökonomische Verhandlungsziele setzen, sondern diese auch ambitionierter verfolgen. Die Verantwortlichkeit und Verpflichtung der Zielerreichung – im Falle von ökonomischen Verhandlungszielen – entspricht somit einer stärkeren Zielbindung. Die stärke Zielbindung sehen die Autoren in der unterschiedlichen Wichtigkeit von ökonomischen oder verhaltensbezogenen Zielen begründet (Brett, Pinkley & Jackofsky 1996; Olekalns & Smith, 2005). Wie in Abschnitt 3.1.6.3 bereits angedeutet, steht für kollektivistische Kulturen die Beziehung und Zufriedenheit beider Parteien mit dem Verhandlungsergebnis eher im Vordergrund als die Höhe des individuellen Ergebnisses. Folglich können folgende Hypothesen aufgestellt werden:

H19a: Der Zusammenhang zwischen Verhandlungsziel und individuellem Gewinn ist bei kollektivistischen Verkäuferteams niedriger als bei individualistischen Verkäuferteams.

3.3.2.2 Einfluss von Verhandlungsziel auf die Verhandlungsergebnisse individueller Gewinn und Effizienz

Die Betrachtung der Beziehung zwischen Verhandlungszielen und Verhandlungsergebnissen steht nicht im direkten Fokus der vorliegenden Arbeit. Dennoch soll dieser Zusammenhang der Vollständigkeit wegen aufgenommen werden, da er einer möglichst umfassenden Betrachtung im Rahmen des Gesamtmodells dient.

Konkretisierung des Modells und Herleitung von Hypothesen 131

Die Rechtfertigung für die angenommenen Auswirkungen von Zielen auf das Verhandlungsergebnis sind in der Zielsetzungstheorie von Locke und Latham (1990, 2002) zu finden. Für die Autoren sind Ziele die unmittelbaren Regulatoren menschlichen Handelns. Sie können die Ergebnisse des Handelns vorhersagen, in dem sie die Leistung, die zu einem bestimmten Ergebnis führt, über Prozesse regulieren. Bereits Locke und Latham (1990) konnten einen starken Zusammenhang zwischen der Höhe der Ziele und der Leistung feststellen und erklären dies mit einer erhöhten Anstrengung und Aufmerksamkeit, die mit hohen Zielen einhergehen. Dies gilt sowohl auf Individual- als auch auf Teamebene. Locke und Latham (2002) konnten bei Teams eine positive Wirkung von hohen Zielen auf den Gruppenzusammenhalt, die Identifikation mit der Gruppe, das kollektive Selbstvertrauen oder auch das Interesse der Aufgabe feststellen. Auf die Frage, inwiefern sich Partizipation an der Zielentwicklung auf die Höhe des Ziels auswirkt, kann noch keine eindeutige Antwort gegeben werden. Aber es zeigt sich, dass bei der Zieldefinition eigene Beteiligung und Mitbestimmung zu einer stärkeren Zielbindung führen. Teammitglieder fühlen sich für die Erreichung des Ziels mitverantwortlich und verpflichtet (Reeve, 2005; Wegge, 2004). Obwohl Ziele für ein Team genauso wichtig sind wie für ein Individuum, existieren auf Teamebene zusätzliche Herausforderungen, z.B. Zielkonflikte. Nicht zu vernachlässigen sei auch aus dyadischer Perspektive die Wirkung des Ziels des Verhandlungspartners auf das eigene Verhandlungsverhalten (u.a. Cohen, 2003).

Literatur zur Zielsetzung und Verhandlung kommt zum einheitlichen Ergebnis, dass das Vorhandensein eines Ziels sich positiv auf das individuelle Verhandlungsergebnis auswirkt, unabhängig von der Zielart und -höhe sowie dem Zielursprung (individuell gesetzt oder von der Organisation vorgegeben, Cohen, 2003). Zudem konnte übereinstimmend gezeigt werden, dass hohe und spezifische Ziele (z.B. konkreter Preis) im Gegensatz zu niedrigen und unspezifischen Zielen bessere individuelle Verhandlungsergebnisse aufweisen (Ben-Yoav & Pruitt, 1984a; Brett et al., 1996; Huber & Neale, 1986; Neale & Bazerman, 1985). Unterstützt wird dies u.a. durch das Ergebnis von Cohen (2003), dass hohe Ziele einen größeren Einfluss auf das individuelle Verhandlungsziel haben als sog. *Fallback*-Optionen. In Anlehnung an die Zielsetzungstheorie von Locke und Latham (1990, 2002) liegt die Erklärung in dem resultierenden Verhandlungsverhalten als regulierender Prozess. Höhere Ziele veranlassen den Verhandelnden zu einem intensiveren Problemlösungsverhalten. Damit können Lösungen generiert werden, die zur Erreichung des gesetzten Verhandlungsziels geeignet sind. Im Gegensatz dazu neigen Verhandelnde mit niedrigen Zielen zu einfacheren Kompromissen und schnellen unilateralen Eingeständnissen, so dass Verhandlungspotenzial unangetastet bleibt (Brett et al., 1998; Pruitt, 1981). Eine weitere Begründung liegt in den höheren Erstangeboten bei höheren Zielen. Von hohen Erstangeboten wird ebenfalls angenommen, dass sie mit höheren individuellen Verhandlungsergebnissen einhergehen (Galinsky, Mussweiler & Medvec, 2002; Kimmel et al., 1980; Weingart et al., 1990). Weitere Erklärungen liefern die kognitiven Verzerrungen des *Framing* und des *Overconfidence Bias*.[146] Zusammenfassend lässt sich in Bezug auf das individuelle Verhandlungsergebnis folgende Hypothesen ableiten:

H20a: Je höher das Verhandlungsziel des Verkäuferteams ist, desto höher ist dessen individueller Gewinn.

Aufgrund des unklaren Wirkungsmechanismus in der Forschungsliteratur soll an dieser Stelle auf die Festlegung eines Zusammenhangs zwischen Ziel und Verhandlungseffizienz verzichtet werden (vgl. Huber & Neale, 1986; Brett et al., 1996). Die Wirkung von Verhandlungsziel auf Verhandlungszufriedenheit soll des Weiteren in Abschnitt 3.4.3 aufgegriffen werden. Im Folgenden werden drei weitere Hypothesenblöcke dargeboten, welche Replikationshypothesen aus bestehenden Forschungsergebnissen entsprechen und deshalb hier eher zur umfassenden Darstellung des Modells dienen.

---

[146] *Framing* entstammt der *Prospect Theory* von Tversky und Kahneman (1981) und bezieht sich auf die Interpretation von Verhandlungsergebnissen (oder auch Zwischenangeboten) als Gewinne oder Verluste in Abhängigkeit von der gesetzten Zielhöhe. Hohe Ziele produzieren einen *Loss Frame* (jedes geringere Ergebnis wird als Verlust interpretiert), niedrige Ziele einen *Gain Frame* (jedes höhere Ergebnis wird als Gewinn interpretiert). *Gain* und *Loss Frames* ziehen unterschiedliche Verhaltensweisen nach sich. Während *Gain Frames* mit einer Risikoaversion einhergehen, besteht bei *Loss Frames* eine höhere Risikobereitschaft sowie eine höhere Bedeutung von Verlusten als von Gewinnen. Als Resultat zeigen sich bei Verhandlungsparteien mit einem *Loss Frame* weniger Eingeständnisse und eine niedrigere Kooperation in der Verhandlung. Die Wahrscheinlichkeit, eine Pattsituation herbeizuführen, ist bei *Loss Frames* ebenfalls höher als bei *Gain Frames* (Neale & Bazerman, 1985; Schweitzer & DeChurch, 2001). Wenn Verhandelnde sich hohe Ziele setzen und diese subjektive Zieleinschätzung den objektiv wahrscheinlichen Wert deutlich übersteigt, liegt ein *Overconfidence Bias* vor (Hoffrage, 2004). Da die Ziele subjektiv als realistisch eingeschätzt werden, beharrt der Verhandelnde lange darauf. Dabei geht er kaum Kompromisse ein und versucht, möglichst wenig von seinem Ziel abzuweichen (Neale & Bazerman, 1985).

3.4 Hypothesenformulierung für Verhandlungsverhalten und Verhandlungsergebnisse

3.4.1 Beziehung zwischen Verhandlungsverhalten innerhalb einer Verhandlungspartei sowie zwischen Verhandlungspartnern

In Anlehnung an die *Theory of Cooperation* lassen sich Verhandlungsparteien hinsichtlich ihrer grundlegenden Motive (egoistisch oder prosozial) unterscheiden. Diese Motive bedingen die Präferenz für entweder kompetitives oder kooperatives Verhandlungsverhalten. (Deutsch et al., 2006). So ziehen beispielsweise Personen mit egoistischem Motiv eher kompetitive Verhaltensweisen vor, bzw. verwenden diese häufiger als kooperative Verhaltensweisen. Daher ist davon auszugehen, dass eine verhandelnde Partei entweder die eine, oder die andere Verhandlungsstrategie präferiert. Somit kann von folgendem Zusammenhang ausgegangen werden:

H21a: Beim Verkäuferteam besteht ein negativer Zusammenhang zwischen kompetitivem und kooperativem Verhandlungsverhalten.

Gouldner (1960) geht von einer unbewussten Reziprozitätsnorm für Verhandlungsverhalten zwischen Parteien aus. Sie besagt, dass sich die einzelnen Verhandlungsverhalten gegenseitig bedingen und auslösen. Dieser Zusammenhang konnte insbesondere für integrierendes Verhandlungsverhalten nachgewiesen werden und gilt als kulturübergreifend (Adler, Schwartz & Graham, 1987b, 1992). Kooperative Handlungen im Rahmen einer Verhandlung werden folglich gegenseitig bekräftigt und mit kooperativen Reaktionen des Verhandlungspartners belohnt. Deswegen soll folgender Zusammenhang postuliert werden:

H22a: Zwischen dem kooperativen Verhandlungsverhalten des Verkäuferteams und dem des Einkäufers besteht ein positiver Zusammenhang.

Wenn sich kooperatives Verhalten gegenseitig bekräftigt, so liegt die Vermutung nahe, dass mit entgegenkommendem Verhandlungsverhalten eher weniger kompetitives Verhalten des Verhandlungspartners einhergeht. Daher sollen für den Zusammenhang zwischen kompetitivem und kooperativem Verhandlungsverhalten folgende Hypothesen aufgestellt werden:

H22b: Zwischen dem kooperativen Verhandlungsverhalten des Verkäuferteams und dem kompetitiven Verhandlungsverhalten des Einkäufers besteht ein negativer Zusammenhang.

H22c: Zwischen dem kompetitiven Verhandlungsverhalten des Verkäuferteams und dem kooperativen Verhandlungsverhalten des Einkäufers besteht ein negativer Zusammenhang.

Im Gegensatz zu kooperativem Verhandlungsverhalten ist die Reziprozität bei kompetitivem Verhandlungsverhalten weniger eindeutig. So könnte in Anlehnung an das Konflikt-Eskalationsmodell von Pruitt und Rubin (1986) behauptet werden, dass ein feindseliges Verhalten in der Verhandlung zu einer negativen Einstellung des Verhandlungspartners führt und äquivalent aggressives oder auch kompetitives Verhalten hervorruft. Gleichwohl könnte aber auch ein kooperatives Verhalten als ein Deeskalationsversuch die Reaktion auf kompetitives Verhandlungsverhalten des Verhandlungspartners sein. Gerade wenn eine integrative Verhandlung vorliegt und distributives Verhandlungsverhalten ohne Entgegenkommen als nicht zielführend gilt, kann durch kooperatives Verhalten versucht werden, den Verhandlungspartner umzustimmen und in Richtung kooperativen Verhaltens zu führen. Gleichzeitig könnte auch die Flucht aus der Verhandlungssituation eine Reaktion auf kompetitives Verhandlungsverhalten sein (Adler et al., 1987a). Aufgrund dieser widersprüchlichen Ergebnisse kann nicht eindeutig für einen positiven oder negativen Zusammenhang plädiert werden. Demzufolge soll an dieser Stelle auf den Zusammenhang zwischen dem kompetitiven Verhandlungsverhalten des Verkäuferteams und dem des Einkäufers verzichtet werden.[147]

3.4.2 Einfluss von Verhandlungsverhalten auf die Verhandlungsergebnisse individueller Gewinn und Effizienz

Distributives bzw. kompetitives Verhandlungsverhalten wird von Verhandlungsparteien gewählt, welche die Maximierung des eigenen Gewinns verfolgen. Um dies zu erreichen, wird das Ziel nicht nur vehement verfolgt, sondern auch kaum davon abgewichen. Deswegen gehören häufig Drohungen oder starke

---

[147] Bei den Berechnungen in Kapitel 4 soll dieser Zusammenhang jedoch betrachtet werden, um dem Vollständigkeitsgedanken des Modells gerecht zu werden.

Willensäußerungen und Abneigungen zum Verhandlungsrepertoire (Adler et al., 1992; Walton & McKerzie, 1965). Gleichzeitig wird vom Verhandlungspartner erwartet, dass Eingeständnisse gemacht werden (DeDreu, 2004). Die Kompromisse des Verhandlungspartners sind dabei häufig die einzige Möglichkeit, eine Einigung zu erzielen. Da selbst keine Eingeständnisse gemacht werden, lässt sich auf diesem Wege der individuelle Gewinn maximieren. Dies konnte zahlreich empirisch bestätigt werden (u.a. Backhaus et al., 2008; Shapiro & Bies, 1994; Wilken et al., 2010). Deswegen soll für kompetitives Verhandlungsverhalten folgende Hypothese aufgestellt werden:

H23a: Je höher das Maß an kompetitivem Verhandlungsverhalten beim Verkäuferteam ist, desto höher ist dessen individueller Gewinn.

Aufgrund des transaktionalen Charakters einer Verhandlung ist zudem davon auszugehen, dass der individuelle Gewinn auch durch das Verhandlungsverhalten des Verhandlungspartners beeinflusst wird. Zeigt der Einkäufer distributives Verhalten, geht er selbst keine Kompromisse ein, verlangt diese jedoch von seinem Verhandlungspartner. Zwar konnte der Zusammenhang bei Wilken et al. (2010) nicht bestätigt werden, dennoch gibt es genügend Hinweise auf den bedeutenden Einfluss des Einkäufers auf das Verhandlungsergebnis des Verkäuferteams (vgl. Campbell et al., 1988; Graham & Mintu-Wimsatt, 1997). Daher soll folgender Zusammenhang postuliert werden:[148]

H24a: Je höher das Maß an kompetitivem Verhalten beim Einkäufer ist, desto niedriger ist der individuelle Gewinn des Verkäuferteams.

Die Beziehung zwischen kooperativem Verhandlungsverhalten und individuellem Gewinn ist weniger eindeutig. Die Kompromissbereitschaft oder auch die Offenlegung individueller Präferenzen, die mit kooperativem Verhandlungsverhalten einhergehen, zielen weniger darauf ab, den individuellen Gewinn zu maximieren. Vielmehr wird dadurch versucht, eine für beide Verhandlungspartner akzeptable Lösung zu generieren. Von einigen Autoren konnte ein negativer Einfluss von problemlösendem Verhandlungsverhalten auf den individuellen Gewinn nachgewiesen werden (u.a. Walton & McKerzie, 1965). Andere Autoren

---

[148] Aufgrund der Fokussierung auf das Verkäuferteam soll die Wirkung des Verhandlungsverhaltens des Verkäuferteams auf die Ergebnisvariablen des Einkäufers vernachlässigt werden.

gehen von einem positiven Effekt aus (Backhaus et al., 2008; Rubin & Brown, 1986). Wieder andere Autoren fanden keinen Zusammenhang und begründen dies damit, dass problemlösendes bzw. kooperatives Verhandlungsverhalten eher den dyadischen Charakter der Verhandlung, z.B. die Effizienz, adressiert (Adler et al., 1992; Campbell et al., 1988). Außerdem argumentieren die Autoren, dass kooperatives Verhandlungsverhalten äquivalentes Verhandlungsverhalten beim Verhandlungsgegner hervorruft (vgl. hierzu auch die Beziehung zwischen Verhandlungsverhalten in Abschnitt 3.4.1). Dadurch kann jedoch eher die Effizienz und weniger der eigene Gewinn maximiert werden. Graham et al. (1994) knüpfen die positive Wirkung von integrativem Verhalten auf den individuellen Gewinn an bestimmte situationale Voraussetzungen: Integratives Verhalten ist nur dann förderlich für den individuellen Gewinn, wenn die Machtverhältnisse gleich sind, die interpersonellen Konflikte niedrig ausfallen und langfristige Ergebnisse angestrebt werden. Aufgrund dieser kontroversen Ergebnisse können an dieser Stelle keine eindeutigen Aussagen getroffen werden. Es muss demzufolge auf die Formulierung von Hypothesen in Bezug auf den Zusammenhang zwischen kooperativem Verhandlungsverhalten und individuellem Gewinn verzichtet werden.[149]

Hinsichtlich der Wirkung des kooperativen Verhaltens des Einkäufers auf den individuellen Gewinn des Verkäufers kann vermutet werden, dass die Kooperation und das entgegenkommende Verhalten des Verkäufers den individuellen Gewinn des Verkäuferteams erhöht (Campbell et al., 1988; Graham et al., 1994; Gelfand & Dyer, 2000). Wilken et al. (2010) fanden einen signifikant positiven Zusammenhang in Studierendenstichproben. Stichproben aus Berufstätigen wiesen jedoch einen signifikant negativen Einfluss auf. Durch die mehrheitlich positiven Zusammenhänge in der Literatur und die theoretisch hergeleitete Annahme, dass durch integratives Verhandlungsverhalten versucht wird, den gemeinsamen Gewinn zu maximieren, soll in der vorliegenden Arbeit folgender Zusammenhang postuliert werden:

H24b: Je höher das Maß an kooperativem Verhandlungsverhalten beim Einkäufer ist, desto höher ist der individuelle Gewinn des Verkäuferteams.

---

[149] Siehe auch Fußnote 147.

Inwiefern kompetitives Verhalten die Effizienz einer Verhandlung beeinflusst, ist umstritten. Zahlreiche Autoren fanden einen negativen Zusammenhang und erklären dies u.a. mit der einseitigen Kompromissbereitschaft und der *Win-lose*-Einstellung, in der kompetitives Verhalten begründet liegt (Olekalns & Smith, 2003a,b; Shapiro & Bies, 1994). Durch das Streben nach der Maximierung des individuellen Gewinns ist der gemeinschaftliche Gewinn zunächst von untergeordneter Relevanz. Bei den Verhandlungsparteien ergibt sich somit eher ein *Value-Claiming-* anstelle eines *Value-Creation*-Verhaltens, welches mit einer niedrigeren Effizienz verknüpft ist. Andere Autoren finden keinen Zusammenhang zwischen distributivem Verhandlungsverhalten und der Effizienz (z.B. Backhaus et al., 2008). Die Tatsache, dass mit einer höheren Effizienz ein höherer individueller Gewinn einhergeht und ein hoher individueller Gewinn durch kompetitives Verhalten induziert werden kann, würde einen positiven Einfluss von kompetitivem Verhalten auf die Effizienz definieren. Aufgrund dieser uneinigen Ergebnislage muss auch hier auf eine Hypothesenformulierung verzichtet werden.[150]

Demgegenüber wird von kooperativem Verhandlungsverhalten – unabhängig von der Operationalisierung als z.B. problemlösendes, integrierendes oder auch kollaboratives Verhalten – einheitlich angenommen, dass sich dieses Verhalten positiv auf die Effizienz auswirkt (Adler et al., 1992; Campbell et al., 1988; Graham, 1986; Graham et al., 1994; Olekalns & Smith, 2000; Pruitt & Carnevale, 1993; Weingart et al., 1993). Das intensive problemlösende Verhalten, der detaillierte Informationsaustausch sowie die *Win-win*-Einstellung, welche mit einer grundlegenden Kompromissbereitschaft einhergeht, werden als Grundvoraussetzungen für effizientes Verhandeln angesehen. Zusätzlich führen Paketofferten und der Austausch von Präferenzen, welche ebenfalls als charakteristische Merkmale integrativen Verhandelns gelten, zu einer höheren Effizienz (vgl. Graham, 1985a,b; Hyder, Prietula, & Weingart, 2000). Die gegenseitige Verstärkung und das Ziel kooperativen Verhaltens, für beide Verhandlungsparteien zu einem akzeptablen Ergebnis zu gelangen, wirken sich förderlich auf die Vergrößerung der Verhandlungsmasse aus (Gouldner, 1960). Folglich soll von folgendem Zusammenhang ausgegangen werden:

---

[150] Siehe auch Fußnote 147.

H25a: Je höher das Maß an kooperativem Verhandlungsverhalten beim Verkäuferteam ist, desto höher ist die Effizienz.

3.4.3 Beziehungen zwischen den Ergebnisvariablen individueller Gewinn, Effizienz und Zufriedenheit

Im Folgenden soll auf die Beziehung zwischen den Ergebnisvariablen individueller Gewinn, Effizienz und Zufriedenheit eingegangen werden. Im Gegensatz zu den ökonomischen Verhandlungsergebnissen wurden psychologische Faktoren, wie z.B. Zufriedenheit, lange Zeit in der Forschung entweder gänzlich ignoriert oder als Kontrollvariable mit aufgenommen, ohne jedoch die genauen Entstehungs- und Wirkungszusammenhänge zu überprüfen (Oliver et al., 1994). Diese isolierte und dekontextualisierte Betrachtung vernachlässigt die in der Praxis als relevant erachteten Aspekte, wie z.B. mögliche zukünftige Zusammentreffen. Gerade die Zufriedenheit mit der Verhandlung hat sich als äußerst bedeutend für das spätere Verhalten und die Beziehung zwischen den Verhandlungspartnern herausgestellt (Thompson, 1990, 1995; Thompson & Hastie, 1990).[151] Aus diesem Grund soll im Folgenden auch die Zufriedenheit als Ergebnisvariable berücksichtigt werden.

Die positive Beziehung zwischen individuellem Gewinn und Effizienz ist in der Literatur mehrfach bestätigt worden und lässt sich wie folgt begründen: Durch kooperatives Verhandlungsverhalten wird den individuellen Präferenzen des jeweiligen Verhandlungspartners entgegengekommen und versucht, die Verhandlungsmasse zu erweitern. Mit der Vergrößerung der verhandelbaren Masse wird jedoch auch der mögliche absolute Anteil eines Verhandlungspartners an dem Kuchen maximiert. Daher kann für die Beziehung zwischen den beiden ökonomischen Verhandlungsmaßen folgender Zusammenhang postuliert werden:

H26a: Je höher die Effizienz ausfällt, desto höher ist der individuelle Gewinn des Verkäuferteams.

---

[151] Zu den wenigen Autoren, die sich mit den Aspekten nach einer Verhandlung beschäftigen, gehören Oliver et al. (1994). Sie untersuchten u.a. den Einfluss von Zufriedenheit auf den Wunsch, zukünftig wieder miteinander verhandeln zu können *(Desire for Future Negotiation, DFN).*

An dieser Stelle sei angemerkt, dass sich durch die theoretische Herleitung eine unterschiedliche Wirkung von Teamzusammenstellung auf Effizienz und individuellen Gewinn ergibt (vgl. Abschnitt 3.2.6.4). Insbesondere durch das PLS-Modell, in dem die einzelnen Effekte parallel betrachtet werden, wird eine Erklärung für diesen Wiederspruch erhofft.

Studien zur Zufriedenheit bei Verhandlungen betrachten diese sowohl in Bezug auf den Verhandlungsprozess als auch in Relation zu anderen Verhandlungsergebnissen. So zeigen Clyman und Tripp (2000), dass sich insbesondere ein emotional zufriedenstellender, als fair wahrgenommener Verhandlungsprozess positiv auf die Zufriedenheit mit der Verhandlung auswirkt und dieser häufig sogar einem hohen ökonomischen Verhandlungsergebnis vorgezogen wird (siehe hierzu auch Tripp, Sondak & Bies, 1995; Shapiro, 2002; van Kleef, DeDreu & Manstead, 2004). Andere Autoren fanden positive Zusammenhänge zwischen Zufriedenheit und anderen Prozessvariablen wie z.B. Informationsaustausch oder Problemlösungsverhalten (vgl. Graham 1985a,b, 1986; Graham et al., 1994; Mintu-Wimsatt & Graham, 2004; Tutzauer & Roloff, 1988).

Die Entstehung von Zufriedenheit lässt sich aber auch in Relation zu gesetzten Zielen und erhaltenem ökonomischem Verhandlungsgewinn betrachten. Übersteigt das individuelle Verhandlungsergebnis das gesetzte Ziel, so tritt Zufriedenheit ein. Im umgekehrten Fall ist mit Unzufriedenheit zu rechnen. Da ein positiver Abgleich wahrscheinlicher ist, wenn die Ziele niedriger als das erreichte Ergebnis sind, besteht im Allgemeinen ein negativer Zusammenhang zwischen der Höhe des Ziels und der Zufriedenheit mit dem Ergebnis. Dies lässt sich mit dem *Expectancy-Disconfirmation*-Modell – wie in Abbildung 18 dargestellt – erklären (Oliver et al., 1994).

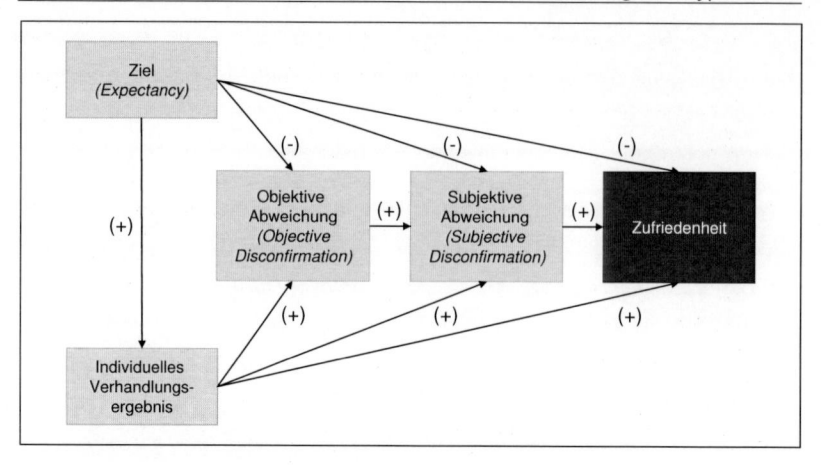

Abbildung 18: *Expectancy-Disconfirmation*-Modell von Oliver et al. (1994) zur Erklärung der Zufriedenheit bei einer Verhandlung

Das Modell geht davon aus, dass durch die A-priori-Zieldefinition *(Expectancy)* der Verhandelnde dazu motiviert wird, das erhaltene Verhandlungsergebnis mit seinem Ziel zu vergleichen. Der Vergleich *(Disconfirmation)* wird zuerst objektiv, z.B. durch mathematische Kalkulation, und danach subjektiv, z.B. durch individuelle Interpretation, durchgeführt. Die subjektive Interpretation des Ergebnisses gilt dabei als Hauptdeterminante der Zufriedenheit. Das Ergebnis ist entweder eine negative *Disconfirmation* (Ziel größer als Ergebnis), eine *Zero-Confirmation* (exakte Übereinstimmung) oder eine positive *Disconfirmation* (Ergebnis größer als Ziel). Zufriedenheit gilt dabei als Funktion der positiven Ausprägung der *Disconfirmation* (Oliver et al., 1994; van Ryzin, 2006).

Das Modell macht deutlich, dass Zufriedenheit nicht an die absolute Höhe des ökonomischen Verhandlungsergebnisses gekoppelt ist, sondern auch bei niedrigen Werten bestehen kann, sofern die Ziele entsprechend gering waren (Neale & Fragale, 2006). Diese Entkopplung konnte in zahlreichen Studien gestützt werden (vgl. Galinsky et al., 2002; Gillespie, Brett & Weingart, 2000). Der negative Effekt zwischen Höhe der Ziele und Zufriedenheit begründet sich dabei wie folgt: Mit wachsenden Zielen wird die Wahrscheinlichkeit geringer, dass die tatsächlichen Ergebnisse diese übertreffen (*Ceiling Effect*, Boulding, Kalra, Staelin & Zeithaml, 1993). In Anlehnung an das Modell haben Verhandlungsergebnisse einen direkten und indirekten Effekt auf die Zufriedenheit. Obwohl die Höhe der

Effekte von Untersuchung zu Untersuchung variiert, besteht übergreifend der Konsensus, dass sich ein positives (im Sinne von hohem) Verhandlungsergebnis auch positiv auf die Zufriedenheit auswirkt. Daraus ergibt sich die folgende Hypothese:

H27a: Je höher der individuelle Gewinn des Verkäuferteams ist, desto höher ist dessen Zufriedenheit.

3.5 Zusammenfassende Betrachtung: das Hypothesengerüst im verhaltenswissenschaftlichen Verhandlungsmodell

In Abbildung 19 finden sich die hergeleiteten Hypothesen. Sie beziehen sich auf die Zusammenhänge zwischen Kontextvariablen, dynamischen Variablen und Ergebnisvariablen. Die Schwerpunkte der Arbeit liegen auf der generellen Wirkung der Kontextvariablen Nationaler Dominanz/Nationalität und Teamzusammenstellung und auf dem *Carry-over*-Effekt der Intrateamprozesse auf das Verhandlungsverhalten. Da sich ein derartiges Modell auf bislang unbekanntes Gebiet der empirischen Forschung zu Kultur und Teams in Verhandlungen begibt, wurden aus forschungsökonomischen und Komplexitätsgründen die Effekte der Kontextvariablen bewusst isoliert voneinander theoretisch hergeleitet und in Form von Hypothesen formuliert. Zusätzlich kann es aber auch von Interesse sein, die Wechselwirkungen zwischen den Kontextvariablen Teamzusammenstellung und Nationaler Dominanz/Nationalität auf die dynamischen Variablen und die Ergebnisvariablen pro forma in die Analyse aufzunehmen. Dabei wird auf eine explizite Hypothesenformulierung sowie Darstellung im Modell verzichtet. Vielmehr soll explorativ vorgegangen und die Ergebnisse als zusätzliches Erklärungspotenzial für die vorliegenden Ergebnisse genutzt werden. Ferner sollen die Resultate der Wechselwirkungseffekte als Anstoß für zukünftige Analysen dienen.

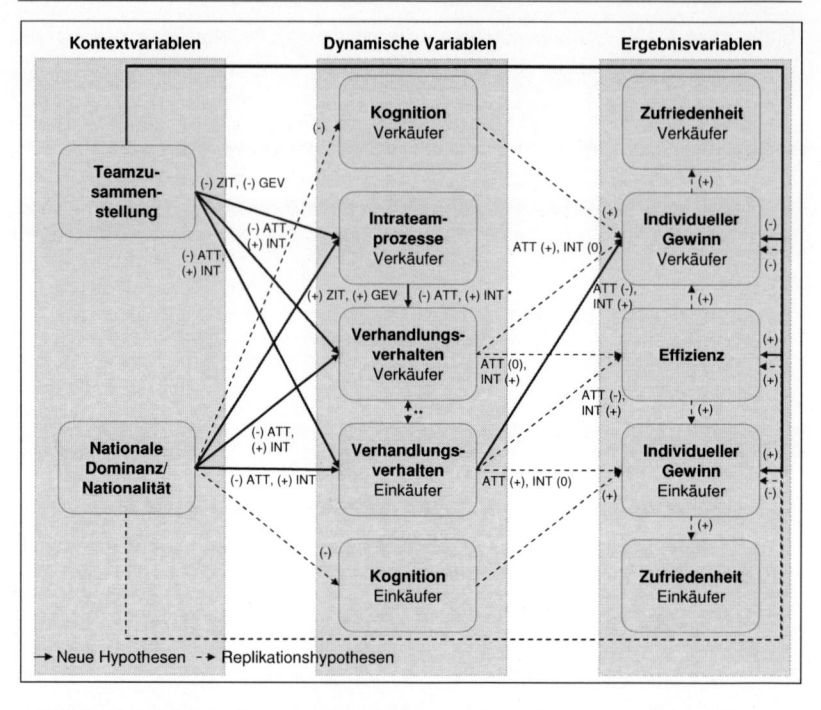

Konkretisierung des Modells und Herleitung von Hypothesen

Abbildung 19: Wirkungszusammenhänge der vorliegenden Arbeit[152]

---

[152] ATT=kompetitives bzw. attackierendes Verhandlungsverhalten, INT=kooperierendes bzw. integrierendes Verhandlungsverhalten; ZIT=Zusammenhalt im Team; GEV=gleichberechtigtes Entscheidungsverhalten.

4 Forschungsmethodik und empirische Untersuchung

4.1 Untersuchungsaufbau

4.1.1 Überblick

Um die postulierten Zusammenhänge zwischen Kontextvariablen, dynamischen Variablen und Ergebnisvariablen adäquat zu überprüfen, wurde das in Abbildung 20 dargestellte Vorgehen gewählt (hellblaue Markierung beschreibt die in dem vorliegenden Abschnitt 4 adressierten Schritte).

Theoretische und konzeptionelle Grundlagenbildung
- Literaturrecherche
- Begriffsklärung und theoretische Herleitungen
- Konzeption eines Untersuchungsmodells

Planung der experimentellen Untersuchung
- Auswahl der Methode
- Aufstellung eines Untersuchungsplans und Festlegung der experimentellen Manipulation
- Bestimmung der Stichprobe
- Auswahl der statistischen Analyseverfahren

Vorbereitung der experimentellen Untersuchung
- Erstellen des Fragebogens
- Auswahl der Fallstudie
- Programmierung des Online-Chats
- Auswahl eines Kodierungsschemas

Durchführung der experimentellen Untersuchung
- Einführung der Teilnehmer
- Vorbereitung der Verhandlung
- Durchführung der Verhandlung
- Ausfüllen des Online-Fragebogens

Auswertung der Daten
- Inhaltsanalyse
- Deskriptive Statistiken
- Korrelationsanalysen
- Varianzanalytische Analysen
- Strukturgleichungsmodell

Abbildung 20: Untersuchungsaufbau der vorliegenden Arbeit

Die Planung, Vorbereitung und Durchführung der experimentellen Untersuchung basiert auf der theoretischen und konzeptionellen Herleitung in den Kapiteln 1-3. Darauf folgt die Auswahl der Methode. Die vorliegende Untersuchung basiert dabei auf einer experimentellen Untersuchung im Rahmen einer Verhandlungssimulation. Ein solches Vorgehen eignet sich besonders gut zur

Überprüfung der vorliegenden Fragestellung. Dadurch kann im Gegensatz zum fallstudienorientierten Ansatz die nötige Stichprobengröße geschaffen werden, um die Effekte einer statistischen Analyse zu unterziehen. Daraus lassen sich konkrete Empfehlungen, beispielsweise für die Managementpraxis, ableiten.

Zur Erfassung der Konstrukte wurde sowohl quantitativ (mittels Fragebogen) als auch qualitativ (mit Hilfe von Verhaltensbeobachtungen) vorgegangen, woraus sich ein *Mixed-Method*-Ansatz ergibt. Als experimenteller Aufbau wurde eine Verhandlungssituation zwischen einem Verkäufer und einem Einkäufer gewählt, wobei die Verkäuferseite als Team, der Einkäufer als Einzelperson aufgestellt wurde. Eine Fallstudie aus dem Industriegütermarketing bildete die Basis für die Verhandlungssimulation. Diese fand in einem Online-Chat statt. Die experimentelle Manipulation erfolgte zum einen hinsichtlich der Teamzusammenstellung (monokulturell vs. multikulturell). Zum anderen wurde zwischen den Ausprägungen in Kollektivismus mit Hilfe der hier vorliegenden Nationalitäten (deutsch vs. französisch) differenziert. Dabei wurde auf eine interkulturelle Situation zwischen Ein- und Verkäufer geachtet, um der Nachfrage an interkultureller Interaktionsforschung gerecht zu werden (vgl. Boyacigiller, 2004). Als Analyseebene diente bei der Untersuchung der Intrateamprozesse das Teamniveau, bei der Analyse des Verhandlungsverhaltens und des -ergebnis das Individualniveau, mit der Verhandlungspartei als Individuum.

Die Ergebnisse der Inhaltsanalyse sowie der Fragebogenuntersuchung wurden im Anschluss ausgewertet. Hierzu wurden unterschiedliche Methodiken gewählt. Neben deskriptiven Analysen kamen Korrelationsanalysen und varianzanalytische Verfahren zur Überprüfung der isolierten Effekte zum Einsatz. Im Anschluss wurde ein Strukturgleichungsmodell mittels PLS dazu genutzt, die Effekte in einem übergeordneten Zusammenhang zu betrachten.[153] Die einzelnen blau hinterlegten Schritte aus Abbildung 20 sollen im Folgenden näher erläutert werden.

---

[153] Aufgrund der empirischen Ausrichtung sowie des hypothesentestenden Vorgehens lässt sich die vorliegende Arbeit in die wissenschaftstheoretische Richtung des Positivismus einordnen (Anzenbacher, 2002; Speck, 1991).

4.1.2 Auswahl der Probanden, experimentelle Manipulation und Aufbau

Die Probanden waren deutscher oder französischer Nationalität und stammten aus Marketingveranstaltungen von Master- und MBA-Studiengängen sowie PhD-Programmen der Wirtschaftshochschule ESCP Europe. Die Veranstaltungen wurden sowohl am Campus Berlin unter der Leitung von Prof. Dr. Frank Jacob und Prof. Dr. Robert Wilken als auch am Pariser Campus unter der Leitung von Prof. Dr. Nathalie Prime durchgeführt. Die experimentelle Untersuchung erfolgte im Rahmen der Lehrveranstaltungen und war verpflichtend, unentschuldigtes Fehlen wurde sanktioniert. Insgesamt nahmen 226 Probanden an der Untersuchung teil,[154] welche im Zeitraum von November 2009 bis Oktober 2010 auf insgesamt vier Verhandlungsrunden aufgeteilt war.

Die experimentelle Manipulation bestand in der Zuteilung der Probanden zu der Rolle in der Verhandlung (Einkäufer oder Verkäuferteam) sowie zu den 4 möglichen Verhandlungsdyaden, welche sich aus der Kombination der Kontextvariablen ergaben.[155] Die experimentelle Manipulation der Rolle erfolgte durch die Zuteilung zum Ein- oder Verkäufer. Während der Einkäufer als einzelne Person blieb, wurden aus den Verkäufern Teams gebildet.[156] Die Teamzuteilung war so gestaltet, dass ein Team aus drei Probanden bestand.[157] Auch in der Verhandlungsliteratur sind Studien zu finden, in denen nur eine der Verhandlungsparteien als Team fungiert, während die andere als Einzelperson auftritt (vgl. Thompson et al., 1996). Autoren konnten zwar Unterschiede im Verhandlungsverhalten und -ergebnis zwischen Solo-Verhandlungen und Verhandlungen, in

---

[154] Für eine detaillierte Stichprobenbeschreibung siehe Abschnitt 4.1.6.
[155] Von den Veranstaltungen waren Probandenlisten mit Nationalität und Geschlecht zugänglich, so dass die experimentelle Manipulation bereits vorab vorgenommen werden konnte. Bei den Zusammenstellungen wurde darauf geachtet, dass die Geschlechter stratifiziert auf die Rollen und innerhalb der Teams aufgeteilt wurden. Zum Einfluss von demografischen Merkmalen auf die Verhandlung siehe u.a. Volkema (2004).
[156] Dies hatte forschungsökonomische Gründe. Da die Einkäufer als Einzelperson fungierten, konnten in Summe mehr Dyaden gebildet werden als wenn auch die Einkäuferseite als Team repräsentiert wäre. Die Anzahl der vorliegenden Dyaden bzw. Fälle sind jedoch relevant für die hier gewählten Verfahren (z.B. Strukturgleichungsmodell). Die daraus folgende ungleiche Rollensituation zwischen Verkäufer- (Team) und Einkäuferseite (Solo) und die damit möglicherweise einhergehenden Konsequenzen werden in Kapitel 5 diskutiert.
[157] Drei Teammitglieder ist die in der Literatur am häufigsten aufzufindende und als effektiv bezeichnete Teamgröße (vgl. Hajro & Pudelko, 2010; Patton & Balakrishnan, 2010; O'Connor, 1997).

denen Teams beteiligt waren, feststellen. Diese fielen jedoch geringfügig aus (vgl. Thompson et al., 1996).

Die weitere experimentelle Manipulation geschah auf Basis der beiden Kontextvariablen. Zur Manipulation der Teamzusammenstellung wurden die drei Probanden derart ausgewählt, dass die Mitglieder eines Teams entweder einer einzigen Kultur entstammten (monokulturell), oder aus zwei Kulturen kamen (multikulturell). Bei beiden Ausprägungen der Teamzusammenstellung dominiert somit eine Kultur (in monokulturellen Teams mit drei, in multikulturellen Teams mit zwei Verkäufern). Dementsprechend bestanden multikulturelle Teams entweder aus zwei Franzosen und einem Deutschen oder umgekehrt.

Die beiden Kulturen bildeten die Grundlage für die weitere Manipulation. Durch die Schaffung einer dominierenden Kultur wurde die Manipulation von kollektivistischen bzw. individualistischen Verkäuferteams gewährleistet. Es wurde dabei davon ausgegangen, dass je mehr Vertreter einer Kultur in dem Team vorhanden sind, umso stärker ist die Ausprägung in jeweils Kollektivismus bzw. Individualismus. Französisch dominierte Verkäuferteams (mono- und multikulturell) entsprechen dabei kollektivistischen Verkäuferteams, deutsch dominierte Verkäuferteams bilden die individualistischen Verkäuferteams. Die Unterteilung in deutsche und französische Kultur erfolgte auf Basis der Ausweise der Probanden, so dass die vorliegende Arbeit die Landes- und Gesellschaftskultur hier übergreifend als Kultur oder Nationalität betrachtet (vgl. Ahearne et al. 2010; Simmet-Bloomberg, 1998, siehe Abschnitt 3.1.3). Dies entspricht auch dem Vorgehen bei der Zuteilung von Teams im Managementumfeld und ist demzufolge von praktischer Relevanz. Es soll daher im Folgenden bei dieser Manipulation von Nationaler Dominanz gesprochen werden.

Da immer eine interkulturelle Verhandlungssituation gewährleistet werden sollte, wurde die Nationalität des Einkäufers eindeutig von der Nationalen Dominanz im Verkäuferteam determiniert. Ein französischer Einkäufer verhandelte immer mit Teams mit deutscher Dominanz, ein deutscher Einkäufer immer mit Teams mit französischer Dominanz. Durch die Teamzusammenstellung multikulturell soll dabei eine Abstufung hinsichtlich der interkulturellen Situation auf der Verhandlungsebene generiert werden. Da das Verkäuferteam ein Mitglied besitzt, das den gleichen kulturellen Hintergrund wie der Einkäufer hat, wird die kulturelle Unterschiedlichkeit zwischen Verkäuferteam und Einkäufer reduziert und eine stärker intrakulturelle Verhandlungssituation – im Vergleich zum monokulturellen Team – geschaffen. Insbesondere für die Zusammenhänge in Bezug auf das Verhandlungsverhalten ist diese Annahme relevant. Zusätzlich wurde in dem Untersuchungsmaterial auf die interkulturelle Situation hingewiesen.

Aus der Kombination der dichotomen Kontextvariablen Teamzusammenstellung (mono- und multikulturell) und Nationale Dominanz (deutsch vs. französisch) für das Verkäuferteam und der Nationalität (deutsch vs. französisch) für den Einkäufer ergaben sich vier Experimentalgruppen, die den Dyaden der Verhandlungen entsprechen. Die Experimentalgruppen sind in Abbildung 21 dargestellt.

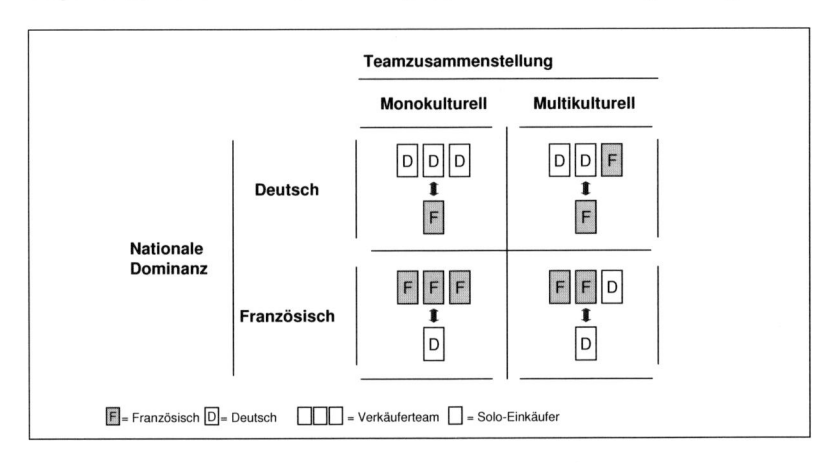

Abbildung 21: Übersicht über die vorliegenden Experimentalgruppen[158]

In Bezug auf die Unterteilung der Verhandlungsstudien von Boyacigiller (2004) und Hart (1998) besitzt die vorliegende Arbeit durch die gewählte Manipulation sowohl Elemente der kulturvergleichenden als auch interkulturellen Perspektive (siehe Abschnitt 1.2).

Zur Überprüfung der experimentellen Manipulation wurden am Ende des Fragebogens *Manipulation-Check-Items* integriert.[159] Mit deren Hilfe sollte geprüft

---

[158] D=Deutsch, F=Französisch, DDF, DDD, FFD, FFF beschreibt die jeweilige Konstellation in den Verkäuferteams. Einzelbuchstaben stehen für die Nationalität des Verkäufers.

werden, ob die interkulturelle Situation bewusst war und wie deutlich die interkulturellen Unterschiede im Verhalten – sowohl innerhalb des Teams als auch zwischen den Verhandlungspartnern – wahrgenommen wurden (siehe hierzu Abschnitt 4.4.1). Die Unterteilung in Deutsche und Franzosen auf Basis des Ausweises wurde mit Hilfe der Ergebnisse der Kulturdimensionen der GLOBE-Studie validiert (siehe hierzu Abschnitt 4.4.1).

4.1.3 Vorbereitung der Verhandlung, Inzentivierung der Teilnehmer und Verhandlungsmedium

Zur Vorbereitung der Verhandlung gehörten eine allgemeine Instruktion durch den Versuchsleiter und die Einarbeitung in die Fallstudie. Die allgemeine Instruktion durch den Versuchsleiter wurde zu Beginn der Veranstaltung durchgeführt und umfasste u.a. eine technische Einführung in den Online-Chat sowie die allgemeinen Instruktionen zum Ablauf. Diese Informationen wurden ferner in Form von Handouts an die Probanden ausgeteilt.[160]

Zusätzlich wurden die Probanden vorab inzentiviert. In den fünf Dyaden mit den höchsten individuellen Gewinnen und gleichzeitig höchsten Effizienzen sollte jeder Proband einen Fluggutschein im Wert von 50 EUR erhalten. In Anlehnung an andere Studien (z.B. Olekalns et al., 1996; Wilken et al., 2010) wurde erwartet, dass die Probanden durch diese öffentliche Wertschätzung integratives Verhalten favorisieren und nach einem größtmöglichen gemeinsamen Ergebnis streben (vgl. van Kleef & DeDreu, 2002). Der Fluggutschein wurde jedoch nur dann vergeben, wenn alle Probanden dieser Dyade erfolgreich den Fragebogen ausgefüllt haben. Dadurch sollte zusätzlich die Rücklaufquote beim Ausfüllen des Fragebogens maximiert werden.

---

[159] In der Literatur werden *Manipulation Checks* in experimentellen Studien am Ende der Untersuchung im Rahmen einer Zusammenfassung bzw. eines *Follow-up*-Fragebogens empfohlen. Eine detaillierte Unterscheidung von *Manipulation Checks* (z.B. *Instructional Manipulation Checks*) sowie ihre Anwendung in verschiedenen experimentellen Settings finden sich u.a. bei Kuhnen (2009), O'Keefe (2003) oder Oppenheimer, Meyvis und Davidenko (2009).

[160] Dazu gehörten technische Informationen zum Online-Chat (Bedienungsanleitung), allgemeine Information zum Ablauf der Verhandlung (z.B. allgemeine Instruktionen, Dauer der Verhandlung), individuelles *Log-in*-Material (Passwort für den Online-Chat und individuelle Kennung für den Fragebogen) sowie eine Information zu der Kultur des Verhandlungspartners.

Im Anschluss an die Einführung wurde den Probanden die Zuteilung auf die Experimentalgruppen mitgeteilt, wobei darauf geachtet wurde, dass Ein- und Verkäufer einer Dyade anonym blieben und sich nicht begegneten. Dies wurde durch eine räumliche Trennung gewährleistet. Jeder Proband erhielt die Untersuchungsmaterialien (siehe auch Abschnitt 4.1.4). Dazu gehörte die Rahmenhandlung der Fallstudie sowie ein rollenspezifisches Informationsmaterial mit Instruktionen und Angaben zu den jeweiligen Kosten- bzw. Nutzenpunkten je Vertragsgegenstand sowie dem Reservationspunkt.[161] Zusätzlich wurde die Kultur des Verhandlungspartners – die Teamkonstellation des Verkäufers (z.B. 2 Deutsche, 1 Franzose) bzw. die Nationalität des Einkäufers – vorab erwähnt. Die Vorbereitungszeit betrug 45 Minuten.

Als Verhandlungsmedium wurde in der vorliegenden Arbeit ein Online-Chat ausgewählt. Während *Face-to-Face*-Verhandlungen[162] lange Zeit die Verhandlungslandschaft dominierten, sind aufgrund der Globalisierung und des Technologiefortschritts technologisch-mediierte Kommunikation respektive physische Distanz zum Kommunikations- oder Verhandlungspartner zur Gewohnheit geworden (Cairncross, 2001; Govindarajan & Gupta, 2001; Kersten, 2004). Online-Chats, Audio- und Videokonferenzen, E-Mail sowie elektronische Marktplätze bilden demzufolge zeitgenössische Verhandlungsmedien.[163] Gerade für den B2B-Bereich bieten sich diese Handelsplattformen als zukunftsträchtige Geschäftsfelder an (Voigt, Landwehr & Zech, 2003). Sie setzen sowohl Kunden als auch Geschäftspartner, wie z.B. Dienstleister und Zulieferer, im Internet

---

[161] Eine detaillierte Erklärung des Materials und eine Auflistung der Kosten-/Nutzenpunkte findet sich in Abschnitt 4.1.4 und Anhang 6.
[162] Verhandlungspartner sitzen sich physisch gegenüber.
[163] Elektronische Marktplätze oder *e-marketplaces* beschreiben virtuelle Orte im Internet, die für Ein- und Verkäufer als Handelsplattformen genutzt werden. An diesen Orten können nicht nur Verhandlungen stattfinden, sondern auch gesamte Geschäftsabwicklungen vorgenommen werden (vgl. Daniel, Hoxmeier, White & Smart, 2004). Als klassisches Beispiel für technologisch-mediierte Kommunikation lassen sich Online-Plattformen für elektronische Auktionen wie z.B. ebay anführen (Lucking-Reiley, Bryan, Prasad & Reeves, 2007). Daneben können Verhandelnde heute über Verhandlungsprogramme bzw. elektronische Systeme verfügen, die ihnen in der Verhandlung Unterstützung bieten. Solche *Negotiation Support Systems (NSS)* oder *Electronic Meeting Systems (EMS)* helfen den Verhandelnden u.a. bei der Vorbereitung, dem Prozess der Verhandlung oder auch bei der anschließenden Evaluation. Sie bieten beispielsweise die Möglichkeit zur Dokumentation des Gespräches oder zur zeitgenauen Kalkulation der Nutzeneinheiten (Jain & Stern, 2000; Koeszegi, 2006; Schoop & Quix, 2001). NSS oder EMS sind jedoch nicht für alle Verhandlungssituationen geeignet (kritische Evaluationen finden sich bei Kersten, 2001; Lim, 2003; Swaab, Postmes & Neijens, 2004).

problemlos miteinander in Verbindung und verfügen meistens über niedrige Transaktionskosten.[164] Ein weiterer Vorteil von Online-Chats als Verhandlungsmedium besteht in der automatischen Aufzeichnung des Verhandlungsverhaltens in sog. Logfiles, die eine spätere Auswertung somit vereinfachen.

In manchen Studien wird im Verhandlungsmedium eine potenzielle Variationsquelle vermutet.[165] Die Autoren postulieren kulturspezifische Präferenzen hinsichtlich des Mediums (Agndal, 2007; Drake, 1995; Loewenstein, Morris, Chakravarti, Thompson & Kopelman, 2005; Ulijn, Lincke & Wynstra, 2004). Dies soll jedoch in der vorliegenden Arbeit aus unterschiedlichen Gründen vernachlässigt werden. Obwohl die Ergebnisse vieler empirischer Studien zeigen, dass Verhandlungsmedien mit direktem Kontakt zum Vehrandlungspartner präferiert werden, gehen diese Medien nicht immer mit einer höheren Effizienz oder individuellem Gewinn einher (Yuan, Head & Du, 2003). Außerdem behauptet Hofstede (2001), dass in Verhandlungsmedien mit weniger Informationsgehalt, die kulturellen Unterschiede nicht – wie häufig vermutet – verwischt, sondern sogar intensiviert werden. Ähnlich wie Kersten et al. (2003) begründet er dies durch die fehlenden Verhaltensindikatoren bei – anonymen – Online-Verhandlungen. Da der Verhandlungspartner nicht unmittelbar physisch vorhanden ist, kann und muss nicht direkt auf sein Verhalten reagiert werden. Die Verhandelnden müssen sich somit stärker auf eigene Werte oder Erfahrungen beziehen. Dementsprechend soll auch in der vorliegenden Arbeit davon ausgegan-

---

[164] Es sei darauf hingewiesen, dass im Laufe des Vermarktungsprozesses sowie während einer Verhandlung auch mehrere Medien in Kombination verwendet werden sollen. Eine beispielhafte Abfolge für den Einsatz von unterschiedlichen Verhandlungsmedien geben Backhaus und Voeth (2007, S. 384). Siehe hierzu auch Schoop, Köhne und Staskiewicz (2006) sowie Bazerman et al. (2000).

[165] Die Begründung liegt in der *Media Richness*. *Media Richness* beschreibt die Reichhaltigkeit an Informationen des jeweiligen Verhandlungsmediums und beruht auf der *Information Richness Theory* von Richard L. Daft und Robert H. Lengel (1986). Ein Medium ist dann umso reichhaltiger, je mehr Informationen übertragen werden können. *Face-to-Face*-Verhandlungen gelten dabei als reichhaltigstes Medium, da neben dem reinen inhaltlichen Austausch auch der direkte Kontakt (physische Präsenz) zum Verhandlungspartner gegeben ist und damit die Körpersprache die Verhandlung begleitet. Im Gegensatz dazu gehört der E-Mail-Verkehr zu den weniger reichhaltigen Verhandlungsmedien (Daft, Lengel & Trevino, 1986; Lim & Yang, 2008). Beispielsweise zeigten sich nach *Face-to-Face*-Verhandlungen deutlich höhere Zufriedenheits- und Vertrauenswerte (Purdy & Nye, 2000), wodurch sie sich insbesondere für die Verhandlung mit neuen Geschäftspartnern eignen (Stuhlmacher & Citera, 2005). Des Weiteren zeigte sich bei E-Mail-Verhandlungen eine hohe Wahrscheinlichkeit von Verhandlungsabbrüchen (Moore et al., 1999).

gen werden, dass das gewählte Medium als möglicher Einflussfaktor zu vernachlässigen ist.

4.1.4 Die Fallstudie Peter Pollmann

Die verwendete Fallstudie aus dem Bereich des Industriegütermarketings war als einmalige Verhandlungssimulation zwischen zwei Verhandlungsparteien konzipiert. Das Thema der Verhandlung bestand in dem Verkauf einer industriellen Maschine zur Herstellung von Hocheffizienzpumpen.[166] Den Verhandlungsgegenstand bildeten neben dem Preis fünf weitere Elemente (Training, Finanzierung, Montage, Garantie und Wartung), die von Ein- und Verkäufer unterschiedlich präferiert wurden. Dadurch wurde eine integrative Verhandlungssituation geschaffen.

Die Probanden erhielten zwei Dokumente (insgesamt sechs DIN-A4-Seiten). Das erste Dokument enthielt die Rahmenhandlung der Fallstudie mit allgemeinen Informationen und Instruktionen (DIN-A4-Seiten, Originalfassung siehe Anhang 6). Im zweiten Dokument befand sich die rollenspezifischen Informationen (4 DIN-A4-Seiten, Originalfassung siehe Anhang 6), wobei nur die Kosten- bzw. Nutzenpunkteverteilung der eigenen Rolle in der Verhandlung (Ein- bzw. Verkäufer) mitgeteilt wurde. Die Punkteverteilung des Verhandlungspartners blieb unbekannt.

Die Rahmenhandlung der Fallstudie bezieht sich auf den Kauf einer ökologisch effizienten Pumpe. Die Verhandlungsparteien bestehen aus dem Unternehmen PRESSURA als Einkäufer und dem Unternehmen SYSTEMA als Verkäufer.[167] Das Unternehmen PRESSURA stellt Heizsysteme her, in denen Pumpen als Komponenten eingebaut sind. Aus Kostengründen und aufgrund aktueller Diskussionen zum Klimawandel ist das Unternehmen an neuen, ökologisch effizienteren Pumpen interessiert. Mit einer umweltfreundlicheren Technologie erhofft es sich, dem Trend der Privatwirtschaft zu folgen und somit einen größeren Absatz seiner Heizsysteme in privaten Haushalten zu erzielen. Zur Herstellung dieser effizienteren Pumpen werden jedoch Spezialmaschinen be-

---

[166] Die Fallstudie wurde von M. Cornelißen, R. Wilken und K. Backhaus in 2007 an der Universität Münster, Institut für Anlagen und Systemtechnologien, entwickelt.
[167] Die Namensgebung erfolgte fiktiv.

nötigt, über die PRESSURA aber nicht verfügt. Deshalb strebt das Unternehmen nach einer Geschäftspartnerschaft mit SYSTEMA, einem Hersteller derartiger Maschinen. Aufgrund der spezifischen Anforderungen an die Maschine betrifft die Verhandlung nicht nur den Preis, sondern auch die Schulung der Mitarbeiter von PRESSURA durch SYSTEMA sowie die Finanzierung, die Montage, die Wartung und die Garantie.

In der rollenspezifischen Information wurden die Probanden darauf hingewiesen, dass sie eine vollkommene Entscheidungsautorität in der Verhandlung besitzen und die rollenspezifischen Informationen vertraulich behandeln sollen. Zudem wurden die sechs Vertragsgegenstände kurz erklärt sowie die einzelnen Präferenzen verdeutlicht. Die Präferenzen des Einkäufers (PRESSURA) lagen auf einer regelmäßigen und gründlichen Wartung sowie einem intensiven Training der Mitarbeiter. Auch eine Zahlung bei Erhalt der Ware und ein niedriger Preis waren für den Einkäufer von Interesse. Darüber hinaus waren eine schnelle Montage und eine lange Garantiedauer wichtig, konnten aber durch gute Abkommen über die anderen Vertragsgegenstände (z.B. Wartung) ausgeglichen werden. Demgegenüber bildeten ein hoher Preis, eine kurze Garantiedauer und eine Anzahlung die Präferenzen des Verkäufers (SYSTEMA). Dabei wurde ihm Flexibilität beim Training der Mitarbeiter und bei der Wartung eingeräumt, wenn der Einkäufer sich bei den anderen Vertragsgegenständen als kooperativ erweist.

Des Weiteren enthielt das Dokument eine Tabelle mit den Vertragsgegenständen sowie die jeweiligen Vertragsoptionen (zwischen vier und fünf je Vertragsgegenstand). Jede Vertragsoption wurde kurz beschrieben und mit Kostenpunkten für den Einkäufer und mit Nutzenpunkten für den Verkäufer verbunden. Im Anhang 6 sind die Kosten- und Nutzenpunkte aufgeführt.

Aufgrund der vorgegebenen Optionen sind insgesamt 6.400 Vertragskombinationen möglich. Jedoch sollten in der vorliegenden Untersuchung lediglich die sinnvollen Verträge betrachtet werden. Darunter fallen Verträge, in denen nicht einer der beiden Vertragspartner leer ausgeht, sondern für beide Verhandlungspartner ein mehr oder weniger zufriedenstellendes Ergebnis erzielt wird. Es wurden für beide Verhandlungspartner Reservationspunkte gesetzt. Für den Einkäufer wurde ein Maximum von 40 Kostenpunkten vorgegeben, für den Verkäufer ein Minimum von 26 Nutzenpunkten genannt. Bei einer Höchstpunktzahl für den Verkäufer von 72 Nutzenpunkten ergibt sich daraus ein Nutzenpunktespektrum von 46 Punkten. Somit besitzt der Verkäufer einen breiteren Verhandlungsraum als der Einkäufer mit 40 Punkten.[168] Letzterer ist in der Wahl seiner Optionen stärker eingeschränkt.[169]

4.1.5 Durchführung der Verhandlung und anschließender Online-Fragebogen

Jedes Verkäuferteam und jeder Einkäufer saßen in getrennten Räumen an einem Computer, welcher mit dem Internet verbunden war.[170] Um den Verhandlungschat zu starten, mussten sich die beiden Verhandlungspartner mit den ihnen vorgegebenen *Log-in*-Daten einwählen.[171]

Bevor der eigentliche Chat startete, sollten die Zielvorstellungen eingegeben werden. Diese repräsentierten jeweils die nach der Verhandlung erwartete Summe der Kosten-Nutzen-Punkte über alle Vertragsgegenstände hinweg.[172] Die Eingabe war für den Verhandlungspartner nicht sichtbar. Danach befanden sich die Verhandlungspartner im Chat miteinander und konnten in realer Zeitübertragung miteinander verhandeln.[173] Der Vertrag konnte von dem Verkäufer in einer dafür vorgesehenen Eingabemaske aufgesetzt und im Chat als Vorschlag an den Einkäufer gesendet werden. Der Vertrag wurde über alle Verhandlungsgegenstände gleichzeitig formuliert. Der Einkäufer konnte den Vor-

---

[168] Für den Einkäufer errechnet sich das Kostenpunktespektrum aus der Differenz der Maximalkostenpunktezahl von 40 und 0 (als Minimalwert). Verträge kleiner null sind für den Einkäufer nicht möglich.

[169] Es wird vermutet, dass sich diese Unausgeglichenheit im zugänglichen Punktespektrum in der Messung des Verhandlungsergebnisses niederschlägt. Um dies zu vermeiden, wurde die Paretoeffizienz von Tripp und Sondak (1992) als Maß für das gemeinsame Verhandlungsergebnis gewählt, welches unabhängig von der jeweiligen Skalierung ist (vgl. Abschnitt 4.2.4).

[170] Die PCs waren mit Programmen zur Durchführung des Chats (Chat-Programm, Browser) sowie zur Unterstützung von Kalkulationen während der Verhandlung ausgestattet (Microsoft Excel, Windows Calculator).

[171] Jeder Chat wurde für genau eine Dyade programmiert, so dass in Summe 55 separate Chats installiert wurden. Die Chats wurden in den gängigen Browsern (z.B. Windows Explorer oder Firefox) durchgeführt. Die *Log-in*-Daten erhielten die Probanden zusammen mit ihrem Untersuchungsmaterial. Diese umfassten ihre individuelle Personenkennung sowie die Dyadenkennung. Für weitere Studien zu Verhandlungen in Online-Chats siehe u.a. Bryant, Hunton und Stone (2004).

[172] Vgl. auch Instruktionsfeld auf dem Originalmaterial in Anhang 6.

[173] Jeweils links vom geschriebenen Text befanden sich der Name Verhandlungspartei und Systeminformationen (z.B. Uhrzeit, Vertragsausfüllung oder Ende der Verhandlung).

schlag entweder annehmen oder ablehnen, so dass ein neuer Vertrag vom Verkäufer aufgestellt werden musste. Eine Ablehnung war höchstens dreimal möglich, danach endete die Verhandlung automatisch. Parallel dazu konnten die Probanden mit dem installierten Taschenrechner von Windows oder einer einfachen Excel-Tabelle die besprochenen Vertragsgegenstände notieren und in Kombination mit dem rollenspezifischen Material die entsprechenden Kosten-Nutzen-Punkte abtragen. Die Verhandlung endete entweder nach Ablauf der regulären Zeit von einer Stunde,[174] einer Einigung innerhalb dieser Zeit oder im Falle einer Nicht-Einigung.

Die Verhandlungsinteraktion aller Dyaden wurde in sog. *Logfiles* gespeichert und anschließend in Excel-Protokolle überführt. Diese bildeten die Basis für die späteren inhaltsanalytischen Auswertungen. Zudem wurden in diesen *Logfiles* auch die Ziele sowie die finalen Vertragsoptionen im Falle eines Übereinkommens festgehalten. Daraus ließen sich im Anschluss die Kosten-Nutzen-Punkte errechnen bzw. der individuelle Gewinn und die Effizienz festlegen.

Nach Abschluss der Verhandlung erhielten die Probanden per E-Mail einen Link zum Online-Fragebogen. Das Ausfüllen wurde innerhalb einer Woche verlangt und dauerte ca. 20 Minuten. In Summe umfasste der Fragebogen 57 Fragen.[175] Die Zuordnung zu den Dyaden und Rollen war durch die *Log-in*-Daten möglich. Um keine der beiden Kulturen zu benachteiligen, wurde der Online-Fragebogen in englischer Sprache präsentiert.[176]

4.1.6 Rücklaufquote, Umgang mit Ausfällen und endgültige Experimentalgruppen

Aufgrund der Inzentivierung und der anstehenden Sanktionierung bei fehlender Teilnahme konnte eine hohe Rücklaufquote beim Fragebogen von 90,7% verzeichnet werden (vgl. Diamantopoulos & Schlegelmilch, 1997). Von den ur-

---

[174] In der vorliegenden Stichprobe kann dieses technisch bedingte Ende ausgeschlossen werden, da sich alle Dyaden vor Ablauf der Frist explizit für oder gegen einen Vertrag entschieden haben.
[175] Während die Verkäufer alle Fragen vorgelegt bekamen, wurden bei den Einkäufern die Items zu den Intrateamprozessen (Zusammenhalt im Team: 1 Frage, 6 Items; Gleichberechtigtes Entscheidungsverhalten: 1 Frage, 5 Items) gefiltert. Siehe Anhang 4 für den gesamten Fragebogen bzw. Anhang 5 für einen beispielhaften Screenshot des Online-Fragebogens. Die Beantwortung erfolgte durch jede einzelne Person.
[176] Kommentare zur kulturellen Äquivalenz beim Ausfüllen des GLOBE-Fragebogens siehe Abschnitt 3.1.4.2.

sprünglich 226 Probanden haben 205 den Fragebogen ausgefüllt, davon 54 Einkäufer und 151 Verkäufer.[177] Abgebrochene bzw. unvollständige Fragebögen gingen nicht in die Analyse ein, so dass bei den 205 ausgefüllten Fragebögen von einem nahezu vollständigen Datensatz gesprochen werden kann. Zusätzlich wurde bei einem Einkäufer ohne Fragebogendaten die fehlenden Informationen (z.B. Alter, Geschlecht, Verhandlungsverhalten) aus Kurslisten und Verhaltensbeobachtungen manuell ergänzt, um die Dyade zu vervollständigen und zu sichern. Dennoch mussten aber zwei Dyaden aus der Analyse gelöscht werden, da im Verkäuferteam weniger als drei Probanden den Fragebogen ausgefüllt haben.

Auch inhaltliche Kriterien können neben diesen formalen Kriterien zum Ausschluss von Daten führen (Herrman & Landwehr, 2008; Hildebrandt, 2008). Mittels Histogrammen und Scatterplots wurde der Datenansatz zusätzlich auf unplausible Werte überprüft. In zwei Einzelfällen wurden die Werte eliminiert und als fehlend determiniert.[178] Die fehlenden bzw. unplausiblen Werte wurden mit „99" kodiert. Alle vorliegenden Fälle besitzen weitaus weniger als 30% fehlende Werte, so dass sie für die weiteren Analysen genutzt werden können (Cohen, Cohen, West & Aiken, 2003). Im Rahmen der statistischen Analyse wurde mit listenweisem Fallausschluss auf fehlende Werte reagiert.[179]

In die endgültige Analyse gingen 53 Dyaden ein, die sich in vier Experimentalgruppen aufteilen lassen:

---

[177] Die ursprüngliche Dyadenzuteilung umfasste 60 Dyaden. Teilweise kam es zu kurzfristigen Ausfällen und Tauschsituationen zwischen den einzelnen Verhandlungsrunden, so dass fünf Dyaden nicht stattfinden konnten. Des Weiteren kam es vor, dass von den ursprünglich drei geplanten Verkäufern in vereinzelten Teams nur noch ein oder zwei Verkäufer im Team teilgenommen haben. Um dem vorzubeugen, wurden bewusst Verkäuferteams mit vier oder fünf Verkäufern gebildet, um bei möglichen Engpässen zu helfen. Im Durchschnitt enthielt jedes Verkäuferteam 2,9 Teammitglieder, war also nahezu vollständig.
[178] Dies betraf eine falsche Altersangabe von „240" sowie eine unplausible Angabe von „120120" bei der Frage nach der Anzahl der Monate im englischsprachigen Ausland.
[179] Alternativ zur Kodierung als fehlender Wert und listenweisem Fallausschluss steht noch die Imputation fehlender Werte durch z.B. *EM (Expectation Maximization)-*Algorithmus zur Verfügung. Darauf wurde hier wegen der geringen Anzahl fehlender Werte verzichtet (Decker & Wagner, 2008; Schafer & Graham, 2002).

	Teamzusammenstellung		
Nationale Dominanz	Mono-kulturell	Multi-kulturell	Gesamt
Deutsch	10	14	24
Französisch	21	8	29
Gesamt	31	22	53

Abbildung 22: Endgültige Experimentalgruppen der vorliegenden Untersuchung

Von den Probanden wiesen 44,2% die deutsche Nationalität auf. Die Probanden besaßen insgesamt einen Altersdurchschnitt von 24,61 Jahren (STD=3,18), 49,8% der Probanden waren weiblich. Die Verteilung des Geschlechts auf die jeweilige Rolle kann als ausgeglichen bezeichnet werden. Hinsichtlich der englischen Sprachkenntnisse beurteilten die Probanden sich im Durchschnitt als „verhandlungssicher" (Mean 2,09; STD 0,046).[180] Knapp ein Drittel (37,1%) der Probanden besaß noch keine Verhandlungserfahrung.[181]

4.1.7 Beurteilung der vorliegenden experimentellen Untersuchung

Zur Beurteilung der Güte einer experimentellen Untersuchung werden im Wesentlichen die interne und externe Validität diskutiert (vgl. Schnell, Hill & Esser, 2005). Damit aus den Ergebnissen der vorliegenden experimentellen Untersuchung korrekte Schlussfolgerungen über die Zusammenhänge zwischen Kontext-, dynamischen und Ergebnisvariablen gezogen werden können, muss eine hohe interne Validität vorliegen. Dies ist dann der Fall, wenn die gefundenen Effekte allein auf die experimentelle Manipulation zurückzuführen sind und sämtliche Alternativerklärungen wie z.B. Störvariablen ausgeschlossen werden können. Eine hohe interne Validität ist daher mit einem wissenschaftlich sauberen Vorgehen zu erreichen. Welche Schritte in der vorliegenden Arbeit hierzu vor-

---

[180] Dies ließ sich mit durchschnittlich 9,4 Jahren (STD 2,84) Schulenglisch und über einem Jahr Aufenthalt im englischsprachigen Ausland stützen (Mean 15,37 Monate; STD= 15,38).
[181] Dabei unterschieden sich weder Ein- und Verkäufer noch Deutsche und Franzosen hinsichtlich ihrer Verhandlungserfahrung (jeweils p>0,10).

genommen wurden, lässt sich in Abbildung 23 ablesen (vgl. hierzu Blair & Zinkhan, 2006; Dillman, 2000; Gonzalez, 2009; Ryan, 2007).[182]

Externe Validität bezieht sich auf die Generalisierbarkeit und Allgemeingültigkeit der experimentell erhaltenen Ergebnisse und stellt einen der Hauptkritikpunkte experimenteller Laboruntersuchungen dar (Schnell et al., 2005). In der vorliegenden Untersuchung sollen vor allem die Generalisierbarkeit hinsichtlich des Personenkreises, des gewählten Verhandlungsmediums sowie der Realität diskutiert werden.[183] Verhaltenswissenschaftliche Studien zu Verhandlungen greifen meist auf Studierende aus Master- oder MBA-Klassen zurück. Kritisiert wird dabei, dass diese Probanden spezifische Eigenschaften aufweisen und sich in ihrem Verhandlungsverhalten von Praktikern unterscheiden. Als Begründung werden die fehlende Verhandlungserfahrung und -kompetenz sowie die mangelnde Berufserfahrung der Studierenden genannt. Neuere Studien zeigten jedoch, dass keine Unterschiede hinsichtlich des Verhandlungsverhaltens zwischen den genannten Probandengruppen und Praktikern bestehen und sich Studierendenstichproben gerade wegen ihrer Homogenität sehr gut eignen (Balakrishnan & Patton, 2006; Neale & Northcraft, 1986; Petty & Cacioppo, 1996; Roth, 1995; Wilken et al. 2010).

Es kann weiterhin davon ausgegangen werden, dass sich die zentralen demografischen Variablen (wie z.B. Bildung) bei der hier verwendeten Stichprobe und der Zielgruppe in der Praxis sehr ähneln. Dies ist nicht zuletzt durch den Wirtschaftskontext der Hochschule und die Berufserfahrung bzw. Erfahrung im Rahmen von Praktika der vorliegenden Probanden gegeben.

---

[182] Weitere Störfaktoren, wie z.B. Reaktivität, Veränderung bei Messinstrumenten, wurden hier nicht berücksichtigt, da diese besonders bei Untersuchungen mit Messwiederholung auftreten (vgl. Bortz & Döring, 2009; Schnell et al., 2005). Ein detaillierter Vorschlag zur Berechnung des *Non-Response Bias* findet sich bei Armstrong und Overton (1977).
[183] Die Generalisierbarkeit hinsichtlich der Zeit kann hier auch gewährleistet werden. Die Untersuchung wurde in vier Runden durchgeführt, zwischen den Runden gab es keine Unterschiede zwischen Ausprägungen und Zusammenhängen der relevanten Variablen ($p>0{,}10$; Pullins, 2001).

Störfaktor	Bestehende Schwachstelle	Vorgenommene Maßnahme
Selektions-/ Auswahlverzerrungen	• Überlagerung von Effekten durch Unterschiede in zusätzlichen Variablen	• Randomisierte Zuordnung zu den Experimentalgruppen • Keine Unterschiede hins. Kontrollvariablen erkennbar
Ausfall	• Wegfall von Teilnehmern während der Studie	• Durch Integration in Pflichtkurse kein Ausfall von Teilnehmern
Richtung des Kausalschlusses	• Variable wird fälschlicherweise als unabhängig statt als abhängig definiert	• Kann ausgeschlossen werden (z.B. vorliegende Kontextvariablen können nicht durch dynamische Variablen bedingt sein)
Informations-austausch	• Interaktion zwischen den Experimentalgruppen kann zu Verhaltenskonformität führen	• Austausch rollenspezifischer Information kann ausgeschlossen weren • Experimentalgruppen in getrennten Räumen und Beobachtung durch den Versuchsleiter
Antwortbias	• Auffälliges Antwortverhalten, z.B. Regression zur Mitte, Boden-/ Deckeneffekte	• Antwortbias durch Kulturinventar per se ausgeschlossen (vgl. *Cultural Response Bias*) • Keine Verzerrungen bei den restlichen Inventaren feststellbar
Observer Bias	• Verzerrungen durch den Beobachter, z.B. hypothesen-konformes Verhalten	• Doppelkodierung erzielte sehr gute Kodierungsreliabilität von κ=0,81 • Hypothesen waren den Kodierern nicht bekannt
Experimenter Bias	• Bevorzugte Behandlung einer Experimentalgruppe	• Minimaler Kontakt zwischen Versuchsleiter und Experimentalgruppen, durch z.B. anonyme Beantwortung des Online-Fragebogens
Participant Bias	• Hypothesenkonformes Verhalten • Verzerrtes Verhalten aufgrund von Beobachtung	• Außer Untersuchungsmaterial und Information über interkulturelles Setting keine weiteren Informationen für die Teilnehmer
Non-Response Bias	• Systematische Unterschiede zwischen den Charakteristika der Probanden mit und ohne vorliegenden Daten	• Kann ausgeschlossen werden, da hohe Rücklaufquote (90,7%) durch Inzentivierung und verpflichtenden Charakter der Veranstaltung

Abbildung 23: Beurteilung potenzieller Störfaktoren für die vorliegende experimentelle Durchführung

Hinsichtlich des Verhandlungsmediums wird häufig kritisiert, dass keine Vergleichbarkeit zwischen den einzelnen Medien hergestellt werden kann, da unterschiedliche Kommunikationsprozesse vorliegen. Des Weiteren können Probanden aufgrund ihrer unterschiedlichen kulturellen Werte und Kommunikationsstile bestimmte Verhandlungsmedien vorziehen oder ablehnen (Bazerman et al., 2000; Swaab et al., 2004). So behauptet Kersten (2004), dass *„E-negotiation systems are used and perceived differently by users coming from different countries and therefore the users' culture should be considered in the systems' design."* (S. 13). Die unterschiedliche Präferenz für die Wahl des Mediums wird häufig mit den kulturellen Unterschieden im Kommunikationsstil (z.B. *High-/Low-Context*-Kulturen) begründet. Kommunikationsstil-Indikatoren – wie z.B. Tonhöhe, Stimmlage – und Körpersprache – wie z.B. Gesten und Mi-

miken – gehen bei elektronischen Verhandlungsmedien verloren. Sie fehlen somit den Kulturen, die diese sozialen Indikatoren für die Durchführung einer erfolgreichen Verhandlung als notwendig erachten (vgl. Tan, Wei, Watson & Walczuch, 1998). Es könnte angenommen werden, dass in diesen Kulturen informationsreichere Medien wie z.B. *Face-to-Face*-Verhandlungen präferiert werden (*High Media Richness*, siehe Abschnitt 4.1.2).

Für die Vernachlässigung potenzieller Störeffekte aufgrund unterschiedlicher Affinität zu Verhandlungsmedien sprechen jedoch mehrere Punkte. Zum einen zeigt sich bei den beiden hier betrachteten Kulturen in der Realität kein unterschiedliches Verhalten in der Internetnutzung sowie im Gebrauch von anderen technischen Medien,[184] wie z.B. Mobiltelefone. Zum anderen kann aufgrund des bisherigen Bildungsweges davon ausgegangen werden, dass beide Kulturen in einem ähnlichen Ausmaß Internetnutzung betrieben haben. Daher kann eine hohe technische Affinität und Vertrautheit mit elektronischen Medien aller Probanden erwartet werden. Außerdem zeigen neuere Studien, dass das Onlinemedium kulturelle Unterschiede nicht neutralisiert, sondern die kulturellen Einflüsse aufrechterhält, und in einigen Fällen sogar intensiviert (Hofstede, 2001; Kersten, 2003).[185] Mögliche starke Effekte des Mediums in der vorliegenden Arbeit sind folglich zu vernachlässigen (vgl. Richardson & Smith, 2007; Cairncross, 2001; Govindarajan & Gupta, 2001).[186]

Zudem ist auch die Frage nach den praktischen Implikationen und der Managementrelevanz der Ergebnisse berechtigt, da ein Großteil der in Realität vor-

---

[184] Die prozentuale Internetnutzung liegt sowohl in Deutschland (79,1%) als auch in Frankreich (68,9%) über dem europäischen Durchschnitt (58,4%), wobei Frankreich in 2008 mit ca. 21% den stärksten Zuwachs an Internetneuzugängen zu verzeichnen hatte. Bei der Mobilfunknutzung übertrifft Frankreich Deutschland sogar (InternetWorldStats, 2011; OnlineAffairs, 2009).

[185] Studien zeigten, dass es keine signifikanten Unterschiede, z.B. hinsichtlich der Ergebnisvariablen zwischen der Nutzung unterschiedlicher Verhandlungsmedien existieren (vgl. Purdy & Nye, 2000). Auch wenn Probanden Audio- bzw. Video-Verhandlungsmedien präferieren, erzielen sie dabei keine besseren Ergebnisse und sind auch nicht effizienter (Loewenstein, Morris, Chakravarti, Thompson & Kopelman, 2005; Yuan, Head & Du, 2003). Andere Studien zeigten jedoch, dass der Gebrauch von elektronisch mediierten Verhandlungen zu feindlichem Verhalten und niedrigeren Gewinnen führt (Stuhlmacher & Citera, 2005). Da alle Dyaden hier das gleiche Verhandlungsmedium verwenden, kann dies jedoch vernachlässigt werden.

[186] Hofstede (2001) geht sogar noch einen Schritt weiter, in dem er behauptet, dass „... *that not only will cultural diversity among countries persist but also new technologies might even intensify the cultural differences between countries.*" (Hofstede, 2001, zitiert in Leung et al. 2005, S. 360).

kommenden Verhandlungen *Face-to-Face* stattfindet. Da der Trend der letzten beiden Jahrzehnte aufgrund der Globalisierung und Existenz virtueller Teams stark in Richtung elektronisch mediierter Verhandlungen geht und diese auch im Forschungskontext an Wichtigkeit zunehmen (Ebrahim, Ahmed & Taha, 2009), sei die Verwendung eines Online-Chats an dieser Stelle als gerechtfertigt angesehen.

Auch in der vorliegenden Studie soll die Übertragbarkeit der erhaltenen Ergebnisse auf reale Situationen kritisch diskutiert werden. Insbesondere unterscheiden sich die Rahmenbedingungen, unter denen die Verhandlung in Forschung und Praxis abläuft. Im Vergleich zu realen Verhandlungen existiert für die verhandelnden Parteien ein weitaus geringerer Druck zum Erreichen des gesetzten Zieles. Des Weiteren sind die Ergebnisse in realen Verhandlungen meist an weitreichendere Konsequenzen (z.B. unternehmerische Entscheidungen) und nicht selten an individuelle finanzielle Vergütungen gekoppelt. Dennoch existieren einige Aspekte der vorliegenden Untersuchungen, welche für eine realitätsgetreue Abbildung sprechen. Ein wichtiger Aspekt besteht in der realitätsnahen Verhandlungssituation und dem beschriebenen Verhandlungskontext. Des Weiteren finden sich die in der Realität existierenden unterschiedlichen Präferenzen auch in der vorliegenden Fallstudie wieder.[187] Mittels rollenspezifischer Detailinformation und Präferenzgenerierung konnte zudem eine starke Rollenidentifikation geschaffen werden. Durch die Inzentivierung wurde darüber hinaus, ähnlich wie bei realen Verhandlungen, ein Anreizsystem geschaffen. Schließlich entspricht die in der experimentellen Manipulation vorgenommene Teamzusammenstellung (monokulturell vs. multikulturell) auch der Erscheinungsform von in der Realität vorkommenden Verkäuferteams. Die Übertragbarkeit auf andere Kulturen, wie z.B. die amerikanische Kultur, stellt sich jedoch als kritisch dar. Auch wenn die Kulturen, auf die die Ergebnisse übertragen werden sollen, ebenfalls kollektivistische bzw. individualistische Kulturen entsprechen, können sie sich in anderen Werten, wie z.B. Unsicherheitsvermeidung, deutlich unterscheiden. Somit bleibt eine kulturelle Generalisierbarkeit der gefundenen Ergebnisse fraglich. Bis auf diese Ausnahme kann in der vorlie-

---

[187] Durch gezielte Instruktionen und Vorgaben wurden die Präferenzen für Ein- und Verkäufer geschaffen (vgl. Abschnitt 4.1.4).

genden Arbeit jedoch von einer prinzipiellen Übertragbarkeit der Ergebnisse ausgegangen werden.

4.2 Auswahl eines *Mixed-Method*-Ansatzes zur Messung der vorliegenden Konstrukte

4.2.1 Messbezogene Schwächen in bisherigen verhaltenswissenschaftlichen Verhandlungsstudien

Trotz der zahlreichen wertvollen Ergebnisse verhaltenswissenschaftlicher Verhandlungsstudien wird häufig Kritik an den verwendeten Methoden geübt. Diese reicht von der vernachlässigten Betrachtung des Verhandlungsverhaltens über klassische Verzerrungsprobleme bei Fragebogenuntersuchungen bis hin zur Kritik an *Single-Method*-Ansätzen. Während auf klassische Verzerrungsprobleme bereits im vorrangegangenen Abschnitt eingegangen wurde, sollen die beiden letzteren Kiritkpunkte hier aufgegriffen werden.

Der Großteil der verhandlungswissenschaftlichen Untersuchungen beschäftigt sich insbesondere mit der Auswirkung von Kontextvariablen auf Ergebnisvariablen. Das Verhandlungsverhalten wird häufig als erklärende Variable in interkulturellen Verhandlungen gänzlich vernachlässigt und als sog. *Black Box* deklariert (Adair et al., 2001, 2006, 2009; Brett, 1997; Gelfand & Brett, 2004; vgl. auch Anhang 1). In den wenigen Studien, in denen das Verhandlungsverhalten betrachtet wird, werden mehrheitlich Fragebögen *(Self Report Surveys)* verwendet (Chan & Levitt, 2009; DeDreu & Carnevale, 2005; Tinsley, 1998). Ein Hauptkritikpunkt dieser Methode liegt in den möglichen Verzerrungen *(Self Report Bias)*, z.B. soziale Erwünschtheit oder Vergessen.

Mit der Fokussierung auf Fragebogenuntersuchungen geht zudem einher, dass ein Großteil der verhaltenswissenschaftlichen Untersuchungen nur eine einzige Methode zur Messung verwendet (*Single Method*, siehe z.B. Adair & Brett, 2005; Gelfand & Christakopolou, 1999; Gelfand & Realo, 1999). Agndal (2007) fand beispielsweise heraus, dass lediglich ca. 5% der untersuchten Verhandlungsstudien Fragebogen- und experimentelle Untersuchungen miteinander kombinieren. Methodenbasierte Verzerrungen, wie z.B. *Common Method Bi-*

as[188] oder *Measurement Variance,*[189] können die Folge sein und die Validität der Ergebnisse bedrohen (Campbell et al., 1988; Doty & Glick, 1998; Weingart, Olekalns & Smith, 2004).

Des Weiteren spielt in interkulturellen Vergleichsstudien die Berücksichtigung der kulturellen Äquivalenz eine zentrale Rolle (z.B. *Cultural Response Bias*, Simmet-Bloomberg, 1998; Tellis & Chandrasekaran, 2010; Wright, 2004).[190] Darunter wird die fälschlicherweise angenommene Gleichwertigkeit empirischer Untersuchungen zwischen Kulturen verstanden. Die fehlende Vergleichbarkeit lässt sich auf verschiedene Aspekte übertragen, dazu zählen z.b. Untersuchungssachverhalte, -einheiten[191] oder -methoden. Beispielsweise wird bei letzterem versucht zu vermeiden, dass die Untersuchungsmethode als potenzielle Quelle der Variation fungiert und z.B kulturell bedingtes Antwortverhalten bei Fragebogenuntersuchungen (*Cultural Response Bias*) die Ergebnisse überlagert.

Um der genannten Kritik und den Verzerrungen entgegenzuwirken sowie die Reliabilität und Validität der vorliegenden verhaltenswissenschaftlichen Verhandlungsuntersuchung zu optimieren, wurde zur Messung der für die vorliegende Arbeit relevanten Konstrukte ein *Mixed-Method*-Ansatz gewählt. Darun-

---

[188] *Common Method Bias (CMB)* bezieht sich auf das Ausmaß, in dem Korrelationen zwischen Variablen allein durch die Verwendung gleicher Methoden (Messverfahren) hervorgerufen werden (Meade, Watson & Kroustalis, 2007; Podsakoff, MacKenzie, Lee & Podsakoff, 2003). Er wird im Zusammenhang mit der *Common Method Variance (CMV)* aufgeführt. Diese beschreibt demgegenüber den Effekt, dass durch die Verwendung „gleicher Methoden" die Varianz in einem Item durch die Messmethode statt durch das Konstrukt an sich hervorgerufen wird (Meade et al., 2007; Spector, 2006). Mögliche „gleiche Methoden" sind z.B. Itemcharakteristik-Effekte (z.B. Itemambiguität), Itemkontext-Effekte (z.B. Gruppierung von Items) und *Measurement-Context*-Effekte (z.B. Messung von abhängigen und unabhängigen Variablen zusammen in einer Methode). Meade et al. (2007) verdeutlichen zudem die Unterscheidung zwischen CMV und CMB. CMV impliziert, dass ein Teil der Varianz auf die Methode zurückzuführen ist und begründet dabei nicht unbedingt eine Inflation der Korrelationen (vgl. Doty & Glick, 1998).

[189] *Measurement Invariance (MI)* oder auch *Measurement Equivalence* wird insbesondere bei Gruppenvergleichen relevant und verlangt „... *consistency of measurement across some specified group demarcation.*" (Ellis, Aguirre-Urreta, Sun & Marakas, 2008, S. 4.461). MI ist daher eine wesentliche Voraussetzung für Gruppenvergleiche.

[190] Triandis (1996) fand diesbezüglich heraus, dass z.B. asiatische Kulturen eine Tendenz zur Beantwortung zur Mitte und zur Vermeidung von Extremantworten aufweisen. Mediterrane Kulturen dagegen präferieren Extremantworten, um den Anschein zu vermeiden, sich nicht zu der Frage zu bekennen (vgl. Hui & Triandis, 1989). *Multimethod*-Ansätze oder Standardisierung könnten Lösungsansätze sein.

[191] Dazu zählen insbesondere eine äquivalente Definition und Interpretation der Untersuchungseinheiten in unterschiedlichen Kulturen, insb. bei der Wort- oder Konstruktbedeutung (vgl. Kersten, 2004).

ter wird die Kombination aus qualitativen und quantitativen Methoden verstanden (u.a. Tashakkorie & Teddlie, 2007). In der vorliegenden Arbeit besteht der *Mixed-Method*-Ansatz in der Kombination aus direkter und indirekter Messung der relevanten Konstrukte (siehe Abbildung 24).

Kategorie	Variable	Konstrukt	Messung	Erfassungsmethode
Kontextvariablen	Teamzusammenstellung		Experimentelle Manipulation	
	Nationale Dominanz/ Nationalität			
Dynamische Variablen	Intrateamprozesse	Gleichberechtigte Entscheidungsfindung nach Oliver und Anderson (1994), Zusammenhalt im Team nach Venkatesh et al. (1995)	Indirekt	Ex-Post-Fragebogen
	Verhandlungsverhalten	Attackierendes, integrierendes und verteidigendes Verhandlungsverhalten in Anlehnung an Alexander et al. (1991)	Direkt	Verhaltensbeobachtung und anschließende Inhaltsanalyse
	Kognitive Variable	Verhandlungsziel	Indirekt	Eingabe in den Online-Chat vor der Verhandlung
Ergebnisvariablen	Individuelles ökonomisches Verhandlungsergebnis	Individueller Gewinn	Direkt	Automatische Erfassung in Abhängigkeit vom erzielten Vertrag
	Dyadisches Verhandlungsergebnis	Paretoeffizienz nach Tripp und Sondak (1992)	Direkt	Automatische Erfassung, Umrechnung zur Paretoeffizienz
	Psycho-soziales Verhandlungsergebnis	Verhandlungszufriedenheitsmaß nach Graham (u.a.1985a,b)	Indirekt	Ex-Post-Fragebogen
Kontrollvariablen	Z.B. Alter, Geschlecht, Verhandlungserfahrung, GLOBE-Skalen	U.a. GLOBE-Kulturdimensionen (House et al., 2004)	Indirekt	Ex-Post-Fragebogen

Abbildung 24: Übersicht über die gewählten Erfassungsmethoden im Rahmen des *Mixed-Method*-Ansatzes

Eine qualitative Auswertung des Verhandlungsverhaltens mittels Inhaltsanalyse wird hier mit einer quantitativen Fragebogenuntersuchung verknüpft. Zudem werden die ökonomischen Verhandlungsergebnisse (individueller Gewinn sowie Effizienz) direkt mit Hilfe des Online-Vertrages ermittelt. Vorteil dieses Ansatzes liegt u.a. in der Integration der Stärken beider Verfahren bei gleichzeitigem Ausgleich der jeweiligen Schwächen. Des Weiteren werden von *Mixed-Method*-Ansätzen gerade in interkultureller Forschung bessere interne und externe Validitäten erwartet (Ulijn, 2000). In Abbildung 24 sind die in der vorliegenden Arbeit verwendeten Konstrukte zusammengefasst und mit den jeweiligen Operationalisierungen und den gewählten Erhebungsmethoden versehen, welche in den folgenden Abschnitten erläutert werden.

Durch die Wahl eines *Mixed-Method*-Ansatz und den gewählten Konstrukten zur Operationalisierung der Variablen[192] lassen sich die eben genannten Kritikpunkte adressieren. Der Vorwurf, dass zahlreiche empirische Verhandlungsstudien *Black Box*-Modelle zugrunde liegen und Verhandlungsverhalten vernachlässigt wird, trifft hier nicht zu. Das Verhandlungsverhalten wird in dem zugrundeliegenden Modell explizit als dynamische Variable modelliert. Die Messung erfolgt über eine direkte Verhaltensbeobachtung mit einer anschließenden inhaltsanalytischen Auswertung. Die direkte Erfassung von Verhandlungsverhalten in Kombination mit dem Online-Fragebogen schließt zudem die Kritik an *Single Method*-Untersuchungen und den damit einhergehenden Verzerrungen aus: In der vorliegenden Arbeit kann der *Common Method Bias* vernachlässigt werden, da die meisten Konstrukte, welche korrelativen Analysen unterliegen (z.B. Intrateamprozesse und Verhandlungsverhalten oder Verhandlungsergebnis und Zufriedenheit) nicht mit gleichen Methoden erfasst wurden.

Common Method Variance tritt u.a. durch die gruppierte Darbietung von Fragen (Items) auf und betrifft in der vorliegenden Untersuchung daher die Items zur Erfassung der Intrateamprozesse sowie der Zufriedenheit. Weitere Quellen können aufgrund des Untersuchungsdesigns weitestgehend ausgeschlossen werden. Laut Meade et al. (2007) kann *Common Method Variance* vernachlässigt werden, wenn *Common Method Bias* – wie im vorliegenden Fall – geringfügig ausfällt (Doty & Glick, 1998; Spector, 2006). Somit können beide Verzerrungen für die vorliegende Arbeit ausgeschlossen werden. Auch kann *Measurement Invariance*, die z.B. durch der Verwendung von unterschiedlichen Untersuchungsmedien bei verschiedenen Gruppen (Papier- vs. Internetbefragung) zu Stande kommt, hier vernachlässigt werden (vgl. Deutskens, de Ruyter & Wetzels, 2005). Einzig und allein der kulturelle Hintergrund ließe sich als Quelle von *Measurement Invariance* auffassen. Da die Kultur auch als statische Manipulationsvariable für die Zuteilung zu den Experimentalgruppen gilt, ist ihr

---

[192] Zur Verwendung bereits etablierter Skalen siehe Hildebrandt und Temme (2006).

Einfluss auf die mögliche unterschiedliche Messung der Konstrukte in Abhängigkeit von der Kultur zu überprüfen.

Durch die direkte Verhaltensbeobachtung konnte der *Cultural Response Bias* bei der Erfassung des Verhandlungsverhaltens ausgeschlossen werden. Des Weiteren wurde sich bei der Messung der kulturellen Werte für die GLOBE-Dimensionen entschieden, da die Autoren bei der Entwicklung ihres Fragebogens explizit auf die kulturelle Äquivalenz durch z.B. *Double Translation* oder die Korrektur des Fragebogens geachtet haben. Sie konnten eine adäquate Vergleichbarkeit ihrer Konstrukte nachweisen.[193] Deshalb soll bei den GLOBE-Dimensionen auch in der vorliegenden Arbeit von einer kulturellen Äquivalenz ausgegangen werden. Daneben wurden die Items zur Erfassung der Zufriedenheit von Graham (u.a. 1985a,b) in zahlreichen interkulturellen Verhandlungsstudien erfolgreich verwendet, so dass auch hier keine Unterschiede hinsichtlich der Beantwortung zu erwarten sind. Bei den Intrateamprozessen fehlen jedoch derartige Untersuchungen. Im Vergleich zu den anderen Items stellen die Items zur Erfassung der Intrateamprozesse nur einen geringen Anteil dar. Hinzu kommt, dass bei den eben genannten Variablen entweder die kulturelle Äquivalenz gegeben ist oder sie aufgrund der direkten Erfassung dafür nicht anfällig sind, so dass ein großer Effekt fehlender kultureller Äquivalenz hier ausgeschlossen werden kann. Das Verhandlungsverhalten sowie die ökonomischen Verhandlungsergebnisse unterliegen demgegenüber einer direkten und unabhängigen Messung. Demzufolge können sie auch als frei von kulturellen Einflüssen hinsichtlich der Bearbeitung des Fragebogens betrachtet werden.[194] Nichtsdestotrotz bestünde hier die Gefahr des Einflusses der Methode.

---

[193] Bei einer Untersuchung des kulturell bedingten Antwortbias konnte eine sehr gute Übereinstimmung beim Vergleich des korrigierten und unkorrigierten Fragebogens erzielt werden. Die durchschnittlichen Korrelationen der Antworten lagen bei den Werten bei 0,93 (Bereich: 0,86 bis 0,98) sowie bei den Praktiken bei 0,95 (Bereich: 0,93 bis 0,98). Daher wurde der *Cultural Response Bias* für die Kulturdimensionen als vernachlässigbar deklariert (vgl. House et al., 2004, S. 137-139). Für Techniken zur Überprüfung und Vermeidung von *Cultural Response Biases* siehe House et al. (2004), Taras et al. (2009) oder Smith (2004).

[194] Der mögliche Einfluss der Kultur der Kodierer auf die inhaltsanalytische Auswertung des Verhandlungsverhaltens kann ebenfalls ausgeschlossen werden, da die Kodierung nach objektiven Kriterien durchgeführt wurde und an ein festgelegtes Kategorienschema (siehe Alexander et al., 1991) angelehnt war. Kulturabhängige Einteilungen sind demzufolge zu vernachlässigen.

4.2.2 Direkte Messung: Inhaltsanalytische Auswertung des Verhandlungsverhaltens

Die Inhaltsanalyse gilt als „... *a research technique for the objective, systematic and qualitative description of the manifest content of communication.*" (Berelson, 1952, S.74). Eine ähnliche Beschreibung stammt von Krippendorff (1969) und erläutert ein inhaltsanalytisches Vorgehen als „... *the use of replicable and valid method for making specific inferences from text to other states or properties of its source.*" (S. 103). Eine Inhaltsanalyse beschreibt dementsprechend die Auswertung vorhandener manifester Daten. Diese können aus Verhaltensbeobachtungen, offenen Interviews oder ähnlichen Quellen stammen. Das Vorgehen ist dabei methodologisch kontrolliert, verfolgt strenge Regeln und wird Schritt für Schritt durchgeführt (Mayring, 2000). Danach lassen sich die Ergebnisse bei Bedarf in quantitative Daten überführen und mit einem statistischen Verfahren auswerten.

Das inhaltsanalytische Vorgehen in der vorliegenden Arbeit beruht auf der Beobachtung des Verhandlungsverhaltens, welches in den *Logfiles* des Online-Chats gespeichert ist. Das Verhandlungsverhalten wurde somit durch objektive Beobachtung erfasst und ist daher frei von den eben genannten subjektiven Verzerrungen.

Ein Kritikpunkt inhaltsanalytischer Auswertungen liegt u.a. im *Observer Bias* (Malle, 2006; vgl. Abschnitt 4.1.7). Darunter werden subjektive Verzerrungen bei der Beobachtung von Verhalten verstanden, welche z.B. durch Aufmerksamkeitsdefizite entstehen oder wenn bestimmte Verhaltensweisen – bei gleichzeitiger Vernachlässigung anderer ebenfalls relevanter Verhaltensweisen – überbetont werden. Da in der vorliegenden Arbeit die Kommunikation zwischen den Verhandlungspartnern direkt in den *Logfiles* gespeichert wurde und somit unabhängig von den Kodierern ist, kann der *Observer Bias* vernachlässigt werden. Zur weiteren Vermeidung derartiger Problematiken wurde ein intensives Kodierertraining vorgenommen. Die Kodierung an sich wurde mittels einer Reliabilitätsanalyse auf ihre Güte geprüft, um eine exakte und verzerrungsfreie Erfassung zu gewährleisten (siehe Abschnitt 4.2.2.2).

Die Inhaltsanalyse erfolgte anhand eines Kodierungsprozesses mittels eines für Verhandlungsverhalten spezifischen Kodierungsschemas und wurde von zwei

Kodierern durchgeführt. Als Ergebnisse der qualitativen Kodierung fungieren die Häufigkeitsauszählungen der einzelnen Verhandlungstaktiken bzw. -strategien. Die Häufigkeitsauszählungen wurden im Anschluss in quantitative Angaben überführt und konnten damit für die Analysen zur Überprüfung der postulierten Hypothesen verwendet werden.

4.2.2.1 Kodierungsprozess und verwendetes Kodierungsschema nach Alexander et al. (1991)

Der Kodierungsprozess verläuft im Allgemeinen in zwei Schritten (Weingart et al., 2004): *Unitizing* und *Coding*. Unter *Unitizing* wird die Zerlegung der vorhandenen Protokolle in einzelne Elemente (*Units*), welche die kleinste Einheit der Analyse darstellen, verstanden. Diese können sowohl eine einzige Äußerung als auch eine gesamte Interaktionsphase darstellen. Aufgrund des verwendeten Kategorienschemas und der zu prüfenden Hypothesen wurden für die vorliegende Arbeit als *Units* sog. *Acts* oder *Thought Units* verwendet. Darunter werden inhaltlich zusammenhängende Aussagen oder Ideen einer Verhandlungspartei verstanden, welche sowohl ein Wort als auch mehrere Sätze umfassen können. Diese stellen die spezifische Beteiligung an einer themenbezogenen Interaktion (sog. *Speaking Turns*) zwischen den Verhandlungspartnern dar. Sie sind die in der Verhandlungsforschung am gängigsten verwendete *Unit*-Art (vgl. Mayring, 2000; Mayring & Brunner, 2009; Weingart et al., 2004). Trotz des möglichen Informationsverlustes beinhalten *Acts* keine Überlappungen von Verhandlungsverhalten, wie z.B. innerhalb eines *Speaking Turns*. Damit wird eine erschwerte Trennung oder auch gezwungene Festlegung eines dominierenden Verhaltens innerhalb des *Speaking Turns* bei der Kodierung vermieden (Weingart et al., 2004). Im Anschluss wurden die einzelnen *Units* den Kategorien des verwendeten Kodierungsschemas derart zugeordnet, dass jede *Unit* genau einer Verhandlungstaktik zugesprochen wurde (*Single Value Coding*, Krippendorff, 2009).

Für die Auswahl eines geeigneten Kategorienschemas wird in der Literatur eine Vielzahl an Kriterien vorgegeben (vgl. Neuendorf, 2007; Mayring & Brunner, 2009). Die zentralen Kriterien lassen sich wie folgt zusammenfassen:

- *Inhaltliche Relevanz:* Die vorgegebenen Kategorien müssen mit dem inhaltlichen Kontext der Untersuchung übereinstimmen.

- *Balance zwischen Differenzierung und Handhabbarkeit:* Die verwendeten Kategorien sollten zwischen den einzelnen Verhaltensweisen differenzieren und diese hinreichend gut beschreiben können. Die Anzahl der Kategorien sollte aber nicht zu groß sein, damit sie für die Kodierer handhabbar bleiben.

- *Abdeckung der relevanten Kategorien:* Die Kategorien sollten alle relevanten Verhaltensweisen umfassen, die in der Untersuchung abgebildet werden.

- *Reliabilität und Validität:* Das Kategorienschema sollte hinreichend gute Werte für Reliabilität und Validität aufweisen.

Für die vorliegende Arbeit wurde das Kategorienschema von Alexander, Schul und Babakus (1991) ausgewählt, welches ursprünglich von Donohue (1981) eingeführt wurde und dessen Kategorien einzelnen Verhandlungstaktiken entsprechen. Es wurde explizit für interpersonelle Kommunikationsprozesse bei Marketingverhandlungen entwickelt und gilt demzufolge für die vorliegende Untersuchung als äußerst gut geeignet (vgl. Alexander et al., 1991; Wilken et al., 2010). Darin wird zwischen drei Verhandlungsstrategien *(Attacking, Defending* und *Integrating),* in welchen jeweils mehrere Verhandlungstaktiken repräsentiert sind, sowie der Kategorie „Sonstige" unterschieden.[195] Wilken et al. (2010) passten die Kategorien derart an, dass zusätzliche Taktiken für *Defending* und *Integrating* eingeführt werden.[196] Daraus ergibt sich ein Schema aus 18 Kategorien (darunter 17 Verhandlungstaktiken: sechs für *Attacking,* vier für *Defending* und sieben für *Integrating* sowie die unspezifische Kategorie*: Sonstige),* welche bereits in vorliegenden Studien akzeptable bis gute Reliabilitäten vorweisen. Zusammenfassend ergibt sich daraus das in Abbildung 25 dargestellte Verhandlungsschema.

---

[195] Die Kategorie *Sonstige* ist unabhängig von den Verhandlungstaktiken und umfasst alle Units, welche nicht in die 17 Verhandlungstaktiken passen. Dazu zählen u.a. Aussagen zum Prozess (z.B. bei technischen Fragen zum Online-Chat), Floskeln oder Small Talk bei Wartezeiten. Sie wird in Abbildung 25 nicht aufgeführt.
[196] Wilken et al. (2010) benannten *Integrating* um in *Coordinating,* um eine klare Abgrenzung zu integrativen Verhandlungen zu erhalten. Da Englisch die Verhandlungssprache war und die Kodierer ebenfalls das englischsprachige Kodierungsschema verwendet haben, soll dies auch hier in der Originalsprache aufgeführt werden.

Forschungsmethodik und empirische Untersuchung 169

Kategorie	Variable	Konstrukt	Messung	Erfassungsmethode
Kontextvariablen	Teamzusammenstellung Nationale Dominanz/ Nationalität		Experimentelle Manipulation	
Dynamische Variablen	Intrateamprozesse	Gleichberechtigte Entscheidungsfindung nach Oliver und Anderson (1994), Zusammenhalt im Team nach Venkatesh et al. (1995)	Indirekt	Ex-Post-Fragebogen
	Verhandlungsverhalten	Attackierendes, integrierendes und verteidigendes Verhandlungsverhalten in Anlehnung an Alexander et al. (1991)	Direkt	Verhaltensbeobachtung und anschließende Inhaltsanalyse
	Kognitive Variable	Verhandlungsziel	Indirekt	Eingabe in den Online-Chat vor der Verhandlung
Ergebnisvariablen	Individuelles ökonomisches Verhandlungsergebnis	Individueller Gewinn	Direkt	Automatische Erfassung in Abhängigkeit vom erzielten Vertrag
	Dyadisches Verhandlungsergebnis	Paretoeffizienz nach Tripp und Sondak (1992)	Direkt	Automatische Erfassung, Umrechnung zur Paretoeffizienz
	Psycho-soziales Verhandlungsergebnis	Verhandlungszufriedenheitsmaß nach Graham (u.a. 1985a,b)	Indirekt	Ex-Post-Fragebogen
Kontrollvariablen	Z.B. Alter, Geschlecht, Verhandlungserfahrung, GLOBE-Skalen	U.a. GLOBE-Kulturdimensionen (House et al., 2004)	Indirekt	Ex-Post-Fragebogen

Abbildung 25: Kodierungsschema zur Analyse des Verhandlungsverhaltens (eigene Darstellung, in enger Anlehnung an Wilken et al., 2010, S. 74)

4.2.2.2 Überprüfung der Kodierung und Bestimmung der Kodierungsreliabilität

Aufgrund der zeit- und arbeitsintensiven Aufgabe wurden zur Kodierung zwei wissenschaftliche Hilfskräfte beauftragt, denen die Forschungshypothesen unbekannt waren und die unabhängig voneinander agierten.[197]

Damit die erhaltenen Ergebnisse in die Analyse eingehen können, müssen beide Kodierungen hinreichend übereinstimmen. Dies lässt sich mittels Reliabilitätsmessungen überprüfen. Dazu wurden 13 Verhandlungen doppelt ko-

---

[197] Die Doppelkodierung mit Hilfe von zwei Kodierern entspricht dem in der Literatur gängigsten Vorgehen (vgl. Kolbe & Barnett, 1991). Zusätzlich werden dort automatische, elektronische Kodierungsverfahren bzw. -software vorgeschlagen, welche jedoch lediglich als Ergänzung zu betrachten sind (Mayring & Brunner, 2009).

diert.[198] Diese Anzahl entspricht ca. 24% der Verhandlungen und liegt somit über dem in der Literatur empfohlenen Anteil von ca. 10-20% (vgl. Kolbe & Burnett, 1991; Milne & Adler, 1999; Neuendorf, 2007). Aus der Doppelkodierung lassen sich die zentralen Reliabilitätsmaße – *Unitizing* und *Coding* – ermitteln.[199] Vor allem Letzteres stellt eine kritische Größe zur Bestimmung der Reliabilität der Ergebnisse inhaltsanalytischer Untersuchungen dar (Lombard, Snyder-Duch & Bracken, 2002, 2003). Ohne die Berechnung der Reliabilität gilt die Inhaltsanalyse als wertlos, da die objektive Identifizierung und Erfassung von Units das Kernziel einer Inhaltsanalyse ist (Neuendorf, 2002, S. 141). Die Coding-Reliabilität lässt sich sowohl für das gesamte Kodierungsschema *(Overall Reliability)* als auch für jede einzelne Kategorie *(Unit-by-Unit Reliability)* angeben (Hughes & Garrett, 1990; Laila et al., 2008).

Vorab erforderte die Durchführung einer Doppelkodierung ein gezieltes Training der beiden Kodierer. Hierzu wurde ein sog. Kodierungshandbuch verwendet (siehe Anhang 8), welches konkrete Anweisungen zur Kodierung enthielt (vgl. Kolbe & Burnett, 1991; Kurasaki, 2000; Weingart et al., 2004). Neben der Beschreibung des Kodierungsprozesses (*Unitizing*, Kodierung) waren darin auch das o.g. Kategorienschema, detailliertere Kategorienbeschreibungen, Beispielaussagen sowie Entscheidungshilfen zur Differenzierung bei schwierigen Aussagen geboten. Durch das Kodierungshandbuch sollte eine einheitliche und bestmögliche Vorbereitung gewährleistet werden.

Das Vorgehen der eigentlichen Doppelkodierung folgte dem in der Literatur gängigen Schema und wurde zu Beginn der Kodierungsphase durchgeführt (vgl. Tinsley & Weiss, 1975, 2000): Die vorgegebenen Verhandlungen wurden von den beiden Kodierern unabhängig voneinander in *Units* zerlegt. Diese beiden Sätze an *Units* bildeten die Basis zur Berechnung der *Unitizing*-Reliabilitäten. In der vorliegenden Arbeit wurde zunächst das gängige Maß *Guetzkow's U* verwendet, welches den Unterschied zwischen den Kodierern in der Anzahl der *Units* beschreibt und sich wie folgt (siehe Formel 1) berechnet (vgl. Guetzkow, 1950). Je kleiner U ist, desto größer fällt die Übereinstimmung aus:

---

[198] Die Auswahl der Verhandlungen entsprach einem repräsentativen Auszug aus allen Verhandlungsrunden (vgl. Weber, 2006).
[199] Für eine Übersicht über Reliabilitätsmaße siehe Krippendorff (2009) oder Hughes und Garrett (1990).

(1) $\quad U = \dfrac{(O_1 - O_2)}{(O_1 + O_2)}$

O_1=Anzahl Units Kodierer 1, O_2=Anzahl Units Kodierer 2

Es ergab sich ein Guetzkow's U von 0,0066. Die Diskrepanz zwischen den Kodierern liegt unter 1% und lässt sich daher als sehr gut bezeichnen (vgl. Angelmar & Stern, 1978; Krippendorff, 2009).[200]

Da Guetzkow's U lediglich die Anzahl der *Units* vergleicht, jedoch keine Aussage über ihre inhaltliche Übereinstimmung zulässt, wurde als zweites Reliabilitätsmaß der *Index of Coterminality* C[201] bestimmt (vgl. Angelmar & Stern, 1978, siehe Formel 2).

(2) $\quad C = \dfrac{A}{(A + NA)}$

A=Agreements (Übereinstimmungen), NA=Non-Agreements (fehlende Übereinstimmungen)

Dieser liegt bei 94,0%, was ebenfalls einem sehr guten Wert entspricht. Damit spiegeln beide Maße – Guetzkow's U und der *Index of Coterminality* – bessere Werte als in vergleichbaren Studien wider (vgl. Angelmar & Stern, 1978; Weingart et al., 1996; Wilken et al., 2010).

Als Ergebnis resultierte ein gemeinsamer Satz an *Units* (614 *Units*), welcher im Anschluss von den Kodierern – erneut unabhängig voneinander – den Verhandlungstaktiken zugeordnet wurde. Anhand der Zuordnung ließ sich die Kodierungsreliabilität bestimmen, welche üblicherweise mit Cohen's kappa (κ) angegeben wird. Cohen's kappa entspricht der prozentualen Übereinstimmung der inhaltlichen Zuordnung der *Units* zu den Verhaltenskategorien, bereinigt um die zufällige Übereinstimmung (siehe Formel 3).

---

[200] Werte von 0% beschreiben perfekte Übereinstimmung (*perfect accuracy*, Angelmar & Stern, 1978, S. 97)
[201] Da von den Autoren keine Abkürzungen für den *Index of Coterminality* vorgegeben werden, soll hier frei „C" als synonym bestimmt werden.

$$(3) \quad K = \frac{(p_0 - p_c)}{(1 - p_c)}$$

p_o=Anteil der übereinstimmenden kodierten Units, p_c=Anteil der erwarteten zufälligen Übereinstimmungen

Für das gesamte Kategorienschema, für die aggregierten Verhandlungsstrategien *Attacking*, *Defending* und *Integrating* und auch für die Unterkategorien wurden die Reliablititätskoeffizienten berechnet (siehe Abbildung 26).

Verhandlungs-strategie	Verhandlungstaktik	Anzahl *Units* der Doppelkodierung (13 Dyaden)	Cohen's kappa (13 Dyaden)	Gesamtanzahl der *Units* (53 Dyaden)
Attacking	• Non-concessional offer	49	0,89	359
	• Charge fault, derogation	13	0,84	44
	• Threat, promise	29	0,86	116
	• Assert want, command	83	0,81	296
	• Procedural change	26	0,76	138
	• Personal rejection	2	0,50	21
	Gesamt	*202*	*0,83*	*974*
Defending	• Position support	39	0,71	250
	• Deny or question information	18	0,83	99
	• Offer rejection	34	0,91	188
	• Support and rejection	6	0,66	36
	Gesamt	*97*	*0,80*	*573*
Integrating	• Offer concession	69	0,87	370
	• Flexibility	18	0,66	97
	• Approve offer	34	0,75	192
	• Other support	27	0,92	179
	• Additional information	50	0,68	288
	• Question	96	0,85	576
	• Opening	21	0,71	137
	Gesamt	*315*	*0,80*	*1.839*
Gesamt		**614**	**0,81**	**3.386**

Abbildung 26: Cohen's kappa und Anzahl der *Units*

Die übergreifende Coding-Reliabilität liegt bei 0,81 und lässt sich laut Bakeman und Gottman (1986) als exzellent bezeichnen.[202] Auch die Verhandlungsstrategien als Oberkategorien liegen mit 0,80 für *Defending* und *Integrating* sowie mit 0,83 für *Attacking* im exzellenten Bereich. Die Reliabilitäten der Unterkategorien variieren zwischen 0,50 und 0,92, wobei bis auf einen Wert von 0,50 (*Personal*

---

[202] Bakeman und Gottman (1986) bezeichnen kappa-Werte zwischen 0,4 und 0,6 als akzeptabel, zwischen 0,6 und 0,75 als gut und alle Werte über 0,75 als exzellent.

rejection, Attacking) alle Reliabilitäten über 0,60 liegen und deshalb als gut zu bezeichnen sind. Insgesamt lassen sich die Werte im Vergleich zu anderen Studien als sehr gut bewerten (vgl. Adair et al., 2001; Adair, 2003; Adler et al., 1992; Angelmar & Stern, 1978; Alexander et al., 1991; Geiger, 2007; Hughes & Garrett, 1990; Tutzauer & Roloff, 1988; Wilken et al., 2010; siehe auch Anhang 1). Die schwächsten Reliabilitäten in den Verhandlungstaktiken *Personal Rejection* (0,50) und *Support and Rejection* (0,66) sind möglicherweise auf die niedrigen Häufigkeiten dieser Kategorien zurückzuführen (vgl. Tutzauer & Roloff, 1988).

Übergreifend kann somit von einer sehr guten Reliabilität des verwendeten Kodierungsschemas gesprochen werden. Da das Kodierungsverhalten als hinreichend unabhängig voneinander deklariert werden kann, liegt übergreifend ebenfalls eine gute Validität vor. Zur Bestätigung der *Face*-Validität wurde von Alexander et al. (1991) bereits eine Reihe von Überprüfungen durchgeführt, so dass auch diese als gesichert angenommen werden kann. Beispielsweise wurde das Kodierungsschema mit zahlreichen Verhandlungsexperten besprochen und zur Erfassung der benannten Verhandlungsstrategien als sehr gut geeignet empfunden.[203]

Im Anschluss an die Doppelkodierungen und Reliabilitätsbestimmungen wurden die Ergebnisse kritisch diskutiert, fehlende Übereinstimmungen besprochen und mit den Forschern abgestimmt (vgl. Krippendorff, 2009). Die Darbietung eines Kodierungshandbuchs sowie die Diskussion von fehlenden Übereinstimmungen wurden als kritische Voraussetzungen für reliable Kodierung erachtet (Krippendorff, 2009). Danach kodierten die Kodierer die restlichen ihnen zugeteilten Verhandlungen.[204] In den 53 Verhandlungen wurden dabei insgesamt 3.386 *Units* identifiziert (siehe auch Abbildung 26).

---

[203] Weitere Maßnahmen zur Überprüfung der *Face-* und *Content Validity* bestanden in Sequenzanalysen oder auch in der Vorkommenshäufigkeit der Kategorie *Sonstige* (wobei eine niedrige Vorkommenshäufigkeit – hier 7,0% – für eine gute Validität des Schemas spricht (vgl. Alexander et al., 1991). Zusätzlich wurden Messungen zur Konvergenz bzw. Divergenz der einzelnen Kategorien durchgeführt und führten zu sehr guten Ergebnissen.

[204] Der Eingang der doppelt kodierten Verhandlungen in die Analyse wird in der Literatur (je nach Kodierungsmethode) nicht per se ausgeschlossen (vgl. Kolbe & Burnett, 1991; Neuendorf, 2007). Aufgrund der hohen Reliabilität wird dies auch in der vorliegenden Arbeit als gerechtfertigt angesehen.

4.2.2.3 Analyseniveau und -einheit

In der vorliegenden Arbeit spielen die Effekte der Kontextvariablen Teamzusammenstellung oder Nationale Dominanz/Nationalität auf das Verhandlungsverhalten sowie der Einfluss von Verhandlungsverhalten auf das Verhandlungsergebnis eine zentrale Rolle. Um diese Forschungshypothesen adäquat testen zu können, bietet es sich an, zum einen das Individualniveau (Ein- und Verkäufer) anstelle des Dyadenniveaus zu betrachten, und zum anderen die relativen Häufigkeiten der einzelnen Verhandlungsstrategien als Analyseeinheit zu ermitteln.

Nur durch die Betrachtung des Individualniveaus lassen sich die Auswirkungen von Kontext auf das individuelle Verhandlungsverhalten erkennen (vgl. Weingart et al., 2004). Bei dyadischer Betrachtung könnte keine Aussage über die individuellen Anteile (Ein- und Verkäufer) am Verhandlungsverhalten getroffen werden.

Als Operationalisierung für das Verhandlungsverhalten wurde die Häufigkeitskodierung gewählt, welche in der Verhandlungsliteratur als Standardverfahren gilt.[205] Aufgrund des Fokus' auf die Frage, ob ein bestimmtes Verhandlungsverhalten in einer Kultur mehr oder weniger verwendet wird und wie es mit den Ergebnissen zusammenhängt, ist diese Kodierungsform besonders gut geeignet (vgl. Weingart et al., 2004).[206] Zudem kann dadurch eine bessere Vergleichbarkeit mit den Ergebnissen aus anderen, wenn auch wenigen inhaltsanalytischer Studien in der Verhandlungsforschung getroffen werden. In Anlehnung an die vorliegenden Forschungshypothesen werden diese als *Single-Item* gemessen, so dass die einzelnen Verhandlungstaktiken damit nicht mehr separat betrachtet werden.

---

[205] Neben der Häufigkeitskodierung existieren noch weitere Kodierungsarten, wie z.B. Frequenz-, Reziprozitäts-, Phasenanalysen oder *Critical Incident Technique*. Einen Überblick über alternative Operationalisierungen bieten z.B. Adair und Brett (2005), Alexander et al. (1991), Weingart et al. (2004) oder Tinsley und Weiss (2000). Auf ihre Vor- und Nachteile sowie die Möglichkeit der Verwendung dieser für eine zukünftige Datenanalyse wird in der Diskussion (vgl. Abschnitt 5) detaillierter eingegangen.

[206] Die Autoren fassen dies treffend zusammen mit „... *analyzing frequencies helps us to answer questions such as: Does the negotiation context affect the kind of strategies that are used? Are specific strategies linked to different kinds of outcomes?*" (Weingart et al., 2004, S. 452).

Als Analyseeinheit wurden die relativen Häufigkeiten der Verhandlungsstrategien *Attacking, Defending* und *Integrating* ermittelt. Der Vorteil der relativen Betrachtung liegt zum einen darin, dass sich dadurch die Dominanz einer spezifischen Strategie im Vergleich zu den anderen Verhandlungsstrategien identifizieren lässt. Die relative Darstellung vermeidet zum anderen auch die Abhängigkeit von der Länge der Verhandlung bzw. der Anzahl der *Units* pro Verhandlung. Sie berechnet sich als Summe der ungewichteten Häufigkeiten der Unterkategorien (Verhandlungstaktiken) der jeweiligen Verhandlungsstrategie gemessen an der Gesamthäufigkeit der drei Verhandlungsstrategien.[207] Insbesondere die Verhandlungsstrategien *Attacking* und *Integrating* stehen hier im Vordergrund. Sie sollen äquivalent für die in den Hypothesen adressierten Verhandlungsstrategien kompetitives und kooperatives Verhandlungsverhalten genutzt werden. Die jeweiligen Beschreibungen der Verhandlungsstrategien passen inhaltlich sehr gut überein (siehe hierzu die Ausführungen in den Abschnitten 2.3 und 3.1.6 sowie die Beschreibungen in Abbildung 25). *Defending* oder verteidigendes Verhandlungsverhalten, welches in der Literatur zum Teil dem kompetitiven Verhandlungsverhalten untergeordnet wird, soll hier in Anlehnung an Alexander et al. (1991) als separate Verhandlungsstrategie beibehalten werden. Attackierendes und integrierendes Verhalten werden explizit in Grafiken und Ergebnissen erwähnt, *Defending* ergibt sich implizit – durch die relative Häufigkeitsberechnung – als verbleibender Anteil.

4.2.3 Indirekte Messung: Kulturkonstrukte, Intrateamprozesse, Zufriedenheit und Kontrollvariablen

Zur Erfassung der Kulturkonstrukte, der Intrateamprozesse, der Zufriedenheit sowie der Kontrollvariablen wurde ein Online-Fragebogen eingesetzt.[208] Zur ersten Beurteilung der Daten soll eine Item- bzw. Reliabilitätsanalyse durchgeführt werden. Um die Items hinsichtlich ihres diagnostischen Werts, ihrer Aus-

---

[207] Dies entspricht dem Vorgehen vergleichbarer Studien (siehe u.a. Alexander et al., 1991; Weingart et al., 1996; Wilken et al., 2010).

[208] Dieser wurde mittels der Software Rogator ® (Rogator AG, 2009) erstellt. Diese erlaubte nicht nur die direkte Speicherung der beantworteten Daten im gewünschten Datenformat (.csv oder .xls für Excel, .sav für SPSS), sondern ermöglichte auch ein detailliertes Monitoring über die Rücklaufquote bzw. noch ausstehende Probanden (kompletter Fragebogen sowie beispielhafter Auszug aus dem Online-Fragebogen siehe Anhang 4 und Anhang 5. Der komplette Fragebogen entspricht dem HTML-Auszug des Online-Fragebogens und weicht somit grafisch von der Online-Darbietung ab). Für Vor- und Nachteile bei der Verwendung von Online-Fragebögen siehe Lumsden und Morgan (2005) sowie Wright (2005).

sagekraft und somit auf die Gültigkeit und Zuverlässigkeit zu prüfen, werden die in Abbildung 27 dargestellten Kriterien bzw. Gütemaße verwendet.

Die Inhaltsvalidität soll durch die Auswahl sowie die bereits erfolgreiche Anwendung der Konstrukte im Rahmen ähnlicher Fragestellungen als gegeben angesehen werden. Mit der Indikatorreliabilität – repräsentiert durch die Faktorladung – soll bestimmt werden, welchen Anteil an Varianz das jeweilige Item an dem übergeordneten Faktor beinhaltet. Sie gibt somit eine Aussage über die Bedeutung des Items für das Konstrukt (Herrmann, 2008). Außerdem lässt sich dieses Konstrukt über die Items mit hohen Faktorladungen interpretieren. Faktorladungen über 0,5 werden als ausreichend beurteilt (Backhaus, Erichson & Plinke, 2006; Homburg, 1995).[209]

Mit Hilfe von Cronbach's alpha (α) wird die Konstruktvalidität beurteilt. Diese gibt an, wie gut die einzelnen Items das zugrunde liegende Konstrukt messen können.[210] Werte ab 0,5 werden hier als ausreichend erachtet (vgl. Churchill, 1979; Walter, 2008).[211] Zusätzlich wird die Trennschärfe bewertet. Sie gibt an, wie gut zwischen Individuen mit hoher und niedriger Merkmalsausprägung getrennt werden kann, also wie gut das Item in der Lage ist, nach dem befragten Konstrukt zu differenzieren. Items mit einem Trennschärfekoeffizienten von kleiner als 0,2 sollten verworfen werden (Lienert & Raatz, 1998).

---

[209] Wenn eine zwei- oder mehrfaktorielle Lösung erhalten wird, sind die Items allen Faktoren zuzuordnen, auf denen sie eine Ladung größer als 0,5 aufweisen (zur Interpretation von Faktorladungsstrukturen siehe auch Litfin, Teichmann & Clement, 2000).
[210] Je nach Beurteilung der Faktorladungen wurde Cronbach's alpha mit und ohne das verworfene Item kalkuliert.
[211] Nunnally (1979), Churchill (1979) und Walter (2008) behaupten, dass alle Werte über 0,5 als hinreichend zuverlässig zu bezeichnen sind, Werte ab 0,7 als zufriedenstellend und alle Werte über 0,8 als verschwenderisch gelten (Churchill, 1979). In der Literatur dominiert 0,7 als zufriedenstellender Wert für Cronbach's alpha.

Art der Güte		Beschreibung	Gütemaß	Grenzwert	Referenz
	Inhalts-validität	Güte, in der das Item das gedanklich-theoretische Konstrukt repräsentiert	/	/	/
	Indikator-reliabilität	Anteil der erklärten Varianz des Konstrukts, welches auf das Item zurückzuführen ist	Faktorladung	> 0,5	Backhaus et al. (2006), Homburg (1995)
	Konstrukt-validität	Güte, in der die jeweiligen zugeordneten Items das Konstrukt messen können	Cronbach's alpha	> 0,5	Churchill (1979), Walter (2008)
	Trenn-schärfe	Fähigkeit zur Differenzierung in den Merkmalsausprägungen	Trennschärfe-index	< 0,2	Lienert & Raatz (1998), Bortz & Döring (2006)

Abbildung 27: Gütemaße zur Beurteilung der vorliegenden Konstruktmessung

4.2.3.1 Kulturkonstrukte

Die Auswahl der Kulturdimensionen der GLOBE-Studie beruht insbesondere auf der Berücksichtigung der kulturellen Äquivalenz bei der Fragebogenkonstruktion (vgl. Abschnitt 3.1.4). Zudem wurden die erhaltenen Wertedimensionen im Rahmen von Studien im internationalen Marketing und Management (vgl. Tung & Verbeke, 2010) sowie im Rahmen kultureller Verhandlungsstudien (vgl. Chan & Levitt, 2009) erfolgreich verwendet.[212]

Aufgrund des Schwerpunkts der Arbeit soll sich im Folgenden auf die Bewertung von Kollektivismus beschränkt werden. Da die Überprüfung der Unterschiedlichkeit zwischen Deutschen und Franzosen aber auf allen Kulturdimensionen vollzogen wurde, finden sich im Anhang 7 die Bewertungen der restlichen acht Kulturdimensionen.[213] Die Kulturdimensionen gingen nicht in die weiteren Berechnungen (z.B. ANOVA, PLS) ein. Zur Operationalisierung der Kontextvariable Kultur bzw. Nationale Dominanz wird hier auf Abschnitt 4.1 verwiesen.

---

[212] Für die vorliegende Untersuchung wurde der GLOBE-Fragebogen Phase 2 Beta verwendet. Die Items des GLOBE-Fragebogens finden sich im Anhang 4. Die Items bezogen sich auf die Werte, so wie sie in der Gesellschaft bestehen (practices, „as is", vgl. Abschnitt 3.1.4).

[213] Die Mittelwerte, die zum Vergleich zwischen den kulturellen Werten von Deutschen und Franzosen herangezogen wurden, wurden nach den empfohlenen Berechnungsrichtlinien im Handbuch des GLOBE-Fragebogens ermittelt.

In Anlehnung an die Fragestellung wurde der institutionelle Kollektivismus als Hauptdifferenzierungsdimension für die vorliegende Arbeit gewählt. Im Gegensatz zum Familienbezogenen Kollektivismus bezieht sich dieser auf das organisationale Umfeld bzw. Arbeitsumfeld (vgl. Abschnitt 3.1.4.3) und ist demzufolge für die vorliegende Arbeit relevant. In Abbildung sind die Itemstatistiken (siehe Abbildung 28) für institutionellen Kollektivismus dargestellt. Die Antworten wurden auf einer 7er Likert-Skala abgetragen.

Konstrukt	Item[1]	Itemkennung	Faktorladung	Trennschärfe
Institutioneller Kollektivismus Cronbach's alpha: 0,516 (0,522 ohne G_COLL1_3) Mean: 3,65; STD: 1,30	In my society, leaders encourage group loyality even if individual goals suffer: „strongly agree" vs. „strongly disagree". (r)	G_COLL1_1	0,508	0,212
	In my society, the economic system is designed to maximize: „individual interests" vs. „collective interests".	G_COLL1_2	0,705	0,342
	In my society, being accepted by the other member of a group is very important: „strongly agree" vs. „strongly disagree". (r)	G_COLL1_3	0,484	0,203
	In my society: „group cohesion is more valued than individualism" vs. „individualism is more valued than group cohesion". (r)	G_COLL1_4	0,814	0,482

[1] (r) indiziert inverse Items; COLL steht als Abkürzung für den englischen Konstruktbegriff Collectivism

Abbildung 28: Bewertung der Kulturdimension (institutioneller) Kollektivismus

Nachdem das dritte Item aufgrund niedrigerer Faktorladung als 0,5 entfernt wurde, ergab sich für die interne Konsistenz ein ausreichender Wert von 0,522. Auch für die Trennschärfe konnten übergreifend zufriedenstellende Werte erzielt werden.

4.2.3.2 Intrateamprozesse

Für die vorliegende Arbeit wurde sich für die zwei Intrateamprozesse gleichberechtigtes Entscheidungsverhalten (GEV) und Zusammenhalt im Team (ZIT) entschieden (vgl. Abschnitt 3.2.3.2). Zur Erfassung von gleichberechtigtem Entscheidungsverhalten wurden die fünf Items der Skala *Participative Decision Making* von Oliver und Anderson (1994) verwendet (siehe Anhang 4, Frage 41). Zusammenhalt im Team wurden mit Hilfe der sechs Items aus dem Inventar zu *Group Cohesion* von Venkatesh et al. (1995) erfasst (siehe Anhang 4, Frage

42). Beide Skalen lassen sich auf einer 7er Likert-Skala (1=„strongly agree"; 7=„strongly disagree") abtragen. Sie sind in Abbildung 29 dargestellt.

Konstrukt	Item[1]	Item-kennung	Faktor-ladung	Trenn-schärfe
Gleichberechtigtes Entscheidungsverhalten (GEV) Cronbach's alpha: 0,785 Mean: 2,69; STD: 0,71	Group members tended to hammer out issues together.	PDM_1	0,647	0,461
	Some group members preferred to keep out of everything. (r)	PDM_2	0,650	0,473
	We actively listened to everyone's ideas before making a decision.	PDM_3	0,844	0,697
	Decisions were made without regard for what some were thinking. (r)	PDM_4	0,722	0,540
	Decisions were made by only one or a few members of the group. (r)	PDM_5	0,812	0,664
Zusammenhalt im Team (ZIT) Cronbach's alpha[2]: 0,712 (0,811) Mean: 2,58; STD: 0,86	Certain members were hostile to each other. (r)	COH_1	0,846	0,646
	There were certain members of the group who generally took the same side of all issues.(r)	COH_2	0,524	0,336
	There was infighting among members of the group. (r)	COH_3	0,902	0,773
	There was a tendency toward convincing against one another among members of the group. (r)	COH_4	0,616	0,433
	Members of the group worked together as a team.	COH_5	0,860	0,690
	There were tensions among subgroups that interfered with the group's activities. (r)	COH_6	0,155	0,024

[1](r) indiziert inverse Items; PDM und COH stehen als Abkürzungen für die englischen Konstruktbegriffe Participative Decision Making und Cohesion
[2]Werte in Klammern geben die Ergebnisse nach der Elimination von Item COH_6 an

Abbildung 29: Bewertung von gleichberechtigter Entscheidungsfindung und Zusammenhalt im Team

Für gleichberechtigtes Entscheidungsverhalten (Mean: 2,67; STD: 1,21) variieren die Ladungen zwischen 0,647 und 0,844 und können damit als zufriedenstellend beurteilt werden. Auch das Cronbach's alpha von 0,782 liegt in einem akzeptablen Bereich. Für die Trennschärfe sind ebenfalls alle Werte über dem angegebenen Schwellenwert von 0,2.

Bei Zusammenhalt im Team (Mean: 2,64; STD: 1,28) demgegenüber zeigte das Item COH_6 eine Faktorladung kleiner 0,5 und wurde deshalb aus der Analyse entfernt (dies wurde durch den Trennschärfeindex von 0,024 bei diesem Item bestätigt). Nach einer erneuten Analyse konnte ein Cronbach's alpha von 0,811 erzielt werden.

Da beide Konstrukte zur Beschreibung der Intrateamprozesse als Mittelwertberechnungen in die Analysen eingehen sollen, wurden die errechneten Mittelwerte mit den Faktorwerten korreliert. In beiden Fällen ist die Korrelation hochsignifikant (für Zusammenhalt im Team: r=0,994, p<0,001; für gleichberechtigte Entscheidungsfindung: r=0,998, p<0,001). Hier kann davon ausgegangen werden, dass beide Operationalisierungen das Gleiche messen und die Verwendung der Mittelwerte gerechtfertigt ist (Itemkennungen: Mean_PDM, Mean_COH).[214]

4.2.3.3 Zufriedenheit

Zur Messung der Zufriedenheit als psycho-soziales Verhandlungsergebnis wurde auf die vier Items von Graham (1985a,b) zurückgegriffen, die in der Verhandlungsliteratur in den letzten Jahrzehnten intensive Anwendung fanden (vgl. Simintiras & Thomas, 1997). Jedes einzelne Item bezieht sich auf einen anderen Zufriedenheitsaspekt während und nach der Verhandlungssituation (siehe Abbildung 30, sowie Anhang 4, Frage 43). Die Antworten wurden auf einer 7er Likert-Skala (1=„not satisfied at all", 7=„completely satisfied") abgetragen.

Konstrukt	Item[1]	Item-kennung	Faktor-ladung	Trenn-schärfe
Zufriedenheit Cronbach's alpha: 0,913 Mean: 4,87; STD: 1,21	If an agreement was reached, how satisfied were you with that agreement?	SAT_A_1	0,931	0,868
	How satisfied were you with the agreement relative to your pre-game expectations?	SAT_E_2	0,869	0,771
	How satisfied were you with your individual profit level?	SAT_IP_3	0,908	0,827
	How satisfied were you with your performance during the simulation?	SAT_P_4	0,863	0,759

[1] SAT steht als Abkürzung für den englischen Konstruktbegriff Satisfaction

Abbildung 30: Bewertung von Zufriedenheit

Für die Zufriedenheit (Mean: 4,93; STD: 0,84) konnten in allen Gütekriterien zufriedenstellende Werte erzielt werden (siehe Abbildung 30). Auch hier rechtfertigt die hochsignifikante Korrelation zwischen Faktorwerten und Mittel-

---

[214] Die Mittelwertbildung erfolgte zunächst pro Individuum über alle Items, danach pro Dyade (dieses Vorgehen gilt auch für alle weiteren Skalen). Zur Mittelwertbildung siehe u.a. Bortz und Schuster (2010).

wertberechnung von r=1,000 (p<0,000) die Verwendung der Mittelwerte (Itemkennung: Mean_Satisf_Seller, Mean_Satisf_Buyer[215]).

4.2.3.4 Kontrollvariablen

In der vorliegenden Arbeit wurden neben Alter und Geschlecht auch die Nationalität, die Fremdsprachkenntnisse sowie die Verhandlungserfahrung als demografische Variablen bzw. Kontrollvariablen erhoben. Für die Analyse der *Manipulation-Check-Items* sei auf Abschnitt 4.4.1 verwiesen (siehe auch Anhang 4, Fragen 45-54). Ein Überblick über den Altersdurchschnitt, die Verteilung im Geschlecht und die Verhandlungserfahrung findet sich in Abschnitt 4.1.6.

Da die Verhandlungen auf Englisch durchgeführt wurden und das Untersuchungsmaterial ebenfalls in englischer Sprache verfasst war, mussten ausreichend gute Englischkenntnisse der Probanden sichergestellt werden.[216] Daher wurden die englischen Sprachkenntnisse anhand von drei Items erhoben:

- Please evaluate your English skills: „1=Native speaker", „2=Persuaviness ability", „3=Conversational ability", „4=Basic knowledge" (Itemkennung: EnglishSkills; Mean: 2,09; STD: 0,45)

- Please enter the years of English as foreign language in school (Itemkennung:Years_Eng_Sch; Mean: 9,40; STD: 2,84)

- Please enter the months you spend in English spoken countries (Itemkennung: Months_Eng_C; Mean: 13,71; STD:10,17).

Die Kontrollvariablen wurden mit den interessierenden dynamischen Variablen und den Ergebnisvariablen in Zusammenhang gesetzt. Mögliche Kovariationen konnten ausgeschlossen werden.

---

[215] Zur Erleichterung der Analysen in SPSS (z.B. Korrelationen) wurden die Zufriedenheitsvariablen für Einkäufer *(Buyer)* und Verkäufer *(Seller)* getrennt aufgeführt.
[216] Die Programme, aus denen die Probanden stammen, werden entweder in englischer Sprache durchgeführt oder verlangen ein Semester im englischsprachigen Ausland. Dadurch wurde gewährleistet, dass die Englischkenntnisse für die vorliegende Untersuchung ausreichen. Da Englisch für beide Nationalitäten (Deutsch, Französisch) eine Fremdsprache darstellt, kann zudem die Benachteiligung einer der Gruppen ausgeschlossen werden. Es konnten zudem keine Unterschiede in den Aussagen zur Fremdsprache zwischen den beiden Nationalitäten festgestellt werden (p>0,10).

4.2.4 Automatische Messung: Verhandlungsziel, individueller Gewinn und Effizienz

Die Berechnung des Verhandlungsziels[217] (Z, Itemkennung: Target; Verkäuferteam: Mean: 43,23; STD: 8,95; Einkäufer: Mean: 32,87; STD: 4,44) und des individuellen Gewinns wurde immer in Relation zum gegebenen Reservationspunkt vollzogen, so dass sich für Einkäufer und Verkäuferteam folgende Berechnungen für das Verhandlungsziel (Z) und individuelle Gewinne (IG) ergaben (Itemkennung: Individual_Profit_Buyer, Individual_Profit_Seller):[218]

Rolle	Reservationspunkt (RP)[1]	Verhandlungsziel (Z)	Individueller Gewinn (IG)
Verkäufer (V)	RP_V=26 Nutzenpunkte	Z_V= Verhandlungsziel - RP_V	IG_V=erreichte Nutzenpunkte-RP_V
Einkäufer (E)	RP_E=40 Kostenpunkte	Z_E= Verhandlungsziel - RP_E	IG_E=RP_E-erreichte Kostenpunkte

[1] *Reservationspunkte waren im Untersuchungsmaterial vorgegeben (beim Verkäufer als minimal zu erreichender, beim Einkäufer als maximal zu erreichender Wert)*

Abbildung 31: Vorgehen zur Berechnung des Verhandlungsziels und des individuellen Gewinns

Die erreichten Nutzen- bzw. Kostenpunkte beim individuellen Gewinn spiegeln die Summen der erzielten Punkte über die einzelnen Vertragsgegenstände wider.

Zur Berechnung der Verhandlungseffizienz wurde sich für das Maß der Paretoeffizienz (Itemkennung: TS) von Tripp und Sondak (1992) entschieden.[219] Zusammen mit dem *Integrativeness*-Quotient von Lax und Sebenius (1986) bildet die Paretoeffizienz ein Maß, welches auf die bisherigen Kritikpunkte an der

---

[217] In vielen Verhandlungsstudien gelten u.a. Erstangebote ebenfalls als mögliche ökonomische Verhandlungsergebnisse (vgl. Agndal, 2007). Aufgrund des integrativen Charakters der vorliegenden Fallstudie ist es jedoch schwierig, ein eindeutiges Erstangebot zu identifizieren. Ein Erstangebot in einem Vertragsgegenstand kann bereits das Ergebnis einer Verhandlung eines anderen Vertragsgegenstandes darstellen. Daher soll an dieser Stelle auf die Erfassung des Erstangebotes verzichtet werden.

[218] Es sei darauf hingewiesen, das die Skalierung bei den Nutzenpunkten beim Verkäufer als „je höher, desto besser" und bei den Kostenpunkten des Einkäufers als „je höher, desto schlechter" interpretiert werden muss. Nach der Transformation zum individuellen Gewinn gilt für beide individuellen Erfolgsmaße „je höher, desto besser".

[219] Für eine detaillierte Evaluation und Beschreibung möglicher Maße zur Messung von Effizienz in dyadischen Verhandlungen siehe Clyman (1995) oder Raiffa (1982).

Messung der Effizienz eingeht. Außerdem fand dieses Maß bereits in interkulturellen Studien erfolgreiche Anwendung (vgl. Clyman, 1995; Gelfand et al., 2005). Die Mehrheit der Effizienzmaße besteht aus reinen Summenbildungen sowie Maße über die Abweichungen von Mittel- oder Maximalwerten (Sebenius, 1992). Diese sind aber u.a. skalenabhängig bzw. werden durch einen der beiden individuellen Gewinne dominiert und können demzufolge zu verzerrten Ergebnissen führen (Tripp & Sondak, 1992). Tripp und Sondak (1992) argumentierten des Weiteren, dass eine ordinale Betrachtung (je mehr, desto besser) gerade bei integrativen Verhandlungen nicht zutrifft. Somit sind diese Maße nur bedingt dazu in der Lage, die dyadische Leistung in der Verhandlung adäquat zu erfassen. Vielmehr werden Maße benötigt, die angeben, wie viel des möglichen (integrativen) Verhandlungspotenzials durch die beiden Verhandlungspartner ausgeschöpft bzw. wie viel auf dem Verhandlungstisch zurückgelassen wurde (Clyman, 1995). Sowohl der *Integrativeness*-Quotient sowie das Maß zur Paretoeffizienz erfüllen diese Bedingung. Beide Maße stellen Abweichungsmaße dar und messen die Distanz eines bestimmten Vertrages von der möglichen Paretogrenze (am stärksten integrative Verträge). Je näher ein Vertrag an der Paretogrenze liegt (umso geringer die Distanz), desto besser ist das integrative Verhandlungspotenzial ausgeschöpft. Sie lässt sich wie folgt berechnen:

(4) $\quad Paretoeffizienz = 1 - \dfrac{Anzahl\ besserer\ Verträge}{Gesamtanzahl\ an\ Verträgen}$

Liegt der erzielte Vertrag am effizienten Rand, so ist die Paretoeffizienz gleich 1.[220]

4.3 Beschreibung der statistischen Verfahren

In Anlehnung an das Modell (vgl. Abschnitt 3.5) und die hier gewählten Operationalisierungen der Konstrukte sollen in der folgenden Arbeit im Wesentlichen drei statistische Verfahren zur Überprüfung der Hypothesen verwendet werden:

---

[220] Bei der Anzahl besserer Verträge werden im ersten Schritt die individuellen Gewinne von Ein- und Verkäufer betrachtet und danach ausgezählt, wie viele bessere Verträge (sowohl höherer individueller Gewinn des Einkäufers als auch des Verkäuferteams) existieren. Die Anzahl besserer Verträge ist dabei um die Häufigkeit des erzielten Vertrages (welcher mehrmals vorkommen kann) bereinigt. Die Gesamtanzahl der möglichen Verträge in der vorliegenden Untersuchung liegt bei 1.425.

einfache bivariate Korrelationsanalysen, univariate Varianzanalysen sowie ein Strukturgleichungsmodell. Die Wahl der drei Verfahren hat sowohl messtheoretische als auch inhaltliche Gründe.

Die Korrelationsanalysen dienen dazu, die Hypothesen zu den nichtkausalen Zusammenhängen zu überprüfen. Dazu gehören u.a. die Beziehungen zwischen Intrateamprozessen (H17) und zwischen dem Verhandlungsverhalten des Ein- und Verkäufers sowie innerhalb einer Verhandlungspartei (H21, H22). Zudem sollen damit Hypothesen H19a und H19b untersucht werden, welche einen unterschiedlich hohen Zusammenhang zwischen Ziel und individuellem Gewinn in Abhängigkeit von der Kultur postulieren.

In der Varianzanalyse soll vorab der direkte Zusammenhang zwischen Kontextvariablen und Ergebnisvariablen (Effizienz und individueller Gewinn) isoliert betrachtet werden, bevor dieser im Anschluss im Gesamtmodell gemeinsam mit den weiteren Zusammenhängen analysiert wird. Da die Mehrheit der Ergebnisse in der Verhandlungsforschung Resultate von bivariaten Zusammenhangsanalysen, varianzanalytischen Verfahren oder einfachen Regressionsanalysen für die direkten Effekte von z.B. Kultur und Verhandlungsergebnis repräsentiert, dient diese separate Betrachtung dazu, die späteren Ergebnisse mit denen in der Literatur besser vergleichen zu können. Zudem bietet dieses Verfahren die Möglichkeit, Vergleiche zum direkten Effekt im Strukturgleichungsmodell herzustellen und eine mögliche Mediation durch die dynamischen Variablen zu beurteilen. Die eigentliche Hypothesenprüfung der direkten Effekte und der weiteren kausalen Beziehungen erfolgt im Strukturgleichungsmodell (H1-H16, H18, H20, H23-H27). Das Strukturgleichungsmodell bildet das zentrale Analyseverfahren der vorliegenden Arbeit. Die Ergebnisse stellen die von anderen Zusammenhängen bereinigten, allein auf die jeweiligen Variablen zurückzuführenden Effekte dar und sind somit eindeutig interpretierbar. Nicht zuletzt kann durch die gemeinschaftliche kausale Betrachtung des Modells eine Aussage darüber getroffen werden, wie gut das postulierte Modell dazu in der Lage ist, die Varianzen in den Ergebnisvariablen zu erklären. In Anlehnung an das Strukturgleichungsmodell erfolgt außerdem eine Mediationsanalyse zur Beantwortung der Frage, inwiefern die dynamischen Variablen die direkten Effekte der Kontextvariablen auf das Verhandlungsverhalten und -ergebnis erklären können (siehe Anhang 9).

4.3.1 Bivariate Korrelationsanalysen

Korrelations- oder Zusammenhangsanalysen sind in der sozialwissenschaftlichen und psychologischen Forschung die am häufigsten verwendeten Analysen. Ein Maß für den Zusammenhang zwischen zwei oder mehr Variablen stellt der Korrelationskoeffizient dar. Er gibt an, inwiefern die Unterschiedlichkeit der Untersuchungseinheiten in einem Merkmal der eines anderen Merkmals entspricht. Im Gegensatz zur Kovarianz ist der Korrelationskoeffizient Maßstabsveränderungen gegenüber invariant. Er kann zwischen -1 und +1 variieren und gibt somit Stärke und Richtung des (linearen) Zusammenhangs an, Aussagen über Kausalität bietet er jedoch nicht. Als Quadrat bildet er den prozentualen Anteil der gemeinsamen Varianz der Merkmale (vgl. Bortz & Schuster, 2010).[221]

Je nach Skalenniveau und Anzahl der Variablen stehen unterschiedliche Korrelationskoeffizienten zur Verfügung. Aufgrund der Operationalisierung der Intrateamprozesse und des Verhandlungsverhaltens kann hier von einer Intervallskalierung ausgegangen werden. Es sollen darüber hinaus die Zusammenhänge zwischen Variablenpaaren berechnet werden. Daher eignet sich die *Bravais-Pearson-Korrelation* zur Analyse der vorliegenden bivariaten Zusammenhänge (Bortz & Schuster, 2010).[222]

4.3.2 Auswahl eines varianzanalytischen Vorgehens (ANOVA) und Prüfung der Voraussetzungen

Das in der Sozialwissenschaft und Psychologie am häufigsten verwendete Verfahren für Gruppenvergleiche ist die ANOVA (ANalysis Of VAriance) oder univariate Varianzanalyse, welche eine Vielzahl datenanalytischer strukturprüfender Verfahren umfasst. Bei der ANOVA wird überprüft, ob sich Gruppen hinsichtlich ihrer Mittelwerte in einer abhängigen Variable (Wirkungsvariable) signi-

---

[221] Maße zur Beschreibung nicht linearer Zusammenhänge finden sich bei u.a. Bortz und Schuster (2010).
[222] In der Literatur wird diese Bezeichnung auch mit Produkt-Moment-Korrelation gleichgesetzt und soll im Folgenden lediglich als Korrelation bezeichnet werden. Für einen Überblick über weitere Korrelationskoeffizienten siehe Bortz und Schuster (2010).

fikant voneinander unterscheiden.[223] Die Gruppierungsvariable stellt dabei die unabhängige Variable (auch Faktor genannt) dar. Ein Faktor kann aus zwei oder mehr Kategorien (oder Stufen) bestehen. Bei nur einem Faktor wird von einer einfaktoriellen Varianzanalyse gesprochen,[224] im Falle von mehreren Faktoren von einer mehrfaktoriellen Varianzanalyse. Als Prüfgröße wird in der Varianzanalyse der F-Wert angegeben.[225]

Die mehrfaktorielle Varianzanalyse hat den Vorteil, dass sich bei ihr zusätzlich zu den Unterschieden zwischen den Gruppen innerhalb eines Faktors (Haupteffekt) auch sog. Interaktions- oder Wechselwirkungseffekte zwischen den Faktoren berechnen lassen. Sie erlangen in der Forschung zunehmend Interesse (Henseler & Fassott, 2010). Ein Interaktionseffekt liegt dann vor, wenn die Mittelwerte des einen Faktors auf den Stufen des anderen Faktors unterschiedlich sind bzw. die Stärke oder Richtung eines anderen direkten Effektes auf den Stufen des Moderators bzw. der Moderatorvariable variiert. Interaktion wird häufig auch mit Moderation gleichgesetzt (Judd & Kenny, 2010; Judd, Kenny & McClelland, 2001). Ist die Wechselwirkung signifikant bzw. bedeutend und besitzt sie eine bestimmte Ausprägung, so lassen sich die Haupteffekte nicht mehr oder nur noch eingeschränkt isoliert interpretieren. Generell wird zwischen ordinalen, semidisordinalen (hybriden) und disordinalen Ausprägungen unterschieden (Ziegler & Bühner, 2009). Während bei signifikanten hybriden bzw. semidisordinalen Wechselwirkungen ein Haupteffekt noch interpretierbar bleibt, lassen sich bei signifikanten disordinalen Wechselwirkungen beide Haupteffekte nicht mehr deuten.[226] Deswegen ist die Berücksichtigung der Wechselwirkung parallel zu den Haupteffekten zu empfehlen.

---

[223] Für den Fall, dass mehrere abhängige Variablen gleichzeitig betrachtet werden sollen und diese miteinander korrelieren, bietet sich eine multivariate Varianzanalyse an (MANOVA=Multivariate ANalysis Of VAriance).

[224] Es sei darauf hingewiesen, dass eine einfaktorielle Varianzanalyse mit einem Faktor aus zwei Kategorien einem t-Test für unabhängige Stichproben entspricht (Bortz & Döring, 2009).

[225] Der F-Wert drückt die Relation der Varianz zwischen den Gruppen und der Varianz innerhalb der Gruppen aus. Je größer der F-Wert, desto eher unterscheiden sich die Gruppen voneinander (Bortz & Döring, 2009).

[226] Die Art der Wechselwirkungen ist in grafischen Darstellungen sowie Matrizendarstellungen von Mittelwerten abbildbar. Für den Fall von zwei Faktoren mit jeweils zwei Kategorien zeigen sich die unterschiedlichen Wechselwirkungen wie folgt: Eine ordinale Wechselwirkung besteht dann, wenn die beiden Grafen sich zwar nicht kreuzen, gleiche Vorzeichen der Steigung aufweisen, aber nicht parallel laufen. Eine disordinale Wechselwirkung liegt dann

Forschungsmethodik und empirische Untersuchung 187

Da die beiden Kontextvariablen als kategoriale Variablen fungieren, die jeweils zwei Stufen besitzen,[227] und die Effekte auf jeweils eine abhängige Variable isoliert betracht werden sollen,[228] wurde hier eine mehrfaktorielle univariate Varianzanalyse als geeignetes Verfahren ausgewählt. Sie dient der Überprüfung, ob sich die Ergebnisvariablen individueller Gewin und Effizienz in Abhängigkeit von der vorliegenden Ausprägung der Kontextvariablen unterscheiden. Auch die Wechselwirkung zwischen Teamzusammenstellung und Nationaler Dominanz/Nationalität soll mit berücksichtigt werden. Obwohl für diese keine konkreten Hypothesen vorliegen, könnten sie zusätzliches Erklärungspotenzial liefern und sind – wie eben beschrieben – für die Interpretation der Haupteffekte relevant und deswegen nicht zu vernachlässigen.

Die Verwendung der ANOVA ist im Wesentlichen an drei Voraussetzungen geknüpft (Bortz & Schuster, 2010):[229] Intervallskalierung und Normalverteilung der abhängigen Variable sowie Varianzgleichheit (Homoskedastizität) zwischen den betrachteten Fall- bzw. Experimentalgruppen in der abhängigen Variable (Bortz & Schuster, 2010; Brosius, 2008). Die Voraussetzungen sind in Abbildung 32 dargestellt.

---

vor, wenn sich beide Grafen überschneiden und gegenläufige Vorzeichen bei den Steigungen aufweisen, die Rangreihe der Mittelwerte entspricht nicht mehr der Rangreihe bei den Haupteffekten. Eine hybride oder semidisordinale Wechselwirkung ist daran zu erkennen, dass sich beide Grafen entweder nicht überschneiden und unterschiedliche Vorzeichen in der Steigung vorweisen oder sich überschneiden, beide aber gleiche Vorzeichen bei der Steigung haben (Ziegler & Bühner, 2009, S. 415ff).

[227] Nationale Dominanz/Nationalität: deutsch vs. französisch; Teamzusammenstellung: monokulturell vs. multikulturell.

[228] Damit kann Vergleichbarkeit zu bereits existierenden Ergebnissen gewährleistet werden, die in der Mehrzahl ebenfalls isolierte Betrachtungen, z.B. nur auf die Effizienz, umfassen.

[229] Sind diese nicht gegeben, so werden die erhaltenen Ergebnisse als unbrauchbar erachtet (Bortz & Schuster, 2010).

Voraussetzung	Prüfmethode	Grenzwert	Empirische Werte	Voraussetzung erfüllt?
Intervallskalierung	/	/	/	Ja
Normalverteilung	Kolmogorov-Smirnov-Anpassungstest	p>0,05	$0{,}430 \leq p \geq 0{,}872$	Ja
	Shapiro-Wilk-Test	p>0,05	$0{,}122 \leq p \geq 0{,}921$	
Homoskedastizität	Levene-Tests	p>0,05	$0{,}194 \leq p \geq 0{,}851$	Ja

Abbildung 32: Analyse der Voraussetzungen der ANOVA

Intervallskalierung ist, wie bereits in Abschnitt 4.3.2 erwähnt, gegeben. Zur Überprüfung der Normalverteilung bieten sich als klassische Tests der Kolmogorov-Smirnov-Anpassungstest und der Shapiro-Wilk-Test an, wobei Letzterer sich bei kleineren Stichproben als robuster erwiesen hat (Shapiro, Wilk & Chen, 1968).[230] Für beide Tests liegen die Werte in der abhängigen Variable (individueller Gewinn und Effizienz) über dem Grenzwert (siehe Abbildung 33), so dass von einer Normalverteilung der untersuchten Daten ausgegangen werden (vgl. Bortz & Schuster, 2010).

Varianzhomogenität bzw. Homoskedastizität liegt dann vor, wenn die Varianzen der Variablen in den einzelnen Gruppen der Grundgesamtheit gleich groß sind (Janssen & Laatz, 2007). Zur Überprüfung soll hier der Levene-Test herangezogen werden.[231] Auch hier liegen die empirischen Werte oberhalb der Grenzwerte, so dass in der Grundgesamtheit Varianzhomogenität vorliegt.[232]

---

[230] Dabei wird die Nullhypothese überprüft, dass die Daten in der Grundgesamtheit normalverteilt sind. Größere Irrtumswahrscheinlichkeiten deuten darauf hin, dass die Nullhypothese nicht zugunsten der Alternativhypothese (keine Normalverteilung) verworfen werden kann und in der Grundgesamtheit die Daten normalverteilt sind.

[231] Dabei wird die Nullhypothese geprüft, dass in der Grundgesamtheit Varianzhomogenität besteht. Signifikante Ergebnisse deuten auch hier darauf hin, dass in der Grundgesamtheit keine Varianzhomogenität besteht. In diesem Fall bieten sich geeignete Datentransformationen dazu an, Varianzen anzugleichen (vgl. Bortz & Schuster, 2010).

[232] Zur Berechnung der eben genannten Analysen wurden die gängige Statistiksoftware SPSS 18 verwendet.

4.3.3 Gütemaße zur Beurteilung der Ergebnisse der bivariaten Korrelationsanalysen und ANOVAs

Zur Beurteilung der erhaltenen Ergebnisse der Korrelation- und Varianzanalysen werden im Folgenden hauptsächlich zwei Maße verwendet. Zur Verwerfung bzw. Bestätigung der Hypothesen soll auf die in der Literatur und den Verfahren gängige Signifikanzbeurteilung zurückgegriffen werden. Die geläufigen Signifikanzniveaus sind dabei 5% (p=0,05) oder 1% (p=0,01) und lassen die Interpretation als „signifikant" oder „hochsignifikant" zu.[233] Zudem soll aufgrund der geringen Stichprobengröße auch das 10%-Niveau (p=0,10) aufgenommen werden. Ergebnisse, die dieses Niveau erfüllen, werden als marginal signifikant bezeichnet (Bortz & Döring, 2009; Bortz & Schuster, 2010).

Von einer ausschließlichen Signifikanzbetrachtung bei der Beurteilung der Ergebnisse ist jedoch abzuraten. Mit der Signifikanzbeurteilung kann lediglich eine Aussage über die Existenz eines Effekts gemacht werden, die Stärke des Effekts kann jedoch nicht bewertet werden (Fröhlich & Pieter, 2009). Da die Signifikanz von der Varianz der Stichprobe abhängig ist, kann des Weiteren durch eine Stichprobenvergrößerung die Varianz reduziert und somit vereinfacht ein signifikantes Ergebnis erzielt werden. Daher soll in der vorliegenden Arbeit zusätzlich die Effektstärke angegeben werden, welche kaum von der Stichprobengröße beeinflusst wird (Wirtz & Nachtigall, 2008). Neben der Beurteilung von praktischer Relevanz werden Effektstärken gerade bei kleineren Stichproben zur Bewertung der Stärke der gefundenen Zusammenhänge oder Effekte verwendet. Aus der Vielzahl der möglichen Effektstärkenmaße soll in Anlehnung an Wilson, Callaghan, Ringle und Henseler (2007) die Größe Eta verwendet werden.[234] Die Effektstärkenklassifizierung lässt sich wie folgt ausweisen (siehe Bortz & Döring, 2009; Vacha-Haase & Thompson, 2004):[235] kein Effekt:

---

[233] Die beschriebenen Prozentzahlen bilden dabei das Niveau des Alpha-Fehlers. Unter einem Alpha-Fehler (oder Fehler 1.Art) wird das irrtümliche Verwerfen der Nullhypothese zugunsten der Alternativhypothese verstanden (Bortz & Döring, 2009).

[234] Eta wird insbesondere im Rahmen von Varianzanalysen angegeben und berechnet sich als Quadratwurzel aus dem partiellen Eta-Quadrat. Neben Eta existiert noch eine Reihe weiterer Maße zur Messung der Effektstärke, darunter auch das Maß Cohen's D. Für einen detaillierten Überblick siehe Bortz und Döring (2009), Bühner (2010), Wirtz und Nachtigall (2008) oder Vacha-Haase und Thompson (2004).

[235] Die Klassifizierung der Effektstärken von Wilson et al. (2007) und Bortz und Döring, (2009) sind vergleichbar. Hier soll jedoch auf Wilson et al. (2007) verwiesen werden, da die Auto-

Eta < 0,02; schwacher Effekt: 0,02 < Eta < 0,15; mittlerer Effekt: 0,15 < Eta < 0,35 und starker Effekt: Eta > 0,35.

4.3.4 Überprüfung der Zusammenhänge im Gesamtmodell mit Hilfe eines PLS-Pfadmodells

Zur Überprüfung des Gesamtmodells soll in der vorliegenden Arbeit auf ein Strukturgleichungsmodell zurückgegriffen werden. Strukturgleichungsmodelle (SEMs=*Structural Equation Models*)[236] fanden im Bereich des internationalen Marketings und Managements in den letzten Jahrzehnten zahlreiche Anwendungen und gelten als ein zentrales Verfahren zur Validierung von Instrumenten und Überprüfung der Verbindung zwischen Konstrukten (Henseler, Ringle & Sinkovics, 2009). Generell lassen sich zwei SEM-Familien hinsichtlich der Art und Weise der Parameterschätzung sowie einer Vielzahl an weiteren Kriterien voneinander unterscheiden.

Die häufigste Anwendung in den letzten Jahrzehnten fanden die kovarianzbasierten Verfahren, welche häufig mit den Namen der dafür entwickelten Software LISREL (LInear Structural RELationships) gleichgesetzt werden.[237] Ziel dieser Verfahren ist es, die empirische Kovarianzmatrix der Indikatoren mit den Modellparametern bestmöglich zu reproduzieren.

Die zweite Familie der varianzbasierten Verfahren erfuhr gerade im letzten Jahrzehnt einen starken Aufschwung. Partial Least Square (PLS)-Pfadmodellierung stellt hier das populärste Verfahren dar (Henseler et al., 2009). PLS und andere varianzbasierte Verfahren sind darauf ausgelegt, die Erklärungskraft des Strukturmodells durch die varianzbasierte Schätzung zu maximieren, um die tatsächliche Struktur der Daten bestmöglich zu reproduzieren (Herrmann, Huber & Kressmann, 2006). Dementsprechend werden PLS-Modelle auch als prognoseorientierte Verfahren bezeichnet (Götz & Liehr-Gobbers, 2004). Die hohe Robustheit von PLS im Vergleich zu kovarianzbasierten Verfahren recht-

---

ren konkrete Kategorien angeben und somit eine Einteilung erleichtert wird, während sich Bortz und Döring (2009) auf grobe Richtwerte (z.B. ~ 0,1) berufen.

[236] Generell zählen Strukturgleichungsmodelle zu strukturprüfenden Verfahren, welche neben strukturentdeckenden Verfahren (wie z.B. Faktorenanalyse) existieren (vgl. Backhaus et al. 2006).

[237] Weitere Analysesoftware für kovarianzbasierte Verfahren sind u.a. *AMOS* (*Analysis of MOment Structures*) oder *EQS (Structural EQuation Modelling Software)*.

fertigt dessen intensive Anwendung in der empirischen Forschung im Marketing, wie z.B. Erfolgsfaktorenforschung (Albers, 2009) oder Kundenzufriedenheitsstudien (Fornell, 1992).

Neben der Parameterschätzung existiert noch eine Reihe weiterer, sowohl messtheoretischer als auch statistischer Kriterien, die zur Wahl des geeigneten Verfahrens relevant sind. Anhand dieser Kriterien sollen im Folgenden LISREL und PLS gegenübergestellt und ein für die vorliegende Arbeit adäquates Verfahren ausgewählt werden.

4.3.4.1 Gegenüberstellung der beiden Verfahren PLS und LISREL und Auswahl von PLS als geeignetes Analyseverfahren

In Abbildung 33 sind LISREL und PLS als Vertreter kovarianz- und varianzbasierter Strukturgleichungsmodelle gegenübergestellt.[238] Die grau markierten Kriterien deuten auf die Vorteile von PLS für die vorliegende Arbeit hin.

Die Robustheit ggü. der Stichprobengröße (53 Dyaden) sowie die Möglichkeit zur Abbildung komplexer Modelle stellen in der vorliegenden Arbeit die wesentlichen Gründe für die Wahl von PLS dar. Ohne gravierende Schätzfehler wäre ein LISREL-Algorithmus hier nicht möglich (Henseler et al., 2009).[239] Ein weiterer zentraler Grund ist die Integration von formativen Modellen in PLS (Henseler et al., 2009; Fassott, 2006).[240] Eine weitere Besonderheit in diesem Zusam-

---

[238] Grundlage von LISREL stellen die Arbeiten von Jöreskog (1973) und Jöreskog und Sörbom (1996) dar. Der PLS-Ansatz lässt sich insbesondere auf die Arbeiten von Wold (1966) zurückführen. Sowohl PLS als auch LISREL gehen von linearen Zusammenhängen zwischen den interessierenden Konstrukten aus (Scholderer & Balderjahn, 2006).

[239] In der Literatur sind keine einheitlichen Mindestumfänge zu finden. Einige Richtwerte lassen sich jedoch geben: z.B. mindestens 150 Datensätze (Anderson & Gerbing, 1984), pro Parameter fünf Datensätze (Bentler & Chou, 1987); zehnmal so viele Datensätze wie die maximale Anzahl der Pfade, die in einem latenten Konstrukt zusammenlaufen. Falsche Parameterschätzer, instabile Werte oder auch empirische Unteridentifikation sind die Folge von zu kleinen Stichproben bei LISREL (Backhaus et al. 2006). Nach Reinartz, Haenlein und Henseler (2009) ist bei einem Fallzahl von weniger als 250 PLS als Verfahren zu wählen, da PLS dabei bessere Schätzer aufweist.

[240] Das Messmodell beschreibt die Beziehung zwischen den beobachtbaren oder manifesten Variablen (Indikatoren) und den ihnen zugrunde liegenden (latenten) Konstrukten (Götz & Liehr-Gobbers, 2004). Generell existieren zwei Arten von Messmodellen, die sich in der Richtung der unterstellten kausalen Beziehung zwischen Indikator und latentem Konstrukt unterscheiden: formativ und reflektiv. Die Auswahl des Messmodells beruht auf theoretischen Überlegungen, die in der Literatur u.a. in Kriterienkatalogen abgebildet sind (Fassott & Eggert, 2005). Bei reflektiven Messmodellen verursacht das latente Konstrukt Veränderungen in den Indikatoren. Letztere bilden somit Repräsentanten des latenten Konstrukts und müssen hoch miteinander korrelieren. Der Zusammenhang zwischen Indikator und latentem Konstrukt wird als Faktorladung abgebildet. Reflektive Messmodelle werden u.a. zur

menhang besteht bei PLS darin, dass latente Konstrukte auch mühelos durch einen Indikator dargestellt werden können, was für die vorliegende Datenlage relevant ist. Außerdem lassen sich Indikatoren durch kategoriale Variablen und Moderationseffekte abbilden (vgl. Henseler et al., 2009).[241]

Kriterium	PLS	LISREL
Art und Weise der Parameterschätzung	Varianzbasiert	Kovarianzbasiert
Abbildbare Messmodelle	Formativ und reflektiv	Reflektiv
Methodik	Explizite Schätzung der latenten Variablen als standardisierte Linearkombinationen	Latente Variablen als nicht deterministische Funktion der Indikatoren
Modellierung der Messfehler	Consistency at large	Explizite Modellierung
Schätzverfahren	Kleinste-Quadrate-Verfahren	Maximum-Likelihood-Schätzer
Verteilungsvoraussetzungen	Nein	Ja
Anforderungen an die Stichprobengröße	Gut geeignet für kleinere Stichproben	Große Stichproben notwendig (ca. n=150)
Modellierung komplexer Modelle	Problemlos	Schwierig, da Schätzprobleme auftreten können
Beurteilung der Gesamtmodellgüte	Nein	Ja
Optimierung	Partielle Optimierung einzelner Teilmodelle	Optimierung des globalen Gesamtmodells

Anmerkung: ▪ *Gründe für die Auswahl von PLS für die vorliegende Arbeit*
¹ *Für erste Vorschläge zur Beurteilung der Gesamtgüte siehe u.a. Tenenhaus, Esposito, Chatelin und Lauro (2005) oder Henseler et al. (2009).*

Abbildung 33: Unterscheidungsmerkmale zwischen LISREL und PLS (eigene Darstellung)

Ermittlung neuer Konstrukte verwendet (Homburg & Giering, 1996). Formative Messmodelle beruhen dagegen auf der Prämisse, dass die latenten Konstrukte durch die Indikatoren verursacht werden (Diamantopulus & Winklhofer, 2001). Die Indikatoren müssen dabei nicht notwendigerweise korrelieren. Die Veränderung eines Indikators reicht daher aus, eine Veränderung des latenten Konstrukts hervorzurufen. Im Gegensatz zu den Repräsentanten im reflektiven Messmodell werden die Indikatoren im formativen Messmodell auch definierende Konstituenten genannt. Zudem existiert noch der Sonderfall, dass ein latentes Konstrukt eine Effekt- oder Dummy-Variable darstellt und durch exakt einen Indikator abgebildet wird. Weder die eine noch die andere Variable stellt Ursache oder Konsequenz dar. In einem solchen Fall liegt eine fehlerfreie Messung vor (Götz & Liehr-Gobbers, 2004; Henseler & Fassott, 2010).

[241] Die Abbildung von Moderatoreffekten ist sowohl für metrische als auch für kategoriale Variablen möglich. Zur Modellierung kategorialer Konstrukte bei LISREL siehe u.a. Rüssmann, Dierkes und Hill (2010).

Außerdem werden in PLS keine Verteilungsannahmen hinsichtlich der Indikatoren vorgegeben.[242] Dass PLS im Rahmen von Gruppenvergleichen (z.b. varianzanalytischem Vorgehen, Lee, Yang & Graham, 2006) sowie im kulturellen Kontext (vgl. Graham & Mintu-Wimsatt, 1997; Graham et al., 1994) bereits erfolgreich angewendet wurde, bestätigt die vorliegende Entscheidung für dieses Verfahren.

Neben den vielen Vorteilen weist PLS jedoch einige Nachteile gegenüber LISREL auf. Zum einen zeigt PLS Schwächen hinsichtlich systematischer Messfehler und Konsistenz der Parameterschätzungen. Während bei LISREL lediglich der Stichprobenumfang zur Optimierung der Zuverlässigkeit der Schätzergebnisse vergrößert werden muss (Babakus et al., 1987), ist bei PLS eine gleichzeitige Erhöhung der Anzahl der reflektiven Indikatoren je Messmodell erforderlich („consistency at large", vgl. Götz & Liehr-Gobbers, 2004). Hinzu kommt, dass in PLS keine Beurteilung des Gesamtmodells möglich ist. Koeffizienten, wie z.B. *CFI (Comparative Fit Index)* oder *RMSEA (Root Mean Square Error of Application)* in LISREL, zur Beurteilung des Gesamtmodells sind in PLS nicht verfügbar (Herrmann et al., 2006). Demgegenüber kann in PLS aber die Güte von Teilmodellen über den Determinationskoeffizienten R^2 angegeben werden. Mit seiner Hilfe lässt ich eine Aussage darüber treffen, inwiefern die Varianz in einem Konstrukt durch das gewählte Modell erklärt werden kann.[243] Die Beurteilung des Gesamtmodells steht jedoch nicht im Vordergrund der vorliegenden Arbeit. Vielmehr sollen mit Hilfe des PLS-Modells die in Abschnitt 4.4.3 dargestellten einzelnen Analysen in ein Gesamtmodell übertragen und se-

---

[242] Zur Gütebeurteilung können jedoch Methoden wie z.B. *Jackknifing* oder *Bootstrapping* eingesetzt werden (Babakus, Ferguson & Jöreskog, 1987). Parametrische Voraussetzungen sind für diese *Resampling*-Methoden nicht notwendig (Götz & Liehr-Gobbers, 2004). Demgegenüber wird bei kovarianzbasierten Verfahren eine Multinormalverteilung der Indikatorvariablen vorausgesetzt. Die Voraussetzung intervallskalierter bzw. metrischer Daten muss bei PLS und bei LISREL erfüllt sein, wobei sich dummy- oder effektkodierte Variablen bei PLS problemloser als Indikatoren oder latente Konstrukte integrieren lassen (Henseler et al., 2009).

[243] Dies ist insbesondere dann von Relevanz, wenn das Strukturgleichungsmodell zur Vorhersage von Variablen benutzt werden soll und mit varianzanalytischen Analysen bzw. Gruppenvergleichen kombiniert wird.

lektiv relevante Teilmodelle einer gezielten Prüfung im übergeordneten Rahmen unterzogen werden.[244]

4.3.4.2 Abbildung von kategorialen Moderatoreffekten in PLS und Auswahl eines Product Term Approaches

Interaktionseffekte werden häufig trotz ihrer Relevanz für die empirische Forschung vernachlässigt. Da sie aber zusätzliches Erklärungspotenzial liefern und zu einer verbesserten Prognosegüte der Zielvariable führen können,[245] sollen sie in der vorliegenden Arbeit auch im Rahmen des PLS-Modells berücksichtigt werden (vgl. Klein, 2000; Müller, 2007). Sie stehen zwar nicht wie die Haupteffekte, über die auch die Hypothesen formuliert wurden, im Mittelpunkt der Arbeit. Von ihnen werden aber ggf. zusätzliche Informationen zu den erhaltenen Ergebnissen erwartet (Chin, Marcolin & Newsted, 2003; Homburg & Giering, 1996). Da die hier betrachteten Kontextvariablen kategorialer Natur sind, soll dieser Abschnitt der Modellierung von kategorialen Interaktions- bzw. Moderatoreffekten gewidmet werden.[246]

Sowohl die Integration als auch der Nachweis solcher Interaktionseffekte lassen sich in PLS reibungslos vornehmen (siehe hierzu Henseler & Chin, 2010; Judd & Kenny, 2010; Judd, Kenny & McClelland, 2001). Aufgrund der Varianzbasiertheit des Verfahrens werden keine Verteilungsannahmen sowie Vorgaben zur Unkorreliertheit bei der Integration des Moderatoreffekts vorausgesetzt (Chin et al., 2003; Homburg & Klarmann, 2006).

Gerade für bei der Untersuchung kategorialer Interaktionseffekte findet PLS verstärkt Anwendung (Helm, Eggert & Garnefeld, 2010). Zur Modellierung kate-

---

[244] Für eine weiterführende Gegenüberstellung der Verfahren siehe u.a. Götz und Liehr-Gobbers (2004).
[245] Insbesondere wenn keine signifikanten Haupteffekte vorzuweisen sind.
[246] Neben dem Moderatoreffekt existieren sog. Mediatoreffekte, welche in der Literatur ebenfalls besonderes Interesse erlangen. Zur Unterscheidung zwischen Moderator und Mediator sowie zur Abbildung von Mediatoreffekten siehe u.a. Baron und Kenny (1986), Frazier et al. (2004) oder Henseler und Fassott (2010). Eine ausführliche Gegenüberstellung von Interaktionseffekten und die Voraussetzungen für deren Integration in das SEM zwischen LISREL und PLS findet sich bei Henseler und Chin (2010, S. 84 f.). Moderatoreffekte in Strukturgleichungsmodellen beziehen sich auf Interaktionseffekte zwischen latenten Konstrukten.

gorialer Moderatoreffekte in PLS-Modellen stehen dabei zwei Vorgehensweisen zur Verfügung (vgl. Henseler & Fassott, 2010):[247]

- *Product Term Approach*: Der Moderatoreffekt wird als Produktterm aus den beiden Indikatorvariablen gebildet und mit in das Modell aufgenommen. Die einzelnen Pfadkoeffizienten lassen sich als einzelne Effekte interpretieren, d.h., sie sind jeweils um die anderen Effekte bereinigt. Der Moderatorterm als solcher ist kommutativ, d.h., rein mathematisch besteht nach der Multiplikation kein Unterschied mehr, welche der beiden unabhängigen Variablen der Moderator war. Beide Interpretationen sind zulässig.

- *Group Comparison Approach*: Der *Group Comparison Approach* lässt sich nur bei kategorialen Variablen anwenden und setzt voraus, dass die Moderatorvariable bereits vorab feststeht.[248] Die kategoriale Moderatorvariable wird dann als sog. Gruppierungsvariable verwendet. Für jede der beiden Gruppen werden die Modelle separat geschätzt und im Anschluss die erhaltenen Parameter miteinander verglichen. Signifikante Unterschiede in den Modellparametern werden als Moderatoreffekt interpretiert (siehe auch Rigdon, Schumacker & Wothke, 1998, S.1; vgl. Chin, 2000).

Der *Product Term Approach* bietet sich für die vorliegende Arbeit insbesondere deswegen an, da der Moderatorterm sich dabei parallel zu den Haupteffekten im Modell befindet und für diesen somit ein eigener, isolierter Einflussparameter berechnet werden kann. Dieser Parameter kann im Anschluss mit den Parametern der Haupteffekte verglichen werden. Des Weiteren ist keine der beiden Kontextvariablen explizit als Moderatorvariable definiert. Deshalb lässt sich eine Gruppierungsvariable nicht eindeutig bestimmen. Zudem verlangt der *Group Comparison Approach* eine Mindeststichprobengröße von 30, optimal 50 Fällen

---

[247] Im Folgenden soll sich auf die Modellierung einfacher Interaktionen bezogen werden. Auf die Erklärung der Modellierung von Dreifachwechselwirkungen, also Interaktionen zwischen drei Variablen, soll an dieser Stelle verzichtet und auf die jeweiligen Autoren verwiesen werden (z.B. Henseler & Fassott, 2010).

[248] Sollen kontinuierliche Variablen als Gruppierungsvariablen verwendet werden, muss zuvor eine Dichotomisierung, z.B. mit Hilfe des Medians, vorgenommen werden (vgl. Henseler & Fassott, 2010). Eine künstliche Dichotomisierung führt aber u.a. zu einem zu starken Varianz- und Informationsverlust. Aufgrund der späteren Überprüfung der Unterschiedlichkeit mittels eines t-Tests müssen die Variablen zudem einer Normalverteilung genügen (vgl. Temme & Hildebrandt, 2009).

pro Gruppe. In der vorliegenden Arbeit kann dies aufgrund der ohnehin schon geringen Stichprobengröße nicht gewährleistet werden (Qureshi & Compeau, 2009).

Für die vorliegende Arbeit bestehen die relevanten Interaktionen zwischen Teamzusammenstellung und Nationaler Dominanz (TZ×ND) für die Verkäuferteams und zwischen Teamzusammenstellung und Nationalität (TZ×N) für die Einkäufer. Dazu wurde eine Moderatorvariable gebildet, welche sich aus dem Kreuzprodukt der beiden Kontextvariablen ergab. Die Kontextvariablen mussten hierzu vorab zentriert werden (vgl. Empfehlungen von Chin et al., 2003; Eggert, Fassott & Helm, 2005; Hubert et al., 2007). Im kategorialen Fall wird dies mit Hilfe der Effektkodierung der Ausgangsvariablen (hier Teamzusammenstellung und Nationale Dominanz bzw. Nationalität) erzielt (vgl. Echambi & Hess, 2007).[249] Dadurch kann nicht nur eine bessere Vergleichbarkeit der Koeffizienten ermöglicht, sondern auch der Multikollinearitätsproblematik dummykodierter Moderatoreffekte entgegengewirkt werden (Echambi & Hess, 2007; Eggert et al., 2005; Henseler & Chin, 2010).[250]

Nach der Produktbildung wird zur Beurteilung des Moderatoreffektes in zwei Schritten vorgegangen (vgl. hierzu Henseler & Chin, 2010). Zunächst wird das Modell ohne den Moderatorterm berechnet. Danach wird der Moderatorterm in das Modell integriert. Zur Beurteilung der Güte des Moderatoreffektes stehen dabei zwei Maße zur Verfügung. Zum einen kann der Pfadkoeffizient des Moderatorterms auf das jeweilige Kriterium mit Hilfe des *Bootstrapping*-Verfahrens auf Signifikanz getestet werden (Eggert et al., 2005).[251] Zum anderen lässt sich die Veränderung im Determinationskoeffizenten R^2 der abhängigen Variablen vor und nach der Aufnahme des Moderatorterms bestimmen. Mittels der Bestimmung der Effektstärke f^2 kann anschließend das Ausmaß der Veränderung

---

[249] Effektkodierung bedeutet bei zwei Kategorien die Zuordnung der Werte (-1) und (1) zu den beiden Kategorien. Bei der Teamzusammenstellung wurden monokulturelle Teams mit (-1), multikulturelle Teams mit (1), bei der Nationalen Dominanz bzw. Nationalität Deutsch mit (-1), Französisch mit (1) kodiert. Zum allgemeinen Vorgehen bei der Kodierung kategorialer Daten siehe Toutenburg, Schomaker und Wißmann (2006).
[250] Die Multikollinearität kann u.a. dazu führen, dass die Pfadkoeffizienten Werte größer als 1 annehmen (vgl. Jöreskog, 1999). Empirische Belege finden sich u.a. bei Branje, van Lieshout und van Aken (2004) oder Dickinger (2010).
[251] Bei der Beurteilung des Moderatoreffektes ist die isolierte Betrachtung des Pfadkoeffizienten des Moderatorterms ungeachtet der Pfadkoeffizienten der Haupteffekte zulässig (Baron & Kenny, 1986; Eggert et al., 2005).

in der erklärten Varianz der abhängigen Variablen beurteilt werden (vgl. Cohen, 1988):[252]

$$(5) \quad f^2 = \frac{(R^2_{mit\ Moderatorterm} - R^2_{ohne\ Moderatorterm})}{(1 - R^2_{mit\ Moderatorterm})}$$

Chin et al. (2003) weisen darauf hin, dass auch schwache Moderationseffekte – im Sinne von niedrigen Veränderungen in R^2 – relevant sein können.[253]

4.3.4.3 Spezifizierung des vorliegenden Modells

Zur Analyse des vorliegenden Modells wurde SmartPLS Version 2.0 M3 verwendet (Ringle, Wende & Will, 2005). Sowohl die Kontextvariablen (welche die experimentelle Manipulation widerspiegeln) als auch die Interaktions- und Ergebnisvariablen bilden jeweils formative Indikatoren. Jedes Konstrukt wird demnach fehlerfrei durch einen formativen Indikator repräsentiert, so dass das Konstrukt dem jeweiligen Indikator entspricht (Streukens, Wetzels, Daryanto & de Ruyter, 2010). Die Interaktion(en) aus den beiden Kontextvariablen gehen als Moderatorterm ebenfalls im Rahmen eines formativen Indikators in das Modell ein, so dass sich dessen Zusammenhänge mit den dynamischen Variablen und den Ergebnisvariablen entsprechend modellieren lassen.[254] Zudem konzentriert sich die vorliegende Arbeit aufgrund ihres Schwerpunkts insbesondere auf die Modellierung des Verkäuferverhaltens und dessen Einflüsse auf individuellen Gewinn sowie Effizienz.

In der vorliegenden Untersuchung kommen keine reflektiven Messmodelle und keine formativen Messmodelle mit mehr als einem Indikator vor. Auf eine Beurteilung anhand standardmäßig eingesetzter Kriterien, z.B. *AVE (Average Variance Extracted)*, kann daher verzichtet und zur genaueren Beschreibung die-

---

[252] Zur Beurteilung von Effektstärken siehe Abschnitt 4.3.3.
[253] Dies könnte auf einen extremen Moderatoreffekt hindeuten, der sich mit einem hohen und stark signifikanten Pfadkoeffizienten auszeichnet und den Haupteffekt bei gleichzeitiger Betrachtung fast gänzlich substituiert (vgl. Eggert et al., 2005).
[254] Da in PLS-Modellen keine bidirektionalen Kausalzusammenhänge zwischen latenten Konstrukten abgebildet werden können (Weiber & Mühlhaus, 2010), wurden die bivariaten Zusammenhänge zwischen den dynamischen Variablen (Intrateamprozesse, Verhandlungsverhalten) mittels Korrelationsanalysen abgedeckt (siehe Abschnitt 4.5.10, vgl. Henseler & Fassott, 2010).

ser Kriterien auf entsprechende Literatur verwiesen werden (z.B. Backhaus et al., 2006; Herrmann et al., 2006; Hildebrandt & Temme, 2006).

4.4 Ergebnisse der deskriptivstatistischen Analysen, der ANOVAs und der bivariaten Korrelationsanalysen

4.4.1 Manipulation Check und Überprüfung der kulturellen Unterschiede zwischen den deutschen und französischen Probanden

Die interkulturelle Situation, sowohl innerhalb des Verhandlungsteams als auch zwischen Verkäuferteam und Einkäufer, gilt als zentrale experimentelle Manipulation der vorliegenden Arbeit. Ist den Versuchspersonen die experimentelle Manipulation nicht bewusst bzw. wird von diesen nicht als solche wahrgenommen, könnte sich dies negativ auf die Ergebnisse und ihre Interpretation auswirken (vgl. Drake, 2001; Oppenheimer et al., 2009). Insgesamt wurden daher im vorliegenden Fragebogen drei *Manipulation-Check-Items* verwendet (siehe Anhang 4, Frage 52-54):

- „Have you been aware of the different cultures in the negotiation setting?" (Frage 68, MAN_1_Aware, 1=yes, totally, 7=no, not at all; Mean 3,60; STD: 1,78)

- „Have you been aware of differences in behavior between the different cultures?" (Frage 69, MAN_2_Diff, yes/no; 65,4% bei ja)

- „How obvious have those cultural differences been?" (Frage 70, MAN_3_Obvious, 1=not obvious at all, 7=very obvious; 3,43; STD: 1,69).

Auf Basis der Ergebnisse kann somit behauptet werden, dass die interkulturelle Situation nicht nur bewusst war, sondern dass auch die Mehrheit der Teilnehmer mit 65,4% Unterschiede im Verhalten zwischen den Kulturen wahrgenommen haben.

Neben der Analyse des Bewusstseins für die kulturelle Situation ist es zudem auch notwendig sicherzustellen, dass die angenommenen kulturellen Unterschiede in der vorliegenden Stichprobe auch derart vorhanden sind. Die in Abschnitt 3.1.6 postulierten Hypothesen beruhen auf zwei zentralen Annahmen. Zum einen gehen sie davon aus, dass kulturelle Werte – dabei insbesondere

Kollektivismus – das Verhandlungsverhalten beeinflussen. Diese Annahme konnte in der Literatur ausreichend bestätigt werden (vgl. Graham et al., 1994; siehe auch Abschnitt 3.1.5.2). Die zweite Annahme bezieht sich auf die Unterschiede der kulturellen Werte zwischen Deutschen und Franzosen. Es wird angenommen, dass sich Teams mit unterschiedlicher Nationaler Dominanz hinsichtlich ihrer Ausprägung in Kollektivismus und somit in ihrem Verhandlungsverhalten unterscheiden. Laut den veröffentlichten Indizes der GLOBE-Studie besteht ein kultureller Unterschied zwischen Deutschen und Franzosen. Folglich muss geprüft werden, ob auch in der vorliegenden Stichprobe eine Divergenz hinsichtlich der kulturellen Werte zwischen Deutschen und Franzosen besteht, besonders in Bezug auf Kollektivismus. Nur dann ließen sich die vorgenommene experimentelle Manipulation (Einteilung in Teams mit kollektivistischer bzw. individualistischer Dominanz) und die daraus abgeleiteten Hypothesen rechtfertigen. Eine solche Überprüfung wird als *Sampling Check* bezeichnet und ist für die interkulturelle Verhandlungsforschung von hoher Relevanz (vgl. Adair et al., 2001, S. 375; siehe auch Adair, & Brett, 2007; Brett & Okumura, 1998).

Für diese Überprüfung wurden die Stichprobenwerte aller neun GLOBE-Dimensionen auf Gruppenniveau Deutsch/Französisch zunächst mit den vorgegebenen GLOBE-Indizes verglichen. Dadurch sollte sichergestellt werden, dass sich die vorliegenden kulturellen Werte im Sinne der Ausprägungsrichtung nicht von den durch die Autoren vorgegebenen Profilen unterscheiden. Wie sich anhand von Abbildung 34 bestätigen lässt, entsprechen die Mittelwerte der Probanden der beiden Kulturen den von den GLOBE-Autoren postulierten Indizes bzw. Ausprägungen. Die durchschnittliche Abweichung liegt dabei unter 12%.

In einem nächsten Schritt wurde überprüft, ob sich die Unterschiede auch statistisch bestätigen lassen. Die Ergebnisse sind ebenfalls in Abbildung 34 dargestellt. Die postulierte Divergenz der Kulturprofile lässt sich durch sechs von neun signifikant unterschiedlichen Mittelwerten nachweisen ($0{,}000 \leq p \geq 0{,}021$).

Kulturdimension[1]									
Nationa-lität	Wert	LO	ZO	GG	BE	KOLL (Inst.)	KOLL (In-gr.)	HO	UV	MD
Deutsch	Mittelwert GLOBE	4,25	4,27	3,10	4,55	4,02	3,79	3,18	5,22	5,25
	Mittelwert Probanden[2]	4,64	5,03	3,92	4,92	3,37	3,26	4,10	5,10	4,95
Franzö-sisch	Mittelwert GLOBE	4,11	3,48	3,64	4,13	4,37	3,93	3,40	4,43	5,28
	Mittelwert Probanden[2]	4,45	4,13	3,76	4,64	3,88	3,60	4,04	4,67	5,25
$F_{(2,203)}$		2,48	55,35	1,86	5,77	7,90	6,15	0,91	14,26	16,04
p		0,12	0,00***	0,18	0,02**	0,00***	0,01**	0,66	0,00***	0,02**
Eta		0,11	0,46	0,09	0,17	0,19	0,17	0,03	0,24	0,27

Anmerkungen: *p<0,10; **p<0,05; ***p<0,01; ▓ Für die vorliegende Untersuchung als relevant deklarierte Kulturdimension
[1] LO= Leistungsorientierung (Performance Orientation), ZO= Zukunftsorientierung (Future Orientation), GG= Gleichheit der Geschlechter (Gender-Egalitarism), BE= Bestimmtheit (Assertiveness), KOLL (In-gr.)= Innergruppenkollektivismus (In-group Collectivism), KOLL (Inst.)=Institutioneller Kollektivismus (Institutional Collectivism), HO= Humanorientierung (Human Orientation), UV=Unsicherheitsvermeidung (Uncertainty Avoidance), MD= Machtdistanz (Power Distance)
[2] Gesamtstichprobe der Teilnehmer (Ein- und Verkäufer)

Abbildung 34: Vergleich der Kulturwerte zwischen deutschen und französischen Probanden sowie Validierung anhand der GLOBE-Werte

In der für die vorliegende Arbeit als relevant definierten Kulturdimensionen Kollektivismus (KOLL Inst.) bestehen hoch signifikante Mittelwertunterschiede zwischen Deutschen und Franzosen. Franzosen zeigen dementsprechend signifikant höhere Werte in Kollektivismus als Deutsche.[255] Die hier vorliegenden Probanden besitzen die ihren Kulturen zugesprochenen Werte und unterscheiden sich bedeutend in den relevanten Dimensionen, so dass die experimentelle Manipulation als gerechtfertigt erachtet werden kann.[256]

---

[255] Auch in Studien, welche andere Dimensionen zur Unterscheidung von Kulturen gewählt haben, bestehen deutliche Unterschiede zwischen der deutschen und der französischen Kultur (vgl. Salacuse, 1998 oder Hall, 1998), wodurch die experimentelle Manipulation zusätzlich gestützt wird. Des Weiteren ordnen House et al. (2004) die deutsche und französische Kultur unterschiedlichen europäischen Clustern zu, was ebenfalls die Unterschiedlichkeit unterstreicht.
[256] Es sei darauf hingewiesen, dass trotz der fehlenden Signifikanz bei dem Großteil Wertedimensionen mittlere bis hohe Effektstärken bereits bei der hier eher kleinen Stichprobe zu verzeichnen sind. Es können daher bei der Betrachtung einer größeren Stichprobe mehr signifikante Unterschiede, z.B. auf der Dimension Leistungsorientierung, erwartet werden.

4.4.2 Deskriptive Darstellungen der gescheiterten Verhandlungen und der Verhandlungsergebnisse Effizienz und individueller Gewinn

Von den 53 Dyaden blieben lediglich zwei Dyaden ergebnislos. Dies entspricht nicht den in der Realität vorkommenden hohen Scheiterquoten bei Verhandlungen (Tung, 1988).[257] Der Grund für die hohe Erfolgsquote (96,2%) könnte in der Inzentivierung der Probanden sowie der Kopplung des Experiments an Lehrveranstaltungen zu finden sein. Beide Dyaden entstammen der Experimentalgruppe multikulturelles Verkäuferteam mit deutscher Dominanz und folglich französischem Einkäufer (DDF-F). In Anlehnung an Abschnitt 3.5 hätte aufgrund des stärker attackierenden Verhandlungsverhaltens eine Nichteinigung jedoch eher in monokulturellen Verkäuferteams mit deutscher Dominanz erwartet werden können. Aufgrund der geringen Häufigkeit sollen mögliche Besonderheiten bzw. Auffälligkeiten in den gescheiterten Dyaden jedoch vernachlässigt werden.

Die Effizienzen der Verhandlungen mit Vertragsabschluss lassen sich grafisch an der Verteilung der erzielten Verträge im theoretisch möglichen Vertragsraum ablesen *(Contract Space)*. Er enthält alle 1.425 ökonomisch sinnvollen Vertragsoptionen.[258]

---

[257] Auch Wilken et al. (2010) verwendeten Inzentivierungen und erhielten sehr geringe Scheiterquoten (<5%). Andere Verhandlungsstudien ohne Inzentivierung erzielten weitaus höhere Scheiterquoten von z.B. ca. 29% bei Gelfand et al. (2005).

[258] Viele Vertragsoptionen führen zu gleichen Paaren an individuellen Gewinnen der Verkäuferteams und Einkäufer, so dass diese im Vertragsraum dieselben Koordinaten besitzen. Als Vertrag wird hier die Kombination aus individuellem Gewinn des Verkäuferteams und dem des Einkäufers verstanden. Die möglichen Verträge ergeben sich aus der Kombination aller in der Fallstudie möglichen Vertragsoptionen für das Verkäuferteam und den Einkäufer unter Berücksichtigung ihrer vorgegebenen Reservationspunkte (siehe Abbildung 31). Die Häufung der Verträge am oberen linken Rand der Verteilung kommt durch die Höhe der vorgegebenen Reservationspunkte und dem daraus resultierenden Vertragsspektrum zustande. Einkäufer verfügten über ein weitaus engeres Spektrum (40 Punkte) als die Verkäuferteams (46 Punkte, siehe auch Abschnitt 4.1.4). Die entspricht dem Vorgehen bei der Anwendung der Fallstudie bei den Autoren in Münster. Dort galten die gleichen Anwendungsbedingungen und wurden daher auch hier übernommen.

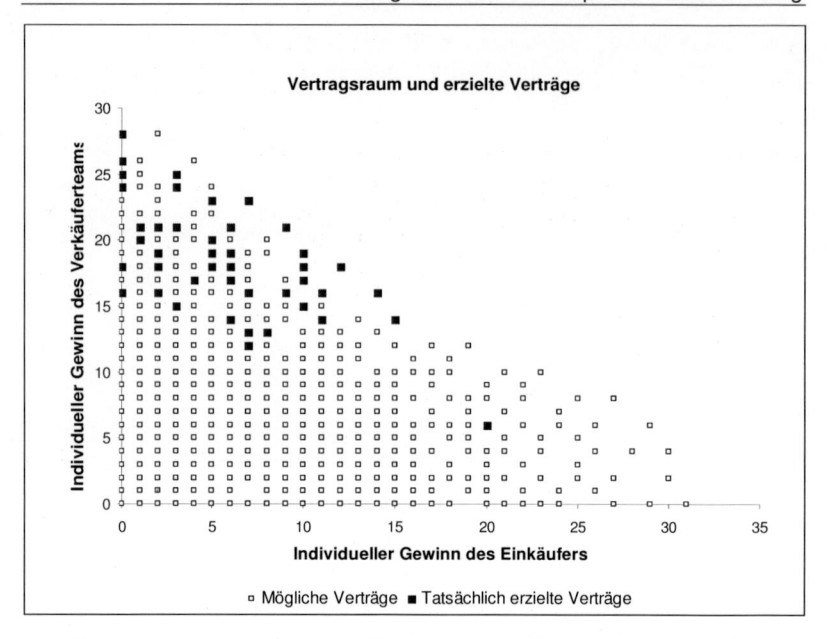

Abbildung 35: Darstellung der möglichen und tatsächlich erzielten Verträge im Vetragsraum (eigene Darstellung)

Wie in Abbildung 35 zu sehen ist, liegen die Verträge von sechs Dyaden auf dem effizienten Rand der Verteilung. Für alle anderen Ergebnisse wurde integratives Potenzial nicht ausgeschöpft, so dass häufig weitaus effizientere Verträge möglich gewesen wären (z.b. beim Datenpunkt 20/6 oder 7/12, vgl. Abschnitt 2.2.2.2).

In Abbildung 36 sind die Mittelwerte der Ergebnisvariablen Effizienz und individueller Gewinn in Anlehnung an die Kontextvariablen für Verkäuferteam und Einkäufer dargestellt. Übergreifend lässt sich behaupten, dass die Unterschiede in der Effizienz für die Teamzusammenstellung deutlicher sind als für die Nationale Dominanz bzw. Nationalität, so dass von der Teamzusammenstellung ein bedeutsamer Einfluss auf die Effizienz vermutet werden kann. Wider Erwarten erzielen deutsch dominierte Verkäuferteams höhere Effizienzen als französisch dominierte Verkäuferteams. Demgegenüber erreichen französische Einkäufer höhere Effizienzen als deutsche Einkäufer. Die eher intrakulturelle Situation bei multikulturellen Verkäuferteams scheint des Weiteren zu höheren Effizienzen zu führen, was auch mit Hypothese H12 im Einklang stehen würde.

			Teamzusammenstellung		
	Nationale Dominanz/ Nationalität	Ergebnis	Monokulturell	Multikulturell	Gesamt
Verkäuferteam	Deutsch	Effizienz	98,62 (2,39)	99,11 (1,50)	98,86 (1,76)
		Individueller Gewinn	20,00 (3,71)	19,00 (2,35)	19,42 (2,96)
	Französisch	Effizienz	97,28 (3,38)	99,03 (1,20)	97,79 (3,07)
		Individueller Gewinn	16,33 (4,08)	21,13 (5,14)	17,66 (4,82)
	Gesamt	Effizienz	97,72 (3,12)	99,06 (1,28)	98,27 (2,59)
		Individueller Gewinn	17,52 (4,27)	19,77 (3,65)	18,45 (4,14)
Einkäufer	Deutsch	Effizienz	97,28 (3,38)	99,03 (1,20)	97,79 (3,07)
		Individueller Gewinn	6,71 (4,70)	4,75 (3,99)	6,17 (4,54)
	Französisch	Effizienz	98,62 (2,39)	99,11 (1,50)	98,86 (1,76)
		Individueller Gewinn	5,00 (4,78)	7,00 (4,37)	6,17 (4,56)
	Gesamt	Effizienz	97,72 (3,12)	99,06 (1,28)	98,27 (2,59)
		Individueller Gewinn	6,16 (4,72)	6,18 (4,28)	6,17 (4,50)

Anmerkung: Mittelwerte mit Standardabweichungen in Klammern; Effizienzmaß nach Tripp und Sondak (1992); Effizienz für Ver- und Einkäufer spiegelverkehrt (z.B. die Effizienz eines deutschdominierten Teams entspricht der Effizienz eines französischen Einkäufers); Angaben des individuellen Gewinns in Kostenpunkten für den Einkäufer, in Nutzenpunkten für den Verkäufer, jeweils abzüglich des Reservationspunktes

Abbildung 36: Deskriptive Werte der Verhandlungsergebnisse individueller Gewinn und Effizienz

Hinsichtlich des individuellen Gewinns erzielen deutsch dominierte Verkäuferteams höhere Werte als französisch dominierte Verkäuferteams, was dem postulierten Zusammenhang in Hypothese H3a entsprechen würde. Deutsche und französische Einkäufer haben mit jeweils 6,17 einen gleich hohen individuellen Gewinn. Ein solcher Effekt könnte auf eine moderierende Wirkung der Rolle in der Verhandlung auf die Zusammenhänge zwischen Kontextvariablen und Ergebnisvariablen hindeuten.

In Bezug auf die Teamzusammenstellung scheinen multikulturelle Verkäuferteams eher in der Lage zu sein, höhere individuelle Gewinne zu erzielen, was gegen Hypothese H11a sprechen würde. Einkäufer erreichen aber dem Anschein nach – wie in Hypothese H11b erwartet – bei multikulturellen Verkäuferteams höhere individuelle Gewinne.

Beim Verkäuferteam und besonders beim Einkäufer sind deutliche Unterschiede im individuellen Gewinn zwischen den einzelnen Experimentalgruppen und somit der Kombination aus den beiden Kontextvariablen zu erkennen. Während die individuellen Gewinne deutscher und französischer Einkäufer nahe beeinander liegen, weichen die individuellen Gewinne für deutsche Einkäufer bei monokulturellen Verkäuferteams mit 6,71 und für französische Einkäufer bei multikulturellen Verkäuferteams mit 7,00 deutlich voneinander ab. Außerdem besitzen die Differenzen zwischen mono- und multikulturellen Verkäuferteams bei deutschen und französischen Einkäufern unterschiedliche Vorzeichen. Deutsche Einkäufer erzielen bei multikulturellen Verkäuferteams niedrigere Gewinne, französische Einkäufer erzielen höhere Gewinne als bei monokulturellen Verkäuferteams. Gleiches gilt für das Verkäuferteam. Dies deutet auf eine mögliche Interaktion zwischen den beiden Kontextvariablen hin.

Wird die Korrelation zwischen den individuellen Gewinnen der beiden Verhandlungsparteien betrachtet, so ergibt sich ein hochsignifikanter negativer Zusammenhang mit $r=-0{,}664$ ($p<0{,}01$). Dies könnte ein Hinweis dafür sein, dass die Fallstudie – trotz ihres integrativen Charakters und deutlichen Hinweisen darauf in der Einführung – möglicherweise als distributiv wahrgenommen und damit integratives Potenzial auf dem Verhandlungstisch zurückgelassen wurde. Dies entspricht dem in der Literatur häufig vorkommenden Phänomen der *Fixed-Pie Perception* (vgl. Abschnitt 2.2.1).

4.4.3 Ergebnisse der ANOVAs zur Überprüfung des Einflusses der Kontextvariablen auf die Effizienz und den individuellen Gewinn

Die nominellen Unterschiede in den Effizienzen zwischen mono- und multikulturellen Verkäuferteams sowie zwischen deutsch und französisch dominierten Verkäuferteams bzw. zwischen deutschen und französischen Einkäufern konnten in den ANOVAs nicht bestätigt werden.

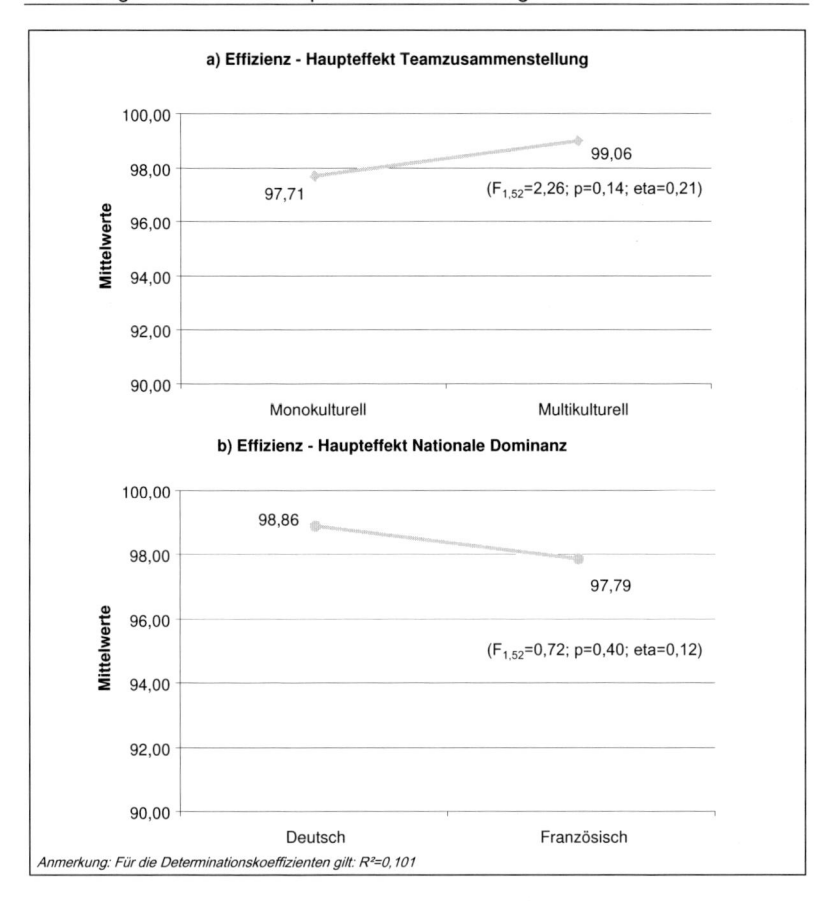

a) Effizienz - Haupteffekt Teamzusammenstellung

[Chart showing Mittelwerte from 90.00 to 100.00, with Monokulturell at 97,71 and Multikulturell at 99,06. $(F_{1,52}=2{,}26;\ p=0{,}14;\ eta=0{,}21)$]

b) Effizienz - Haupteffekt Nationale Dominanz

[Chart showing Mittelwerte from 90.00 to 100.00, with Deutsch at 98,86 and Französisch at 97,79. $(F_{1,52}=0{,}72;\ p=0{,}40;\ eta=0{,}12)$]

Anmerkung: Für die Determinationskoeffizienten gilt: $R^2=0{,}101$

Abbildung 37: Ergebnisse der ANOVA – Haupteffekte in der Effizienz für a) Teamzusammenstellung und b) Nationale Dominanz

In Abbildung 37 sind die Haupteffekte der ANOVA für (a) Teamzusammenstellung und (b) Nationale Dominanz abgetragen.[259] Monokulturelle Verkäuferteams erreichen, wie erwartet, niedrigere Effizienzen als multikulturelle Verkäuferteams. Dieser Unterschied ist von mittlerer Effektstärke (eta=0,21) und verfehlt nur knapp das marginale Signifikanzniveau (p=0,14). Entgegen der postulierten Richtung erzielen französisch dominierte Verkäuferteams zwar

---

[259] Auf die Darstellung der Effizienz des Einkäufers wird hier verzichtet, da sie der Effizienz des jeweiligen Verhandlungspartners bzw. Verkäuferteams entspricht. Zum Beispiel entspricht die Effizienz eines deutschen Einkäufers bei monokulturellen Teams der Effizienz französisch dominierter monokultureller Verkäuferteams.

deutlich weniger effiziente Verträge als deutsch dominierte Verkäuferteams, dieser Effekt ist jedoch nicht signifikant (p=0,40).

Effizienz - Wechselwirkung

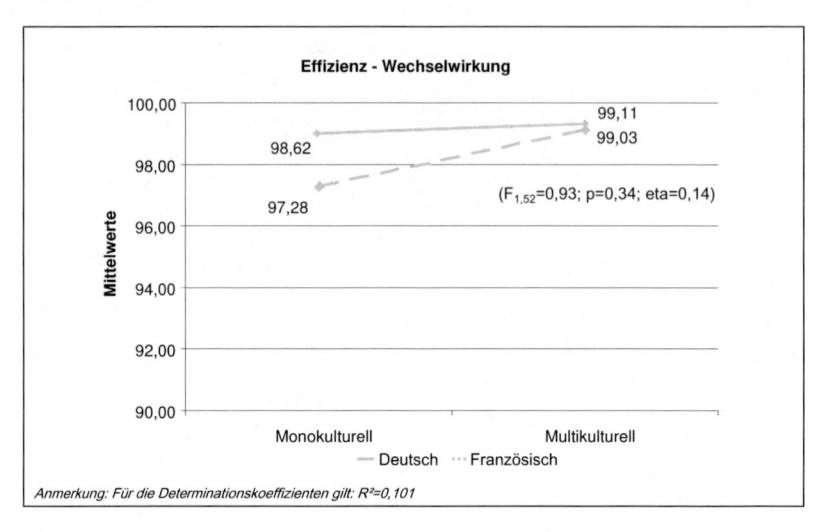

[Liniendiagramm: Mittelwerte von 90,00 bis 100,00; Kategorien Monokulturell und Multikulturell; Linien für Deutsch und Französisch; Werte: 98,62; 97,28; 99,11; 99,03; $(F_{1,52}=0,93; p=0,34; eta=0,14)$]

Anmerkung: Für die Determinationskoeffizienten gilt: $R^2=0,101$

Abbildung 38: Ergebnisse der ANOVA – Wechselwirkung in der Effizienz für Teamzusammenstellung und Nationale Dominanz

Im vorliegenden Fall liegt eine hybride Wechselwirkung mit lediglich schwacher (eta=0,14) und nicht signifikanter Ausprägung (p=0,34) vor (siehe Abbildung 38). Die Haupteffekte bleiben daher interpretierbar. Ob diese Aussagen auch im Gesamtmodell zutreffend sind, wird im Abschnitt 4.5 adressiert. In Summe lassen sich 10,1% der Varianz der Effizienz durch die Kontextvariablen erklären. In Abbildung 39 werden die Haupteffekte der (a) Teamzusammenstellung und (b) Nationalen Dominanz bzw. Nationalität jeweils für den individuellen Gewinn des Ein- und Verkäufers abgetragen.[260] Monokulturelle Verkäuferteams erzielen marginal signifikant (p=0,10) niedrigere Gewinne als multikulturelle Verkäuferteams. Im Hinblick auf die Nationale Dominanz erzielen französisch dominierte Verkäuferteams niedrigere individuelle Gewinne (siehe Abbildung 39 b) als deutsch dominierte Verkäuferteams. Der Effekt ist jedoch lediglich schwach (eta=0,10) und nicht signifikant (p=0,49).

---

[260] Es sei darauf hingewiesen, dass der individuelle Gewinn des Ein- und Verkäufers auf unterschiedlichen Skalen gemessen wurde. Dass der individuelle Gewinn des Verkäuferteams immer oberhalb des Gewinns des Einkäufers liegt, hat keine inhaltlichen Gründe, sondern ist ausschließlich messtheoretisch begründet (vgl. Abschnitt 4.2).

a) Individueller Gewinn für Verkäuferteam und Einkäufer – Haupteffekt Teamzusammenstellung

Mittelwerte Verkäuferteam: Monokulturell 17,52; Multikulturell 19,77
(Verkäuferteam: $F_{1,52}=2,87$; $p=0,10$; eta=0,23)

Mittelwerte Einkäufer: Monokulturell 6,16; Multikulturell 6,18
(Einkäufer: $F_{1,52}=0,00$; $p=0,99$; eta=0,00)

— Verkäuferteam   — Einkäufer

b) Individueller Gewinn für Verkäuferteam und Einkäufer – Haupteffekt Nationale Dominanz bzw. Nationalität

(Verkäuferteam: $F_{1,52}=0,47$; $p=0,49$; eta=0,10)

Mittelwerte Verkäuferteam: Deutsch 19,42; Französisch 17,66

Mittelwerte Einkäufer: Deutsch 6,17; Französisch 6,17
(Einkäufer: $F_{1,52}=0,04$; $p=0,84$; eta=0,03)

— Verkäuferteam   — Einkäufer

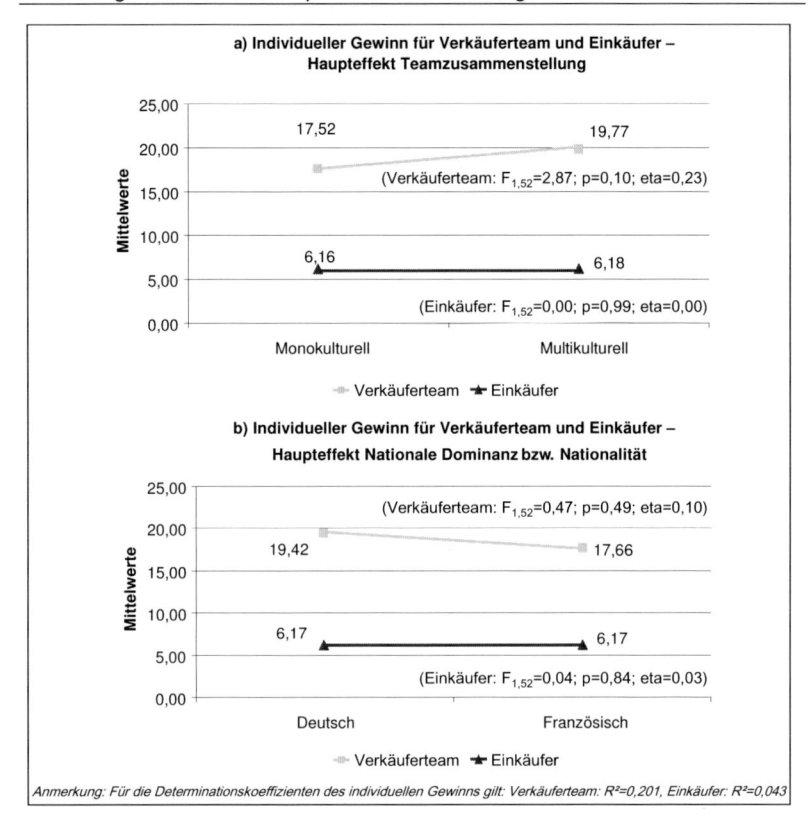

Anmerkung: Für die Determinationskoeffizienten des individuellen Gewinns gilt: Verkäuferteam: $R^2=0,201$, Einkäufer: $R^2=0,043$

Abbildung 39: Ergebnisse der ANOVA – Haupteffekte im individuellen Gewinn des Verkäuferteams und des Einkäufers für a) Teamzusammenstellung und b) Nationale Dominanz bzw. Nationalität

Im Gegensatz zu den deutsch dominierten Verkäuferteams erzielen deutsche Einkäufer keine höheren individuellen Gewinne als französische Einkäufer (siehe Abbildung 39b). Auch macht es für den Einkäufer keinen Unterschied, ob er mit einem mono- oder mit einem multikulturellen Verkäuferteam verhandelt. Für die Wechselwirkung ergibt sich jedoch ein hochsignifikanter und starker Effekt ($p=0,01$; eta=0,35) für die Nationale Dominanz (siehe Abbildung 40).

a) Individueller Gewinn Verkäuferteam – Wechselwirkung

[Diagramm: Mittelwerte; Monokulturell: Deutsch 20,00, Französisch 16,33; Multikulturell: Deutsch 21,13, Französisch 19,00; (Verkäuferteam: $F_{1,52}=6{,}70$; $p=0{,}01$; eta$=0{,}35$)]

b) Individueller Gewinn Einkäufer – Wechselwirkung

[Diagramm: Mittelwerte; Monokulturell: Deutsch 6,71, Französisch 5,00; Multikulturell: Deutsch 7,00, Französisch 4,75; (Einkäufer: $F_{1,52}=2{,}21$; $p=0{,}14$; eta$=0{,}21$)]

Anmerkung: Für die Determinationskoeffizienten des individuellen Gewinns gilt: Verkäuferteam: $R^2=0{,}201$, Einkäufer: $R^2=0{,}043$; TZ=Teamzusammenstellung; ND=Nationale Dominanz; N=Nationalität

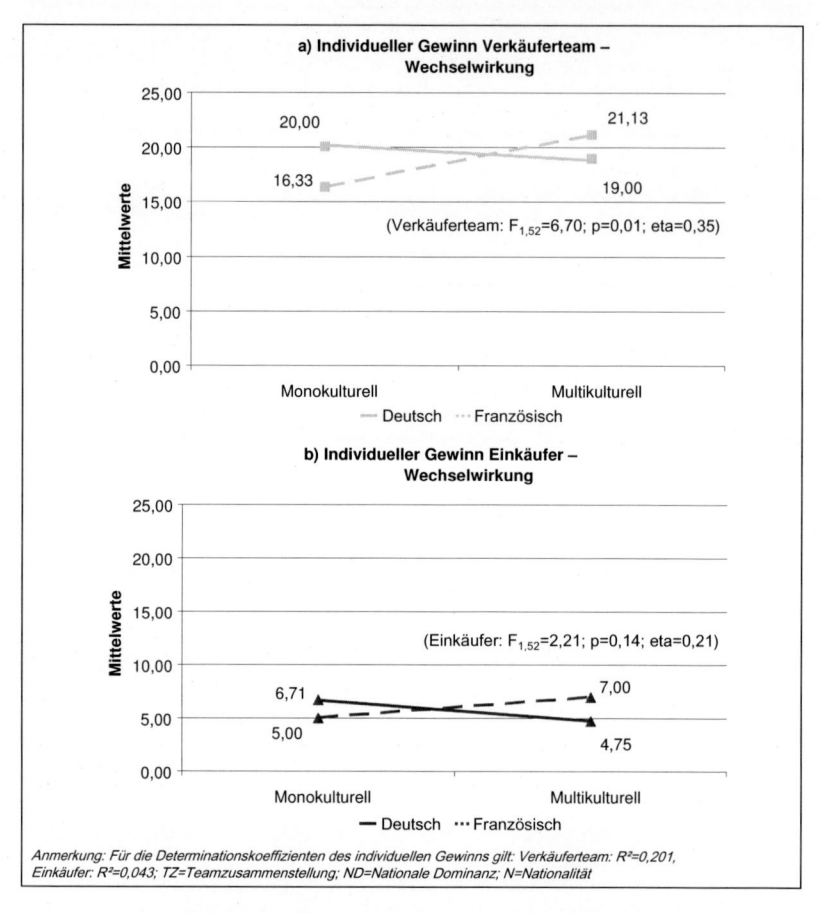

Abbildung 40: Ergebnisse der ANOVA – Wechselwirkung von Teamzusammenstellung und Nationaler Dominanz bzw. Nationalität im individuellen Gewinn für a) das Verkäuferteam und b) den Einkäufer

Zusätzlich entspricht dieser Effekt einer disordinalen Wechselwirkung, so dass die Interpretation der Haupteffekte nicht mehr eindeutig ist. Die Teamzusammenstellung hat für die verschiedenen Kulturen eine unterschiedliche Wirkung: Während deutsch dominierte monokulturelle Verkäuferteams höhere individuelle Gewinne erzielen als deutsch dominierte multikulturelle Verkäuferteams, erzielen rein französische Verkäuferteams deutlich niedrigere individuelle Gewinne als französische Verkäuferteams mit einem deutschen Verkäufer. In

Summe lassen sich 20,1% der Variation des individuellen Gewinns auf die Teamzusammenstellung und Nationale Dominanz zurückführen.

Der Wechselwirkungseffekt zwischen Nationalität und konfrontierter Teamzusammenstellung ist für den Einkäufer zwar nicht signifikant (p=0,14), aber von mittlerer Stärke (eta=0,21). Er besitzt eine disordinale Ausprägung. Dabei erzielen deutsche Einkäufer bei rein französischen Verkäuferteams bessere individuelle Ergebnisse als bei multikulturellen Verkäuferteams. Im Gegensatz dazu verzeichnen französische Einkäufer Verluste im individuellen Gewinn, wenn sie mit rein deutschen Verkäuferteams verhandeln. Die individuellen Gewinne bei multikulturellen Verkäuferteams sind für französische Einkäufer deutlich höher. Dieser Effekt lässt vermuten, dass das intrakulturelle Setting bei französischen Einkäufern aufgrund der kulturellen Ähnlichkeit auf der Gegenseite zu höheren individuellen Gewinnen führt. Demgegenüber profitieren deutsche Einkäufer von einem rein französischen Verkäuferteam. Ihr individueller Gewinn wird jedoch reduziert, sobald ein deutscher Verkäufer im französisch dominierten Team ist. Lediglich 4,3% der Varianz im individuellen Gewinn des Einkäufers lassen sich durch die Nationalität und die Teamzusammenstellung bei der anderen Partei erklären.

4.4.4 Bivariate Korrelationsanalysen für die dynamischen Variablen: Zusammenhänge zwischen den Intrateamprozessen und zwischen dem Verhandlungsverhalten von Verkäuferteam und Einkäufer

Zusätzlich zum PLS-Modell sollen im Folgenden die Ergebnisse der bivariaten Korrelationsanalysen vorab dargestellt werden. Auf die Ergebnisse wird sich vereinzelt in den folgenden Abschnitten bezogen. Abbildung 41 zeigt die Ergebnisse der Korrelationsanalysen.

Zwischen den beiden Intrateamprozesse besteht ein positiver Zusammenhang (r=0,403, p<0,01), d.h., Verkäuferteams mit stärkerem Zusammenhalt zeigen gleichzeitig ein stärker gleichberechtigtes Entscheidungsverhalten. Der Zusammenhang ist hochsignifikant, so dass Hypothese H17 als bestätigt angesehen werden kann.

Werden die Interkorrelationen zwischen attackierendem und integrierendem Verhandlungsverhalten in Bezug auf eine Verhandlungspartei betrachtet, so gestalten sich diese sowohl beim Verkäuferteam (r=-0,482; p<0,01) als auch beim Einkäufer (r=-0,722; p<0,01) wie erwartet signifikant negativ. Je stärker eine Verhandlungspartei attackierend verhandelt, desto weniger verwendet sie integrative Strategien und vice versa. Hypothesen H21a und H21b können somit als bestätigt gelten.

	GEV	INT-Verkäufer	ATT-Einkäufer	INT-Einkäufer
ZIT	0,403***			
ATT-Verkäufer		-0,482***	0,019	-0,070
INT-Verkäufer			-0,271**	0,308**
ATT-Einkäufer				-0,722***

Anmerkung: N=53 (bei Intrateamprozessen N=52); *p<0,10; **p<0,05; ***p<0,05; ZIT=Zusammenhalt im Team, GEV=Gleichberechtigtes Entscheidungsverhalten; ATT=Attackierendes Verhandlungsverhalten; INT=Integrierendes Verhandlungsverhalten

Abbildung 41: Ergebnisse der Korrelationsanalysen für Intrateamprozesse und Verhandlungsverhalten

Auch die Ergebnisse zur Untersuchung der Beziehung zwischen Verhandlungsverhalten des Einkäufers und Verkäuferteams sind in Abbildung 41 dargestellt. Zwischen attackierendem Verhandlungsverhalten des Ver- und Einkäufers besteht zwar ein positiver, aber relativ geringer, nicht signifikanter Zusammenhang (r=0,019, p>0,10). Dies entspricht den in der Literatur dargestellten Ergebnissen.

Auch zeigte sich zwischen attackierendem Verhalten des Verkäuferteams und integrierendem Verhalten des Einkäufers ein negativer und mit r=-0,070 (p>0,10) ebenfalls vernachlässigbarer Zusammenhang. Hypothese H22c muss somit verworfen werden.

Lediglich für das integrierende Verhandlungsverhalten des Verkäuferteams existieren bedeutsame Zusammenhänge zum Verhandlungsverhalten des Einkäufers. So zeigt sich nicht nur zum integrierenden Verhalten des Einkäufers eine signifikant positive Korrelation von r=0,308 (p<0,05), sondern auch eine signifikant negative Korrelation von r=-0,271 (p<0,05) zum attackierenden Verhandlungsverhalten des Einkäufers. Hypothesen H22a und H22b sind somit bestätigt.

Das attackierende Verhalten des Verkäufers ist demnach vom Verhandlungsverhalten des Verhandlungsgegners weitestgehend unabhängig. Integrierendes Verhandlungsverhalten bedingt sich – wie erwartet – gegenseitig, womit sich die Reziprozitätsannahme stützen lässt.

4.5 Ergebnisse des mit Hilfe von PLS geschätzten Gesamtmodells

4.5.1 Beurteilungskriterien und Übersicht der Zusammenhänge im PLS-Gesamtmodell

In der vorliegenden Arbeit werden zur Beurteilung der Hypothesen im von PLS geschätzten Gesamtmodell Pfadkoeffizienten (β) und t-Werte herangezogen.[261] Pfadkoeffizienten geben die Höhe und Richtung der Zusammenhänge zwischen zwei Konstrukten an und variieren im standardisierten Modell in der Regel zwischen -1 und 1 (starker Zusammenhang).[262] Der Wert 0 deutet auf Unabhängigkeit hin (vgl. Götz & Liehr-Gobbers, 2004). Über die Mindesthöhe existieren keine Grenzwerte, wobei Chin (1998) -0,2 und 0,2 als grobe Richtwerte angibt. Zu den berechneten Pfadkoeffizienten werden in PLS die entsprechenden t-Werte berechnet, anhand derer sich die Signifikanz der erzielten Koeffizienten beurteilen lässt. Es wurden folgende Signifikanzniveaus gewählt: $p<0{,}10$: $t>1{,}28$; $p<0{,}05$: $t>1{,}65$ und für $p<0{,}01$: $t>1{,}96$ (vgl. Bortz & Schuster, 2010; diese entsprechen auch den Signifikanzniveaus vorangegangener Analysen).[263]

In Abbildung 42 sind die Pfadkoeffizienten und die jeweiligen t-Werte abgebildet. Es wurden die Pfadkoeffizienten der Effekte grau markiert, welche sich als

---

[261] Neben diesen gängigen Gütemaßen existieren noch weitere Beurteilungsmaße, z.B. die Prognoserelevanz Q^2, auf die hier jedoch verzichtet werden soll. Entsprechende Literatur findet sich u.a. bei Chin (1998) oder Fornell und Cha (1994).
[262] Zur Berechnung der Pfadkoeffizienten wurde der PLS-Algorithmus unter der Generierung von standardisierten Werten verwendet. Fehlende Werte wurden fallweise ausgeschlossen.
[263] Zur Berechnung der t-Werte verwendet SmartPLS ein *Bootstrapping*-Verfahren. Trotz der Effektkodierung bei der Generierung des Produktterms kann die Abhängigkeit zwischen dem Produktterm und den Kontextvariablen nicht gänzlich ausgeschlossen, sondern nur reduziert werden. Daher wurde die Einstellung *Individual Changes* und *Factor Weighting Scheme* gewählt, da letztere als weniger anfällig für Kollinearität im Modell als *Path Weighting Scheme* gilt (vgl. Nitzl, 2010). Efron und Tibshirani (1986, S. 72) empfehlen dabei zwischen 50 und 200 Bootstrap-Replikationen, um eine adäquate Schätzung gewährleisten zu können.

entgegengesetzt der postulierten Richtung in der Hypothese vorfanden.[264] 14 der 36 im PLS-Modell überprüften Hypothesen konnten bestätigt werden. Weitere acht weisen die in der Hypothese postulierte Richtung auf, sind jedoch nicht signifikant.[265] Demgegenüber existieren 14 Effekte, die ein anderes Vorzeichen aufweisen als postuliert, sechs davon haben signifikante Pfadkoeffizienten. Die Mehrheit der nicht hypothesenkonformen Effekte bezieht sich auf Zusammenhänge zwischen Teamzusammenstellung und Auswirkung der Nationalität des Einkäufers auf das Verhandlungsverhalten. Dies bestätigt die aus den ANOVAs hervorgehende Vermutung, dass Teamzusammenstellung und Nationalität bei Ein- und Verkäufern unterschiedliche Effekte hervorrufen.

---

[264] Es sei angemerkt, dass sich gegen eine an dieser Stelle erwartete grafische Darstellung des Gesamtmodells entschieden wurde. Die Lesbarkeit konnte aufgrund der Komplexität des Modells nicht mehr gewährleistet werden.

[265] Die Wechselwirkungseffekte, über die keine Hypothesen formuliert wurden, sind in dieser Anzahl außen vorgelassen.

Forschungsmethodik und empirische Untersuchung

	ZIT	GEV	ATT_V	INT_V	ATT_E	INT_E	EFF	IG_V	IG_E	Ziel_V	Ziel_E	ZUF_V	ZUF_E
ND	0,34*** (2,61)	0,14* (1,34)	-0,12 (1,00)	-0,03 (0,32)			-0,09 (1,01)	-0,07 (0,66)	0,14 (1,18)	0,03 (0,37)			
TZ	0,14 (1,19)	-0,15* (1,31)	-0,19* (1,50)	0,21* (1,48)	0,19* (1,65)	-0,06 (0,59)	0,23*** (2,03)	0,19* (1,30)					
TZXND	-0,26*** (2,10)	-0,30*** (2,64)	0,24** (1,77)	-0,49*** (3,98)			-0,01 (0,11)	0,37*** (2,24)					
N					0,29*** (2,18)	-0,29*** (2,08)			0,30 (0,04)		0,10 (0,92)		
TZXN				0,28*** (2,11)	-0,28*** (2,31)	0,26*** (2,15)							
ZIT			-0,07 (0,69)						0,20* (1,41)				
GEV			0,13* (1,31)	-0,13 (1,07)									
ATT_V							-0,01 (0,12)	0,00 (0,03)					
INT_V							-0,22* (1,50)	0,02 (0,18)					
ATT_E							0,54** (1,94)	-0,19 (0,86)	0,25 (1,16)				
INT_E							0,55* (1,64)	-0,25 (1,01)	0,45** (1,90)				
EFF								0,35** (1,94)	0,32*** (2,05)				
IG_V										0,43*** (4,41)			
IG_E											0,46*** (4,45)		
Ziel_V												0,26* (1,39)	
Ziel_E													0,24** (1,88)

Anmerkung: Darstellung der Pfadkoeffizienten, Berechnung der t-Werte in Klammern; Pfeile deuten die Wirkungsrichtung im PLS-Modell an; *p<0,10, **p<0,05, ***p<0,01; TZ=Teamzusammenhalt; ND=Nationale Dominanz; TZXND=Moderatorterm aus Teamzusammenstellung und Nationalität des Einkäufers; TZXN=Moderatorterm aus Teamzusammenstellung und Nationalität des Verkäuferteams; ZIT=Zusammenhalt im Team; GEV=Gleichberechtigtes Entscheidungsverhalten; ATT_V=Attackierendes Verhaltensverhalten des Verkäuferteams; INT_V=Integrierendes Verhandlungsverhalten des Verkäuferteams; ATT_E=Attackierendes Verhandlungsverhalten des Einkäufers; INT_E=Integrierendes Verhandlungsverhalten des Einkäufers; EFF=Effizienz; IG_V=Individueller Gewinn des Verkäuferteams; IG_E=Individueller Gewinn des Einkäufers; Ziel_V=Verhandlungsziel des Verkäuferteams; Ziel_E=Verhandlungsziel des Einkäufers; ZUF_V=Zufriedenheit des Verkäuferteams; ZUF_E=Zufriedenheit des Einkäufers.

Abbildung 42: Ergebnisse des Gesamtmodells in PLS

Werden die Ergebnisse des PLS-Gesamtmodells mit den Ergebnissen der ANOVA verglichen, so sind einige deutliche Unterschiede in den Ausprägungen der Ergebnisse (sowohl Richtung als auch Höhe) zu erkennen. Die Gründe hierfür liegen in der gleichzeitigen Betrachtung mehrerer Prädiktorvariablen und der zugrunde liegenden Maximierung der erklärten Varianz R^2 in den zu erklärenden Variablen in PLS.

Des Weiteren beinhaltet das Modell auch die Pfade, über die aufgrund widersprüchlicher Ergebnisse in der Literatur keine klaren Aussagen getroffen werden konnten. Dazu gehört zum Beispiel die Wirkung von kompetitiven Verhalten auf die Effizienz. Diese Zusammenhäge wurden zur Vollständigkeit hier aufgenommen.

4.5.2 Einfluss von Kontextvariablen auf Intrateamprozesse

Französisch dominierte Verkäuferteams zeigen einen deutlich stärkeren Zusammenhalt im Team ($\beta=0,34$; $p<0,01$)[266] und ein stärker gleichberechtigtes Entscheidungsverhalten als deutsch dominierte Verkäuferteams ($\beta=0,14$; $p<0,10$). Kultur hat somit einen bedeutenden Einfluss auf die Intrateampozesse. Hypothesen H5 und H6 können bestätigt werden. Während monokulturelle Verkäuferteams keinen stärkeren Zusammenhalt im Team aufweisen ($\beta=0,14$; $p>0,10$), sind die Teammitglieder gleichberechtigt an der Entscheidungsfindung beteiligt ($\beta=-0,15$; $p<0,10$). Hypothese H7 muss demnach verworfen werden, während Hypothese H8 bestätigt werden kann.

Für beide Intrateamprozesse existieren hochsignifikante Wechselwirkungen zwischen den Kontextvariablen, so dass die Interpretation der Haupteffekte unabhängig voneinander mit Vorsicht vorzunehmen ist. Wie in Abbildung 43 zu sehen ist, führt die Aufnahme eines Deutschen in ein französisches Team zu einer signifikanten Verringerung in gleichberechtigter Entscheidungsfindung ($\beta=-0,30$; $p<0,01$) und im Zusammenhalt im Team ($\beta=-0,26$; $p<0,01$). Die Aufnahme eines Franzosen in ein deutsches Team führt demgegenüber zu einem signifikanten Anstieg der Werte beider Intrateamprozesse. Während für Zusammenhalt im Team aufgrund des hybriden Charakters der Wechselwirkung die Interpretation des Haupteffektes der Nationalen Dominanz noch zulässig

---

[266] Für die Interpretation sei darauf hingewiesen, dass aufgrund der Kodierung hohe Werte in Teamzusammenstellung für multikulturelle und niedrige Werte für monokulturelle Teams stehen. Bei Nationaler Dominanz und Nationalität stehen hohe Werte für französische Dominanz/Nationalität und niedrige Werte für deutsche Dominanz/Nationalität.

wäre, müsste bei gleichberechtigter Entscheidungsfindung aufgrund der disordinalen Ausprägung darauf verzichtet werden und sich lediglich auf die Wechselwirkung bezogen werden.

a) GEV - Wechselwirkung (TZ x ND)

[Diagramm mit Mittelwerten: Deutsch (Monokulturell 2,98 → Multikulturell 2,35); Französisch (Monokulturell 2,30 → Multikulturell 2,63)]

b) ZIT - Wechselwirkung (TZ x ND)

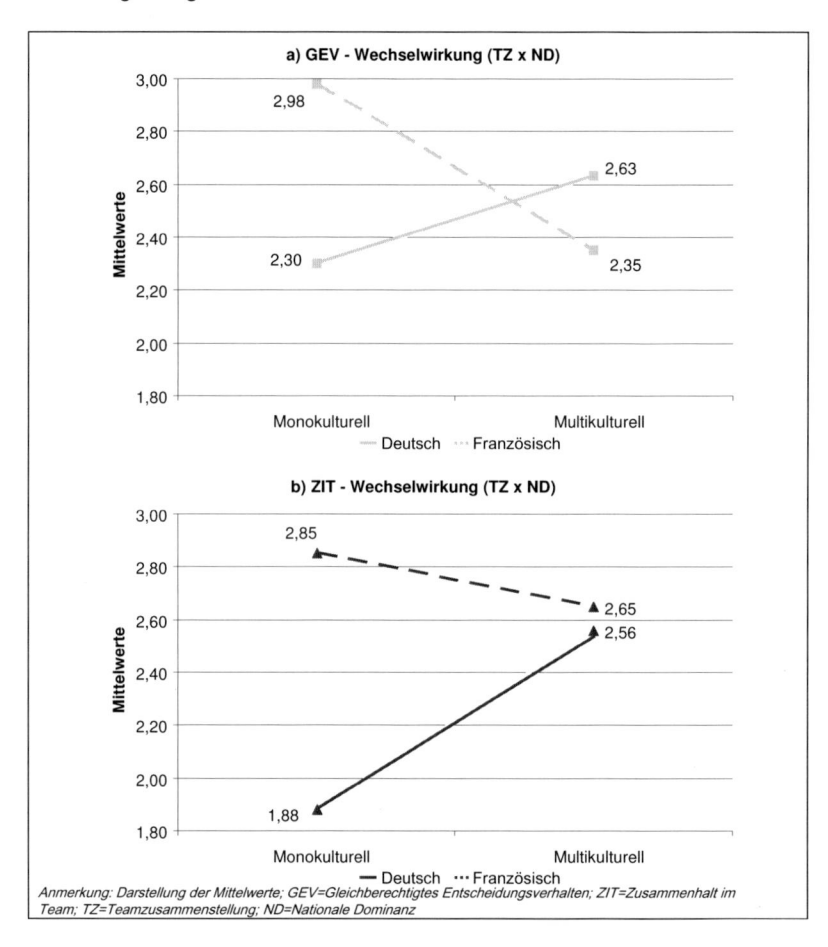

[Diagramm mit Mittelwerten: Deutsch (Monokulturell 2,85 → Multikulturell 2,65); Französisch (Monokulturell 1,88 → Multikulturell 2,56)]

Anmerkung: Darstellung der Mittelwerte; GEV=Gleichberechtigtes Entscheidungsverhalten; ZIT=Zusammenhalt im Team; TZ=Teamzusammenstellung; ND=Nationale Dominanz

Abbildung 43: Darstellung des Wechselwirkungseffektes von Teamzusammenstellung und Nationaler Dominanz für die Intrateamprozesse a) gleichberechtigtes Entscheidungsverhalten und b) Zusammenhalt im Team

4.5.3 Einfluss von Intrateamprozessen auf Verhandlungsverhalten – Analyse der *Carry-over*-Effekte

Teams mit stärkerem Zusammenhalt zeigen mehr integrierendes Verhandlungsverhalten ($\beta=0{,}28$; $p<0{,}01$). Somit kann Hypothese H13 bestätigt werden.

Gleichzeitig geht mit stärkerem Zusammenhalt im Team weniger attackierendes Verhandlungsverhalten ($\beta=-0{,}07$; $p>0{,}10$) einher. Dieser Effekt ist aber nicht signifikant, womit Hypothese H14 nicht bestätigt werden kann. Eine starke Ausprägung in gleichberechtigtem Entscheidungsverhalten führt zu weniger integrierendem Verhandlungsverhalten ($\beta=-0{,}13$; $p>0{,}10$) und signifikant mehr attackierendem Verhandlungsverhalten ($\beta=0{,}13$; $p<0{,}10$). Da beide Effekte entgegen der postulierten Richtung sind, können die Hypothesen H15 und H16 nicht bestätigt werden.

Trotz dieses signifikant positiven Zusammenhangs von $r=0{,}403$ ($p<0{,}01$, vgl. Abbildung 41, Abschnitt 4.5) weisen die beiden Teamprozesse somit unterschiedliche Einflüsse auf das Verhandlungsverhalten auf. Der erwartete Transfer (*Carry-over*-Hypothese, vgl. Abschnitt 3.2.6.5) der Intrateamprozesse auf das Verhandlungsverhalten liegt nur im Falle des Zusammenhalts im Team vor, und dabei insbesondere auf integrierendes Verhandlungsverhalten.

4.5.4 Einfluss von Kontextvariablen auf Verhandlungsverhalten

Die Aufnahme eines Teammitglieds mit der gleichen Nationalität wie der Einkäufer führt beim Verkäuferteam zu weniger attackierendem ($\beta=-0{,}19$; $p<0{,}10$) und mehr integrierendem ($\beta=0{,}21$; $p<0{,}10$) Verhandlungsverhalten. Die Hypothesen H9a und H10a konnten hier bestätigt werden.

Die Wirkung von Nationaler Dominanz bzw. Nationalität ist weniger eindeutig. Beim Verkäuferteam besteht kein Zusammenhang zwischen Nationaler Dominanz und Verhandlungsverhalten. Die Hypothesen H1a und H2a müssen deshalb verworfen werden. Obwohl französisch dominierte Verkäuferteams tendenziell weniger attackierend agieren ($\beta=-0{,}12$; $p>0{,}10$), konnte dieser Zusammenhang statistisch nicht nachgewiesen werden. Für integrierendes Verhalten existiert sogar ein schwach – entgegengesetzt der in der Hypothese angenommenen Richtung – negativer Zusammenhang ($\beta=-0{,}03$; $p>0{,}10$).

Die Nationale Dominanz bzw. Nationalität wird bei gleichzeitiger Betrachtung mit der Teamzusammenstellung bedeutsam. Ähnlich wie bei den Intrateamprozessen zeigt auch hier die Wechselwirkung der beiden Kontextvariablen hochsignifikante Effekte. Wie in Abbildung 44 ersichtlich, kann behauptet werden, dass die Aufnahme eines Franzosen in ein deutsches Team zu weniger atta-

Forschungsmethodik und empirische Untersuchung 217

ckierendem Verhandlungsverhalten führt, während bei französisch dominierten Verkäuferteams das attackierende Verhandlungsverhalten ansteigt, sobald ein Deutscher in das Team aufgenommen wird.

a) GEV - Wechselwirkung (TZ x ND)

Mittelwerte: 2,98 (Monokulturell, Deutsch) → 2,35 (Multikulturell, Deutsch); 2,30 (Monokulturell, Französisch) → 2,63 (Multikulturell, Französisch)

b) ZIT - Wechselwirkung (TZ x ND)

Mittelwerte: 2,85 (Monokulturell, Deutsch) → 2,65 (Multikulturell, Deutsch); 1,88 (Monokulturell, Französisch) → 2,56 (Multikulturell, Französisch)

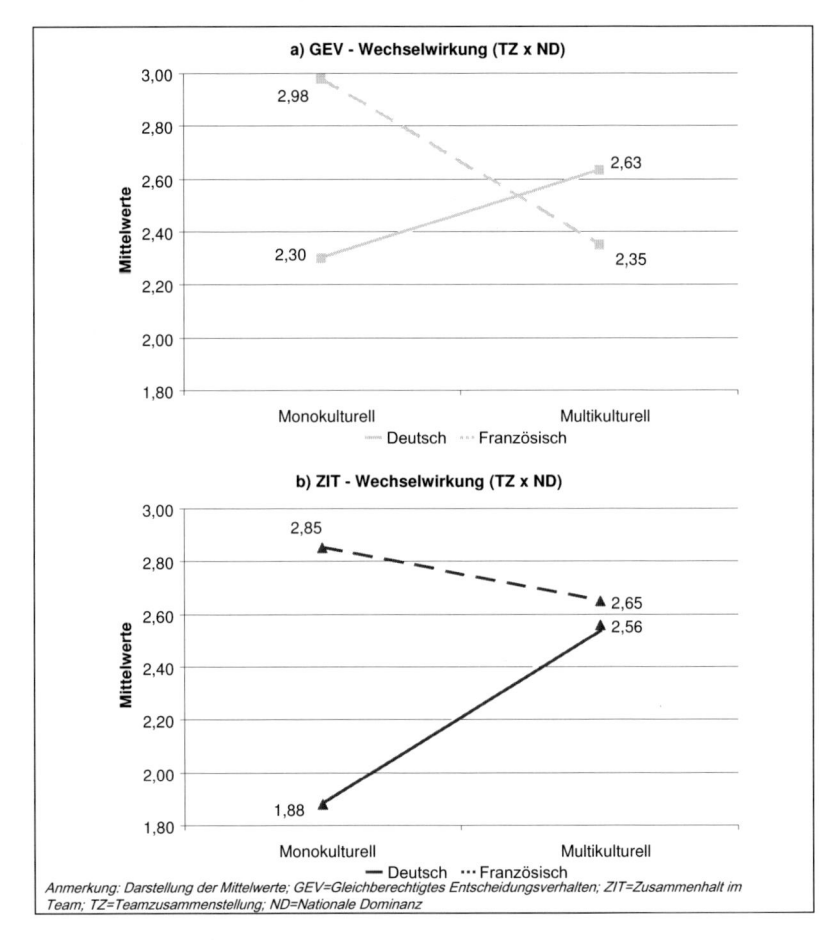

Anmerkung: Darstellung der Mittelwerte; GEV=Gleichberechtigtes Entscheidungsverhalten; ZIT=Zusammenhalt im Team; TZ=Teamzusammenstellung; ND=Nationale Dominanz

Abbildung 44: Darstellung der Wechselwirkung von Teamzusammenstellung und Nationaler Dominanz für a) attackierendes und b) integrierendes Verhandlungsverhalten

Dieser Effekt ist signifkant ($\beta=0,24$; $p<0,05$). Bei integrierendem Verhandlungsverhalten kommt es demgegenüber zu einem signifikanten Anstieg, wenn ein Franzose in ein deutsches Team aufgenommen wird, während die Aufnahme eines Deutschen in ein französisches Team zu einem signifikanten Rückgang führt ($\beta=-0,49$; $p<0,01$). In diesem Fall kann die Interpretation des Haupteffektes der Teamzusammenstellung bestehen bleiben, da eine hybride Wechselwirkung vorliegt.

Beim Einkäufer zeigen sich entgegengesetzte Wirkungen der Kontextvariablen. So ist er bei multikulturellen Verkäuferteams signifikant stärker attackierend ($\beta=0{,}19$; $p<0{,}05$) und weniger integrierend ($\beta=-0{,}06$; $p>0{,}10$), so dass für den Einkäufer die Hypothesen H9b und H10b nicht bestätigt werden konnten. Im Hinblick auf die Kultur zeigen französische Einkäufer signifikant mehr attackierendes Verhandlungsverhalten ($\beta=0{,}29$; $p<0{,}01$) und weniger integrierendes Verhandlungsverhalten ($\beta=-0{,}29$; $p<0{,}01$). Die Hypothesen H1a und H2b können somit nicht bestätigt werden.

Auch die Wechselwirkungen sind hochsignifikant. In Anlehnung an Abbildung 45 lässt sich demnach behaupten, dass deutsche Einkäufer signifikant stärker attackierend verhandeln, wenn sich im gegenüberliegenden Team ein deutscher Verkäufer befindet. Bei französischen Einkäufern nimmt das attackierende Verhalten ab, sobald sich ein Franzose im Verkäuferteam befindet ($\beta=-0{,}28$; $p<0{,}01$). Bei deutschen Einkäufern nimmt gleichzeitig das integrierende Verhalten ab, wenn sie einem multikulturellen Verkäuferteam gegenüberstehen. Bei französischen Einkäufern steigt das integrierende Verhalten deutlich an, wenn sich ein Landsmann im Verkäuferteam befindet ($\beta=0{,}26$; $p<0{,}01$). Für beide Verhandlungsstrategien liegen hier signifikante disordinale Wechselwirkungen vor, so dass sich die beiden Haupteffekte nicht mehr interpretieren lassen. Die Wirkung der beiden Kontextvariablen darf deshalb nicht unabhängig voneinander betrachtet werden.

a) ATT - Wechselwirkung (TZ x N)

Gebrauch der Verhandlungsstrategie (%)

- Monokulturell: Deutsch 32,90 / Französisch 24,10
- Multikulturell: Deutsch 32,37 / Französisch 32,00

b) INT - Wechselwirkung (TZ x N)

Gebrauch der Verhandlungsstrategie (%)

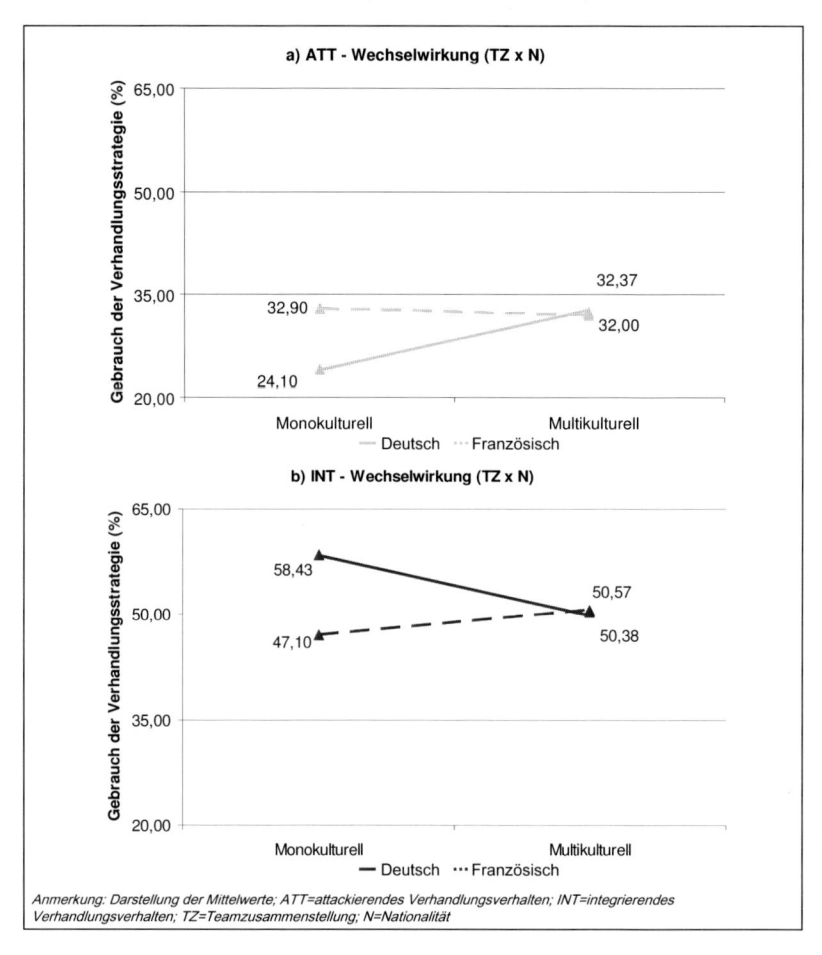

- Monokulturell: Deutsch 58,43 / Französisch 47,10
- Multikulturell: Deutsch 50,57 / Französisch 50,38

Anmerkung: Darstellung der Mittelwerte; ATT=attackierendes Verhandlungsverhalten; INT=integrierendes Verhandlungsverhalten; TZ=Teamzusammenstellung; N=Nationalität

Abbildung 45: Darstellung der Wechselwirkung von Teamzusammenstellung und Nationalität für a) attackierendes und b) integrierendes Verhandlungsverhalten

Sowohl beim Einkäufer als auch beim Verkäuferteam zeigt sich, dass die Konstellation aus Teamzusammenstellung und Nationalität einen wesentlichen Einfluss auf das Verhandlungsverhalten hat. Beispielsweise hat Nationale Dominanz allein beim Einkäufer keinen Einfluss und wird erst in Kombination mit der Zusammenstellung des Teams relevant.

Bei beiden Parteien lässt sich erkennen, dass das erwartete stärker intrakulturelle Setting, welches durch multikulturelle Verkäuferteams generiert wurde, nicht übergreifend zu einer stärker integrierenden und weniger attackierenden Verhandlungssituation führt. Vielmehr hat es den Anschein, dass das Verhalten, welches dem jeweiligen Einkäufer bzw. dem einen Verkäufer zugesprochen ist, intensiver gezeigt wird. Das eher intrakulturelle Setting führt bei einem französischen Einkäufer und einem französisch dominierten Verkäuferteam zu mehr integrierendem Verhalten, während multikulturelle Verkäuferteams mit einem deutschen Verkäufer und einem deutschen Einkäufer eher stärker attackieren. Dies lässt vermuten, dass der Einkäufer das Verhalten seines Landsmannes auf der gegenüberliegenden Partei antizipieren kann und in das eigene Verhalten bzw. das Verhalten des Verkäuferteams umsetzt.

4.5.5 Einfluss von Kontextvariablen auf die Effizienz und den individuellen Gewinn

Die Effizienz ist vor allem durch die Teamzusammenstellung bedingt. Multikulturelle Verkäuferteams erzielen dabei wie erwartet höhere Effizienzen ($\beta=0{,}23$; $p<0{,}01$). Nationale Dominanz hat keinen Einfluss ($\beta=-0{,}09$; $p>0{,}10$). Somit lässt sich die Hypothese H12 bestätigen, während H4 verworfen werden muss. Auch die Wechselwirkung der Kontextvariablen ($\beta=-0{,}01$; $p>0{,}10$) hat keinen Einfluss.

Wird der individuelle Gewinn betrachtet, so erzielen multikulturelle Verkäuferteams wider Erwarten signifikant höhere Ergebnisse ($\beta=0{,}19$; $p<0{,}10$), so dass Hypothese H11a verworfen werden muss. Deutsche Verkäuferteams erzielen zwar höhere Gewinne, dieser Effekt ist jedoch nicht signifikant ($\beta=-0{,}07$; $p>0{,}10$). Damit lässt sich Hypothese H3a ebenfalls verwerfen. Im Gegensatz zur Effizienz existiert eine signifikante Wechselwirkung zwischen den Kontextvariablen. Deutsche Verkäuferteams verlieren an individuellem Gewinn bei der Aufnahme eines französischen Verkäufers, während der individuelle Gewinn bei französisch dominierten Verkäuferteams signifikant bei der Aufnahme eines deutschen Verkäufers ansteigt ($\beta=0{,}37$; $p<0{,}01$, vgl. Abbildung 40). Dieser Effekt besitzt eine semidisordinale Ausprägung, so dass der Effekt der Nationalen Dominanz weiterhin interpretierbar bleibt.

In Bezug auf den Einkäufer ergibt sich ein ähnliches Bild: Weder die Teamzusammenstellung ($\beta=0{,}14$; $p>0{,}10$) noch die Nationalität ($\beta=0{,}00$; $p>0{,}10$) scheinen den individuellen Gewinn des Einkäufers zu beeinflussen. Hypothesen H3b sowie H11b müssen somit verworfen werden. Jedoch zeigen deutsche Einkäufer bei monokulturellen französischen Verkäuferteams höhere individuelle Gewinne als bei multikulturellen Verkäuferteams. Demgegenüber erzielen französische Einkäufer, wenn ihnen ein französischer Verkäufer gegenübertritt, höhere Gewinne als bei reinen deutschen Verkäuferteams ($\beta=0{,}20$; $p<0{,}10$, vgl. Abbildung 40). Bei dieser disordinalen Wechselwirkung ist eine isolierte Interpretation der Haupteffekte unzulässig.

4.5.6 Einfluss von Verhandlungsverhalten auf die Effizienz und den individuellen Gewinn

Der Einfluss des Verhandlungsverhaltens auf die Effizienz ist uneindeutig. Während attackierendes Verhalten beim Verkäufer keinen Einfluss hat ($\beta=-0{,}01$; $p>0{,}10$), führt es beim Einkäufer zu einer signifikant höheren Effizienz ($\beta=0{,}54$; $p<0{,}10$). Dies spiegelt die unklare Ergebnislage in der Literatur wider.

Demgegenüber führt integrierendes Verhalten beim Einkäufer zu einer signifikant höheren Effizienz ($\beta=0{,}55$; $p<0{,}10$), während das gleiche Verhalten beim Verkäuferteam zu einer signifikant niedrigeren Effizienz führt ($\beta=-0{,}22$; $p<0{,}10$). H25a muss daher verworfen werden, während Hypothese H25b bestätigt werden kann.

Der individuelle Gewinn des Verkäuferteams steht in keinem Zusammenhang mit dem Verhandlungsverhalten. Integrierenden Verhalten hat keinen Einfluss ($\beta=0{,}00$; $p>0{,}10$), so dass sich auch hier die uneindeutige Ergebnislage in der Literatur widerspiegelt. Auch haben weder attackierendes Verhalten ($\beta=0{,}02$; $p>0{,}10$) noch die Verhandlungsstrategien des Einkäufers einen Einfluss auf den individuellen Gewinn des Verkäuferteams (attackierend: $\beta=-0{,}19$; $p>0{,}10$; integrierend: $\beta=-0{,}25$; $p>0{,}10$). Die Hypothesen H23a, H24a und H24b müssen somit verworfen werden.

Auch für den Einkäufer ergeben sich in Bezug auf die Hypothesen widersprüchliche Ergebnisse. Attackierendes Verhandlungsverhalten führt zwar zu einem höheren individuellen Gewinn, dieser Zusammenhang ist jedoch nicht signifikant ($\beta=0{,}25$; $p>0{,}10$). Damit konnte Hypothese H23b nicht bestätigt werden. Obwohl aufgrund der Ergebnisse in der Literatur kein eindeutiger Zusammenhang formuliert werden konnte, führt beim Einkäufer auch integrierendes Verhalten zu einem signifikant höheren Verhandlungsergebnis (β=0,45; p<0,05).

Entgegen der in der Literatur bereits bestätigten Zusammenhänge zwischen Verhandlungsverhalten und -ergebnis konnten diese in der vorliegenden Arbeit nicht eindeutig nachgewiesen werden. Insbesondere im Fall des Verkäuferteams hat das Verhandlungsverhalten keinen Einfluss auf den individuellen Gewinn. Dies deutet zudem darauf hin, dass die gefundenen direkten Effekte zwischen Kontextvariablen nicht durch das Verhandlungsverhalten mediiert werden, was der anfänglichen postulierten Annahme widerspricht (zur statistischen Überprüfung der Mediation siehe Abschnitt 4.5.10).

Außerdem zeigen die Koeffizienten, dass das Verhandlungsverhalten in Abhängigkeit von der Rolle unterschiedliche Einflussrichtungen auf die Effizienz hat, was erneut auf die Bedeutung der Rolle hinweist. Auch besteht für beide Verhandlungsstrategien je nach Partei die gleiche Einflussrichtung auf die Effizienz: beim Einkäufer positiv und beim Verkäuferteam negativ. Dies ist insofern verwunderlich, als beide Verhandlungsstrategien pro Verhandlungspartei hochsignifikant negativ korreliert sind.[267]

4.5.7 Beziehung zwischen den Verhandlungsergebnissen

Wie erwartet, geht mit einer höheren Effizienz ein höherer individueller Gewinn einher. Dies gilt sowohl für das Verkäuferteam (β=0,35; p<0,05) als auch für den Einkäufer (β=0,32; p<0,01). Auch steigt die Zufriedenheit beider Verhandlungsparteien mit einem höheren Gewinn signifikant an (β=0,43, p<0,01, für das Verkäuferteam; β=0,46, p<0,01, für den Einkäufer). Damit konnten die Hypothesen H26a,b und H27a,b bestätigt werden, wodurch sich eine Replikation zahlreicher Ergebnisse in der Literatur ergibt.

4.5.8 Einfluss von Kontextvariablen auf die Zielsetzung und die Wirkung der Zielsetzung auf den individuellen Gewinn

Zwischen Nationaler Dominanz und Zielsetzung besteht weder für das Verkäuferteam (β=0,03; p>0,10) noch für den Einkäufer (β=0,10; p>0,10) ein Zusam-

---

[267] Die Korrelation zwischen integrierendem und attackierendem Verhandlungsverhalten beim Einkäufer beläuft sich auf r=-0,722 (p<0,01), beim Verkäuferteam auf r=-0,482 (p<0,01), siehe Abbildung 41.

menhang, so dass die Hypothesen H18a und H18b nicht bestätigt werden können. Tendenziell setzen sich aber Franzosen höhere Ziele als Deutsche.

Unabhängig davon führen höhere Ziele zu höheren individuellen Gewinnen, sowohl für das Verkäuferteam ($\beta=0{,}26$; $p<0{,}10$) als auch für den Einkäufer ($\beta=0{,}24$; $p<0{,}05$). Somit konnten die Hypothesen H20a und H20b bestätigt werden.

Wie erwartet, existiert ein deutlicher Unterschied in der Ausprägung der Zusammenhänge in Abhängigkeit von der betrachteten Kultur (siehe Abbildung 46). Während für deutsche Einkäufer und Verkäuferteams ein hochsignifikanter Zusammenhang zwischen Ziel und ökonomischem Verhandlungsergebnis besteht ($r=0{,}560$, $p<0{,}01$; $r=0{,}530$, $p<0{,}01$), ist dies für die französische Kultur nicht der Fall. Individueller Gewinn und Höhe des Verhandlungsziels weisen bei Franzosen nur gering positive Zusammenhänge auf (siehe Abbildung 46). Die Hypothesen H19a und H19b können somit bestätigt werden.

	Nationale Dominanz/Nationalität	
	Französisch	Deutsch
Verkäuferteam	0,123	0,530***
Einkäufer	0,057	0,560***

Anmerkung: *$p<0{,}10$; **$p<0{,}05$; ***$p<0{,}01$

Abbildung 46: Korrelation zwischen Verhandlungszielen und individuellem Gewinn für Ein- und Verkäufer, getrennt nach Nationalität bzw. Nationaler Dominanz

Obwohl sich Einkäufer und Verkäufer aus der französischen Kultur tendenziell höhere Ziele setzen, besteht bei ihnen eine geringe Korrelation zwischen Ziel und Verhalten. Bei deutschen Einkäufern und deutsch dominierten Verkäuferteams ist dies entgegengesetzt. Obwohl diese tendenziell niedrigere Verhandlungsziele verfolgen, sind die Korrelationen zwischen Ziel und individuellem Gewinn signifikant.

4.5.9 Interpretation der Determinationskoeffizienten im Modell

Neben der Beurteilung der einzelnen Zusammenhänge in den vorangegangenen Abschnitten soll der Determinationskoeffizient R^2 zur Beurteilung herangezogen werden, wie stark die Kontextvariablen und die gewählten Modellierungen insbesondere die Ergebnisvariablen beeinflussen. Er gibt an, wie viel Prozent der Varianz durch das auf ihn ausgerichtete Modell erklärt werden können. Chin (1989) beschreibt ein R^2 von 0,67 als substanziell, 0,33 als mittelgut und 0,19 als schwach. Diese Vorgaben können jedoch nur als grobe Richtlinien erachtet werden. Eine Beurteilung des Gesamtmodells mit Hilfe eines übergeordneten Gütemaßes wie in LISREL ist – wie in Abschnitt 4.3.4.1 bereits erwähnt – nicht möglich. Die Beurteilung erfolgt vielmehr über die kumulierte Betrachtung der einzelnen Teilmodelle auf Basis der eben erwähnten Gütekriterien. Liegen zufriedenstellende Gütekriterien der einzelnen Teilmodelle vor, kann von einer entsprechenden Güte des Gesamtmodells ausgegangen werden (Weiber & Mühlhaus, 2010).

Im Gegensatz zur Interpretation der Pfadkoeffizienten gestaltet sich demzufolge die Beurteilung der Determinationskoeffizienten R^2 und der einzelnen zu erklärenden Variablen als schwieriger. Die Gründe hierfür sind vielfältig. Zum einen ist der Determinationskoeffizient von der Anzahl der verwendeten Prädiktoren abhängig, welche sich häufig in den Studien unterscheiden. Auch sind die verwendeten Maße, z.B. zur Messung der Effizienz oder des individuellen Gewinns, nicht einheitlich. Zudem spielt es eine Rolle, ob die zu erklärende Variable durch manifeste oder latente Konstrukte erklärt wird.

Zunächst soll auf den Vergleich mit den Determinationskoeffizienten aus den ANOVAs eingangen werden. Im Anschluss sollen Ergebnisse aus aus thematisch vergleichbaren Studien mit ähnlichem Modelldesign zur Beurteilung der Determinationskoeffizienten herangezogen werden. Daran anschließend werden die Veränderungen in den Determinationskoeffizienten beurteilt, die durch die Aufnahme der Moderatorvariablen hervorgerufen worden sind.

Allgemein lässt sich sagen, dass für die Effizienz und für den individuellen Gewinn im Gesamtmodell höhere Determinationskoeffizienten als bei den ANOVAs generiert werden konnten. Die erklärten Varianzen lagen bei der ANOVA mit Teamzusammenstellung und Nationaler Dominanz als Faktoren bei 10,1% für die Effizienz und bei 20,1% für den individuellen Gewinn (vgl. Abschnitt 4.4.3, inklusive Wechselwirkung). Demgegenüber besitzt die Effizienz – wie in

Abbildung 47 dargestellt[268] – im PLS-Modell eine erklärte Varianz von 26,6%, für den individuellen Gewinn der Verkäuferteams konnte mit 34,1% eine noch höhere erklärte Varianz erzielt werden. Dies ist auch für den Einkäufer mit einer erklärten Varianz von 34,2% im individuellen Gewinn der Fall.

	ZIT	GEV	ATT_V	INT_V	ATT_E	INT_E	EFF	IG_V	IG_E	Ziel_V	Ziel_E	ZUF_V	ZUF_E
R^2 ohne Moderatorterm	0,10	0,06	0,06	0,12	0,16	0,10	0,27	0,24	0,31	0,00	0,01	0,18	0,21
R^2 mit Moderatorterm	0,17	0,15	0,11	0,33	0,24	0,16	0,27	0,34	0,34				
f^2	0,08	0,11	0,06	0,31	0,11	0,07	0,00	0,15	0,05				

Anmerkung: *p<0,10, **p<0,05, ***p<0,01; TZ=Teamzusammenstellung; ZIT=Zusammenhalt im Team; GEV=Gleichberechtigtes Entscheidungsverhalten; ATT_V=Attackierendes Verhandlungsverhalten des Verkäuferteams; INT_V=Integrierendes Verhandlungsverhalten des Verkäuferteams; ATT_E=Attackierendes Verhandlungsverhalten des Einkäufers; INT_E=Integrierendes Verhandlungsverhalten des Einkäufers; EFF=Effizienz; IG_V=Individueller Gewinn des Verkäuferteams; IG_E=Individueller Gewinn des Einkäufers; ZUF_V=Zufriedenheit des Verkäuferteams; ZUF_E=Zufriedenheit des Einkäufers; Ziel_V=Verhandlungsziel des Verkäuferteams; Ziel_E=Verhandlungsziel des Einkäufers

Abbildung 47: Übersicht Determinationskoeffizienten (R^2) und Effektstärken (f^2) für die Moderatoreffekte

Demnach wird durch die Gesamtbetrachtung im PLS-Modell deutlich mehr Varianz erklärt als es im zweifaktoriellen Fall möglich war.

Im Vergleich zu ähnlichen Verhandlungsstudien fällt vor allem der Determinationskoeffizient für die Effizienz mit 26,6% höher aus. Beispielsweise berichten Backhaus et al. (2008) von einem R^2 von 8,9%, Geiger (2007) erzielte in seinem Modell für die Effizienz ein R^2 von ca. 18,0%. Für den individuellen Gewinn konnte in der vorliegenden Arbeit mit 34,1% zwar eine höhere erklärte Varianz als bei den ersten Autoren (14,1%) erzielt werden. Dies bleibt jedoch unter dem Wert von 35,0%, welcher von Geiger (2007) berichtet wurde. Es sei angemerkt, dass die genannten Studien sowohl ein anderes Maß für die Effizienz als auch eine andere Anzahl an Prädiktoren in ihrem Modell verwendet hatten.

Für die Verhandlungszufriedenheit ergibt sich ein Determinationskoeffizient von 18,4 %. Er liegt damit weit über den Werten, die in der Literatur in ähnlichen Studien zu finden sind (ca. 7-8%, Mintu-Wimsatt & Graham, 2004).

Die Moderatoreffekte lassen sich, wie in Abschnitt 4.3.4.2 bereits erwähnt, anhand den Veränderungen in den Determinationskoeffizienten vor und nach der Aufnahme des Moderatorterms beurteilen. Die Veränderung ist in Abbildung 47 dargestellt und wird mittels der Effektstärke f² beurteilt (vgl. Abschnitt 4.3.4.2).

---

[268] Die Darstellung in Abbildung 47 entspricht dem R^2, während im vorliegenden Text der erklärte Varianzanteil angegeben wird. Dieser entspricht dem R^2 multipliziert mit 100. Die Beurteilung bezieht sich auf das Modell mit Moderatorterm.

Insbesondere in Bezug auf das integrative Verhandlungsverhalten (f^2=0,31) und den individuellen Gewinn des Verkäuferteams (f^2=0,15) besitzt die Wechselwirkung einen mittelstarken Effekt (vgl. Abschnitt zu Effektstärken in 4.3.3). Auf alle restlichen Variablen führt die Aufnahme zu einem niedrigeren Zuwachs an erklärter Varianz, welcher aber immer noch als schwacher Effekt zu beurteilen ist. Auf die Effizienz hat die Wechselwirkung keinen Einfluss (f^2=0,00).

Der Vergleich zwischen hochsignifikanten Pfadkoeffizienten und den doch zum Großteil eher schwachen Veränderungen im Determinationskoeffizienten durch die Aufnahme der Moderatorterms deutet auf eine bestehende Kollinearität zwischen den Kontextvariablen und dem Moderatorterm hin (siehe hierzu auch Chin et al. 2003). Dies wird durch die Berechnung jedoch zwangsläufig so generiert. Nichtsdestotrotz bedeutet dies auch, dass die Wechselwirkung den Informationsgehalt der beiden Kontextvariablen übertrifft bzw. zu einer besseren Erklärung der abhängigen Variablen beiträgt. Dies unterstützt die Annahme, dass die Konstellation im Team in Abhängigkeit von der Teamzusammenstellung und der Nationalität relevant ist.

4.5.10 Ergebnisse der Mediationsanalyse

Das in Abschnitt 3.5 gezeigte Gesamtmodell suggeriert gewisse Mediationsbeziehungen, die im vorliegenden Abschnitt im Detail analysiert werden sollen. Die Untersuchung von Mediationseffekten kann zusätzliches Erklärungspotenzial bieten. Eine Mediation bzw. ein Mediationseffekt liegt vor, wenn die Wirkung bzw. der direkte Effekt einer Prädiktorvariable (X) auf eine Kriteriumsvariable (Y) durch eine dritte Variable, den Mediator (M), mediiert wird (siehe Abbildung 48, in Anlehnung an Baron und Kenny, 1986).

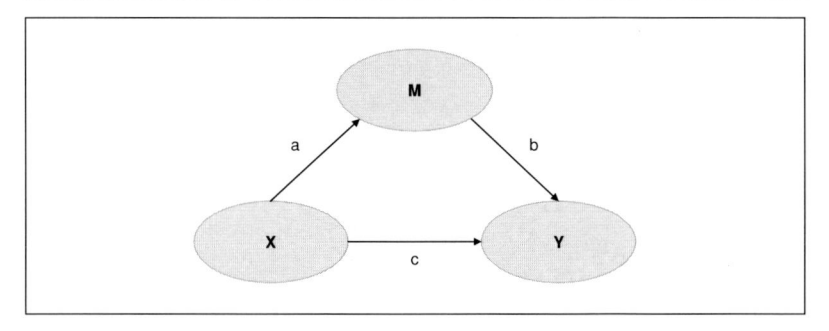

Abbildung 48: Beispielhafte Darstellung eines Mediatormodells

In der vorliegenden Arbeit existieren zwei Möglichkeiten für potenzielle Mediationseffekte. Dabei wurde sich ausschließlich auf die Verkäuferteams konzentriert:

- Die Mediation der direkten Effekte durch die Kontextvariablen Teamzusammenstellung und Nationale Dominanz (sowie deren Wechselwirkung) auf das Verhandlungsverhalten (attackierend und integrierend) durch die *Intrateamprozesse* (Zusammenhalt im Team sowie gleichberechtigte Entscheidungsfindung).

- Die Mediation der direkten Effekte der Kontextvariablen Teamzusammenstellung und Nationale Dominanz (sowie deren Wechselwirkung) auf die Ergebnisvariablen (individueller Gewinn und Effizienz) durch das *Verhandlungsverhalten* (attackierend und integrierend).

Die Überprüfung der Mediation erfolgte hier auf Basis eines *Bootstrap*-Tests von Preacher und Hayes (2004, 2008).[269] Dieser besitzt im Vergleich zu klassischen Verfahren wie der Sobel-Test von Baron und Kenny (1986) eine höhere Teststärke. Außerdem lässt sich das Vorhandensein eines Mediatoreffekts bei

---

[269] Beim *Bootstrap-Test* werden empirische Stichprobenverteilungen von a×b generiert. Aus der ursprünglichen Stichprobe werden N Werte (X, Y, M) mit Ersatz gezogen, um daraus neue Stichproben zu generieren. Für jede dieser neuen *Bootstrap*-Stichproben werden die Regressionsgleichungen für Y und M geschätzt: zwei Schätzgleichungen für Y (direkt: X auf Y und indirekt: X und M auf Y), eine Schätzgleichung für M (Effekt von X auf M), wobei a, b sowie a×b als Schätzparameter fungieren. Nach 5.000 *Bootstrap*-Stichproben und Schätzungen ergibt sich der indirekte Wert a×b als Mittelwert der Schätzungen über alle *Bootstrap*-Stichproben. Ergebnis des Tests ist ein 95%-Konfidenzintervall, bei dem die Untergrenze bei 2,5% und die Obergrenze bei 97,5% der empirischen Verteilung der a×b-Schätzungen liegt. Befindet sich die Null innerhalb des errechneten Konfidenzintervalls, so gilt der indirekte Effekt als nicht signifikant und es liegt keine Mediation vor (vgl. Zhao, Lynch & Chen, 2010).

der Testung durch Preacher und Hayes (2004) allein durch ein Kriterium – Signifikanz des indirekten Pfades a×b – bestimmen und nicht durch – wie von Baron und Kenny (1986) vorgeschlagen – drei Bedingungen.[270]

Nach Zhao et al. (2010) lassen sich vier Effektarten bei der Betrachtung von Mediatoren unterscheiden. Der Unterschied zwischen letzteren beiden liegt in der vorhandenen Signifikanz des direkten Effekts:

- Komplementäre Mediation *(Complementary Mediation):* Die indirekten Pfade a×b und c sind signifikant und weisen die gleiche Wirkungsrichtung auf.

- Kompetitive Mediation *(Competitive Mediation):* Die indirekten Pfade a×b und c sind signifikant, zeigen jedoch entgegengesetzte Richtungen.

- Reiner indirekter Effekt *(Indirect Only Mediation):* Der direkte Effekt a×b ist signifikant, der direkte Effekt c jedoch nicht.

- Direkte Effekte ohne Mediation *(Direct Only Nonmediation):* Der direkte Effekt c ist signifikant, der indirekte Effekt a×b jedoch nicht.

- Keine direkten Effekte, keine Mediation *(No-Effect Nonmediation):* Weder der direkte Effekt c noch der indirekte Effekt a×b sind signifikant.

Im Anhang 9 sind die Ergebnisse des Tests im Detail dargestellt. Zusammenfassend kann gesagt werden, dass keine Mediationseffekte vorliegen. Keine der indirekten Pfade waren statistisch bedeutsam. Weder haben die Intrateamprozesse eine mediierende Wirkung auf den Effekt der Kontextvariablen auf das Verhandlungsverhalten, noch mediiert das Verhandlungsverhalten den direkten

---

[270] Laut den Autoren liegt dann ein Mediatoreffekt vor, wenn drei Kriterien erfüllt sind: (1) Pfad a ist signifikant, (2) Pfad b ist signifikant und (3) Pfad c verliert bei der Berücksichtigung des Mediators seine Signifikanz (vgl. auch Frazier, Tix & Barron, 2004). Die stärkste Mediation liegt dann vor, wenn der direkte Effekt (c) bei der Aufnahme des Mediators zu 0 wird. Dieser Fall wird als vollständige Mediation bezeichnet, eine Reduktion in c und ein Verlust der Signifikanz werden partielle Moderation genannt. In den empirischen Studien ist eine partielle Mediation eher die Regel (Iacobucci, 2008). Die Identifikation eines Mediatoreffekts nach Baron und Kenny (1986) unterliegt jedoch einiger Kritik (Bauer, Preacher, & Gil, 2006; Zhao et al., 2010). Beispielsweise beurteilen die Autoren die Mediation insbesondere über den direkten Effekt. Jedoch muss die Stärke der Moderation nicht allein von der Abwesenheit des direkten Effektes abhängen, sondern kann auch durch die Stärke der indirekten Effekte bestimmt werden.

Effekt von Kontextvariablen auf die Ergebnisvariablen individueller Gewinn des Verkäuferteams sowie die Effizienz.

Die gefundenen signifikanten Einzelpfade im Rahmen der ANOVA oder des PLS-Modells weisen somit zwar auf bedeutsame Einzelzusammenhänge hin, führen jedoch in Kombination mit den relevanten Prädiktoren und Kriterien zu keinem signifikanten indirekten Effekt und somit zu einer Mediation.

4.6 Zusammenfassung der Ergebnisse und Synthese der Hypothesenprüfung

Zusammenfassend lässt sich behaupten, dass insbesondere die Kontextvariablen in Kombination miteinander einen signifikanten Einfluss sowohl auf die Intrateamprozesse und das Verhandlungsverhalten als auch auf den individuellen Gewinn haben. Bei isolierter Betrachtung hat Nationale Dominanz allein zwar einen Einfluss auf die Intrateamprozesse, für das Verhandlungsverhalten und die Ergebnisvariablen hat sie jedoch keine Bedeutung. Demgegenüber spielt die Teamzusammenstellung – bis auf zwei Ausnahmen – durchweg eine bedeutende Rolle. Werden die Interaktionen zwischen den Kontextvariablen inhaltlich interpretiert, so zeigen sich die Wechselwirkungen immer in Richtung der für die Haupteffekte postulierten Tendenzen. So führt die Aufnahme eines Franzosen in ein deutsches Team zu mehr integrierendem und weniger attackierendem Verhalten, während bei der Aufnahme eines Deutschen in ein französisches Team der umgekehrte Fall eintritt. Daraus wird deutlich, dass die Kontextvariablen nicht losgelöst voneinander betrachtet werden dürfen, sondern nur in Kombination als Konstellation aus Teamzusammenstellung und Nationaler Dominanz.

Im Hinblick auf die Ergebnisvariablen lässt sich behaupten, dass die Effizienz vor allem durch die Teamzusammenstellung und das Verhandlungsverhalten des Einkäufers bedingt ist, wobei sowohl integrierendes als auch attackierendes Verhalten zielführend ist. Der individuelle Gewinn demgegenüber wird auf der Seite des Verkäuferteams einzig und allein durch die Teamzusammenstellung, die Effizienz und die Höhe der Ziele bedingt. Das Verhandlungsverhalten hat keinerlei Einfluss. Für den Einkäufer führt neben der Effizienz und einer hohen

Zielsetzung insbesondere integrierendes Verhalten zu einem höheren individuellen Gewinn.

Das PLS-Modell diente zudem der Klärung der in Abschnitt 3.2.6 dargelegten Inkonsistenz in der Hypothesenformulierung bezüglich der Vorzeichen indirekter und direkter Effekte von Teamzusammenstellung auf die dynamischen Variablen (vgl. Abschnitt 3.2.6.2). Laut Hypothesenformulierung wird für den direkten Effekt von Teamzusammenstellung auf das Verhandlungsverhalten ein stärker integrierendes und weniger attackierendes Verhalten für multikulturelle Verkäuferteams postuliert. Für den indirekten Effekt über die Intrateamprozesse wird jedoch angenommen, dass in multikulturellen Verkäuferteams weniger Zusammenhalt und Gleichberechtigung bei der Entscheidungsfindung herrschen, was sich in weniger integrierendem und stärker attackierendem Verhalten äußern soll. Die postulierten Effekte der direkten und indirekten Wege sind somit entgegengesetzt. Die Ergebnisse zeigen, dass multikulturelle Verkäuferteams zwar weniger gleichberechtigtes Entscheidungsverhalten besitzen, dafür aber auch mehr Zusammenhalt im Team haben, wobei letzter Effekt nicht signifikant ist. Gleichzeitig weisen multikulturelle Verkäuferteams signifikant mehr integrierendes und weniger attackierendes Verhandlungsverhalten als monokulturelle Verkäuferteams auf. Zudem ist der Transfer der Intrateamprozesse auf das Verhandlungsverhalten uneindeutig. Während sich Zusammenhalt im Team überträgt, ist dies für gleichberechtigtes Entscheidungsverhalten nicht der Fall. Daher kann davon ausgegangen werden, dass der direkte Effekt dominiert und im vorliegenden Fall nicht von einer Mediation durch die Intrateamprozesse gesprochen werden kann. Dies konnte auch durch die Mediationsanalyse bestätigt werden. Zusätzlich deuten die Ergebnisse auf einen Rolleneffekt hin, der in der Literatur an einigen Stellen gezeigt werden konnte (z.B. Campbell et al., 1988; Bazermann, Magliozzi & Neale, 1985; Huber & Neale, 1986; Neale & Northcraft, 1986). Basis dieser Vermutung ist die unterschiedliche Wirkung des Verhandlungsverhaltens auf das Ergebnis sowie dessen Bedeutung für das Ergebnis je nach Rolle in der Verhandlung.

Abschließend sollen in Anlehnung an die erhaltenen Ergebnisse im PLS-Modell in Kombination mit den Ergebnissen der Korrelationsanalysen (siehe Abbildung 41) die Hypothesenprüfung in Abbildung 49 zusammengefasst werden. Insgesamt lässt sich behaupten, dass 21 der 44 Hypothesen bestätigt werden konnten, neun weitere Effekte konnten zumindest die postulierte Richtung nachweisen. Von den 21 neu formulierten Hypothesen konnten zehn bestätigt werden, weitere vier Effekte zeigten sich in der angenommenen Richtung. Von den 23 Replikationshypothesen wurden 11 bestätigt, bei weiteren fünf Effekten entsprachen die Vorzeichen den in den Hypothesen postulierten Richtungen.

In Abbildung 49 lassen sich außerdem die nicht bestätigten Hypothesen ablesen. Insbesondere bei der Wirkung von Nationalität auf das Verhandlungsverhalten und beim Einkäufer zusätzlich bei der Wirkung von Verhandlungsverhalten auf Verhandlungsergebnis treten Ergebnisse auf, die konträr zur postulierten Richtung ausfallen.

Forschungsmethodik und empirische Untersuchung

Hypothese	Inhalt	Neue Hypothese?	Postulierte Richtung?	Signifikant?	Bestätigt?
Kontextvariablen					
Beziehung zwischen Kontext- und dynamischen Variablen (Intrateamverhalten, Verhandlungsverhalten, Verhandlungsziele)					
H1a	Kollektivistische Verkäuferteams zeigen weniger kompetitives Verhandlungsverhalten als individualistische Verkäuferteams.	Ja	Ja	Nein	Nein
H1b	Kollektivistische Einkäufer zeigen weniger kompetitives Verhandlungsverhalten als individualistische Einkäufer.	Ja	Nein	Ja (p<0,01)	Nein
H2a	Kollektivistische Verkäuferteams zeigen mehr kooperatives Verhandlungsverhalten als individualistische Verkäuferteams.	Ja	Nein	Nein	Nein
H2b	Kollektivistische Einkäufer zeigen mehr kooperatives Verhandlungsverhalten als individualistische Einkäufer.	Ja	Nein	Ja (p<0,01)	Nein
H5	Kollektivistische Verkäuferteams zeigen einen stärkeren Zusammenhalt im Team als individualistische Verkäuferteams.	Ja	Ja	Ja (p<0,01)	Ja
H6	Kollektivistische Verkäuferteams zeigen eine stärkere Gleichberechtigung bei der Entscheidungsfindung als individualistische Verkäuferteams.	Ja	Ja	Ja (p<0,10)	Ja
H7	Monokulturelle Teams zeigen einen stärkeren Zusammenhalt im Team als multikulturelle Teams.	Ja	Nein	Nein	Nein
H8	Monokulturelle Verkäuferteams zeigen eine stärkere Gleichberechtigung bei der Entscheidungsfindung als multikulturelle Verkäuferteams.	Ja	Ja	Ja (p<0,10)	Ja
H9a	Monokulturelle Verkäuferteams zeigen mehr kompetitives Verhandlungsverhalten als multikulturelle Verkäuferteams.	Ja	Ja	Ja (p<0,10)	Ja
H9b	Bei monokulturellen Verkäuferteams zeigen Einkäufer mehr kompetitives Verhandlungsverhalten als bei multikulturellen Verkäuferteams.	Ja	Nein	Ja (p<0,05)	Nein
H10a	Monokulturelle Verkäuferteams zeigen weniger kooperatives Verhandlungsverhalten als multikulturelle Verkäuferteams.	Ja	Ja	Ja (p<0,10)	Ja
H10b	Bei monokulturellen Verkäuferteams zeigen Einkäufer weniger kooperatives Verhandlungsverhalten als bei multikulturellen Verkäuferteams.	Ja	Nein	Nein	Nein
H18a	Kollektivistische Verkäuferteams setzen sich niedrigere Verhandlungsziele als individualistische Verkäuferteams.	Nein	Nein	Nein	Nein
H18b	Kollektivistische Einkäufer setzen sich niedrigere Verhandlungsziele als individualistische Einkäufer.	Nein	Nein	Nein	Nein
Beziehung zwischen Kontext und Ergebnisvariablen					
H3a	Kollektivistische Verkäuferteams erzielen einen niedrigeren individuellen Gewinn als individualistische Verkäuferteams.	Nein	Ja	Nein	Nein
H3b	Kollektivistische Einkäufer erzielen einen niedrigeren individuellen Gewinn als individualistische Einkäufer.	Nein	Ja	Nein	Nein
H4	Kollektivistische Verkäuferteams erzielen eine höhere Effizienz als individualistische Verkäuferteams.	Nein	Nein	Nein	Nein
H11a	Monokulturelle Verkäuferteams erzielen einen höheren individuellen Gewinn als multikulturelle Verkäuferteams.	Ja	Nein	Ja (p<0,10)	Nein
H11b	Bei monokulturellen Verkäuferteams erzielen die Einkäufer einen niedrigeren individuellen Gewinn als bei multikulturellen Verkäuferteams.	Ja	Ja	Nein	Nein
H12	Monokulturelle Verkäuferteams erzielen eine niedrigere Effizienz als multikulturelle Verkäuferteams.	Ja	Ja	Ja (p<0,01)	Ja
Dynamische Variablen					
Beziehung zwischen Intrateamverhalten und Verhandlungsverhalten					
H13	Beim Verkäuferteam geht ein stärkerer Zusammenhalt im Team mit einem höheren Maß an kooperativem Verhandlungsverhalten einher.	Ja	Ja	Ja (p<0,01)	Ja
H14	Beim Verkäuferteam geht ein stärkerer Zusammenhalt im Team mit einem niedrigeren Maß an kompetitivem Verhandlungsverhalten einher.	Ja	Ja	Nein	Nein
H15	Beim Verkäuferteam geht eine hohe Gleichberechtigung bei der Entscheidungsfindung mit einem höheren Maß an kooperativem Verhandlungsverhalten einher.	Nein	Nein	Nein	Nein
H16	Beim Verkäuferteam geht eine hohe Gleichberechtigung bei der Entscheidungsfindung mit einem niedrigeren Maß an kompetitivem Verhandlungsverhalten einher.	Nein	Nein	Ja (p<0,10)	Nein
H17	Zusammenhalt im Team und gleichberechtigte Entscheidungsfindung sind positiv korreliert.	Nein	Ja	Ja (p<0,01)	Ja

Abbildung 49: Zusammenfassung der Hypothesen (Teil 1 von 2)

Forschungsmethodik und empirische Untersuchung

Hypothese	Inhalt	Neue Hypothese?	Postulierte Richtung?	Signifikant?	Bestätigt?
Dynamische Variablen (Fortsetzung)					
Beziehung zwischen Intrateamverhalten und Verhandlungsverhalten					
H21a	Beim Verkäuferteam besteht ein negativer Zusammenhang zwischen kompetitivem und kooperativem Verhandlungsverhalten.	Nein	Ja	Ja ($p<0{,}01$)	Ja
H21b	Beim Einkäufer besteht ein negativer Zusammenhang zwischen kompetitivem und kooperativem Verhandlungsverhalten.	Nein	Ja	Ja ($p<0{,}01$)	Ja
H22a	Zwischen dem kooperativen Verhandlungsverhalten des Verkäuferteams und dem des Einkäufers besteht ein positiver Zusammenhang.	Nein	Ja	Ja ($p<0{,}05$)	Ja
H22b	Zwischen dem kooperativen Verhandlungsverhalten des Verkäuferteams und dem kompetitiven Verhandlungsverhalten des Einkäufers besteht ein negativer Zusammenhang.	Ja	Ja	Ja ($p<0{,}05$)	Ja
H22c	Zwischen dem kompetitiven Verhandlungsverhalten des Verkäuferteams und dem kooperativen Verhandlungsverhalten des Einkäufers besteht ein negativer Zusammenhang.	Ja	Ja	Nein	Nein
Beziehung zwischen dynamischen Variablen (Verhandlungsverhalten, Kognition) und Ergebnisvariablen (individueller Gewinn, Effizienz)					
H19a	Der Zusammenhang zwischen Verhandlungsziel und individuellem Gewinn ist bei kollektivistischen Verkäuferteams niedriger als bei individualistischen Verkäuferteams.	Ja	Ja	Ja ($p<0{,}01$)	Ja
H19b	Der Zusammenhang zwischen Verhandlungsziel und individuellem Gewinn ist bei kollektivistischen Einkäufern niedriger als bei individualistischen Einkäufern.	Ja	Ja	Ja ($p<0{,}01$)	Ja
H20a	Je höher das Verhandlungsziel des Verkäuferteams ist, desto höher ist dessen individueller Gewinn.	Nein	Ja	Ja ($p<0{,}10$)	Ja
H20b	Je höher das Verhandlungsziel des Einkäufers ist, desto höher ist dessen individueller Gewinn.	Nein	Ja	Ja ($p<0{,}05$)	Ja
H23a	Je höher das Maß an kompetitivem Verhandlungsverhalten beim Verkäuferteam ist, desto höher ist dessen individueller Gewinn.	Nein	Ja	Nein	Nein
H23b	Je höher das Maß an kompetitivem Verhandlungsverhalten beim Einkäufer ist, desto höher ist dessen individueller Gewinn.	Nein	Ja	Nein	Nein
H24a	Je höher das Maß an kompetitivem Verhalten beim Einkäufer ist, desto niedriger ist der individuelle Gewinn des Verkäuferteams.	Nein	Ja	Nein	Nein
H24b	Je höher das Maß an kooperativem Verhandlungsverhalten beim Einkäufer ist, desto höher ist der individuelle Gewinn des Verkäuferteams.	Nein	Nein	Nein	Nein
H25a	Je höher das Maß an kooperativem Verhandlungsverhalten beim Verkäuferteam ist, desto höher ist die Effizienz.	Nein	Nein	Ja ($p<0{,}10$)	Nein
H25b	Je höher das Maß an kooperativem Verhandlungsverhalten beim Einkäufer ist, desto höher ist die Effizienz.	Nein	Ja	Ja ($p<0{,}10$)	Ja
Ergebnisvariablen					
Beziehung zwischen den Ergebnisvariablen (individueller Gewinn, Effizienz, Zufriedenheit)					
H26a	Je höher die Effizienz ausfällt, desto höher ist der individuelle Gewinn des Verkäuferteams.	Nein	Ja	Ja ($p<0{,}05$)	Ja
H26b	Je höher die Effizienz ausfällt, desto höher ist der individuelle Gewinn des Einkäufers.	Nein	Ja	Ja ($p<0{,}01$)	Ja
H27a	Je höher der individuelle Gewinn des Verkäuferteams ist, desto höher ist dessen Zufriedenheit.	Nein	Ja	Ja ($p<0{,}01$)	Ja
H27b	Je höher der individuelle Gewinn des Einkäufers ist, desto höher ist dessen Zufriedenheit.	Nein	Ja	Ja ($p<0{,}01$)	Ja

Abbildung 49: Zusammenfassung der Hypothesen (Teil 2 von 2)

5 Diskussion

5.1 Forschungsbeitrag der vorliegenden Arbeit

Im Zeitalter der Globalisierung sind interkulturelle Verhandlungen ein wesentlicher Bestandteil der Interaktion zwischen Geschäftspartnern im B2B-Bereich. Aufgrund von kulturellen Differenzen gelten sie als besonders komplexe Herausforderung. Der dabei wahrscheinliche *Culture Clash* ist durch die unterschiedlichen kulturellen Werte bedingt, welche sich sowohl in Erwartungen als auch im Verhalten der Verhandlungsparteien übertragen. Aufgrund der Komplexität derartiger Verhandlungen werden statt Einzelpersonen mehr und mehr Teams als *Buying* und *Selling Center* in der Verhandlung eingesetzt. Durch die Internationalität der Unternehmen kommt es dabei nicht selten vor, dass auch innerhalb des Teams kulturelle Diversität herrscht, welche die gemeinsame Zusammenarbeit zunächst beeinträchtigt. Gleichzeitig könnte die Diversität im Team von Nutzen sein, indem ein Teammitglied mit dem gleichen kulturellen Hintergrund wie die andere Verhandlungspartei als kultureller Übersetzer eingesetzt wird. Die kulturellen Differenzen zwischen Verhandlungsparteien könnten dadurch reduziert werden, um letztlich zu einem besseren Verhandlungsergebnis zu gelangen.

Der erfolgreiche Umgang und die Bewältigung von kulturellen Differenzen innerhalb einer Verhandlung sowie ein adäquates *Cultural Diversity Management* werden folglich als Schlüsselfaktoren für den unternehmerischen Erfolg auf dem internationalen Marktplatz erachtet (vgl. Adler, 2002; Brett, 2007; Cai et al., 2000; Cox & Blake, 1991). Ein umfangreiches Verständnis über die Dynamiken in interkulturellen Verhandlungen und in multikulturellen Teams ist somit von enormer praktischer Relevanz.

Die vorliegende Arbeit hatte sich deshalb zum Ziel gesetzt, ein besseres Verständnis über die Dynamiken von kultureller Diversität im Verhandlungsteam im Rahmen von interkulturellen Verhandlungen zu generieren. Dabei sollte die Frage beantwortet werden, inwiefern ein multikulturelles Team im Vergleich zu einem monokulturellen Team eher dazu in der Lage ist, das Problem der kulturellen Herausforderung auf der Verhandlungsebene zu lösen und zu einem besseren Verhandlungsergebnis zu gelangen. Ein besonderes Augenmerk galt den Auswirkungen von kulturellem Kontext und Teamzusammenstellung auf die Intrateamprozesse und auf das Verhandlungsverhalten. Ebenso wurde die Schnittstelle zwischen Teamebene und Verhandlungsebene betrachtet und untersucht, inwiefern die Intrateamprozesse das Verhandlungsverhalten bedingen. Zuletzt galt die Analyse auch den Auswirkungen der dynamischen Variablen auf das Verhandlungsergebnis.

Zu diesem Zweck wurden zunächst die grundlegenden Charakteristika von Verhandlungen dargelegt. Der konzeptionelle Teil mündete in der Wahl eines verhaltenswissenschaftlichen Modells zur Konkretisierung von Verhandlung. Das Modell von Neale und Northcraft (1991) diente als strukturierende Grundlage der hier untersuchten Effekte. Mit Hilfe des Modells konnte auf mehrere Kritikpunkte zu bisherigen Studien über Kultur und Verhandlung eingegangen werden. Zunächst ging das Modell explizit von der Bedeutung von situationaler und organisationaler Kontextvariablen für die Verhandlung aus, welche hier mit Kultur und Teamzusammenstellung abgebildet wurden. Daneben nimmt das Modell indirekte Effekte von Kontext auf die Verhandlungsergebnisse an, welche mit Hilfe der dynamischen Variablen dargestellt wurden. Damit kann die Kritik der *Black Box*-Betrachtung der Verhandlung hier zurückgewiesen werden. Durch die Flexibilität des Modells konnten für die vorliegende Arbeit neben dem Verhandlungsverhalten und der Kognition auch die Intrateamprozesse als dynamische Variablen integriert werden. Die begriffliche Ausgestaltung und Charakterisierung der Kontextvariablen sowie die theoretische Herleitung der im Modell dargestellten Zusammenhänge im Rahmen von Hypothesen bildeten den konzeptionellen Hauptteil der Arbeit.

Die in dem verhaltenswissenschaftlichen Modell definierten Zusammenhänge wurden mittels einer Online-Verhandlungssimulation auf Basis einer Fallstudie aus dem Industriegütermarketing zwischen mono- und multikulturellen Verkäuferteams und einem Einkäufer durchgeführt. Deutsche und Franzosen wurden dabei als Vertreter von Kulturen mit niedriger (hoher) Ausprägung in Kollektivismus ausgewählt. Um die vermuteten Zusammenhänge zu testen, wurde ein *Mixed-Method*-Ansatz als Kombination aus quantitativem Fragebogen und qualitativer Vorgehensweise im Rahmen einer Verhaltensbeobachtung und anschließender Inhaltsanalyse gewählt. Die Kodierung der in *Logfiles* gespeicherten Verhandlungsinteraktion bildete einen zentralen Bestandteil der empirischen Untersuchung. Mit der Verwendung eines *Mixed-Method*-Ansatzes sollte bisherigen Kritikpunkten an rein quantitativem Vorgehen Rechnung getragen werden (siehe auch Abbildung 50). Zur Analyse der postulierten Effekte wurde neben deskriptivstatistischer Darstellung von gescheiterten Verhandlungen und Verhandlungsergebnissen zunächst ein varianzanalytisches Verfahren (ANOVA) verwendet. Damit wurden die direkten Effekte von Kultur und Teamzusammenstellung auf die Verhandlungsergebnisse Effizienz und individueller Gewinn untersucht. Im Anschluss diente ein PLS-Pfadmodell dazu, über die Teilmodelle hinaus das gesamte Wirkungsgefüge zu beschreiben. Die Modellierung der Moderatoreffekte der beiden Kontextvariablen mit Hilfe eines *Product Term Approaches* im PLS-Modell lässt sich als eine weitere methodische Besonderheit erwähnen. In Abbildung 50 sind die Schwerpunkte der vorliegenden Arbeit im Vergleich zu den bestehenden Forschungsschwerpunkten und den daraus ableitbaren Nachteilen bzw. Forschungslücken zusammengefasst.

Zusammenfassend lässt sich behaupten, dass die explizite Betrachtung von Verhandlungsinteraktion, die Berücksichtigung des Transfers von Intrateamprozessen auf das Verhandlungsverhalten, die Simulation von interkulturellen Verhandlungen, die Berücksichtigung von Teams sowie die Darstellung in einem übergeordneten Wirkungsgefüge auf Basis des verhaltenswissenschaftlichen Modells ein Novum in der empirischen Forschung zu Kultur, Teams und Verhandlung darstellt.

	Existierende Arbeiten		Vorliegende Arbeit
	Forschungsschwerpunkte/-vorgehen	Beispielhafte Nachteile	Schwerpunkte
Setting	Intrakulturelle Settings, komparative Analysen zwischen Ländern	In der Realität gewinnen interkulturelle Verhandlungen an Bedeutung	Interkulturelle Situation (Ein- und Verkäufer aus unterschiedlichen Kulturen)
Setting	Schwerpunkt auf Verhandlungen in/zwischen Amerika und Asien	Vernachlässigung anderer Kulturen	Fokus auf die europäischen Kulturen Deutsch und Französisch
Setting	One-to-One Verhandlungssettings	Nicht repräsentativ für den Verhandlungsalltag, dort zunehmender Einsatz von Teams	Untersuchung von Verkäuferteams
Setting	Fokus auf monokulturelle Teams	Fehlende Repräsentativität der realen multikulturellen Teamkonstellation	Analyse von multikulturellen Teams aus Deutschen und Franzosen
Effekte	Teamprozesse und -effizienz im Vordergrund	Keine Überprüfung, wie Intrateamprozesse/-effizienz das Verhandlungsverhalten beeinflussen	Betrachtung des Transfers von Intra- (Teamprozesse) auf Interteamverhalten
Effekte	Fokus auf direkte Effekte von Kontext- auf Ergebnisvariablen	Unerklärte Variation in den Ergebnissen, Vernachlässigung der Verhandlungsinteraktion	Explizite Betrachtung der Verhandlungsinteraktion und der Intrateamprozesse
Effekte	Vernachlässigung möglicher indirekter Effekte, z.B. Moderator	Fehlende Erklärung von gefundenen Zusammenhängen	Überprüfung möglicher Interaktionen zwischen den Kontextvariablen
Effekte	Isolierte Betrachtung einzelner Wirkungszusammenhänge	Manche Effekte sind erst im Gesamtzusammenhang erklärbar	Betrachtung übergeordneter Zusammenhänge im Gesamtmodell durch PLS
Erfassung	Erfassung der Konstrukte durch Fragebogenuntersuchungen	Antwortverzerrungen, z.B. soziale Erwünschtheit, kulturell bedingtes Antwortverhalten	Direkte Erfassung des Verhandlungsverhaltens
Erfassung	Fokussierte Verwendung von kovarianzbasierten Verfahren	Hohe Anforderungen an z.B. Stichprobengröße, vorrangig reflektive Modelle abbildbar	Verwendung eines PLS-Modells als varianzbasiertes Verfahren
Erfassung	Dominanz von *Single-Method*-Ansätzen	Hohes Risiko für z.B. Common-Method Bias	Verwendung eines *Mixed-Method*-Ansatzes

Abbildung 50: Zusammenfassung der Schwerpunkte der Arbeit in Anlehnung an die bestehenden Forschungslücken (eigene Darstellung)

5.2 Zentrale Ergebnisse und Interpretation

Das vorliegende verhaltenswissenschaftliche Modell konnte die Wirkung der Kontextvariablen Kultur und Teamzusammenstellung auf die Verhandlung eindeutig bestätigen. Obwohl mit den Ergebnissen der vorliegenden Arbeit auch die Aussage „culture matters" bestätigt werden kann, muss dabei jedoch eine

Einschränkung getroffen werden. Gerade für das Verkäuferteam wird die Wirkung von Kultur – insbesondere auf das Verhandlungsverhalten und den individuellen Gewinn – nur bei gleichzeitiger Berücksichtigung der Teamzusammenstellung relevant. Die Teamzusammenstellung dagegen stellt auch für sich allein genommen einen wichtigen Einflussfaktor für das Verkäuferteam dar. Auch auf Einkäuferseite ergibt sich ein ähnliches Bild. Zwar bedingt Kultur einzeln betrachtet das Verhandlungsverhalten des Einkäufers, darüber hinaus zeigt sich bei gleichzeitiger Berücksichtigung der Teamzusammenstellung ein signifikanter Einfluss auf den individuellen Gewinn. Eine unabhängige Betrachtung der Kontextvariablen wäre somit unzureichend und würde wertvolle Informationen und Erklärungspotenzial vernachlässigen. Zudem schlägt sich die Bedeutung der Interaktion aus den beiden Kontexteffekten auch in der deutlichen Erhöhung im Determinationskoeffizenten nieder. Die Wirkungsrichtung der Interaktionseffekte entspricht dabei den Richtungen, welche aufgrund der alleinigen Betrachtung der Teamzusammenstellung und der kulturellen Attribute von Deutschen und Franzosen zu erwarten gewesen wären. Deswegen lassen sich die Ergebnisse nur unter gleichzeitiger Berücksichtigung von beiden Variablen inhaltlich interpretieren.

Wie postuliert, weisen französische Teams einen stärkeren Zusammenhalt und eine gleichberechtigtere Entscheidungsfindung auf als deutsche Teams, was sich durch das Streben nach Harmonie und Zusammenhalt erklären lässt. Das Streben nach Individualität und die Vernachlässigung von Gruppenzusammengehörigkeit bei Deutschen spiegeln sich ebenfalls in diesen Ergebnissen wider.

Die fehlende Gleichberechtigung auch bei multikulturellen Teams lässt sich möglicherweise durch die unterschiedlichen Perspektiven hinsichtlich der gemeinsamen Zusammenarbeit erklären. Zu Beginn der Zusammenarbeit in einem Team mit einander noch fremden Teammitgliedern kommt es zu einigen Konflikten. Beispielsweise ist die Rollenverteilung unklar, oder es bestehen kulturbedingte Unterschiede in der Herangehensweise an die Problemstellung. So könnten Verhaltensweisen anderer Teammitglieder falsch interpretiert werden, z.B. kann das Ergreifen der Führungsrolle durch individualistische Kulturen als Arroganz oder Machtstreben von kollektivistischen Kulturen gedeutet werden. Dies kann dazu führen, dass sich einige Teammitglieder ungerecht behandelt oder übergangen fühlen. Folglich könnten sie sich von der weiteren gemeinsamen Arbeit distanzieren. Dieses Empfinden wird häufig durch negative Affekte wie Frustration oder Feindseligkeit begleitet.

Die Berücksichtigung der Interaktion aus beiden Kontextvariablen zeigte in diesem Zusammenhang folgenden Effekt: Aufgrund der Betonung von Gleichstellung und Zufriedenheit in der Gruppe in der französischen Kultur führt die Aufnahme eines französischen Verkäufers zu einem starken Anstieg[271] im Zusammenhalt im Team als auch bei der Gleichberechtigung bei der Entscheidungsfindung. Gleichzeitig verliert ein Team an Zusammenhalt und an gleichberechtigtem Entscheidungsverhalten, sobald ein deutscher Verkäufer in das französische Team integriert wird. Für die Enge der Zusammenarbeit ist es daher von Nutzen, einen französischen Verkäufer aufzunehmen.

Im Hinblick auf das Verhandlungsverhalten des Verkäufers zeigt sich insbesondere die Interaktion aus den Kontextvariablen neben der Teamzusammenstellung als bedeutend. Während bei der isolierten Betrachtung von Teamzusammenstellung multikulturelle Teams wie erwartet mehr integrierendes und weniger attackierendes Verhandlungsverhalten zeigen, ergibt sich für die Interaktion mit der Kultur folgendes Bild: Die Aufnahme eines französischen Einkäufers in ein deutsches Verkäuferteam führt zu einem starken Zuwachs an integrierendem Verhalten und zu einem deutlichen Rückgang an attackierendem Verhalten. Das prosoziale Motiv der Franzosen, welches sich in der Berücksichtigung der Interessen des Verhandlungspartners sowie in dem Streben nach einem gemeinsamen Erfolg äußert, könnte als Begründung hierfür herangezogen werden. Gleichzeitig sind französische Teams mit einem deutschen Verkäufer weniger integrierend und stärker attackierend, was sich mit der Übertragung des kompetitiven Motivs des deutschen Verkäufers in das französisch dominierte Verkäuferteam erklären lassen würde. Zusammen mit den eben genannten Ergebnissen kann gefolgert werden, dass die Aufnahme eines Franzosen nicht nur im Team zu mehr Kollaboration führt, sondern sich auch im Hinblick auf den Verhandlungspartner in stärker integrierendem Verhalten äußert.

---

[271] Es sei darauf hingewiesen, dass hier kein Verlauf stattfand, sondern mono- und multikulturelle Teams parallel untersucht wurden. Die Verwendung von Begriffen wie „Anstieg" und „Rückgang" dienen allein der Verdeutlichung der vorliegenden Effekte.

Entgegen den Erwartungen und auch konträr zu den Wirkungen von Kultur beim Verkäuferteam zeigen französische Einkäufer mehr attackierendes und weniger integrierendes Verhalten als deutsche Einkäufer. Wird zusätzlich die Teamzusammenstellung – und somit der Unterschied des Verhaltens der Einkäufer in Abhängigkeit davon, ob sie mit mono- oder multikulturellen Teams verhandeln – betrachtet, so zeigen sich jedoch wieder kulturkonforme Entwicklungen: Verhandelt ein französischer Einkäufer mit einem multikulturellen Team, so löst anscheinend der Landsmann im Verkäuferteam einen Zuwachs an integrierendem und einen Rückgang an attackierendem Verhalten aus. Demgegenüber induziert ein deutscher Verkäufer im französisch dominierten Team einen starken Anstieg in attackierendem und einen Rückgang in integrierendem Verhalten bei dem deutschen Einkäufer. Das Wissen über einen Deutschen im Verkäuferteam spornt möglicherweise den deutschen Einkäufer zu kompetitiverem Verhalten an.

Der erwartete *Carry-over-Effekt* von Intrateamprozessen auf Verhandlungsverhalten trifft nur für den Zusammenhalt im Team zu und äußert sich in stärker integrierendem und weniger attackierendem Verhalten. Trotz eines hohen positiven bivariaten Zusammenhangs zwischen den Intrateamprozessen induziert eine gleichberechtigte Entscheidungsfindung mehr attackierendes und weniger integrierendes Verhalten. Eine Begründung für diesen gegenläufigen Effekt könnte in den unterschiedlichen Prozessebenen liegen, die diese beiden Teamprozesse adressieren. Zusammenhalt im Team beschreibt eher die allgemeine Stimmung und die Harmonie im Team, während gleichberechtigte Entscheidungsfindung sich vielmehr auf die Arbeitsweise bezieht und inhaltlich getrieben ist. Die Prozessebenen übertragen sich demnach unterschiedlich auf die Verhandlung.

Eine weitere Erklärung für das gesteigerte attackierende und reduzierte integrierende Verhalten bei Teams mit hoher gleichberechtigter Entscheidungsfindung im Team könnte in der bei den Verhandlungsparteien bestehenden *Fixed-Pie Perception* liegen. Durch einen intensiven Problemlösungsprozess, in dem die Meinungen der Teammitglieder gleichberechtigt integriert werden, sind Teams eher dazu in der Lage, adäquate und zielführende Verhandlungsstrategien zu identifizieren. Bei einer *Fixed-Pie Perception* gehen die Teammitglieder davon aus, dass eine distributive Verhandlung vorliegt. In distributiven Verhandlungen gilt kompetitives Verhalten als erfolgreiche Verhandlungsstrategie. Durch den konstruktiven und gleichberechtigten Problemlösungsprozess vor dem Hintergrund einer *Fixed-Pie Perception* könnte ein Team deswegen attackierendes Verhalten als zielführende Verhandlungsstrategie identifizieren. Dies entspricht jedoch Vermutungen, so dass eine tiefergehende Analyse der Intrateamprozesse sowie der Schnittstelle zum Verhandlungsverhalten wünschenswert ist.

Im Falle der Verkäuferteams scheint die Effizienz vor allem von der Teamzusammenstellung abhängig zu sein. Multikulturelle Teams erzielen die effizientesten Verträge. Obwohl von diesen Teams in der Literatur angenommen wird, dass bei einer kürzeren Zusammenarbeit die kulturellen Unterschiede dominieren und diese die konstruktive, lösungsorientierte Arbeit erschweren, scheint dies bei den vorliegenden Teams nicht der Fall gewesen zu sein. Es kann somit vermutet werden, dass die multikulturellen Teams verstärkten Nutzen aus der Perspektivenvielfalt generiert haben und daher in der Lage waren, integratives Potenzial zu entdecken und eine höhere Effizienz zu erzielen. Zudem könnte die Begründung auch auf der Verhandlungsebene liegen. Die Aufnahme eines Verkäufers mit gleichem kulturellem Hintergrund wie der Einkäufer könnte dazu geführt haben, dass die Interessen und Präferenzen des Einkäufers für das Team besser verstanden oder sogar antizipiert werden konnten. Als Folge konnten möglicherweise für beide Parteien zufriedenstellendere Angebote formuliert und damit eine höhere Effizienz erzielt werden. Diese Beobachtung lässt sich vor allem bei deutsch dominierten Verkäuferteams durch den starken Anstieg im integrierenden Verhalten bei der Aufnahme eines französischen Verkäufers stützen. Jedoch behält der entgegengesetzte Effekt der Teamzusammenstellung bei deutschen und französischen Kulturen auf das integrierende Verhandlungsverhalten weiterhin die Frage bei, inwiefern integrierendes Verhandlungsverhalten für die Effizienz von Bedeutung ist.

Ähnlich verhält es sich beim individuellen Gewinn. Auch dort erzielen unter allgemeiner Betrachtung multikulturelle Teams bessere Ergebnisse. Unter Berücksichtigung der Kultur zeigt sich, dass – äquivalent zur Effizienz – die Aufnahme eines Deutschen in ein französisches Team zu einer Zunahme an individuellem Gewinn führt, die Aufnahme eines Franzosen jedoch gleichbedeutend mit weniger individuellem Gewinn für das deutsche Team einhergeht. Dabei ist der Zuwachs für das französische Team größer als der Verlust für das deutsche Team. Wird gleichzeitig der Einkäufer betrachtet, so zeigt sich ein entgegengesetzter Effekt: Die Aufnahme eines Franzosen in ein deutsches Team bedeutet zwar für das Verkäuferteam einen Verlust an individuellem Gewinn, verhilft aber dem französischen Einkäufer zu einem höheren Gewinn. Dies könnte damit zu erklären sein, dass das multikulturelle Verkäuferteam für einen höheren gemeinsamen Gewinn kämpft und somit zwar dem eigenen Team Verluste verschafft, dem Einkäufer aber zu einem besseren Ergebnis verhilft. Durch das beobachtete verstärkt integrative Verhalten beim Verkäuferteam kann diese Annahme gestützt werden. Umgekehrt profitiert ein deutscher Einkäufer von einem rein französischen Team. Sobald er mit einem multikulturellen Team verhandelt, muss er aber Verluste im individuellen Gewinn hinnehmen. Dass ein Verlust im individuellen Gewinn des Verkäuferteams mit dem Zuwachs im individuellen Gewinn des Einkäufers (und vice versa) einhergeht, liegt in der *Fixed-Pie Perception* begründet. Sowohl bei dem Verhandlungsverhalten als auch bei den Verhandlungsergebnissen zeigt sich, dass es unzureichend ist, nur die Haupteffekte der Kontextvariablen zu betrachten und diese zur alleinigen Interpretation der Ergebnisse heranzuziehen. Um eine adäquate Interpretation zu gewährleisten, ist es unerlässlich, die Wechselwirkungen der einzelnen Variablen zu berücksichtigen.

Wird der Zusammenhang zwischen individuellem Gewinn und Effizienz sowie Zufriedenheit berücksichtigt, so ist erkennbar, dass mit einer höheren Effizienz auch die individuellen Gewinne steigen. Dies ist in der Vergrößerung der Verhandlungsmasse begründet. Weiterhin führen hohe individuelle Gewinne dazu, dass die Verhandlungsparteien zufriedener mit der Verhandlung sind. Zusammenfassend kann gesagt werden, dass für den Fall, dass das Ziel der Verhandlung darin besteht, für beide Verhandlungsparteien die Ergebnisse zu maximieren und somit die Effizienz zu erhöhen, die Zusammenstellung eines multikulturellen Teams von Vorteil ist.

Dennoch bleibt als eine der zentralen Fragen zu klären, inwiefern die Verhandlungsergebnisse durch das Verhandlungsverhalten beeinflusst werden. Integrierendes und attackierendes Verhalten haben für Verkäuferteam und Einkäufer unterschiedliche Wirkungen. Während im Falle des Einkäufers sowohl attackierendes als auch integrierendes Verhalten zu einer höheren Effizienz führen, ist die Effizienz vom attackierenden Verhalten des Verkäuferteams unabhängig. Integrierendes Verhalten des Verkäuferteams führt zu niedrigeren Effizienzen. Für den individuellen Gewinn ist Verhandlungsverhalten irrelevant. Dennoch scheint der individuelle Gewinn beim Verkäufer sowohl durch attackierendes als auch durch integrierendes Verhalten tendenziell zu steigen, während er beim Einkäufer sinkt. Dies deutet auf einen moderierenden Effekt der Rolle auf den Zusammenhang von Verhandlungsverhalten und Ergebnis hin. Folglich liegt die Vermutung nahe, dass mit der Rolle in der Verhandlung Verhaltensweisen, Einstellungen und Erwartungen attribuiert werden, die in der Verhandlung zum Tragen kommen. Dazu könnte beispielsweise der Rolle des Einkäufers mehr Macht – z.B. durch das bestehende Abhängigkeitsverhältnis – und somit eine dominantere Stellung in der Verhandlung zugesprochen werden. Diese Rollenspezifika könnten folglich eine höhere Bedeutung haben als das gezeigte Verhalten. Eine weitere Begründung könnte auch in der Beziehung zwischen den Verhandlungsstrategien liegen. Während sich integrierendes Verhalten gegenseitig bedingt, besteht vor allem zwischen attackierendem Verhalten des Einkäufers und integrierendem Verhalten des Verkäuferteams ein negativer Zusammenhang (der umgekehrte Fall trifft nicht zu). Weiterhin könnte das nicht hypothesenkonforme Verhalten darin begründet liegen, dass die Einkäufer allein, die Verkäufer aber als Team verhandelt haben. Die Teammitglieder hatten zunächst interne Probleme zu lösen, bevor sich für eine Verhandlungsstrategie entschieden wurde. Zusätzlich konnte sich der Einkäufer vermutlich leichter und schneller auf das Verhalten des Verkäufers einstellen und ggf. sein Verhalten anpassen, da er sich nicht vorab mit den Teammitgliedern abstimmen musste.

Entgegen dem postulierten Zusammenhangs ist die Zielsetzung von der Kultur unabhängig. Ein hohes Ziel scheint jedoch übergreifend mit einem hohen individuellen Gewinn einherzugehen. Als Ergebnis der Korrelationsanalyse zeigte sich aber wie erwartet, dass bei Deutschen ein wesentlich stärkerer Zusammenhang zwischen Ziel und individuellem Gewinn besteht. Das Streben nach Maximierung des individuellen Gewinns und des Erfolgs könnte dies hervorgerufen haben. Auch die postulierte konsequente Zielverfolgung spiegelt sich somit in den Ergebnissen wieder. Bei Franzosen scheint sich die Vermutung zu bestätigen, dass die Zielverfolgung – in Bezug auf das ökonomische Ziel – weniger relevant ist.

Hinsichtlich des Determinationskoeffizienten konnte für die Effizienz ein Viertel, für die individuellen Gewinne mehr als ein Drittel der Varianz durch das vorliegende Modell erklärt werden. Im Vergleich zu äquivalenten empirischen Verhandlungsstudien ist dies als sehr gut zu bezeichnen. Eine wesentliche Bedeutung besitzt dabei die Interaktion aus den Kontextvariablen, wodurch ihre Relevanz erneut betont wird. Diese Werte implizieren aber gleichzeitig, dass genügend Forschungspotenzial für zukünftige Studien besteht.

5.3 Implikationen für die Verhandlungspraxis

Die Ergebnisse stützen die zentrale Rolle von kulturellen Werten bei Verhandlungen. Für die in der vorliegenden Arbeit betrachteten Kulturen Deutsch und Französisch als Vertreter von Kulturen mit individualistischer und kollektivistischer Ausprägung konnten unterschiedliche Verhaltensweisen in der Verhandlungssituation gezeigt werden. Diese Unterschiedlichkeit ist insbesondere in der interkulturellen Situation – sowohl auf Team als auch auf Verhandlungsebene – relevant. So zeigte sich, dass nicht nur die Teamzusammenstellung an sich, sondern insbesondere in Wechselwirkung mit der Kultur eine bedeutende Rolle spielt. Es kann davon ausgegangen werden, dass nicht nur bei Deutschen und Franzosen die interkulturelle Situation und die Dynamiken von multikulturellen Teams eine wichtige Rolle spielen. Sondern auch in Bezug auf andere Kulturen sind kulturelle Unterschiede in Bezug auf die Verhandlung zu erwarten.

Demzufolge lassen die Ergebnisse einige wesentliche Implikationen für die Verhandlungspraxis und den Umgang mit kulturell diversen Teams zu, unabhängig von der Art der kulturellen Zusammensetzung. Zunächst verlangt die erneute Bestätigung der kulturellen Unterschiede im Verhalten – sowohl im Verhandlungsverhalten als auch bei den Intrateamprozessen – eine explizite Berücksichtigung und einen spezifischen Umgang mit kulturellen Unterschieden in der Managementpraxis. Dies könnte – nicht nur spezifisch für Verhandlungsverantwortliche – im Rahmen eines interkulturellen Kompetenztrainings erfolgen. Relevante Komponenten derartiger Trainings können folgende Faktoren umfassen (siehe auch Rothlauf, 2009; Simintiras & Thomas, 1997):

- *Sensibilisierung für kulturelle Unterschiede und Erklärung ihres Zustandekommens*, z.B. Beschreibung unterschiedlicher kultureller Werte und ihr Zusammenhang mit Verhandlungsverhalten oder Kommunikation. In Bezug auf die französische und deutsche Kultur würde sich dies u.a. in unterschiedlichen Präferenzen für Gruppenzusammenhalt äußern. Gerade die Franzosen als kollektivistische Kultur würden darauf mehr Wert legen als Deutsche.

- *Darlegung und Beschreibung von kulturspezifischen Verhaltensweisen* und sozialen Interaktionen, z.b. unterschiedliche Präferenzen hinsichtlich der gemeinsamen Zusammenarbeit. So würden Deutsche im Vergleich zu Franzosen eher weniger die individuellen Ziele zugunsten der Gruppenziele aufgeben.

- *Antizipation kultureller Unterschiede und Anweisungen zum konkreten Umgang mit kulturellen Besonderheiten*, z.B. Begrüßungsrituale. Während in Meetings beispielsweise für kollektivistische Kulturen wie Franzosen eine längere Phase des Kennenlernens und des persönlichen Gesprächs wichtig sein könnte, würden Deutsche eher schneller aufgabenorientiert vorgehen.

Das Ziel eines solchen Trainings wäre die Entwicklung oder der Ausbau einer interkulturellen Kompetenz. Derartige Trainings sollten somit ein fester Bestandteil von Entwicklungsprogrammen von Mitarbeitern sein, die im internationalen Umfeld tätig sind. Daneben könnte den Verantwortlichen für den Ver- bzw. Einkauf spezifische interkulturelle Verhandlungstrainings angeboten werden. Bestandteile dieser Trainings wäre u.a. die Darlegung kulturspezifischer Verhandlungsweisen und mögliche Fauxpas in einer Verhandlung. Gleichzeitig könnten kulturspezifische, erfolgversprechende Verhaltensweisen trainiert werden. Sowohl das Training zur interkulturellen Kompetenz als auch das kulturspezifische Verhandlungstraining können zu einem besseren Verhandlungsergebnis – sowohl auf ökonomischer als auch auf psychologischer Ebene – führen.

Die Wichtigkeit kultureller Diversität sollte sich aber auch in dem wesentlich komplexeren, und übergeordneten Bereich des *Diversity Management* niederschlagen. In Anlehnung an die Ergebnisse der vorliegenden Arbeit lassen sich diesbezüglich Implikationen, sowohl auf Verhandlungs- als auch auf Teamebene, ableiten. Die Ergebnisse der multikulturellen Teams deuten darauf hin, dass ein „kultureller Übersetzer" im Verhandlungsteam von Vorteil sein kann und zu besseren Verhandlungsergebnissen führt. Diese Person kann vermutlich die Präferenzen und Erwartungen des Verhandlungsgegners leichter identifizieren. Dieses Wissen könnte beispielsweise vom Management proaktiv bei der Teamzusammensetzung in Verhandlungen mit einem ausländischen Geschäftspartner genutzt werden, indem ein Mitarbeiter mit gleicher Kultur wie der Geschäftspartner in das Verhandlungsteam integriert wird. Auch könnte dieses Mitglied explizit mit der Berücksichtigung kulturspezifischer Indizien in der Situation betraut werden.

Für die Teamarbeit lassen sich ebenfalls aus den vorliegenden Ergebnissen praktische Implikationen für das *Diversity Management* ableiten. Kulturelle Heterogenität unter den Mitarbeitern kann zunächst zu Missverständnissen und ineffizienten Prozessen im Team führen. Eine offene Darlegung kultureller Unterschiede durch das Management vorab sowie eine anschließende Erstellung von Regeln zur gemeinsamen Zusammenarbeit können dazu dienen, mögliche Konflikte abzufangen oder zu reduzieren. Dies würde die konstruktive Nutzung unterschiedlicher Perspektiven und Meinungen sowie die Herstellung von Synergien in multikulturellen Teams erleichtern.

Bei der Teamzusammenstellung ist aber zusätzlich die jeweilige Kultur der Mitglieder zu berücksichtigen. Dies nimmt Bezug auf die starke Bedeutung der Wechselwirkungen in der vorliegenden Arbeit. So könnten Kulturen aufgrund ihres Werteprofils – je nach Zielsetzung – für bestimmte Prozesse eingesetzt werden. Kulturen mit hohen Ausprägungen in Kollektivismus und Humanorientierung würden durch ihr prosoziales Motiv insbesondere bei Augaben mit intensivem persönlichem Austausch von Vorteil sein. Dies könnte auch für die Verhandlungsebene von Relevanz sein. So könnte ein kollektivistisches Mitglied im individualistisch dominierten Verkäuferteam das integrierende Verhandlungsverhalten fördern (siehe auch Ergebnisse in 4.5.4).

Des Weiteren geben die Ergebnisse Hinweise auf rollenbedingte Verhaltensweisen. Obwohl die genauen Auswirkungen auf z.b. die Häufigkeiten von bestimmten Verhaltensweisen oder Erwartungen noch einer genaueren Prüfung bedürfen, lässt sich eine Empfehlung ableiten: Führungskräfte könnten bei Kenntnis des rollenspezifischen Verhaltens – wie z.B. mögliche rollenspezifische Bedürfnisse oder Präferenzen – dies antizipieren und gezielt darauf eingehen.

Insgesamt lässt sich für das Management ableiten, dass ein *Diversity Management* sowohl auf Team- als auch auf Verhandlungsebene effektiv für die Verhandlung genutzt werden kann. Diese effektive Nutzung von kultureller Diversität kann auch von strategischer Bedeutung sein. Bei erfolgreicher Umsetzung lassen sich dadurch sowohl die internen Prozesse im Team verbessern als auch eine effizientere Verhandlung durchführen.

5.4 Kritische Würdigung der vorliegenden Arbeit und Ausblick auf die zukünftige Forschung

Sowohl aus der konzeptionellen Herleitung und der empirischen Herangehensweise als auch aus den erhaltenen Ergebnissen ergeben sich für die vorliegende Arbeit einige kritische Punkte. Viele dieser Kritikpunkte wurden jedoch vorab bewusst in Kauf genommen und beziehen sich auf Konsequenzen von Festlegungen, die zur Durchführung der Arbeit getroffen werden mussten. Obwohl sie damit zum Teil außerhalb des abgesteckten Rahmens der Arbeit liegen, sollen sie im Folgenden erwähnt werden. Auch müssen und sollten sie in zukünftigen Studien Berücksichtigung finden. Deshalb werden gleichzeitig konkrete Vorschläge gemacht, wie diese Kritikpunkte adressiert werden könnten. Darüber hinaus folgen auf theoretischer und methodischer Ebene Denkanstöße und Ideen für die zukünftige Forschung.

Zunächst ist die Generalisierbarkeit der Ergebnisse der vorliegenden Arbeit kritisch zu diskutieren (vgl. hierzu auch Abschnitt 4.1.7). Dies bezieht sich auf die Generalisierbarkeit auf andere Kulturen und andere Situationen. Die hier verwendeten Kulturen Deutsch und Französisch wurden aus zwei Gründen ausgewählt: Zum einen stehen sie für zwei der wichtigsten Industrienationen im europäischen Raum, zwischen denen intensive Handelsbeziehungen existieren.

Diskussion

Zum anderen verkörpern sie aber auch zwei Kulturen, die beispielhaft für gegensätzliche Ausprägungen in der Wertedimension Kollektivismus stehen. Diese Wertedimension wurde ausgewählt, da sie die in der Verhandlungsliteratur am häufigsten verwendete Kulturdimension darstellt und sich von ihr der höchste Erklärungsgehalt erwartet wird (vgl. Agndal, 2007). Der Fokus auf eine Kulturdimension greift jedoch im Allgemeinen zu kurz. So können widersprüchliche Ergebnisse darauf zurückgeführt werden, dass sich Kulturen zwar in Kollektivismus unterscheiden, aber auf anderen Kulturdimensionen ähnliche Ausprägungen aufweisen. Daher ist für zukünftige Studien zu überlegen, nicht nur eine Kulturdimension sondern Kulturprofile zu nutzen und anhand dieser mögliche Verhandlungsprofile zu erstellen. Beispielsweise könnten dabei die Analysen, ob sich eine bestimmte Kombination aus Wertedimensionen in einem Verhandlungsprofil durchsetzt oder wie sich widersprüchliche Vorhersagen für das Verhalten im Rahmen eines Verhandlungsprofils erklären lassen, von Interesse sein. Die Untersuchung von Kulturprofilen verlangt jedoch die gleichzeitige Berücksichtigung mehrerer Kulturen, was außerhalb des forschungsökonomischen Rahmens der vorliegenden Arbeit gelegen hätte. Die Abbildung von Kultur auf (kontinuierlichen) Wertedimensionen statt in kategorialer Form wäre dafür ebenfalls relevant.

Wie bei der Mehrheit empirischer Studien lässt sich auch hier die Generalisierbarkeit auf praktische Situationen kritisch betrachten. In der Realität sind die verhandelnden Parteien wesentlich mehr Einflussfaktoren und Konflikten ausgesetzt. Zudem sind reale Verhandlungen an verantwortungsvolle Entscheidungen mit finanziellen Konsequenzen geknüpft, die sich kaum oder schwierig in der experimentellen Situation darstellen lassen. Jedoch wurde in der vorliegenden Arbeit versucht, die externe Validität durch den Einsatz einer realitätsnahen Fallstudie zu erhöhen. Zusätzlich fand die Verhandlungssimulation in einem Online-Chat statt, was dem aktuellen Trend hinsichtlich elektronisch mediierter Kommunikation im Rahmen von Verhandlungen folgt. Des Weiteren wurde den Probanden ein Anreizsystem durch die Inzentivierung dargeboten, was auch einem in der Praxis gängigen Vorgehen entspricht. Da die Übertragbarkeit dennoch eingeschränkt ist und das Dilemma wohl auch in Zukunft nicht gelöst werden kann, empfiehlt es sich, auch weiterhin, den Untersuchungsaufbau so realitätstreu wie möglich zu gestalten. Dazu würde sich beispielsweise die Betrachtung eines breiteren Ausschnitts des Vermarktungsprozesses zwischen Geschäftspartnern eignen. Dieser ist in der Realität durch eine längerfristige Kooperation mit wiederholten Zusammenkünften charakterisiert (vgl. Abschnitt 2.1.1). Dies könnte u.a. die Aufnahme der Verhandlung bis hin zur angedeuteten Umsetzung der Vertragsgegenstände umfassen. Des Weiteren könnten die Ergebnisse der experimentellen Untersuchung mit Experten aus der Verhandlungspraxis validiert werden. Gleichzeitig erfordert eine solche umfassende Betrachtung aber auch einen intensiveren Ressourcenaufwand, welcher durch die vorliegende Untersuchung nicht hätte gewährleistet werden können.

Ein weiterer Kritikpunkt im Hinblick auf die Kultur ließe sich an der Hypothesenentwicklung anführen. Die hier generierten Hypothesen basieren zum Teil auf Ergebnissen aus intrakulturellen Studien und nehmen daher an, dass sich kulturspezifisches Verhandlungsverhalten auch in interkulturellen Verhandlungen zeigt. Dabei wird die Möglichkeit vernachlässigt, dass sich das Verhalten durch die Besonderheiten in interkulturellen Situationen verändert. Die Veränderung könnte z.B. in einer Anpassung des Verhandlungsverhaltens liegen. Aber auch bereits vor der Verhandlung könnten durch die Antizipation nationaler Stereotypen Verhaltensanpassungen bei beiden Verhandlungspartnern hervorgerufen werden. Die Antizipation nationaler Stereotypen könnte sich zunächst in der Adjustierung des eigenen Verhandlungsverhaltens niederschlagen (z.B. integrierendes Verhalten als potenziell zielführendes Verhalten für die Verhandlung mit kollektivistischen Kulturen). Da zwischen dem Verhandlungsverhalten beider Verhandlungspartner eine Reziprozität besteht, würde diese Anpassung auch beim Verhandlungspartner zu entsprechendem Verhalten (z.B. das Kontern mit integrierendem Verhalten). Eine solche Situation käme einer sog. *Self-Fulfilling Prophecy* gleich. Des Weiteren kann das Ausmaß der Anpassungen auch wieder kulturabhängig sein. Von der zukünftigen Forschung wird dementsprechend verlangt, sich intensiver mit interkulturellen Situationen zu befassen, um derartige Dynamiken besser verstehen zu können.

In der vorliegenden Arbeit wurden die Intrateamprozesse explizit modelliert, wodurch im Gegensatz zu anderen Verhandlungsstudien ein Einblick in die dynamischen Variablen innerhalb des Teams geschaffen wurde. Die Erfassung

Diskussion 251

erfolgte dabei aus forschungsökonomischen Gründen mit Hilfe eines Fragebogens. Um diesen Einblick auszubauen, würde es sich für zukünftige Forschung anbieten, die Intrateamprozesse direkt mit Hilfe von Audio- oder Video-Aufnahmen zu messen (vgl. Jackson et al., 2003; Vallaster, 2005). Durch die direkte Beobachtung wäre es möglich, weiterführende Forschungsthematiken, wie z.B. die Führungsstrukturen im multikulturellen Team oder die konkreten Auswirkungen der kulturellen Dominanz bzw. Minderheit im Team zu untersuchen. Interessant wäre es in diesem Zusammenhang auch, die Teamzusammenstellung auszuweiten und die Fälle zu berücksichtigen, in denen ein ausgeglichenes Verhältnis zwischen den Vertretern der jeweiligen Kulturen besteht oder noch eine dritte bzw. weitere Kulturen mit aufgenommen werden würde.

Des Weiteren berücksichtigt die vorliegende Arbeit lediglich den unidirektionalen Effekt von Intrateamprozessen auf das Verhandlungsverhalten. Es ist jedoch auch denkbar, dass die Verhandlungssituation und die darin vorkommenden Konflikte sich auf die Intrateamprozesse auswirken. In Zukunft könnte daher die bidirektionale Wirkung analysiert werden. Gerade durch die eben genannte direkte Beobachtung des Teamverhaltens ließen sich dadurch insbesondere Reziprozitäten an der Schnittstelle zwischen Intrateamprozessen und Verhandlungsverhalten identifizieren.

Eine weitere Fortführung der vorliegenden Arbeit könnte in der Erweiterung des Forschungsdesigns liegen. Durch die aus forschungsökonomischen Gründen gewählte Verhandlungssituation aus einem Verkäuferteam und einem Einkäufer lassen sich an einigen Stellen Überlagerungen unterschiedlicher Effekte nicht vermeiden. So könnten z.B. die unterschiedlichen Wirkungsrichtungen und -stärken mancher Effekte zwischen Verkäuferteam und Einkäufer entweder der Rolle in der Verhandlung oder auch der Tatsache geschuldet sein, dass Einkäufer als einzelne Personen, Verkäufer jedoch als Team agieren. Deshalb könnten zukünftige Studien versuchen, das Forschungsdesign derart zu konzipieren, dass diese Effekte getrennt dargestellt werden. Dies könnte durch die zusätzliche Betrachtung von reinen Einzel- und Teamverhandlungen erzielt werden. An dieser Stelle kann auch der vorangegangene Kritikpunkt wieder aufgegriffen werden. Um zu untersuchen, ob das gezeigte Verhalten von der interkulturellen Situation abhängig ist, wäre es notwendig, sowohl intrakulturelle als auch interkulturelle Verhandlungssituationen zu betrachten. Ein solches Forschungsvorhaben, welches alle diese Effekte kombiniert betrachtet, wird jedoch u.a. durch die erforderliche Anzahl an Probanden erschwert. Dabei müsste für jede Experimentalgruppe eine kritische Stichprobengröße zur Durchführung statistischer Analysen realisiert werden.

Eine Online-Verhandlung spiegelt das auch in der Realität zunehmend verstärkt eingesetzte Verhandlungsmedium wider. Dennoch wird in Online-Verhandlungen non-verbale Kommunikation weitestgehend außen vor gelassen. Mit Video- oder auch *Face-to-Face*-Verhandlungen als experimentelles Verhandlungsmedium könnte in zukünftigen Studien untersucht werden, wie diese Kommunikationsebene, z.B. Sprechlautstärke, Gesten oder Gesichtsausdrücke, die Verhandlungen beeinflussen kann. Dabei könnte zusätzlich analysiert werden, ob sich der Einfluss des Mediums in Abhängigkeit von der Kultur unterscheidet (siehe hierzu Drake, 1995; Kersten et al. 2003).

In der vorliegenden Arbeit wurde die Verhandlungsinteraktion in Form von relativen Häufigkeiten berechnet. Obwohl diese Herangehensweise als Standard in der Verhandlungsforschung gilt, hat dieses Vorgehen den Nachteil, dass die eigentliche Interaktion und dabei charakteristische Elemente, wie z.B. reziprokes Verhalten, nicht explizit abgebildet werden können. Zwar wurde versucht, dies durch die Betrachtung von integrativem Verhalten sowie Korrelationen zwischen den einzelnen Verhandlungsstilen abzubilden. Damit ist aber eine genaue Aussage darüber, ob z.B. auf attackierendes Verhalten direkt attackierendes Verhalten bzw. auf kooperatives Verhalten direkt kooperatives Verhalten folgt und sog. *Tit-For-Tat*-Sequenzen entstehen (vgl. Gintis, 2000), nicht möglich. Alternative Kodierungsmethoden, wären z.B. Frequenz- oder Sequenzanalysen. Damit ließe sich auch kulturspezifisches, phasengebundenes Verhandlungsverhalten und die Reziprozität in einer Verhandlung nachprüfen, womit eine noch präzisere Information über die Verhandlungsinteraktion gegeben werden könnte (Adair et al., 2001; Brett & Okumura, 1998).

Trotz der vergleichsweise hohen Determinationskoeffizienten besteht weiterhin noch ein großer Anteil an offenem Erklärungspotenzial im Verhandlungsverhalten und -ergebnis. Neben Kultur und Teamzusammenstellung und ihrer Interaktion existieren noch weitere denkbare Kontextvariablen. Dazu könnten neben zusätzlichen kognitiven Variablen auch Emotionen, Persönlichkeitsvariablen oder berufskontextbezogene Variablen einbezogen werden. Auch auf der dynamischen Ebene im Rahmen der Intrateamprozesse könnte die Betrachtung zusätzlicher Variablen relevant sein. Insbesondere wären solche Variablen von Interesse, welche die Dynamiken interkultureller Situationen explizit abbilden. Dazu gehören Konstrukte, wie z.B. *Kulturelle Intelligenz* oder *Kulturelle Kompetenz* (vgl. Imai & Gelfand, 2010). Des Weiteren wird von einigen Autoren angenommen, dass bei der Zusammenarbeit von mehreren Kulturen eine neue, dritte Kultur (*Third Culture, Hybrid Culture,* vgl. Adair et al., 2006) entsteht. Auch könnte es für kulturbezogene Fragestellungen im Team relevant sein, das Ausmaß der Identifikation mit der eigenen Kultur zu berücksichtigen (vgl. Gibson, 2004). Die Aufnahme solcher Konstrukte könnte weitere Informationen über die Dynamik in multikulturellen Teams liefern. Die zusätzlichen Variablen sind dabei als direkte Einflussfaktoren, aber auch z.B. als Mediatoren und Moderatoren denkbar.

Aufgrund der Breite der Forschungsthematiken zu Kultur, Teams und Verhandlungen mussten bereits in der vorliegenden Arbeit Einschränkungen getroffen werden und konkrete Schwerpunkte gelegt werden. Daher lassen sich sowohl aus den hier erhaltenen Ergebnissen als auch aus der Fülle an hier bewusst vernachlässigten Thematiken zahlreiche Denkanstöße – zu den bereits genannten – für zukünftige Forschungsvorhaben ableiten.

Beispielsweise hat die Tatsache, dass sich die Wechselwirkungen aus den Kontextvariablen übergreifend als wesentlicher Einflussfaktor herausgestellt haben, bedeutende Implikationen für zukünftige Untersuchungen. In der vorliegenden Arbeit sollten die Wechselwirkungen lediglich explorativ untersucht werden. Die Ergebnisse zeigen aber, dass die Interaktion einen wesentlichen Beitrag zur Erklärung der Varianz leistet. Eine detailliertere Betrachtung der Interaktion – sei es konzeptionell, empirisch oder methodisch – ist deshalb notwendig. Damit wird die Aufnahme von Mediator- und Moderatoreffekten empfohlen. Beispielsweise ließe sich auch die Kultur als moderierender Faktor für den Zusammenhang zwischen Verhandlungsverhalten und Verhandlungsergebnis darstellen (Gelfand & Dyer, 2000). Darüber hinaus sind moderierende Effekte der Rolle ebenfalls denkbar. Des Weiteren wären auch bei der empfohlenen Aufnahme weiterer Kontextvariablen, wie z.B. Persönlichkeit, deren Wechselwirkungen von Interesse.

Ferner wurde in der vorliegenden Arbeit die dyadische Betrachtung von zwei Verhandlungsparteien adressiert. Häufig sind aber weitaus mehr Entitäten an der Verhandlungsinteraktion beteiligt. Mehrparteienverhandlungen bilden folglich ein weiteres Untersuchungsfeld. Im gleichen Kontext werden häufig die verhandelnden Personen mit den Organisationen gleichgesetzt, wobei diese lediglich die Aufgaben der Organisation erfüllen. Verhandelnde Parteien übernehmen damit die Rolle von Agenten. Fragen, wie z.b. inwiefern die eigenen Interessen mit den Interessen des Unternehmens übereinstimmen oder welche Anreizsysteme für Verhandlungen von Agenten als geeignet gelten, bieten darüber hinaus fruchtbaren Boden für die Forschung (vgl. hierzu auch Brouthers & Bamossy, 1997).

Da bei heterogenen Teams davon ausgegangen wird, dass sich deren Effektivität erst dann einstellt, wenn die anfänglichen Konflikte erfolgreich bewältigt wurden, könnte es zudem von Interesse sein, Teams über einen längeren Zeitraum zu betrachten. Damit könnte mehr Transparenz darüber geschaffen werden, wie z.b. mit den kulturellen Unterschieden umgegangen wird und ab wann bzw. auf welche Art und Weise sich ein konstruktiver Prozess einstellt (vgl. Brewer & Hewstone, 2004). Auch in Bezug auf die Teamprozesse könnte des Weiteren die Aufnahme von kulturellen Wertedimensionen in die Analyse von Vorteil sein. So könnten neben der Berechnung von Mittelwerten, welche Auskunft über die Höhe der Ausprägung in dem jeweiligen kulturellen Wert bietet, auch Streuungsmaße berücksichtigt werden. Diese könnten als Kennzahl für das Ausmaß an Homogenität bzw. Heterogenität im Team dienen (vgl. Ahearne et al. 2010; Thomas & Ravlin, 1995).

Auch bietet die Simulation von integrativen Verhandlungen weitaus mehr Informationen, als aus den reinen Ergebnisvariablen des ökonomischen Gewinns und der Effizienz gezogen werden können. Beispielsweise könnten die einzelnen Vertragsgegenstände einer Detailanalyse unterzogen werden (vgl. Naquin, 2003). Damit könnte die Frage beantwortet werden, ob zunächst wichtige oder eher unrelevante Vertragsgegenstände verhandelt werden, oder ob z.B. kulturspezifische Präferenzen in den Verhandlungsgegenständen vorliegen. Beides könnte hilfreiche Hinweise und praktische Implikationen bieten. Des Weiteren könnte in diesem Zusammenhang die Analyse von Paketofferten von Interesse sein.

Schließlich sollte das Augenmerk auf gescheiterte Verhandlungen weiterhin intensiviert werden. Eine Gegenüberstellung mit erfolgreichen Verhandlungen im Anschluss könnte zusätzlichen Aufschluss darüber geben, wie sich die Erfolgsfaktoren in Verhandlungen insb. im kulturellen Kontext gestalten (Simintiras & Thomas, 1997).

Aus den dargelegten Diskussionspunkten wird deutlich, dass das Forschungspotenzial in Bezug auf die interkulturelle Verhandlungsforschung und dabei insbesondere in Bezug auf Teamverhandlungen bei Weitem noch nicht erschöpft ist. Die vorliegende Arbeit bietet lediglich einen geringen Ausschnitt der Vielzahl an möglichen Forschungsthematiken zu Kultur, Teams und Verhandlungen. Insbesondere durch den hohen praktischen Bezug der Untersuchungen von interkulturellen Teamverhandlungen sind weiterführende Studien daher von hoher Relevanz für die Forschung und die Praxis.

Anhang

Anhang 1: Überblick zu bisherigen Untersuchungen zu Kultur, Teams und Verhandlungen 258

Anhang 2: Überblick Einkäufer-Hypothesen 264

Anhang 3: *Input-Process-Output-Modell* zu Teamprozessen von McGrath (1964) 265

Anhang 4: Verwendeter Fragebogen (HTML-Auszug) 266

Anhang 5: Beispielhafter Screenshot des vorliegenden Fragebogens im Online-Format 280

Anhang 6: Fallstudie 281

Anhang 7: Beurteilung der Kulturkonstrukte der GLOBE-Studie 293

Anhang 8: Zusammenfassung des Kodierungshandbuchs 296

Anhang 9: Ergebnisse des *Bootstrap*-Tests zur Mediationsanalyse nach Preacher und Hayes (2004) 298

Anhang 1: Überblick zu bisherigen Untersuchungen zu Kultur, Teams und Verhandlungen

Autor	Objekt	Verhand-lungs-medium	Team-charakteris-tika	Kulturelle Konstellation	Untersuchte Kultur(en)	Anzahl der Dyaden/Ver-handlungen	Variablen/Effekte	Erhebung der Verhandlungssituation	Kodierungsreliabilität (für die Gesamtkategorien)
Graham (1985a)	Dyade, 1-1	Face-to-Face		Intrakulturell	Brasilien, Japan, USA	9 Dyaden	Untersuchung kultureller Unterschiede im Verhandlungsverhalten und -ergebnis zwischen drei Kulturen	Experimentelle Unter-suchung, anschließendem Fragebogen sowie Inhaltsanalyse der mit Video aufgenommenen Dyaden	Cohen's kappa: 0,59-0,66, Guetzkow's U: 0,03-0,09
Graham (1985b)	Dyade, 1-1	Face-to-Face		Intra- und interkulturell	Japan, USA	49 Dyaden	Vergleich der Verhandlungsergebnisse von intra- und interkulturellen Verhandlungen	Experimentelle Untersuchung mit anschließendem Fragebogen	
Adler et al. (1987a)	Dyade, 1-1	Face-to-Face		Intrakulturell	USA, Mexiko, Kanada	354 Führungs-kräfte	Kulturelle Unterschiede in Verhandlungsstilen und -ergebnissen	Experimentelle Untersuchung mit anschließendem Fragebogen	
Campbell et al. (1988)	Dyade, 1-1	Face-to-Face		Intrakulturell	Deutschland, Frankreich, England, USA	69 Dyaden	Einfluss der Kultur auf das Verhandlungsverhalten, Vergleich der Verhandlungsverhalten zwischen Kulturen sowie Einfluss der Ähnlichkeit zwischen den Verhandlungsparteien auf das Verhandlungsverhalten und -ergebnis	Experimentelle Untersuchung mit anschließendem Fragebogen	
Tse et al. (1988)	Individuum			Intra- und interkulturell	China, Japan, Kanada	145 Führungs-kräfte	Untersuchung des Einflusses von kulturellen Werten auf das Entscheidungsverhalten für Situationen im internationalen Marketing	Experimentelle Untersuchung	
Adler & Graham (1989)	Individuum			Intra- und interkulturell	USA, Japan, Kanada	462 Geschäfts-personen	Untersuchung, ob intrakulturelles Verhalten inter-kulturelles Verhalten vorraussagen kann	Experimentelle Untersuchung mit anschließendem Fragebogen	
Keenan & Carnevale (1989)	Teams	Computer-mediiert	Monokulturell		USA	39 Teams	Überprüfung des Zusammenhangs zwischen Intra- und Intergruppen (Verhandlungsverhalten) in Teamverhandlungen	Fragebogenuntersuchung, Auswertung vorgefertigter email-Nachrichten	
Cox et al. (1991)	Teams		Mono- und multikulturell		Asien, Latein-amerika, USA	33 Teams	Einfluss unterschiedlicher kultureller Werte auf kooperatives und kompetitives Verhalten im Rahmen von Teamarbeit		
Adler et al. (1992)	Dyade, 1-1	Face-to-Face		Intrakulturell	USA, China	97 Dyaden	Untersuchung des Einflusses von kooperativem Verhandlungsverhalten auf das Verhandlungsverhalten des Verhandlungspartners sowie das Verhandlungsergebnis, Miteinbezug der Rolle in der Verhandlung	Experimentelle Unter-suchung, anschließendem Fragebogen, sowie Inhaltsanalyse der mit Video aufgenommenen Dyaden	Cohen's kappa: 0,69, Guetzkow's U: n.a.

Anhang

Autor	Objekt	Verhand-lungs-medium	Team-charakteris-tika	Kulturelle Konstellation	Untersuchte Kultur(en)	Anzahl der Dyaden/Ver-handlungen	Variablen/Effekte	Erhebung der Verhandlungssituation	Kodierungsreliabilität (für die Gesamtkategorien)
Watson & Kumar (1992)	Teams		Mono- und multikulturell		USA, Latein-amerika	32 Teams	Einfluss von kultureller Diversität im Team auf das Entscheidungsverhalten	Fragebogenuntersuchung	
Watson et al. (1993)	Teams		Mono- und multikulturell		Asien, Latein-amerika, USA, Afrika	36 Teams	Einfluss von kultureller Diversität auf das Problemlöseverhalten innerhalb des Teams sowie auf die Teameffektivität und Relevanz der Dauer der Zusammenarbeit	Experimentelle Untersuchung, Fragebogenuntersuchung	
Graham, Mintu & Rodgers (1994)	Dyade, 1-1	Face-to-Face		Intrakulturell	11 Kulturen, darunter v.a. Deutschland, Frankreich, USA, Kanada	350 Dyaden	Untersuchung des Einflusses von Kultur auf integratives Verhandlungsverhalten, Zusammenhang der Verhandlungsstrategien zwischen den Verhandlungspartnern, Attraktivität des Verhandelnden sowie deren Einflüsse auf den individuellen Profit und die Zufriedenh	Experimentelle Untersuchung mit anschließendem Fragebogen	
Oliver et al. (1994)	Dyade, 1-1	Face-to-Face		Intrakulturell	USA	21 Dyaden	Einfluss der Höhe des individuellen Gewinns auf die Zufriedenheit	Fragebogenuntersuchung	
Venkatesh et al. (1995)	Individuum					187 Einkäufer	Einfluss von Teamcharakteristika, Verhandlungsstrategien von Einkäufern	Fragebogenuntersuchung	
Thompson et al. (1996)	Dyade, 1-1, Team-verhand-lungen	Face-to-Face	Monokulturell	Intrakulturell	N.a.	641 Studenten	Vergleich der Effektivität von Teams im Vergleich zu Solo-Verhandelnden, insb. hinsichtlich des Verhandlungsergebnisses	Experimentelle Unter-suchung, anschließendem Fragebogen sowie Inhaltsanalyse der mit Video aufgenommenen Dyaden	Cohen's kappa: 0,97, Guetzkow's U: n.a.
Graham & Mintu-Wimsatt (1997)	Dyade, 1-1	Face-to-Face		Intrakulturell	Brasilien, Japan, Spanien, USA	80 Dyaden	Vergleich der Effekte von Rolle und Verhandlungsverhalten auf die Verhandlungsergebnisse individueller Gewinn und Zufriedenheit zwischen Kulturen und Überprüfung des Einflusses auf Basis unterschiedlicher Wertedimensionen	Experimentelle Untersuchung mit anschließendem Fragebogen	
O'Connor (1997)	Dyade, 1-1, Team-verhand-lungen	Face-to-Face	Monokulturell	Intrakulturell	USA	334 Studenten	Vergleich von Verhandlungsverhalten zwischen Solo- und Teamverhandlungen und Untersuchung des Effekts der gegenseitigen Verantwortung im Team auf die Verhandlung	Experimentelle Untersuchung mit anschließendem Fragebogen	
Brett & Okumura (1998)	Dyade, 1-1	Face-to-Face		Intra- und interkulturell	USA, Japan	95 Dyaden	Vergleich der Effizienz der Verhandlung zwischen intra- und interkulturellen Verhandlungen	Fragebogenuntersuchung	

Autor	Objekt	Verhand-lungs-medium	Team-charakteris-tika	Kulturelle Konstellation	Untersuchte Kultur(en)	Anzahl der Dyaden/Ver-handlungen	Variablen/Effekte	Erhebung der Verhandlungssituation	Kodierungsreliabilität (für die Gesamtkategorien)
Salacuse (1998)	Individuum				12 Kulturen, darunter v.a. Frankreich, Deutschland	310 Führungs-kräfte, MBA-Studenten	Beurteilung der Verhandlungsstile anhand von 10 Faktoren (z.B. Einstellung Win/Lose vs. Win/Win); Untersuchung der Unterschiede zwischen 12 Kulturen und 8 Berufen	Fragebogenuntersuchung	
Thomas (1999)	Teams		Mono- und multikulturell		14 Kulturen, darunter v.a. Neuseeland, Asien	77 Studenten	Einfluss der kulturellen Diversität auf die Effektivität im Team	Experimentelle Untersuchung mit anschließendem Fragebogen	
Brannen & Salk (2000)	Individuum			Interkulturell	Deutschland, Japan	17 Personen	Einfluss von Kultur auf das Verhandlungsverhalten	Halbstrukturierte Interviews, Archivmaterial	
Briley et al. (2000)	Individuum				USA, Japan, China	72 Studenten	Einfluss der Kultur auf das Entscheidungsverhalten, insb. auf Kompromissbereitschaft	Fragebogenuntersuchung	
Earley & Mosakowski (2000)	Teams	Real	Mono- und multikulturell		Mehr als 35 Kulturen, darunter v.a. Thailand, Australien, USA	51 Dyaden	Einfluss des Grads an Heterogenität auf den empfundenen Zusammenhalt, die Identität, die Kommunikation und die Effektivität im Team	Halbstrukturierte Interviews und Verhaltensbeobachtung	
Adair et al. (2001)	Dyade, 1-1	Face-to-Face		Intra- und interkulturell	USA, Japan	88 Dyaden	Einfluss der Konstellation (intra- vs. interkulturell) auf die Effizienz, die Art des Verhandlungsprozess (z.B. klärende Fragen, Informationsaustausch) sowie Untersuchung der kulturellen Unterschiede in der Adaptationsfähigkeit	Audio-Aufnahme mit anschließender Kodierung des Verhandlungsverhaltens	Cohen's kappa: 0,60-0,75, Guetzkow's U: n.a.
Chatman & Flynn (2001)	Teams		Multikulturell			55 Teams	Einfluss von kultureller Diversität auf den Zusammenhalt in einer Gruppe sowie die moderierende Wirkung von kooperativen Normen	Fragebogenuntersuchung	

Anhang

Autor	Objekt	Verhand-lungs-medium	Team-charakteris-tika	Kulturelle Konstellation	Untersuchte Kultur(en)	Anzahl der Dyaden/Ver-handlungen	Variablen/Effekte	Erhebung der Verhandlungssituation	Kodierungsreliabilität (für die Gesamtkategorien)
Drake (2001)	Dyade, 1-1	Face-to-Face		Interkulturell	20 Kulturen, darunter v.a. USA, Taiwan und Korea	32 Dyaden	Untersuchung des Effekts von Kultur (gemessen durch Individualismus/Kollektivismus) auf integratives und distributives Verhandlungsverhalten. Zusätzlich wurde der Rolleneffekt sowie u.a. die erwartete Wettbewerbsstärke erhoben	Video-Aufnahmen mit anschließender Kodierung des Verhandlungsverhaltens	Cohen's kappa: 0,88-0,91; Guetzkow's U:0,08
Gelfand & Christakopoulou (1999)	Dyade, 1-1	Email		Interkulturell	Griechenland, USA	29 Dyaden	Einfluss der Kultur auf Verhandlungsverhalten insb. in Relation zu kulturell bedingten *Judgement Biases*	Fragebogenuntersuchung, Inhaltsanalyse der emails	Cohen's kappa: 0,95; Guetzkow's U: n.a.
Gelfand et al. (2001)	Individuum			Interkulturell	USA, Japan	575 Personen	Einfluss von Kultur auf verhandlungsbezogenen Konfliktbezugsrahmen (distributiv vs. integrativ)	Fragebogenuntersuchung, MDS (Multidimensionale Skalierung)-Analyse	
Koutsovoulou (2001)	Dyade, 1-1	Face-to-Face		Intrakulturell	Frankreich	15 Dyaden	Zusammenhang zwischen unterschiedlichen Verhandlungsstrategien (integrativ vs. distributiv), analysiert mittels einer Markov Chain Analysis sowie einer Association Rate Analysis	Audio-Aufnahme mit anschließender Kodierung des Verhandlungsverhaltens (*Bargaining Process Analysis*)	
Zarkada-Fraser & Fraser (2001)	Individuum (Verkäufer)	Real		Interkulturell	Australien, USA, UK, Japan, Russland und Griechenland	332 Personen	Einfluss von Kultur auf das Verhandlungsverhalten und Unterschiede in dessen Beurteilung als moralisch akzeptabel	Strukturierte Interviews, Fragebogenuntersuchung	
Lam et al. (2002)	Teams				USA, Japan	553 Personen	Einfluss von Kultur auf gleichberechtigtes Entscheidungsverhalten und *Self Efficiency*		
Adair (2003)	Dyade, 1-1	Face-to-Face		Intra- und interkulturell	Israel, Deutschland, Schweden, Japan, Russland, Thailand	242 Dyaden	Einfluss von Kultur (High/Low Kontext) auf die gezeigte Kommunikation in der Verhandlung	Audio-Aufnahme mit anschließender Kodierung des Verhandlungsverhaltens	Cohen's kappa: 0,71; Guetzkow's U: n.a.
Jackson & Joshi (2004)	Teams		Mono- und multikulturell	Intrakulturell	Australien	107 Personen	Zusammenhang von der Stärke der Gruppenprototypikalität und dem gezeigten Verhandlungsverhalten sowie Einfluss auf das Streben nach Gruppenzugehörigkeit	Fragebogenuntersuchung	

Autor	Objekt	Verhandlungsmedium	Teamcharakteristika	Kulturelle Konstellation	Untersuchte Kultur(en)	Anzahl der Dyaden/Verhandlungen	Variablen/Effekte	Erhebung der Verhandlungssituation	Kodierungsreliabilität (für die Gesamtkategorien)
Adair & Brett (2005)	Dyade, 1-1	Face-to-Face		Intra- und interkulturell	USA, Russland, Japan, Thailand, Deutschland, Israel, Schweden	236 Dyaden	Unterschiede in dem Gebrauch und Wechsel von kompetitiven und kooperativen Verhandlungsstrategien im Laufe der Verhandlungsphasen in Abhängigkeit von der Kultur	Audio-Aufnahme mit anschließender Kodierung des Verhandlungsverhaltens	Cohen's kappa: 0,71, Guetzkow's U: n.a.
Chen & Li (2005)	Dyade, 1-1	Face-to-Face		Intra- und interkulturell	USA, China	457 Probanden	Einfluss der kulturellen Konstellation (intra- vs. interkulturell) auf den kooperativen Entscheidungsprozess und Überprüfung des mediierenden Effekts von Kollektivismus/ Individualismus	Verhandlungsexperiment, Fragebogenuntersuchung	
Crump (2005)	Teams	Face-to-Face				2 Teams	Analyse des Einflusses von Einheitlichkeit und fehlender Einheitlichkeit auf das Verhandlungsverhalten und -ergebnis auf Basis einer Fallstudie	Fallstudie	
Gelfand et al. (2005)	Dyade, 1-1, Teamverhandlungen	Face-to-Face	Monokulturell	Intrakulturell	USA, Taiwan	334 Studenten	Vergleich des Verhandlungsverhaltens und -ergebnis zwischen Kulturen und zwischen Team- und Soloverhandlungen	Experimentelle Untersuchung mit anschließendem Fragebogen	
Kirkman & Shapiro (2005)	Teams		Monokulturell	Intrakulturell	USA, Philipinen	34 Teams	Einfluss von Unterschieden in den kulturellen Werten auf die Teamprozesse, z.B. Kooperation, Produktivität, sowie Untersuchung des mediierenden Effekts von der Kultur auf diese Beziehungen	Fragebogenuntersuchung	
Balakrishnan & Patton (2006)	Dyade, Verkäufer, Einkäufer und Einkäuferteams		Monokulturell	Intrakulturell	USA	56 Dyaden	Untersuchung der Unterschiede in u.a. Agendadefinition, Effizienz, Zufriedenheit und Verhandlungsstrategien zwischen einzelnen Einkäufern im Vergleich zu Verkäuferteams	Fragebogenuntersuchung	
Adair, et al. (2007)	Dyade, 1-1	Face-to-Face			USA, Japan	40 Dyaden	Einfluss von Erstangeboten auf den Informationsaustausch und die Effizienz in Abhängigkeit von der Kultur		Cohen's kappa: 0,62, Guetzkow's U: n.a.
Bushe & Coetzer (2007)	Teams				USA	52 Teams	Zusammenhang von *Shared Cognition*, Teamzusammenhalt und Teamleistung	Fragebogenuntersuchung	
Backhaus et al. (2008)	Dyade, Teamverhandlungen	Computer-mediiert	Monokulturell	Intrakulturell	Deutschland	111 Teams	Einfluss von Teamcharakteristika auf den Verhandlungsprozess und das -ergebnis	Fragebogenuntersuchung	
Behfar et al. (2008)	Teams	Monokulturell		Intrakulturell	USA	45 Führungskräfte	Untersuchung von Mechanismen zur Adressierung von Intrateamkonflikten und Notwendigkeit zur Abstimmung von Verhandlungsstrategien und Intrateamkonflikten	Telefoninterview	
Halevy (2008)	Teams			Intrakulturell	Israel	80 Teams	Untersuchung des Einflusses von Teamkonflikten auf das Verhandlungsverhalten im Team		

Autor	Objekt	Verhand-lungs-medium	Team-charakteris-tika	Kulturelle Konstellation	Untersuchte Kultur(en)	Anzahl der Dyaden/Ver-handlungen	Variablen/Effekte	Erhebung der Verhandlungssituation	Kodierungsreliabilität (für die Gesamtkategorien)
Adair, Taylor & Tinsley (2009)	Dyade, 1-1	Face-to-Face		Intra- und interkulturell	USA, Japan	100 erfahrene Verhandler	Erwartungen an angemessenes Verhandlungsverhalten sowie das Verhalten des Verhandlungspartners in Abhängigkeit von der intra- und interkulturellen Verhandlungssituation		
Boros et al. (2009)	Teams		Multikulturell		Niederlande, China	125 Teams	Einfluss von kultureller Diversität sowie Ausprägung der Kultur (Individualismus vs. Kollektivismus) auf Kooperation, Konfliktmanagement		
Ahearne et al. (2010)	Teams		Monokulturell	Intrakulturell	USA	185 Teams	Moderierender Effekt von Teamkonsensus auf die Wirkung von Teamklima sowie Leadership Empowerment Behaviors auf die Teameffektivität	Fragebogen-untersuchung, Archivmaterial	
Hajro & Pudelko (2010)	Teams		Multikulturell		Österreich, Zentral- und Osteuropa	87 Teams	Einfluss von kultureller Heterogenität auf Intrateamprozesse und kooperatives Verhalten innerhalb des Teams	Tiefeninterviews, Verhaltens-beobachtung	
Steinel et al. (2010)	Dyade, Repräsen-taten von Teams	Computer-mediiert	Monokulturell	Intrakulturell	Australien	107 Probanden	Einfluss von Prototypikalität mit einem Team auf das Verhandlungsverhalten zwischen Repräsentanten der Teams	Experimentelle Untersuchung, Fragebogen	
Wilken et al. (2010)	Dyade, 1-1	Computer-mediiert	Monokulturell	Intrakulturell	Deutschland	119 Dyaden (Studenten), 41 Dyaden (KAM)	Einfluss von kognitiven Referenzpunkten auf das Verhandlungsverhalten und -ergebnis	Fragebogen, Inhaltsanalyse des in den Log-Files gespeicherten Verhandlungs-verhaltens	Cohen's kappa: .88, Guetzkow's U: .0196
Zaidi et al. (2010)	Teams				Pakistan	77 Teams	Untersuchung des Effekts von Heterogenität (in Bezug auf Geschlecht) auf die Entscheidungsprozesse (Kreativität und Qualität) im Team	Experimentelle Untersuchung mit anschließendem Fragebogen	

Anhang 2: Überblick Einkäufer-Hypothesen

H1b	Kollektivistische Einkäufer zeigen weniger kompetitives Verhandlungsverhalten als individualistische Einkäufer.
H2b	Kollektivistische Einkäufer zeigen mehr kooperatives Verhandlungsverhalten als individualistische Einkäufer.
H3b	Kollektivistische Einkäufer erzielen einen niedrigeren individuellen Gewinn als individualistische Einkäufer.
H18b	Kollektivistische Einkäufer setzen sich niedrigere Verhandlungsziele als individualistische Einkäufer.
H19b	Der Zusammenhang zwischen Verhandlungsziel und individuellem Gewinn ist bei kollektivistischen Einkäufern niedriger als bei individualistischen Einkäufern.
H20b	Je höher das Verhandlungsziel des Einkäufers ist, desto höher ist dessen individueller Gewinn.
H21b	Beim Einkäufer besteht ein negativer Zusammenhang zwischen kompetitivem und kooperativem Verhandlungsverhalten.
H23b	Je höher das Maß an kompetitivem Verhandlungsverhalten beim Einkäufer ist, desto höher ist dessen individueller Gewinn.
H25b	Je höher das Maß an kooperativem Verhandlungsverhalten beim Einkäufer ist, desto höher ist die Effizienz.
H26b	Je höher die Effizienz ausfällt, desto höher ist der individuelle Gewinn des Einkäufers.
H27b	Je höher der individuelle Gewinn des Einkäufers ist, desto höher ist dessen Zufriedenheit.

Anhang 3: *Input-Process-Output-Modell* zu Teamprozessen von McGrath (1964)

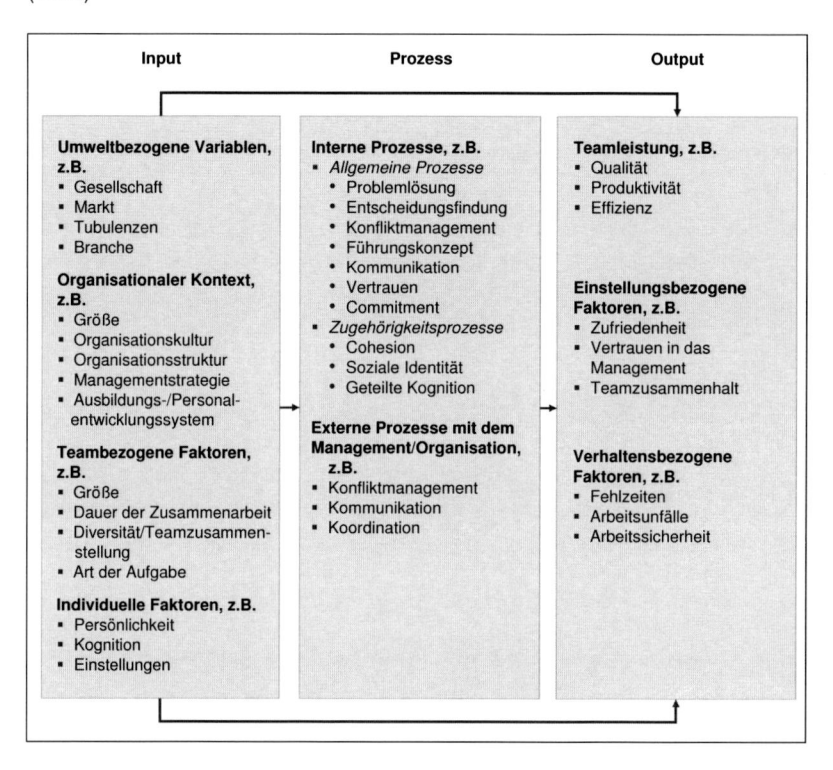

Input	Prozess	Output

Umweltbezogene Variablen, z.B.
• Gesellschaft
• Markt
• Tubulenzen
• Branche
 	
Organisationaler Kontext, z.B.
• Größe
• Organisationskultur
• Organisationsstruktur
• Managementstrategie
• Ausbildungs-/Personalentwicklungssystem
 	
Teambezogene Faktoren, z.B.
• Größe
• Dauer der Zusammenarbeit
• Diversität/Teamzusammenstellung
• Art der Aufgabe
 	
Individuelle Faktoren, z.B.
• Persönlichkeit
• Kognition
• Einstellungen
	Interne Prozesse, z.B.
	• *Allgemeine Prozesse*
	  • Problemlösung
	  • Entscheidungsfindung
	  • Konfliktmanagement
	  • Führungskonzept
	  • Kommunikation
	  • Vertrauen
	  • Commitment
	• *Zugehörigkeitsprozesse*
	  • Cohesion
	  • Soziale Identität
	  • Geteilte Kognition
	
	Externe Prozesse mit dem Management/Organisation, z.B.
	• Konfliktmanagement
	• Kommunikation
	• Koordination
		Teamleistung, z.B.
		• Qualität
		• Produktivität
		• Effizienz
		
		Einstellungsbezogene Faktoren, z.B.
		• Zufriedenheit
		• Vertrauen in das Management
		• Teamzusammenhalt
		
		Verhaltensbezogene Faktoren, z.B.
		• Fehlzeiten
		• Arbeitsunfälle
		• Arbeitssicherheit

Anhang 4: Verwendeter Fragebogen (HTML-Auszug)

The following questions refer to the online- negotiation case study. It will take about 10 minutes to fill out the questionnaire. There are no "right" or "wrong" answers.
Your answers are only collected for scientific purposes. All data will be treated anonymously and confidentially.

1. To what extent do you agree or disagree with each of the following statements? In this society, orderliness and consistency are stressed, even at the expense of experimentation and innovation.

   1. = strongly agree
   2.
   3.
   4.
   5.
   6.
   7. =strongly disagree

2. Please complete the following statement: In this society, people are generally:

   1. = agressive
   2.
   3.
   4.
   5.
   6.
   7. =non-agressive

3. Please complete the following statement: The way to be successful in this society is to:

   1. = plan ahead
   2.
   3.
   4.
   5.
   6.
   7. =take life events as they occur

4. Please complete the following statement: In this society, the accepted norm is to:

   1. = plan for the future
   2.
   3.

4.
5.
6.
7. =accept the status quo

5. Please complete the following statement: In this society, a person's influence is based primarily on:

    1. = one's ability and contribution to the society
    2.
    3.
    4.
    5.
    6.
    7. =the authority of one's position

6. Please complete the following statement: In this society, people are generally:

    1. = assertive
    2.
    3.
    4.
    5.
    6.
    7. =non-assertive

7. To what extent do you agree or disagree with each of the following statements? In this society, leaders encourage group loyalty even if individual goals suffer.

    1. =strongly agree
    2.
    3.
    4.
    5.
    6.
    7. =strongly disagree

8. Please complete the following statement: In this society, social gatherings are:

    1. =planned well in advance (2 or more weeks in advance)
    2.
    3.
    4.
    5.
    6.
    7. =spontaneous (planned less than an hour in advance)

9. Please complete the following statement: In this society, people are generally:

   1. =very concerned about others
   2.
   3.
   4.
   5.
   6.
   7. =not at all concerned about others

10. Please complete the following statement: In this society, people are generally:

    1. =dominant
    2.
    3.
    4.
    5.
    6.
    7. =non-dominant

11. To what extent do you agree or disagree with each of the following statements? In this society, children take pride in the individual accomplishments of their parents.

    1. =strongly agree
    2.
    3.
    4.
    5.
    6.
    7. =strongly disagree

12. Please complete the following statement: The economic system in this society is designed to maximize:

    1. =individual interests
    2.
    3.
    4.
    5.
    6.
    7. =collective interests

13. Please complete the following statement: In this society, followers are expected to:

    1. =obey their leaders without question
    2.
    3.

4.
5.
6.
7. =question their leaders when in disagreement

14. Please complete the following statement: In this society, people are generally:

1. =tough
2.
3.
4.
5.
6.
7. =tender

15. To what extent do you agree or disagree with each of the following statements? In this society, teen-aged students are encouraged to strive for continuously improved performance.

1. =strongly agree
2.
3.
4.
5.
6.
7. =strongly disagree

16. To what extent do you agree or disagree with each of the following statements? In this society, most people lead highly structured lives with few unexpected events.

1. =strongly agree
2.
3.
4.
5.
6.
7. =strongly disagree

17. To what extent do you agree or disagree with each of the following statements? In this society, boys are encouraged more than girls to attain a higher education.

1. =strongly agree
2.
3.
4.
5.
6.
7. =strongly disagree

18. Please complete the following statement: In this society, major rewards are based on:

   1. =only performance effectiveness
   2.
   3.
   4. =performance effectiveness and other factors (for example, seniority or political connections)
   5.
   6.
   7. =only factors other than performance effectiveness (for example, seniority or
   political connections)

19. To what extent do you agree or disagree with each of the following statements? In this society, societal requirements and instructions are spelled out in detail so citizens know what they are expected to do.

   1.=strongly agree
   2.
   3.
   4.
   5.
   6.
   7.=strongly disagree

20. Please complete the following statement: In this society, being innovative to improve performance is generally:

   1. =substantially rewarded
   2.
   3.
   4.
   5.
   6.
   7. =not rewarded at all

21. Please complete the following statement: In this society, people are generally:

   1. =very sensitive toward others
   2.
   3.
   4.
   5.
   6.
   7. =not at all sensitive toward others

22. Please complete the following statement: In this society, there is more emphasis on athletic programs for:

    1. =boys
    2.
    3.
    4.
    5.
    6.
    7. =girls

23. To what extent do you agree or disagree with each of the following statements? In this society, parents take pride in the individual accomplishments of their children.

    1. =strongly agree
    2.
    3.
    4.
    5.
    6.
    7. =strongly disagree

24. Please complete the following statement: This society has rules or laws to cover:

    1. =almost all situations
    2.
    3.
    4.
    5.
    6.
    7. =very few situations

25. Please complete the following statement: In this society, people are generally:

    1. =very friendly
    2.
    3.
    4.
    5.
    6.
    7. =very unfriendly

26. Please complete the following statement: In this society, people in positions of power try to:

    1. =increase their social distance from less powerful individuals
    2.
    3.
    4.
    5.
    6.
    7. =decrease their social distance from less powerful people

27. To what extent do you agree or disagree with each of the following statements? In this society, rank and position in the hierarchy have special privileges.

    1. =strongly agree
    2.
    3.
    4.
    5.
    6.
    7. =strongly disagree

28. To what extent do you agree or disagree with each of the following statements? In this society, aging parents generally live at home with their children.

    1. =strongly agree
    2.
    3.
    4.
    5.
    6.
    7. =strongly disagree

29. To what extent do you agree or disagree with each of the following statements? In this society, being accepted by the other members of a group is very important.

    1. =strongly agree
    2.
    3.
    4.
    5.
    6.
    7. =strongly disagree

30. Please complete the following statement: In this society, more people:

    1. =live for the present than live for the future
    2.
    3.
    4.
    5.
    6.
    7. =live for the future than live for the present

31. Please complete the following statement: In this society, people place more emphasis on:

    1. =solving current problems
    2.
    3.
    4.
    5.
    6.
    7. =planning for the future

32. Please complete the following statement: In this society, people are generally

    1. =very tolerant of mistakes
    2.
    3.
    4.
    5.
    6.
    7. =not at all tolerant of mistak

33. Please complete the following statement: In this society, people are generally:

    1. =very generous
    2.
    3.
    4.
    5.
    6.
    7. =not at all generous

34. Please complete the following statement: In this society, power is:

    1. =concentrated at the top
    2.
    3.
    4.
    5.
    6.
    7. =shared throughout the society#

35. Please complete the following statement: In this society:

    1. =group cohesion is valued more than individualism
    2.
    3.
    4. = group cohesion and individualism are equally valued
    5.
    6.
    7. =individualism is valued more than group cohesion

36. To what extent do you agree or disagree with each of the following statements? In this society, it is worse for a boy to fail in school than for a girl to fail in school.

    1. =strongly agree
    2.
    3.
    4.
    5.
    6.
    7. =strongly disagree

37. Please complete the following statement: In this society, people are generally:

    1. =physical
    2.
    3.
    4.
    5.
    6.
    7. =non-physical

38. Please answer the following question: In this society, who is more likely to serve in a position of high office?

    1. =Men
    2.
    3.
    4. =Men and women are equally likely to serve
    5.
    6.
    7. =Women

39. To what extent do you agree or disagree with each of the following statements? In this society, children generally live at home with their parents until they get married.

    1. =strongly disagree
    2.
    3.
    4.
    5.
    6.
    7. =strongly disagree

40. Please select your role during the negotiation: (Filter: anschließende Fragen zu Intrateamkonstrukten ausschließlich für Verkäufer)

    1. buyer (PRESSURA)
    2. seller (SYSTEMA)

41. To what extent do you agree or disagree with each of the following statements? Please note that these statements refer to the online negotiation case study.

1 = strongly agree	1	2	3	4	5	6	7	7 = strongly disagree
Group members tended to hammer out issues together								
Some group members preferred to keep out of everything								
We actively listened to everyone's ideas before making a decision								
Decisions were made without regard for what some were thinking								
Decisions were made by only one or a few members of the								

42. To what extent do you agree or disagree with each of the following statements? Please note that these statements refer to the online negotiation case study.

1 = strongly agree	1	2	3	4	5	6	7	7 = strongly disagree
Certain members were hostile to each other								
There were certain members of the group who generally took the same side of all issues								
There was infighting among members of the group								
There was a tendency toward convincing against one another among members of the group								
There were tensions among subgroups that interfered with the group's activities								

43. Please answer the following questions from 1=not satisfied at all until 7=completely satisfied, result exceeds my expectation								
1 = not satisfied at all	1	2	3	4	5	6	7	7 = completely satisfied
If an agreement was reached, how satisfied were you with that agreement?								
How satisfied were you with the agreement relative to your pre-game expectations?								
How satisfied were you with your individual profit level?								
How satisfied were you with your performance during the game?								

44. Please enter your Individual-ID
45. Please enter your age
46. Please enter your gender
47. Please enter your nationality

   1. Nationality
   2. Nationality (if not available, enter "none")

48. Please evaluate your English skills

    1. [Native speaker] [Persuaviness ability] [Conversational ability] [Basic knowledge]

49. Please enter the years of English as foreign language in school
50. Please enter the months you spend in English spoken countries
51. Have you made significant experiences in international negotiations in internships/work/university settings?

    1. [yes] [no]
    2. If yes, please explain

52. Have you been aware of the different cultures in the negotiation setting?

    1. =yes, during the entire negotiation
    2.
    3.
    4. =only sometimes, not during the entire negotiation
    5.
    6.
    7. =not at all

53. Have you been aware of differences in behavior between the different cultures?

    1. [yes] [no]

54. How obvious have those cultural differences been?

    1. =not obvious at all [yes] [no]
    2.
    3.
    4.
    5.
    6.
    7. =very obvious

Anhang 5: Beispielhafter Screenshot des vorliegenden Fragebogens im Online-Format

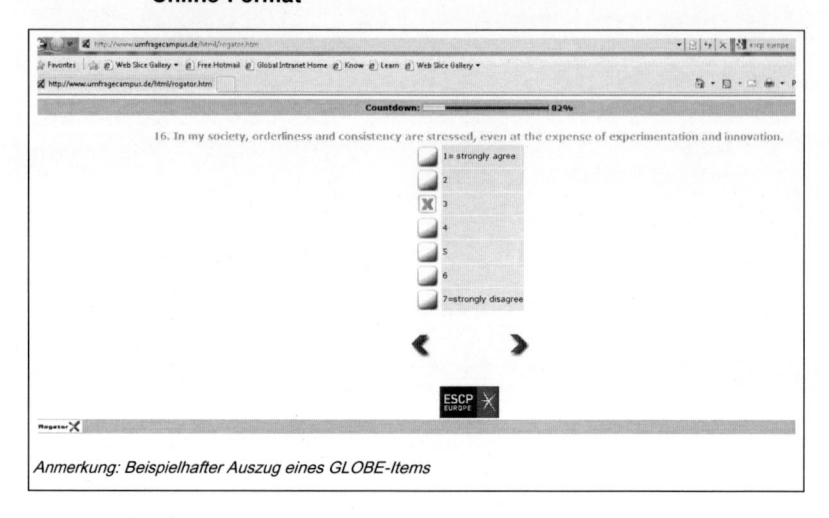

Anmerkung: Beispielhafter Auszug eines GLOBE-Items

Anhang 6: Fallstudie (Basis- und rollenspezifisches Informationsmaterial)

Basismaterial für Verkäufer (SYSTEMA) und Einkäufer (PRESSURA):

---

(1) Basic information for both negotiation parties

"Devastating!" the director of PRESSURA was going ballistic. The year 2008 had drawn to a close, and he was holding his electricity bill in his hands, on the verge of ripping it up. "How much money do these inefficient bureaucrats want to wheedle out of me?!" he cried. But then the director realized that the bureaucrats were not the only inefficient ones; his heating pump also was wasteful. Just yesterday, he had seen a commercial about how outdated heating systems could cause high electricity bills. As the director of PRESSURA, he could not take it!

The director locked himself in his office for three weeks, meeting only occasionally with some of his employees for confidential conversations. Then he called his brother in on a Monday morning. His brother had just entered the room when the director shouted: "High-efficiency pumps! That's exactly what the environmentally conscious consumer is looking for to operate an ecologically friendly heating system in his home!" The director was so enthusiastic that he couldn't really express himself. His brother just wondered about that tall, terrifying man next to the director, whom he obviously knew very well.

The director continued impatiently: "Well, brother, haven't you noticed the current discussion about climate change? The renowned market research agency Progno-Fix found out in its recent study that environmental sensitivity, especially in the private sector, has dramatically increased. This shift affects the usage of heating systems in privately owned homes. In these heating systems, the embedded pumps should be able to offer a calm conscience with regard to ecological aspects! Think of it: We could produce so-called high-efficiency pumps based on innovative technology. This technology—haven't I told you this yet?—was developed by our employee, Mr. Clever. The exploratory spirit that these young engineers contribute to this company is truly fantastic. Anyway, the high-efficiency pumps will be delivered to heating installers, who embed the pumps in their heating systems and install them in end-consumers' homes."

"Well...," the director's brother mumbled. Recently, he just could not find any enthusiasm when it came to new ideas. "And your point in telling me that is...?"

"I want to improve the image of PRESSURA as an environmentally friendly company," the director explained, "and I also think we should enter the promising market for high-efficiency pumps for direct economical reasons! Of course, I don't want to get on your nerves with poorly conceived ideas. I already thought about it in detail. This is it: We could realize a later freezing point and base the high-efficiency pump on already established components. Here, let me introduce to you the director of the well-known machine manufacturer, SYSTEMA SYSTEMA is the ideal partner to build a special-purpose machine for us. This special-purpose machine would be needed on the one hand to make the single components of the high-efficiency pump and on the other hand to assemble the pump, motor, and casing. Regarding the motor, we could fall back on our existing product assortment and embed a motor that we already use for other products. Therefore, SYSTEMA would provide us with a machine tailored to our particular needs that could hardly be used by our competitors. I already agreed with SYSTEMA's director on the exact specifications of this complex special-purpose machine. **However, we still have to negotiate an agreement on the possible schooling of our employees by SYSTEMA, various financing terms, the method of assembly, maintenance options, different warranty obligations – as well as, of course, the price of the whole package.** And as a matter of course, the idea needs your agreement, dear brother."

The director's brother indeed agreed and already started to brief his sales team for a negotiation on the open issues with SYSTEMA's procurement manager.

Assignment:

Conduct the negotiations at the appointed time, using in addition the confidential information entrusted to you in your specific role.

Keep in mind that the negotiation setting will be an international one.

A contract will only be entered into if agreement can be reached on each individual item of the negotiations (schooling, financing, assembly, maintenance, warranty and price; for more details, see the confidential information for each role).

During preparation, fix a negotiation target – how many points do you want to achieve (sum of points over all preferred items, for details, see table 1 in your confidential information). You will be asked for your negotiation target just before the negotiation starts (note: your negotiation counterpart is not able to see your target)

Rollenspezifisches Informationsmaterial: Verkäufer (SYSTEMA):

(2a) Confidential Information for SYSTEMA (seller)

Please imagine you form a team of sales representatives of SYSTEMA (seller of the special-purpose machine) that has been put in charge of the negotiation with PRESSURA (buyer of the special-purpose machine) and that will participate in an online negotiation. You have full decision-making authority for the negotiation. The aim is to reach an agreement on all six issues concerning the special-purpose machine to be built.

Please note: After the negotiation, you will be asked to conduct a survey in which you will have to evaluate your negotiation results and explain yourself in detail (link to the survey will be send via email). The survey is mandatory.

During the negotiation, take into consideration the following confidential information, which is only revealed to you as a sales team representing SYSTEMA and is not accessible to PRESSURA. This information should be handled confidentially and not forwarded to other participants.

It has already been shown in the basic case study that the negotiations include a number of different items. Specifically, these are:

the schooling of PRESSURA employees by SYSTEMA so as to ensure a smooth running of the production process at PRESSURA's;

possibilities of financing; here, SYSTEMA offers its potential customer PRESSURA a number of different options;

the assembly of the machine by SYSTEMA in PRESSURA's production facility, which will be used for the manufacture of the high-efficiency pumps;

the length of warranty for the machine;

a maintenance contract for the machine, carried out by SYSTEMA, which goes beyond the terms of the basic warranty; and

the price for the whole package.

Please note: On account of the already complex task of reaching an agreement on the individual items of the negotiation, it has been decided to consider only four different prices (see next page). Accordingly, the price is a discrete (and not a continuous) variable.

The six items still open to negotiation are of varying importance to you. Of especial importance to SYSTEMA is, of course, the price of the project. Because of the bad experience SYSTEMA has had with long periods of warranty – upon receipt and acceptance of a piece of machinery by a customer your company no longer has any means of inspecting it – you would like to keep the length of warranty as short as possible. Furthermore, you have just received an earnest request from your colleague, the finance director, asking you to make especially sure that, in working out a finance model, an advance payment is agreed upon – otherwise the demands made on the cash management for the order would be disproportionately high. From personal experience you know that a few additional services – in this case the schooling of the customer's employees on the one hand and a maintenance contract that goes beyond the terms of the pure warranty on the other – are often rewarded more generously by the customer than the costs incurred by your company for providing them. For this reason you are inclined to offer not only a form of schooling but also a maintenance contract which are more attractive for PRESSURA, as long as you are able to redress the balance in the items of price and warranty obligations, which are particularly important to you. As in the case of the schooling of PRESSURA's employees, you are able to carry out the assembly of the machine at relatively little cost – even though it means a complete assembly of the machinery and, in addition, connecting it up to the production line.

In preparation for the negotiation you have listed the preferences outlined above in the following table with the details of the various options. In order to be able to compare the options of the various items of negotiation, you have ranked all the options by giving them points according to the benefit they would have for your company.

Important! Please note! The points given for each of the options in the category "price" take into account in particular the prime costs of the order over a given period of five years.

Table 1: Points allocated to the individual options of the negotiation items according to their benefit

Negotiation item	Option	Benefit for SYSTEMA
1. Price		
Option 1.1	Overall price of €6m	20
Option 1.2	Overall price of €5.5m	15
Option 1.3	Overall price of €5m	10
Option 1.4	Overall price of €4.5m	0
2. Schooling		
Option 2.1	Single schooling session for the PRESSURA employee responsible for the machine after its installation	8
Option 2.2	Single schooling session for all PRESSURA employees who work in the production of the high-efficiency pump	6
Option 2.3	Schooling for the PRESSURA employee responsible for the machine as required, although once a year at the most	4
Option 2.4	Annual schooling for all PRESSURA employees who work in the production of the high-efficiency pump	2
Option 2.5	Schooling for all PRESSURA employees who work in the production of the high-efficiency pump, although twice a year at the most	0
3. Financing		
Option 3.1	40% in advance; further payments in equal parts every fourth month	8
Option 3.2	35% in advance; further payments in equal parts every third month	7
Option 3.3	30% in advance; further payments in equal parts every second month	6
Option 3.4	No payment in advance; payments in equal parts every second month	-5
4. Assembly		
Option 4.1	Complete assembly within two weeks	-2
Option 4.2	Complete assembly within four weeks	0
Option 4.3	Setting up the special machine within two weeks	2
Option 4.4	Setting up the special machine within four weeks	4
5. Warranty		
Option 5.1	Warranty obligation of one year	20
Option 5.2	Warranty obligation of two years	16
Option 5.3	Warranty obligation of three years	12
Option 5.4	Warranty obligation of four years	8
Option 5.5	Warranty obligation of five years	4
6. Maintenance		
Option 6.1	Inspection of the machine's working order, safety check and annual refitting of small components as a preventive measure	4
Option 6.2	Inspection of the machine's working order and annual re-fitting of small components as a preventive measure	5
Option 6.3	Inspection of the machine's working order/safety check	8
Option 6.4	Inspection of the machine's working order	12

In preparation for the negotiation, the SYSTEMA's director has discussed the strategic aspects of the negotiation with you. From this conversation, you draw the conclusion that during the negotiation, you should consider that SYSTEMA is not operating at its full production capacity at the moment—there is enough idle capacity for the production of the machine.

If a contract were signed, SYSTEMA could strengthen its profile as a manufacturer of individualized and innovative machines. Collaboration with PRESSURA could serve as a representative project and a reference for future orders—in the industrial machine market, references are very important due to the high buying risk.

PRESSURA could perceive SYSTEMA as an ideal business partner, because PRESSURA wants to produce its high-quality products on top-quality machines, for which SYSTEMA has a good reputation as a machine manufacturer with extensive experience. By establishing a partnership with SYSTEMA, PRESSURA also could reduce its dependency on its existing suppliers. In view of the trend toward greater outsourcing of activities, experience with another supplier in the machine market might give PRESSURA valuable information about future machine purchases.

You should also think about the risks of this project. For example, you should realize that this contract involves a customer-specific, individualized special-purpose machine that, as soon as it is built, could be sold to another purchaser only after high investments in back-fitting. This means that, for example, if PRESSURA were to suffer insolvency after the construction of the special-purpose machine (but before the money transfer), this machine could not easily be sold to another company.

If negotiations with PRESSURA fail (this is the case when agreement cannot be reached on all six items of the negotiation), SYSTEMA will have to search for new orders because it is not fully using its capacities. The success of the search for and acquisition of new customers remains uncertain. In spite of all this, do not enter into a contract which would bring your company less than 26 "benefit" points. 26 "benefit" points are the minimum that is acceptable. In such a case a partnership with PRESSURA for five years would not be profitable.

Rollenspezifisches Informationsmaterial: Einkäufer (PRESSURA):

(2b) Confidential Information for PRESSURA (buyer)

Please imagine you are the director of PRESSURA (buyer of the special-purpose machine) and will participate, at your registered time, in an online negotiation with a team of sales representatives of SYSTEMA (seller of the special-purpose machine). The focus of the negotiation is solely the price of the special-purpose machine.

Please note: After the negotiation, you will be asked to conduct a survey in which you will have to evaluate your negotiation results and explain yourself in detail (link to the survey will be send via email). The survey is mandatory.

During the negotiation, take into consideration the following confidential information, which is only revealed to you as a representative of PRESSURA and is not accessible to SYSTEMA This information should be handled confidentially and not forwarded to other participants.

It has already been shown in the basic case study the negotiations include a number of different items. Specifically, these are:

the **schooling** of PRESSURA employees by SYSTEMA so as to ensure a smooth running of the production process at PRESSURA's;

possibilities of financing; here, SYSTEMA offers its potential customer PRESSURA a number of different options;

the **assembly** of the machine by SYSTEMA in PRESSURA's production facility, which will be used for the manufacture of the high-efficiency pumps;

the **length of warranty** for the machine;

a **maintenance contract** for the machine, carried out by SYSTEMA, which goes beyond the terms of the basic warranty; and

the **price** for the whole package.

Please note: On account of the already complex task of coming to an agreement on the individual items of the negotiation, it has been decided to consider only **four** different prices. Accordingly, the price is a discrete (and not a continuous) variable.

The six items that are still open to negotiation are of varying importance to you. Since you are planning – with the construction and sale of high-efficiency pumps – to gain a foothold in a very promising segment, on no account do you wish to run the risk of gambling away your chances because of a poor-quality product. You believe that regular and thorough maintenance of the special machine by SYSTEMA, ideally with the refitting of small components as a preventive measure, would have a decisive influence on the smooth running of the production of the high-efficiency pumps. Moreover, you are very conscious of the enormous significance which the factor "human capital" has; consequently, you would like at all events to push through your demand that all employees on the production line who in some way or other will be involved with the machine that SYSTEMA is going to supply will be regularly schooled by skilled SYSTEMA personnel. The regular nature of the schooling is important to you, among other things, because many of your workers are employed on short-term contracts – some of them for only twelve months even – and the new machine is to be in operation for a period of five years. In addition, you also attach great importance, of course, to the price of the service package as a whole since it has a direct effect on the price level that can be achieved with the sale of the high-efficiency pumps. The head of finance at PRESSURA's has advised you, furthermore, to avoid making an advance payment as far as possible, pointing out that it would be better from the start to agree on payment by installments. As far as warranty obligations are concerned, you are convinced that "the longer, the better" is a good rule to go by; however, you are also of the opinion that a good maintenance contract would lessen the relevance of the warranty a little. As for the method of assembly, you would naturally be in favor of a speedy and complete solution, but on the other hand you yourself have employees available who would be able to connect up the machine from SYSTEMA to your production line.

In preparation for the negotiation you have listed the preferences outlined above in the following table with the details of the various options. In order to be able to compare the options of the various items of negotiation, you have ranked all the options by giving them points according to the costs that your company would incur, were they selected.

Important! Please note! The points given for each of the options in the category "price" take into account in particular all considerations concerning sales volume and prices over a given period of five years

Anhang

Table 1: Points allocated to the individual options of the negotiation items according to the costs incurred

Negotiation item	Option	Costs incurred by PRESSURA
1. Price		
Option 1.1	Overall price of €6m	25
Option 1.2	Overall price of €5.5m	20
Option 1.3	Overall price of €5m	15
Option 1.4	Overall price of €4.5m	0
2. Schooling		
Option 2.1	Single schooling session for the PRESSURA employee responsible for the machine after its installation	36
Option 2.2	Single schooling session for all PRESSURA employees who work in the production of the high-efficiency pump	12
Option 2.3	Schooling for the PRESSURA employee responsible for the machine as required, although once a year at the most	8
Option 2.4	Annual schooling for all PRESSURA employees who work in the production of the high-efficiency pump	4
Option 2.5	Schooling for all PRESSURA employees who work in the production of the high-efficiency pump, although twice a year at the most	0
3. Financing		
Option 3.1	40% in advance; further payments in equal parts every fourth month	15
Option 3.2	35% in advance; further payments in equal parts every third month	10
Option 3.3	30% in advance; further payments in equal parts every second month	5
Option 3.4	No payment in advance; payments in equal parts every second month	0
4. Assembly		
Option 4.1	Complete assembly within two weeks	0
Option 4.2	Complete assembly within four weeks	0
Option 4.3	Setting up the special machine within two weeks	1
Option 4.4	Setting up the special machine within four weeks	3
5. Warranty		
Option 5.1	Warranty obligation of one year	5
Option 5.2	Warranty obligation of two years	4
Option 5.3	Warranty obligation of three years	3
Option 5.4	Warranty obligation of four years	2
Option 5.5	Warranty obligation of five years	1
6. Maintenance		
Option 6.1	Inspection of the machine's working order, safety check and annual refitting of small components as a preventive measure	0
Option 6.2	Inspection of the machine's working order and annual re-fitting of small components as a preventive measure	5
Option 6.3	Inspection of the machine's working order/safety check	15
Option 6.4	Inspection of the machine's working order	25

Consider in your negotiation that production and sales at PRESSURA will not be operating at full capacity in the near future (i.e., in the time period after purchasing the special-purpose machine). The production of high-efficiency pumps therefore will presumably not lead to the abandonment of the production of other products. Entering the market for high-efficiency pumps would offer great opportunities for PRESSURA, including direct positive monetary effects and positive effects on the image of the company. With regard to its image, PRESSURA could underline its position as an innovative supplier of future-oriented technologies and accentuate its orientation toward environmentally friendly products. As an important purchaser of various machines, strengthening its negotiating position for future purchases also is of great relevance for PRESSURA In view of the trend toward a stronger concentration on own core competences and intensive outsourcing of activities, experiences with another supplier in the machine market might offer valuable information about some proposed solicitations for future machine purchases. SYSTEMA could be an ideal business partner, because it has a good reputation as machine manufacturer with significant experience, and is known for its high-quality products. Conversely, SYSTEMA could strengthen its profile as a manufacturer of individualized and innovative machines. Collaboration with PRESSURA also could serve as a representative project and reference for future orders. SYSTEMA certainly knows that the high buying risk in the industrial machine market makes references very important. In addition, Stefan PRESSURA has heard that SYSTEMA's production capacities are not being fully used at the moment, which might lead to a greater willingness to reduce the price.

If negotiations with SYSTEMA fail (**this is the case when agreement cannot be reached on all six items of the negotiation**), the planned production of high-efficiency pumps of heating systems will not be realized in the short-run; at the moment, PRESSURA is not aware of another supplier that could produce a similar special-purpose machine. But through a thorough search other potential suppliers might be found and contacted. **Nevertheless, do not enter into a contract which would cost you more than 40 points. In such a case a partnership with SYSTEMA in terms of an investment decision for five years would not be profitable.**

Anhang 7: Beurteilung der Kulturkonstrukte der GLOBE-Studie

Konstrukt	Item[1]	Item-kennung	Faktor-ladung	Trenn-schärfe
Leistungsorientierung Cronbach's alpha: 0,501 Mean: 4,54; STD: 0,85	In my society, teen-aged students are encouraged to strive for continuously improved performance: „strongly agree" vs. „strongly disagree" (r)	G_PO_1	0,625	0,273
	In my society, major rewards are based on: „only performance effectiveness" vs. „only factors other than performance effectiveness (i.e., seniority or political connections)". (r)	G_PO_2	0,622	0,269
	In my society, being innovative to improve performance is generally: „substantially rewarded" vs. „not rewarded". (r)	G_PO_3	0,624	0,272
	In my society, people are generally: „very tolerant of mistakes" vs. „not at all tolerant of mistakes".	G_PO_4	0,635	0,294
Zukunftsorientierung Cronbach's alpha: 0,678 Mean: 4,53; STD: 0,97	In my society, the way to be successful in my society is: „to plan ahead" vs. „take life events as they occur". (r)	G_FO_1	0,726	0,497
	In my society, the accepted norm is: „to plan for the future" vs. „accept the status". (r)	G_FO_2	0,668	0,437
	In my society, social gatherings are: „planned well in advance" vs. „spontaneous". (r)	G_FO_3	0,523	0,318
	In my society, more people: „live for the present than for the future" vs. „live for the future than for the present".	G_FO_4	0,701	0,465
	In my society, people place more emphasis on: „solving current problems" vs. „planning for the future".	G_FO_5	0,685	0,454
Gleichheit der Geschlechter Cronbach's alpha: 0,501 (0,536 ohne G_GE_4) Mean: 3,83; STD: 0,84	In my society, boys are encouraged more than girls to attain a higher education: „strongly agree" vs. „strongly disagree".	G_GE_1	0,629	0,411
	In my society, there is more emphasis on athletic programs for: „boys" vs. „girls".	G_GE_2	0,621	0,340
	In my society, it is worse for a boy to fail in scholl than for a girl to fail lin school: „strongly agree" vs. „strongly disagree".	G_GE_3	0,458	0,331
	In my society, people are generally more: „physical" vs. „non-physical".	G_GE_4	0,547	0,110
	In my society, who is more likely to serve in a position of high office: „men" vs. „women".	G_GE_5	0,707	0,208

[1] (r) indiziert inverse Items; PO, FO und GE stehen als Abkürzungen für die englischen Konstruktbegriffe *Performance Orientation, Future Orientation* und, *Gender Egalitarism*

Konstrukt	Item[1]	Item-kennung	Faktor-ladung	Trenn-schärfe
Bestimmtheit Cronbach's alpha : 0,431 (0,532 ohne G_ASS_1) Mean: 4,76; STD: 0,84	In my society, people are generally: "aggressive" vs. "non-aggressive". (r)	G_ASS_1	0,328	0,098
	In my society, people are generally: „assertive" vs. "non-assertive". (r)	G_ASS_2	0,544	0,146
	In my society, people are generally: "dominant" vs. "non-dominant". (r)	G_ASS_3	0,790	0,408
	In my society, people are generally: "tough" vs. "tender". (r)	G_ASS_4	0,756	0,376
Innergruppen-kollektivismus Cronbach's alpha: 0,193 (0,230 ohne G_COLL2_2) Mean: 4,10; STD: 0,79	In my society, children take pride in the individual accomplishments of their parents: „strongly agree" vs. „strongly disagree". (r)	G_COLL2_1	0,665	0,151
	In my society, parents take pride in the individual accomplishments of their children: „strongly agree" vs. „strongly disagree". (r)	G_COLL2_2	0,647	0,016
	In my society, aging parents generally live at home with their children: „strongly agree" vs. „strongly disagree". (r)	G_COLL2_3	0,598	0,115
	In my society, children generally live at home with their parents until they get married: „strongly agree" vs. „strongly disagree". (r)	G_COLL2_4	0,481	0,091
Humanorientierung Cronbach's alpha: 0,758 Mean: 4,07; STD: 0,96	In my society, people are generally: „very concerned about others" vs. „not concerned about others". (r)	G_HO_1	0,673	0,459
	In my society, people are generally: „very sensitive towards others" vs. „not at all sensitive towards others". (r)	G_HO_2	0,771	0,564
	In my society, people are generally: „very friendly" vs. „very unfriendly". (r)	G_HO_3	0,808	0,505
	In my society, people are generally: „very tolerant of mistakes" vs. „not at all tolerant of mistakes". (r)	G_HO_4	0,565	0,376
	In my society, people are generally „very generous" vs. „not at all generous". (r)	G_HO_5	0,751	0,258

[1] (r) indiziert inverse Items; ASS, COLL und HO stehen als Abkürzungen für die englischen Konstruktbegriffe *Assertiveness, Collectivism* und *Human Orientation*

Anhang

Konstrukt	Item[1]	Item-kennung	Faktor-ladung	Trenn-schärfe
Unsicherheitsvermeidung	In my society, orderliness and consistency are stressed, even at the expense of experimentation and innovation: „strongly agree" vs. „strongly disagree". (r)	G_UAI_1	0,683	0,411
	In my society, most people lead highly structured lives with few unexpected events: strongly agree" vs. „strongly disagree". (r)	G_UAI_2	0,519	0,340
	In my society, societal requirements and instructions are spelled out in detail so citizens know what they are expected to do: „strongly agree" vs. „strongly disagree". (r)	G_UAI_3	0,519	0,331
Cronbach's alpha: 0,445 Mean: 4,86; STD: 0,82	My society has rules or laws to cover: „almost all situations" vs. „very few situations". (r)	G_UAI_4	0,470	0,110
Machtdistanz	In my society, a persons influence is based primarily on: „one's ability and contribution to the society" vs. „the authority of one's position".	G_PDI_1	0,677	0,427
	In my society, followers are expected to: „obey their leaders" vs. „question their leaders when in disagreement". (r)	G_PDI_2	0,470	0,275
	In my society, people in position of power try to: „increase their social distance from less powerful individuals" vs. „decrease their social distance from less powerful people". (r)	G_PDI_3	0,571	0,326
	In my society, rank and position in the hierarchy have special privileges: „strongly agree" vs. „strongly disagree". (r)	G_PDI_4	0,737	0,465
Cronbach's alpha : 0,636 Mean: 4,93; STD: 0,87	In my society, power is: „concentrated at the top" vs. „shared throughout the society". (r)	G_PDI_5	0,756	0,504

[1] (r) indiziert inverse Items; UAI und PDI stehen als Abkürzungen für die englischen Konstruktbegriffe Uncertainty Avoidance und Power Distance Index

Anhang 8: Zusammenfassung des Kodierungshandbuchs

Handbuch zum Vorgehen bei der Doppelkodierung

Ziel:

Doppelkodierung von 6 Verhandlungen. Kodierung verläuft dabei in 2 Schritten, die aufeinander

1) Bilden von Units

2) Inhaltliche Kodierung der Units

Wichtig:

Nach Schritt 1) muss ein Vergleich der gebildeten Units zwischen den Kodierern erfolgen und sich auf die relevanten Units geeinigt werden

Die abgestimmten relevanten Units werden zu Schritt 2) verwendet, d.h. beiden Kodierern liegen die gleichen Units zur inhaltlichen Kodierung vor

Die Diskussion bei dem Vergleich und Festlegung der relevanten Units soll dokumentiert werden (z.B. Was waren die Argumente, warum einzelne Units genommen/nicht genommen/derart gebildet wurden? Wie hat man sich geeinigt?)

Vorgehen:

Folgendes Vorgehen für 6 Verhandlungen wird empfohlen

1) Bilden der Units

Jeder Kodierer bildet für 6 Verhandlungen eigenständig Units (kleinste Einheit, z.B. Gedanke, Idee, Aussage, die später inhaltlich kodiert werden kann) und dokumentiert diese entsprechend (z.B. durch separate Excelzeile, wie gehabt)

Ausnahme: Liegen vorab bereits festgelegte Kombinationen von Units vor (z.B. „ich gebe dir x, wenn du mir y gibst": besteht eigentlich aus 2 Units, ergibt aber eine Sinneinheit), sind diese als 1 Unit zu bilden

Danach werden die Units pro Kodierer gezählt und die Anzahl dokumentiert (z.B. Kodierer 1 hat 45, Kodierer 2 51 Units gebildet)

Im Anschluss erfolgt ein Vergleich der Anzahl bzw. gebildete Units zwischen den Kodierern und eine Diskussion der Abweichungen

Die Argumente und Inhalte der Diskussion sollten ebenfalls diskutiert werden

Ziel ist es, sich auf die relevanten Units zu einigen. Diese sollen ebenfalls dokumentiert werden

Diese Datensätze (festgelegte relevante Units) werden von beiden Kodierern zu Schritt 2) verwendet

2) Inhaltliche Kodierung der Units

Jeder Kodierer ordnet eigenständig die vorliegenden relevanten Units den festgelegten Kategorien zu, die Zuordnung sollte ebenfalls dokumentiert werden (wie gehabt)

Nach 1 Verhandlung sollten die Kodierer ihre Zuordnungen miteinander vergleichen und eventuelle Abweichungen besprechen (auch hier sollten die Inhalte der Diskussion dokumentiert werden)

Die restlichen 5 Verhandlungen sollten wie gehabt unabhängig voneinander kodiert werden

Anmerkungen:

Die Dokumentation kann stichpunktartig z.B. in Word erfolgen

Anhang 9: Ergebnisse des Bootstrap-Tests zur Mediationsanalyse nach Preacher und Hayes (2004)

	Prädiktor	Mediator	Kriterium	Untere Grenze	Obere Grenze	Signifikant?	Direkter Effekt signifikant?	Vorzeichen P->M	Vorzeichen M->K	Vorzeichen P->K	Mediations-Typ
Mediation durch das Intrateamprozesse aufd die Wirkung der Kontextvariablen auf das Verhandlungsverhalten	TZ	ZIT	ATT	-0,0080	0,0062	nein	ja (p<0,01)	(-)	(-)	(-)	Nur direkter Effekt, keine Mediation
	ND	ZIT	ATT	-0,0238	0,0104	nein	ja (p<0,01)	(+)	(-)	(-)	Nur direkter Effekt, keine Mediation
	TZXND	ZIT	ATT	-0,0124	0,0045	nein	ja (p<0,05)	(+)	(-)	(+)	Nur direkter Effekt, keine Mediation
	TZ	ZIT	INT	-0,0089	0,0189	nein	ja (p<0,01)	(-)	(+)	(+)	Nur direkter Effekt, keine Mediation
	ND	ZIT	INT	-0,0006	0,0533	nein	ja (p<0,01)	(+)	(+)	(+)	Nur direkter Effekt, keine Mediation
	TZXND	ZIT	INT	-0,0015	0,0260	nein	ja (p<0,01)	(+)	(+)	(-)	Nur direkter Effekt, keine Mediation
	TZ	GEV	ATT	-0,0081	0,0246	nein	ja (p<0,01)	(-)	(+)	(-)	Nur direkter Effekt, keine Mediation
	ND	GEV	ATT	-0,0274	0,0090	nein	ja (p<0,01)	(+)	(+)	(-)	Nur direkter Effekt, keine Mediation
	TZXND	GEV	ATT	-0,0086	0,0020	nein	ja (p<0,05)	(+)	(+)	(+)	Nur direkter Effekt, keine Mediation
	TZ	GEV	INT	-0,0078	0,0352	nein	ja (p<0,01)	(-)	(-)	(+)	Nur direkter Effekt, keine Mediation
	ND	GEV	INT	-0,0257	0,0095	nein	ja (p<0,01)	(+)	(-)	(+)	Nur direkter Effekt, keine Mediation
	TZXND	GEV	INT	-0,0028	0,0113	nein	ja (p<0,01)	(+)	(-)	(+)	Nur direkter Effekt, keine Mediation
Mediation durch das Verhandlungsverhalten audf die Wirkung der Kontextvariablen auf die Verhandlungsergebnisse	TZ	ATT	Individueller Gewinn	-0,1941	0,8858	nein	ja (p<0,01)	(-)	(+)	(+)	Nur direkter Effekt, keine Mediation
	ND	ATT	Individueller Gewinn	-0,4624	0,3953	nein	ja (p<0,01)	(-)	(+)	(-)	Nur direkter Effekt, keine Mediation
	TZXND	ATT	Individueller Gewinn	-0,0788	0,3811	nein	ja (p<0,01)	(+)	(+)	(+)	Nur direkter Effekt, keine Mediation
	TZ	INT	Individueller Gewinn	-1,4529	0,3670	nein	ja (p<0,01)	(+)	(+)	(+)	Nur direkter Effekt, keine Mediation
	ND	INT	Individueller Gewinn	-0,3022	0,5768	nein	ja (p<0,01)	(+)	(+)	(-)	Nur direkter Effekt, keine Mediation
	TZXND	INT	Individueller Gewinn	-0,1654	0,4718	nein	ja (p<0,01)	(+)	(+)	(+)	Nur direkter Effekt, keine Mediation
	TZ	ATT	Effizienz	-0,0053	0,0014	nein	nein	(-)	(-)	(+)	Kein direkter Effekt, keine Mediation
	ND	ATT	Effizienz	-0,0018	0,0019	nein	nein	(-)	(-)	(-)	Kein direkter Effekt, keine Mediation
	TZXND	ATT	Effizienz	-0,0018	0,0008	nein	nein	(+)	(-)	(+)	Kein direkter Effekt, keine Mediation
	TZ	INT	Effizienz	-0,0122	0,0007	nein	nein	(+)	(+)	(+)	Kein direkter Effekt, keine Mediation
	ND	INT	Effizienz	-0,0013	0,0080	nein	nein	(+)	(+)	(-)	Kein direkter Effekt, keine Mediation
	TZXND	INT	Effizienz	-0,0032	0,0015	nein	nein	(-)	(+)	(+)	Kein direkter Effekt, keine Mediation

Anmerkung: Der direkte Effekt Teamzusammenstellung auf individuellen Gewinn ist zwar hochsignifikant, jedoch entgegengesetzt der postulierten Hypothesenrichtung; TZ=Teamzusammenstellung, ND=Nationale Dominanz; ZIT=Zusammenhalt im Team; GEV=Gleichberechtigtes Entscheidungsverhalten; ATT=Attakierendes Verhandlungsverhalten; INT=Integrierendes Verhandlungsverhalten. Mediation wäre dann vorhanden, wenn das Intervall den Wert 0 nicht beinhalten würde.

Literaturverzeichnis

Adair, W. L. (2003). Integrative sequences and negotiation outcome in same- and mixed-culture negotiations. *Journal of Conflict Mana gement, 14*(3), 273- 296.

Adair, W. L., & Brett, J. M. (2004). Culture and negotiation processes. In M. J. Gelfand, & J. M. Brett (Hrsg.), *The Handbook of Negotiation and Culture* (S. 158-176). Stanford: Stanford University Press.

Adair, W. L., & Brett, J. M. (2005). The negotiation dance: Time, culture, and behavioral sequences in negotiation. *Organization Science, 16*(1), 33-51.

Adair, W. L., Okumura, T., & Brett, J. M. (2001). Negotiation behavior when cultures collide: The United States and Japan. *Journal of Applied Psychology, 86*(3), 371-385.

Adair, W. L., Taylor, M. S., & Tinsley, C. H. (2009). Starting out on the right foot: Negotiation schemas when cultures collide. *Negotiation and Conflict Management Research, 2*(2), 138-163.

Adair, W. L., Tinsley, C. H., & Taylor, M. S. (2006). Managing the cultural interface: Third cultures, antecedents, and consequences. In E. A. Mannix, M. Neale, & Y. Chen (Hrsg.), *Group processes in multicultural settings* (S.205- 232). Oxford: Elsevier.

Adair, W. A., Brett, J. M., Lempereur, A., Okumura, T., Shikhirev, P., Tinsley, C., & Lytle, A. (2004). Culture and negotiation strategy. *Negotiation Journal, 20*(1), 87-112.

Adair, W. L., Weingart, L., & Brett, J. (2007). The timing and function of offers in U.S. and Japanese negotiations. *Journal of Applied Psychology, 92*(4), 1.056-1.068.

Adler, N. J. (1997). *International dimensions of organizational behavior* (3. Aufl.). Cincinatti: South-Western College Publishing.

Adler, N. J. (2002). *International dimensions of organizational behavior* (42. Aufl.). Cincinnati: South-Western College Publishing.

Adler, N. J., & Graham, J. L. (1989). Cross-cultural interaction: The international comparison fallacy. *Journal of International Business Studies, 20*(3), 515- 537.

Adler, N. J., Brahm, R., & Graham, J. L. (1992). Strategy implementation: A comparison of face-to-face negotiations in the People's Republic of China and the United States. *Strategic Management Journal, 13*(6), 449-466.

Adler, N. J., Graham, J. L., & Gehrke, T. (1987a). Business negotiations in Canada, Mexico and the United States. *Journal of Business Research, 15*, 411-429.

Adler, N.J., Schwartz, T., & Graham, J.L. (1987b). Business negotiations in the United States, Mexico, and Canada. *Journal of Business Research, 15*(4), 1-19.

Agndal, H. (2007). *Current trends in business negotiation research: An overview of articles published 1996-2005.* SSE/EFI Working Paper Series in Business Administration, Nr. 2007:003, Stockholm School of Economics, Stockholm.

Ahearne, M., Mackenzie, S. B., Podsakoff, P. M., Mathieu, J. E., & Lam, S. K. (2010). The role of consensus in sales team performance. *Journal of Marketing Research, 47*(3), 458-469.

Albers, S. (2009). PLS and success factor studies in marketing. In V.V. Esposito, W. W. Chin, J. Henseler, & H. Wang (Hrsg.), *Handbook of partial least squares: Concepts, methods, and applications* (S. 409-425). Berlin: Springer.

Alderfer, C. P. (1987). An intergroup perspective on group dynamics. In J. W. Lorsch (Hrsg.), *Handbook of Organizational Behavior* (S.190-222). Upper Saddle River: Prentice Hall.

Alexander, J. F., Schul, P. L., & Babakus, E. (1991). Analyzing interpersonal communications in industrial marketing negotiations. *Journal of the Academy of Marketing Science, 19*(2), 129-139.

Allerheiligen, R., Graham, J.L., & Lin, C.-Y. (1985). Honesty in interorganizational negotiations in the United States, Japan, Brazil and the Republic of China. *Journal of Macromarketing, 5*, 4-16.

Ancona, D. G., & Caldwell, D. F. (1992). Bridging the boundary: External activity and performance in organizational teams. *Administrative Science Quarterly, 37*(4), 634-665.

Anderson, E., & Gerbing, D. W. (1984). The effect of sampling error on convergence, improper solutions, and goodness-of-fit indices for maximum likelihood confirmatory factor analysis. *Psychometrika, 49*(2), 155-173.

Angelmar, R., & Stern, L. W. (1978). Development of a content analytic system for analysis of bargaining communication in marketing. *Journal of Marketing Research, 15*(1), 93-102.

Anzenbacher, A. (2002). *Einführung in die Philosophie.* Freiburg: Herder.

Argote, L., & McGrath, J. E. (1993). Group processes in organizations: Continuity and change. In C. L. Cooper, & I. T. Robertson (Hrsg.) *International Review of Industrial and Organizational Psychology* (S. 333-389). New York: John Wiley & Sons.

Armstrong, J., & Overton, T. (1977). Estimating nonresponse bias in mail surveys. *Journal of Marketing Research, 14*(3), 396-402.

Arnett, D.B., Macy, B.A., & Wilcox, J.B. (2005). The role of core selling teams in supplier-buyer-relationships. *Journal of Personal Selling & Sales Management, 25*(1), 27-42.

Arnold, J. A., & O'Connor, K. M. (1999). Ombudspersons or peers? The effect of third-party expertise and recommendations on negotiation. *Journal of Applied Psychology, 84*(5), 776-785.

Arrow, H., McGrath, J., & Berdahl, J. (2000). *Small groups as complex systems: Formation, coordination, development, and adaptation.* Thousand Oaks: Sage.

Ashkanasy, N., Gupta, V., Mayfield, M., & Trevor-Roberts, E. (2004). Future orientation. In R.J. House, P.J. Hanges, M. Javidan, P.W. Dorfman, & V. Gupta (Hrsg.), *Culture, leadership, and organizations – The GLOBE study of 62 societies* (S. 282-342). Thousand Oaks: Sage.

Ayoko, O. B., Hartel, C. E. J., & Cullen, V. J. (2002). Resolving the puzzle of productive and destructive conflict in culturally heterogeneous work groups: A communication accommodation theory approach. *International Journal of Conflict Management, 13*(2), 165-187.

Babakus, E., Ferguson, C.E., & Jöreskog, K.G. (1987). The sensitivity of confirmatory maximum likelihood factor analysis to violations of measurement scale and distributional assumptions. *Journal of Marketing Research, 37*, 72-141.

Backhaus, K., & Günter, B. (1976). A phase-differentiated interaction approach to industrial marketing decisions. *Industrial Marketing Management, 5*(5), 255-270.

Backhaus, K., & Voeth, M. (2007). *Industriegütermarketing* (8. Aufl.). München: Vahlen.

Backhaus, K., Erichson, B., & Plinke, W. (2006). *Multivariate Analysemethoden: Eine anwendungsorientierte Einführung.* Berlin: Springer.

Backhaus, K., Herbst, U., Voeth, M., & Wilken, R. (2010). *Allgemeine Betriebswirtschaftslehre: Koordination betrieblicher Entscheidungen: Die Fallstudie Peter Pollmann http://peter-pollmann.de* (4., vollst. überarb. Aufl.). Berlin: Springer.

Backhaus, K., Van Doorn, J., Wilken, R. (2008). The impact of teamcomposition on the course and outcome of intergroup price negotiations. *Journal of Business to Business Marketing, 15*(4), 365-396.

Baba, M. L., Gluesing, J., Ratner, H., & Wagner, K. H. (2004). The contexts of knowing: Natural history of a globally distributed team. *Journal of Organizational Behavior, 25*(5), 547-587.

Bakeman, R., & Gottman, J. M. (1986). *Observing interaction: An introduction to sequential analysis.* New York: Cambridge University Press.

Balakrishnan, P. V., & Patton, C. (2006). *Negotiation agenda strategies for bargaining with buying teams.* Working Paper, Nr. ISBM Report 11-2006, Institute for the Study of Business Markets, Penn State University, Altoona.

Baron, R. M., & Kenny, D. A. (1986). The moderator-mediator variable distinction in social psychological research: Conceptual, strategic and statistical considerations. *Journal of Personality and Social Psychology, 51*, 1.173-1.182.

Bauer, D. J., Preacher, K. J., & Gil, K. M. (2006). Conceptualizing and testing random indirect effects and moderated mediation in multilevel models: New procedures and recommendations. *Psychological Methods, 11*, 142-163.

Bazerman, M. H., & Neale, M. A. (1992). *Negotiating rationally.* New York: The Free Press.

Bazerman, M.H., Magliozzi, T., & Neale, M.A. (1985). Integrative Bargaining in a Competitive Market. *Organization Behavior and Human Performance, 34*, 294-313.

Bazerman, M.H., Curhan, J.R., Moore, D.A., & Valley, K.L. (2000). Negotiation. *Annual Review of Psychology, 51*, 279-314.

Beersma, B., & De Dreu, C. K. W. (1999). Negotiation processes and outcomes in pro-socially and egoistically motivated groups. *International Journal of Conflict Management, 10*(4), 385-402.

Behfar, K., Friedman, R., & Brett, J. (2008). *The team negotiation challenge: defining and managing the internal challenges of negotiating teams.* Paper presented at the 21st Annual Conference of the International Association of Conflict Management (IACM), Chicago.

Ben-Yoav, O., & Pruitt, D. (1984a). Accountability to constituents: A two-edged sword. *Organizational Behavior and Human Performance, 34*(3), 283-295.

Ben-Yoav, O., & Pruitt, D. (1984b). Resistance to yielding and the expectation of cooperative future interaction in negotiation. *Journal of Experimental Social Psychology, 20(4)*, 323-335.

Benet-Martinez, V., Leu, J., Lee, F., & Morris, M. (2002). Negotiating biculturalism: Cultural frame-switching in biculturals with 'oppositional' vs. 'compatible' cultural identities. *Journal of Cross-Cultural Psychology, 33*, 492-516.

Benoliel, M. (2007). *Negotiating as a team. Today's Manager.* URL: http://findarticles.com/p/articles/mi_m1NDC/is_2007_August-Sept/ai_n25010259/?tag=content;col1 (retrieved at: 19.11.2010).

Berelson, B. (1952). *Content analysis in communication research.* New York: Free Press.

Berninghaus, S. K., Ehrhart, K.-M., & Güth, W. (2010). *Strategische Spiele: Eine Einführung in die Spieltheorie* (3. Aufl.). Berlin: Springer.

Berry, J.W. (1997). Immigration, acculturation and adaptation. *Applied Psychology: An International Review, 46*, 5-68.

Berry, J.W., Poortinga, Y.H., Segall, M.H., & Dasen, P.R. (2002). *Cross-Cultural Psychology: Research and Application*(2. Aufl.). New York: Cambridge University Press.

Berscheid, E., & Walster, E. (1969). *Interpersonal attraction*. Reading: Addison-Wesley.

Besemer, C. (2002). *Mediation – Vermittlung in Konflikten* (9. Aufl.). Königsfeld: Stiftung Gewaltfreies Leben.

Bhagat, R.S., Kedia, B.L., Harveston, P., & Triandis, H.C. (2002). Cultural variations in the cross-border transfer of organizational knowledge: An integrative framework. *Academy of Management Review, 27*(2), 204-221.

Bielefeldt, H. (2007). *Menschenrechte in der Einwanderungsgesellschaft: Plädoyer für einen aufgeklärten Multikulturalismus*. Bielefeld: Transcript.

Billig, M., & Tajfel, H. (1973). Social categorization and similarity in intergroup behavior. *European Journal of Social Psychology, 3(1)*, 27-52.

Blair, E., & Zinkhan, G. (2006). Nonresponse and generalizability in academic research. *Journal of the Academy of Marketing Science, 34*(1), 4-7.

Bond, M. H., & Smith, P. B. (1996). Cross-cultural social and organizational psychology. *Annual Review of Psychology, 47*, 205-235.

Bornstein, G. (2003). Intergroup conflict: Individual, group and collective interests. *Personality and Social Psychology Review, 7*(2),129-145.

Boros, S., Meslec, N., Curseu, P., & Emons, W. (2010). Struggles for cooperation: Conflict resolution strategies in multicultural groups. *Journal of Managerial Psychology, 25*(5), 539-554.

Bortz, J., & Schuster, C. (2010). *Statistik für Human- und Sozialwissenschaftler: Mit 163 Tabellen* (7., vollst. überarb. und erw. Aufl.). Berlin: Springer.

Bortz, J., & Döring, N. (2009). *Forschungsmethoden und Evaluation: Für Human- und Sozialwissenschaftler* (4., überarb. Aufl.). Heidelberg: Springer.

Boulding, W., Kalra, A., Staelin, R., & Zeithaml, V. (1993). A dynamic process model of service quality: From expectations to behavioral intentions. *Journal of Marketing Research, 30*(1), 7-27.

Boyacigiller, N. A. (2004). Conceptualizing culture: Elucidating the streams of research in international cross-cultural management. In B. J. Punnett, & O. Shenkar (Hrsg.), *Handbook for international management* (S. 99-167). Cambridge: Blackwell.

Branje, S. J. T., van Lieshout, C. F. M., & van Aken, M. A. G. (2004). Relations between big five personality characteristics and perceived support in adolescents' families. *Journal of Personality and Social Psychology, 86*(4), 615-628.

Brannen, M. Y., & Salk, J. E. (2000). Partnering across borders: Negotiating organizational culture in a German-Japanese joint venture. *Human Relations, 53*(4), 451-488.

Brett, J. F., Pinkley, R. L., & Jackofsky, E. (1996). Alternatives to having a BATNA in dyadic negotiations: The influence of goals, self efficacy and alternatives on negotiated outcomes. *International Journal of Conflict Management, 7*(2), 121-138.

Brett, J. M. (2000). Culture and negotiation. *International Journal of Psychology, 35*(2), 97-104.

Brett, J. M. (2001). *Negotiating globally. How to negotiate deals, resolve disputes and make decisions across cultural boundaries.* San Francisco: Jossey-Bass.

Brett, J. M. (2007). *Negotiating globally: How to negotiate deals, resolve disputes, and make decisions across cultural boundaries* (2. Aufl.). San Francisco: Jossey-Bass.

Brett, J. M., & Gelfand, M. (2005). A cultural analysis of the underlying assumptions of negotiation theory. *Frontiers of social psychology: Negotiations*, 173-202.

Brett, J. M., & Okumura, T. (1998). Inter- and Intracultural Negotiation: U.S. and Japanese Negotiatiors. *Academy of Management Journal, 41*(5), 495-510.

Brett, J., Friedman, R., & Behfar, K. (2009). How to manage your negotiating team: The biggest challenge may lie on your side of the table. *Harvard Business Review.* September, 105-109.

Brett, J. M., Tinsley, C. T., Janssens, M., & Lytle, A. L. (1997). New Approaches to the study of culture in I/O psychology. In P. C. Earley, & M. Erez, *New Perspectives on International/Organizational Psychology* (S. 75-129). San Francisco: Jossey Bass.

Brett, J. M., Adair, W. L., Lempereur, A., Okumura, T., Shikhirev, P., Tinsley, C., & Lytle, A. (1998). Culture and joint gains in negotiation. *Negotiation Journal, 14*(5), 61-86.

Brewer, M. B., & Hewstone, M. (2004). *Self and social identity.* Oxford: Blackwell.

Brief, A. P. (Hrsg.) (2008). *Diversity at work* (1. Aufl.). Cambridge: Cambridge University Press.

Brock, D. M., Barry, D., & Thomas, D. C. (2000). "Your forward is our reverse, your right our wrong": Rethinking multinational planning processes in light of national culture. *International Business Review, 9*(6), 687-701.

Brodt, S., & Thompson, L. L. (2001). Negotiating teams: A levels of analysis approach. *Group Dynamics, 5*(3), 208-219.

Brodt, S., & Tuchinsky, M. (2000). Working together but in opposition: An examination of the "good cop/bad cop" negotiating team tactic. *Organizational Behavior and Human Decision Processes, 81,* 155-177.

Brosius, F. (2008). *SPSS 16: Fundierte Einführung in SPSS und die Statistik.* (1. Aufl.). Heidelberg: mitp.

Brouthers, K. D., & Bamossy, G. J. (1997). The role of key stakeholders in international joint venture negotiations: Case studies from Eastern Europe. *Journal of International Business Studies, 26*(2), 285-308.

Bryant, S. M., Hunton, J. E., & Stone, D. N. (2004). Internet-based experiments: prospects and possibilities for behavioural accounting research. *Behavioural Research in Accounting, 16*(1), 107-129.

Bryne, D. (1971). *The attraction paradigm.* New York: Academic Press.

Buchan, N.R., Croson, R.T., & Dawes, R.M. (2002). Swift neighbors and persistent strangers: A cross-cultural investigation of trust and reciprocity in social exchange. *American Journal of Sociology, 108*(1), 168-206.

Bühner, M. (2010). *Einführung in die Test- und Fragebogenkonstruktion* (2., akt. und erw. Aufl.). *Methoden/Diagnostik.* München: Pearson Studium.

Büschges, G. (1996). *Grundzüge der Soziologie* (2. Aufl.). München: Oldenbourg.

Bushe, G. R. (2001). Meaning making in teams: Appreciative inquiry with preidentity and postidentity groups. In R. Fry, F. Barrett, J. Seiling, & D. Whitney (Hrsg.), *Appreciative inquiry and organizational transformation: Reports from the field* (S. 39-63). Westport: Quorum.

Bushe, G., & Coetzer, G. (2007). Development and teameffectiveness. *Journal of Applied Behavioral Science, 43*(2), 184-212.

Cai, D.A., & Donohue, W. A. (1997). Determinants of facework in intercultural negotiation. *Asian Journal of Communication, 7, 85-110.*

Cai, D. A., Wilson, R., & Drake, E. (2000). Culture in the context of intercultural negotiation. *Human Communication Research, 26*(4), 591-617.

Cairncross, F. (2001). *The Death of Distance.* Boston: Harvard Business School Press.

Campbell, N. C. G., Graham, J. L., Jolibert, A., & Meissner, H. G. (1988). Marketing negotiations in France, Germany, the United Kingdom, and the United States. *Journal of Marketing, 52*(2), 49-62.

Carl, D., Gupta, V., & Javidan, M. (2004). Power distance. In R.J. House, P.J. Hanges, M. Javidan, P.W. Dorfman, & V. Gupta (Hrsg.), *Culture, leadership, and organizations – The GLOBE study of 62 societies* (S. 345-355). Thousand Oaks: Sage.

Carnevale, P.J., & Pruitt, D.G. (1992). Negotiation and mediation. *Annual Review of Psychology, 43*, 531-582.

Castelli, L., De Amicis, L., & Sherman, S. J. (2007). The loyal member effect: On the preference for ingroup members who engage in exclusive relations with the ingroup. *Developmental Psychology, 43*(6), 1.347-1.359.

Cattell, R. B. (1978). *Die empirische Erforschung der Persönlichkeit* (2., überarb. Aufl.). Weinheim: Beltz.

Cellich, C. C. (2004). *Global business negotiations: A practical guide.* Mason: Thomson/South-Western.

Ceparano, D. (1995). Team buying impacts purchasing decisions. *Beverage Industry, 86* (June), Artikel 24.

Chaisrakeo, S. & Speece, M. (2004). Culture, intercultural communication competence, and sales negotiation: A qualitative research approach. *Journal of Business & Industrial Marketing, 19*(4), 267-282.

Chan, H., & Levitt, R. (2009). *Strategic and cultural drivers of renegotiation approaches in infrastructure concession agreements.* Paper presented at the

Specialty Conference for Leadership and Management in Construction, South Lake Tahoe.

Chang, A., Bordia, P., & Duck, J. (2003). Punctuated equilibrium and linear development: Toward a new understanding of group development. *Academy of Management Journal, 46*(1), 106-117.

Chao, G.T., & Moon, H. (2005). The cultural mosaic: A metatheory for understanding the complexity of culture. *Journal of Applied Psychology, 90,* 1.128-1.140.

Chatman, J., & Flynn, F. J. (2001). The influence of demographic heterogeneity on the emergence and consequences of cooperative norms in work teams. *Academy of Management Journal, 44*(5), 956-974.

Chen, X.-P., & Li, S. (2005). Cross-national differences in cooperative decision-making in mixed-motive business contexts: The mediating effect of vertical and horizontal individualism. *Journal of International Business Studies, 36*(6), 622-636.

Chhokar, J. S., Brodbeck, F. C., & House, R. J. (Hrsg.) (2006). *Culture and leadership across the world: The Globe book of in-depth studies of 25 societies.* Mahwah: Lawrence Earlbaum.

Chin, W. (1998). The Partial Least Squares Approach to Structural Equation Modeling. In G. Marcoulides (Hrsg.), *Modern Business Research Methods* (S. 295-336). New Jersey: Lawrence Erlbaum.

Chin, W. (2000). *Frequently asked questions – Partial Least Squares & PLS graph.* Working paper, available at URL: http://disc-nt.cba.uh.edu/chin/plsfaq/multigroup.htm (received at: 01.07.2010).

Chin, W. W., Marcolin, B. L., & Newsted, P. N. (2003). A partial least squares latent variable modeling approach for measuring interaction effects: Results from a Monte Carlo simulation study and an electronic-mail emotion/adoption study. *Information Systems Research, 14*(2), 189-217.

Christie, P. M. J., Kwon, I. W. G., Stroeberl, P. A., & Baumhart, R. (2003). A cross-cultural comparison of ethical attitudes of business managers: India, Korea and the United States. *Journal of Business Ethics, 46*(3), 263-287.

Churchill, G.A. (1979). A paradigm for developing better measures of marketing constructs. *Journal of Marketing,* 16(February), 64-73.

Clyman, D. (1995). Measures of joint performance in dyadic mixed-motive negotiations. *Organizational Behavior and Human Decision Processes, 64*(1), 38-48.

Clyman, D., & Tripp, T. (2000). Discrepant values and measures of negotiator performance. *Group Decision and Negotiation, 9*(4), 251-274.

Cohen, S. G., & Bailey, D.E. (1997). What makes team work: Group effectiveness research from the shop floor to the executive site. *Journal of Management, 23*(3), 239-290.

Cohen, J. (1988). *Statistical power analysis for the behavioral sciences* (2. Aufl.). Hillsdale: Lawrence Erlbaum Associates.

Cohen, J., Cohen, P., West, S. G., & Aiken, L. S. (2003). *Applied multiple regression/correlation analysis for the behavioral sciences* (3. Aufl.). Mahwah: Erlbaum.

Cohen, R. (1997). *Negotiating across cultures*. Washington: United States Institute of Peace.

Cohen, W. A. (2003). The Importance of expectations on negotiation results. *European Business Review*, 87-93.

Comer, L.B., & Nicholls, J.A.F. (2000). Communication between Hispanic salespeople and their customers: A first look. *Journal of Personal Selling & Sales Management, 20*(3), 121-127.

Condon, J. C., & Yousef, F. (1985). An introduction to intercultural communication. New York: Macmillan.

Coser, L. (1956). *The functions of social conflict*. New York: The Free Press.

Cox, T. (1991). The multicultural organization. *Academy of Management Executive, 5*(2), 34-47.

Cox, T., Lobel, S. A., & McLeod, P. (1991). Effects of cultural differences on cooperative and competitive behavior on a group task. *Academy of Management Journal, 34*(4), 827-847.

Cox, T., & Blake, S. (1991). Managing cultural diversity: implications for organizational competitiveness. *Academy of Management Executive, 5*(3), 45-56.

Cronbach, L., & Meehl, P. (1956). Construct validity and psychological tests. In H. Feigl, & M. Scriven (Hrsg.), *The foundations of science and the concepts of psychology and psychoanalysis* (S. 174-204). Minnesota: University of Minnesota Press.

Crump, L. (2005). For the sake of the team: Unity and disunity in a multiparty major league baseball negotiation. *Negotiation Journal, 21*(3), 317-342.

Crump, L. (2007). Multiparty negotiation: What is it? *ADR Bulletin, 8*(7), Article 1.

Crump, L., & Glendon, A.I. (2003). Towards a paradigm of multiparty negotiation. *International Negotiation, 8*(2), 197-234.

Cullen, J. B. (2007). *Multinational management.* (4. Aufl.). Mason: Thomson/South-Western.

Cummings, B. (2007). Group dynamics. *Sales & Marketing Management, 159*(1), 8.

Cunningham, W. A., Nezlek, J. B., & Banaji, M. R. (2004). Implicit and explicit ethnocentrism: Revisiting the ideologies of prejudice. *Personality & Social Psychology Bulletin, 30,* 1.332-1.346.

Curseu, P. L. (2006). Emergent states in virtual teams. A complex adaptive systems perspective. *Journal of Information Technology, 21*(4), 249-261.

Curseu, P.L., Schalk, R., & Wessel, I. (2008). How do virtual teams process information? A literature review and implications for management. *Journal of Managerial Psychology, 23*(6), 628-652.

Daft, R. L., Lengel, R. H., & Trevino, L. (1987). Message equivocality,media selection, and manager performance: Implications for information systems. *MIS Quarterly, 19,* 319-340.

Daniel, D.M., Hoxmeier, J., White, A. & Smart, A. (2004). A framework for the sustainability of e-marketplaces. *Business Process Management Journal, 10*(3), 277-289.

Decker, R., & Wagner, R. (2008). Fehlende Werte: Ursachen, Konsequenzen und Behandlung. In C. Homburg, Pflesser, C., & Klarmann, M. (Hrsg.), *Handbuch Marktforschung: Methoden, Anwendungen, Praxisbeispiele* (S. 53-80). Wiesbaden: Gabler.

DeDreu, C. K. W. (2003). Time pressure and closing of the mind in negotiation. *Organizational Behavior and Human Decision Processes, 91*(2), 280-295.

DeDreu, C. K. W. (2004). Motivation in negotiation: A social psychological analysis. In M. J. Gelfand, & J. M. Brett (Hrsg.), *The handbook of negotiation and culture* (S. 114-135). Stanford: Stanford University Press.

DeDreu, C. K.W., & Carnevale, P. J. (2005). Disparate methods and common findings in the study of negotiation. *International Negotiation, 10*(1), 193-204.

DeDreu, C. K. W., & Boles, T. (1998). Share and share alike or winner take all? Impact of social value orientation on the choice and recall of decision heuristics in negotiation. *Organizational Behavior and Human Decision Processes, 76*(3), 253-267.

DeDreu, C. K. W., & McCusker, C. (1997). Gain-loss frames and cooperation in two-person social dilemmas. *Journal of Personality and Social Psychology, 72*(5), 1.093-1.106.

DeDreu, C. K. W., & Van Lange, P. A. M. (1995). The impact of social value orientations on negotiator cognition and behavior. *Personality and Social Psychology Bulletin, 21*(11), 1178-1188.

DeDreu, C. K. W., Giebels, E., & Van de Vliert, E. (1998). Social motives and trust in integrative negotiation: Disruptive effects of punitive capability. *Journal of Applied Psychology, 83*(3), 408-422.

DeDreu, C. K. W., Weingart, L. R., & Kwon, S. (2000). Influence of social motive on integrative negotiations: A meta-analytic review and test of two theories. *Journal of Personality and Social Psychology, 78*(5), 889-905.

DeDreu, C. K. W., Beersma, B., Stroebe, K., & Euwema, M. (2006). Motivated information processing, strategic choice, and the quality of negotiated agreement. *Journal of Personality and Social Psychology, 90*(6), 927-943.

DeMente, B. (1988). *Korean etiquette & ethics in business*. Lincolnwood: Business Books.

Den Hartog, D.N. (2004). Assertiveness. In R.J. House, P.J. Hanges, M. Javidan, P.W. Dorfman, & V. Gupta (Hrsg.), *Culture, leadership, and organizations – The GLOBE study of 62 societies* (S. 219-256). Thousand Oaks: Sage.

Deutsch, M. (1949). A theory of cooperation and competition. *Human Relations, 2*(2), 129-151.

Deutsch, M. (1973). *The resolution of conflict: Constructive and destructive processes*. New Haven: Yale University Press.

Deutsch, M. (2000). Cooperation and competition. In M. Deutsch, & P. T. Coleman (Hrsg.), *The Handbook of Conflict Resolution* (S. 21-40). San Francisco: Jossey-Bass.

Deutsch, M., Coleman, P. T., & Marcus, E. C. (2006). *The handbook of conflict resolution: Theory and practice* (2. Aufl.). San Francisco: Jossey-Bass.

Deutskens, E., De Ruyter, K., & Wetzels, M. (2005). *An assessment of measurement invariance between online and mail surveys*. Working paper in Research Memoranda (METEOR), Maastricht Research School of Economics of Technology and Organization.

Diamantopoulos, A., & Schlegelmilch, B. B. (1997). *Taking the fear out of data analysis: A step-by-step approach*. London: Dryden Press.

Diamantopoulos, A., & Winklhofer, H. (2001). Index construction with formative indicators: An alternative to scale development. *Journal of Marketing Research, 38*(2), 269-277.

Dickinger, A. (2010). The trustworthiness of online channels for experience- and goal-directed search tasks. *Journal of Travel Research*, 16, 1-14.

Dietz, J., & Petersen, L.-E. (2005). Diversity management. In I. Björkmann, & G. Stahl (Hrsg.), *Handbook of research in international human resource management* (S. 223-243). Camberly: Edward Elgar Publishing.

Dill, P., & Hügler, G. (1987). Unternehmenskultur und Führung betriebswirtschaftlicher Organisationen. Ansatzpunkte für ein kulturbewusstes Management. In E. Heinen (Hrsg.), *Unternehmenskultur. Perspektiven für Wissenschaft und Praxis* (S.141-209). München: Oldenbourg.

Dillman, D. A. (2000). *Mail and internet surveys: The tailored design method* (2. Aufl.). New York: Wiley.

Donohue, W. A. (1981). Analyzing negotiation tactics: Development of a negotiation interact system. *Human Communication Research, 7*(3), 273-287.

Doty, D. H., & Glick, W. H. (1998). Common methods bias: Does common methods variance really bias results? *Organizational Research Methods, 1*(4), 374-406.

Douglas, A. (1962). *Industrial peacemaking.* New York: Columbia University Press.

Drake, L.E. (1995). Negotiation styles in Intercultural Communication. *International Journal of Conflict Management, 6*(1), 72-90.

Drake, L. E. (2001). The culture negotiation link. *Human Communication Research, 27*(3), 317-349.

Drake, L. D., & Donohue, W. A. (1996). Communicative framing theory in conflict resolution. *Communication Research, 23*(3), 297-322.

Drucker, P.F. (1995). *Managing in a time of great change.* New York: Truman Talley Books/Dutton.

Dubinsky, A. J. (2006). Introduction to the special issue on selling and sales management. *Psychology and Marketing, 23*, 75-76.

DuBois, D. L., & Karcher, M. J. (2005). *Handbook of youth mentoring.* Thousand Oaks: Sage.

Dülfer, E. (2001). *Internationales Management in unterschiedlichen Kulturbereichen* (6., erg. Aufl.). München: Oldenbourg.

Dülfer, E., & Jöstingmeier, B. (2008). *Internationales Management in unterschiedlichen Kulturbereichen* (7., vollst. überarb. Aufl.). München: Oldenbourg.

Earley, C.P. (2006). Leading cultural research in the future: A matter of paradigms and taste. *Journal of International Business Studies, 37*(6), 922-931.

Earley, P.C., & Gardner, H.K. (2005). Internal dynamics and cultural intelligence in multinational teams. In D. Shapiro, M.A. von Glinow, & J.L.C. Cheng (Hrsg.), *Managing Multinational Teams: Global Perspectives* (S. 1-31). Bingley: Emerald Group Publishing.

Earley, P.C., & Gibson, C.B. (1998). Taking stock in our progress on individualism-collectivism: 100 years of solidarity and community. *Journal of Management, 24*(3), 265-304.

Earley, P.C. & Gibson, C.B (2002). *Multinational work teams: A new Perspective.* Mahwah Lauwrence Erlbaum Associates.

Earley, P. C., & Mosakowski, E. (2000). Creating hybrid team cultures: an empirical test of transnational team functioning. *The Academy of Management Journal*, *43*(1), 26-49.

Ebrahim, A., Ahmed, N., & Taha, Z. (2009). *Virtual teams and management challenges*. Paper presented at the 1st Executive MBA Conference, May, Tehran, Iran.

Echambi, R., & Hess, J. (2007). Mean-centering does not alleviate collinearity problems in moderated multiple regression modells. *Marketing Science*, *26*(3), 438-445.

Efron, B., & Tibshirani R. (1986). Bootstrap methods for standard errors, confidence intervals, and other measures of statistical accuracy. *Statistical Science, 1*(1), 54-77.

Eggert, A., Fassott, G., & Helm, S. (2005). Identifizierung und Quantifizierung mediierender und moderierender Effekte in komplexen Kausalstrukturen. In F. Bliemel, A. Eggert, G. Fassott, & J. Henseler (Hrsg.), *Handbuch PLS-Pfadmodellierung – Methode, Anwendung, Praxisbeispiele* (S. 101-116). Stuttgart: Schäffer-Poeschel.

Eisenhardt, K. (1989). Agency theory: An assessment and review. *Academy of Management Review*, *14*(1), 57-74.

Ellis, M., Aguirre-Urreta, M., Sun, W., & Marakas, G. (2008). *Establishing the need for measurement invariance in information systems research: A step-by-step example using technology acceptance research*. Paper presented at the 39th Decision Sciences Annual Meeting, November, Baltimore.

Elias, N., Thomas, K., & Quilley, S. (2007). *The collected works of Norbert Elias*. Dublin: University College Dublin Press.

Elwert, G. (1989). Nationalismus und Ethnizität. Über die Bildung von Wir-Gruppen. *Kölner Zeitschrift für Soziologie und Sozialpsychologie, 41*(3), 440.464.

Ely, R.J., & Roberts, L.M. (2008). Shifting frames in team-diversity research: From difference to relationship. In A.P. Brief (Hrsg.), *Diversity at work* (1. Aufl., S.175-202). Cambridge: Cambridge University Press.

Ely, R. J., & Thomas, D. A. (2001). Cultural diversity at work – The effects of diversity perspectives on work group processes and outcomes. *Administrative Science Quarterly, 6*(2), 229-273.

Emrich, C.G., Denmark, F.L., & Den Hartog, D.N. (2004). Cross-cultural differences in Gender Egalitarism. In R.J. House, P.J. Hanges, M. Javidan, P.W. Dorfman, & V. Gupta (Hrsg.), *Culture, leadership, and organizations – The GLOBE study of 62 societies* (S. 343-394). Thousand Oaks: Sage.

Engelhardt, W.H., & Günter, B. (1981). *Investitionsgütermarketing*. Stuttgart: Schäffer-Poeschel.

Erez, M., & Earley, P. C. (1987). Comparative analysis of goal setting strategies across cultures. *Journal of Applied Psychology, 72*(4), 658-665.

Erez, M., & Gati, E. (2004). A dynamic, multi-level model of culture: From the micro level of the individual to the macro level of a global culture. *Applied Psychology: An International Review, 53*(4): 583-598.

Evans, C. R., & Dion, K. L. (1991). Group cohesion and performance. *Small Group Research, 22*(2), 175-186.

Fang, T., Fridh, C., & Schultzberg, S. (2004). Why Did the Telia-Telenor Merger Fail? *International Business Review, 13*, 573-594.

Fassott, G. (2006). Operationalisierung latenter Variablen in Strukturgleichungsmodellen: Eine Standortbestimmung. *Zeitschrift für betriebswirtschaftliche Forschung, 58*(2), 67-88.

Fassott, G., & Eggert, A. (2005). Zur Verwendung formativer und reflektiver Indikatoren in Strukturgleichungsmodellen: Bestandsaufnahme und Anwendungsempfehlungen. In F. Bliemel, A. Eggert, G. Fassott, & J. Henseler (Hrsg.), *Handbuch PLS-Pfadmodellierung: Methoden, Anwendung, Praxisbeispiele* (S. 31-47). Stuttgart: Schäffer-Poeschel.

Fatima, S.S., Wooldridge, M., & Jennings, N.R. (2004). An agenda-based framework for multi-issue negotiation. *Artificial Intelligence Journal, 152*(1), 1-45.

Fatima, S.S., Wooldridge, M., & Jennings, N.R (2006). Multi-issue negotiation with deadlines. *Journal of Artificial Intelligence Research, 27*, 381-417.

Faure, G.O. (1999). The cultural dimension of negotiation: the Chinese case. *Group Decision and Negotiation, 8*(3):187-215.

Faure, G. O., & Rubin, J. Z. (1993). Lessons for theory and research. In G. O. Faure, & J. Z. Rubin (Hrsg.), *Culture and Negotiation* (S. 209-231). Newbury Park: Sage.

Fieg, J.P. (1980). *Thais and North Americans*. Yarmouth: Intercultural Press.

Fisher, R., & Ury, W. (1981). *Getting to yes: Negotiating agreement without giving in*. Boston: Houghton Mifflin.

Fisher, R., Ury, W., & Patton, B. M. (2009). *Das Harvard-Konzept* (23. Aufl.). Frankfurt am Main: Campus Verlag.

Fiske, S.T., & Taylor, S.E. (1991). *Social cognition*. New York: McGraw Hill.

Fiske, S.T., Gilbert, D. T., & Lindzey, G. (2010). *Handbook of social psychology* (5. Aufl.). Hoboken: Wiley.

Flach, W. (2005). Zu Kants geschichtsphilosophischem „Chiliasmus". In K.-H. Lembeck, K. Mertens, & E. W. Orth (Hrsg.), *Phänomenologische Forschungen* (S. 167-174). Hamburg: Felix Meiner Verlag.

Forgas, J.P. (1998). On feeling good and getting your way: Mood effects on negotiator cognition and bargaining strategies. *Personality and Social Psychology Bulletin, 74*(3), 565-577.

Forgas, J. P., & Fiedler, K. (1996). Us and them: Mood effects on intergroup discrimination. *Journal of Personality and Social Psychology, 70*(1), 36-52.

Fornell, C. (1992). A national customer satisfaction barometer: The Swedish experience. *Journal of Marketing, 56*(1), 6-21.

Fornell, C., & Cha, J. (1994). Partial Least Squares. In R. Bagozzi, R. (Hrsg.), *Advanced Methods of Marketing Research* (S. 52-87). Cambridge: Blackwell.

Francis, D., & Young, D. (1992). *Improving work groups: A practical manual for team building*. La Jolla: University Associates.

Frank, M. (1997). Ansatzpunkte für eine Abgrenzung des Begriffs Unternehmenskultur anhand der Betrachtung verschiedener Kulturebenen und Konzepte der Organisationstheorie. In E. Heinen (Hrsg.), *Unternehmenskultur; Perspektiven für Wissenschaft und Praxis* (2. Aufl., S. 239-262). München: Oldenbourg.

Frazier, P. A., Tix, A. P., & Barron, K. E. (2004). Testing moderator and mediator effects in counseling psychology research. *Journal of Counseling Psychology, 51*(1), 115-134.

Friedman, R. A. (1994). Missing ingredients in mutual gains bargaining theory. *Negotiation Journal, 10*(3), 265-280.

Friedman, M. I., & E. Jacka (1975). The negative effect of group cohesion on intergroup negotiation. *Journal of Social Issues,* 225, 181-194.

Fröhlich, M., & Pieter, A. (2009). Cohen's Effektstärken als Mass der Bewertung von praktischer Relevanz – Implikationen für die Praxis. *Schweizerische Zeitschrift für Sportmedizin und Sporttraumatologie, 57*(4), 139-142.

Fröhlich, W. D. (2002). *Wörterbuch Psychologie* (24. Aufl.). München: Deutscher Taschenbuch-Verlag.

Fu, P.P., Kennedy, J., Tata, J., Yukl, G., Bond, M.H., Peng, T.K., Srinivas, E.S., Howell, J.P., Prieto, L., Koopman, P., Boonstra, J.J., Pasa, S., Lacassagne, M.F., Higashide, H., & Cheosakul, A. (2004). The impact of societal cultural values and individual social beliefs on the perceived effectiveness of managerial influence strategies: a meso approach. *Journal of International Business Studies, 35*(4), 284-305.

Galinsky, A., Mussweiler, T., & Medvec, V.H. (2002). Disconnecting outcomes and evaluations: The role of negotiator focus. *Journal of Personality and Social Psychology, 83*(5), 1.131-1.140.

Gannon, M.J. (1994) *Understanding global cultures: Metaphorical journeys through 17 countries.* Thousand Oaks: Sage.

Garcia-Prieto, P. Bellard, E., & Schneider, S.C. (2003). Experiencing diversity, conflict and emotions in teams. *Applied Psychology: An International Review, 52*(3), 413-440.

Gebert, D. (2004). Durch Diversity zu mehr Teaminnovativität. *Die Betriebswirtschaft,* 4, 412-430.

Geiger, I. (2007). *Industrielle Verhandlungen.* Edition Wissenschaft: Business-to-Business-Marketing. Wiesbaden: Gabler.

Gelfand, M. J., & Brett, J. M. (Hrsg.) (2004). *The handbook of negotiation and culture.* Stanford: Stanford Business Books.

Gelfand, M. J., & Christakopoulou, S. (1999). Culture and negotiator cognition: Judgement accuracy and negotiation processes in individualistic and collectivistic cultures. *Organizational Behavior and Human Decision Processes, 79*(3), 248-269.

Gelfand, M. J., & Dyer, N. (2000). A Cultural Perspective on Negotiation: Progress, Pitfalls, and Prospects. *Applied Psychology: An International Review, 49*(1), 62-99.

Gelfand, M.J., & McCusker, C. (2002). Metaphor and the cultural construction of negotiation: A paradigm for theory and research. In M.Gannon, & K. L. Newman (Hrsg.), *Handbook of Cross-Cultural Management* (S. 292-314). New York: Blackwell.

Gelfand, M.J., & Realo, A. (1999). Individualism-collectivism and accountability in intergroup negotiations. *Journal of Applied Psychology, 84*(5), 721-736.

Gelfand, M. J., Erez, M., & Aycan, Z. (2007). Cross-Cultural Organizational Behavior. *Annual Review of Psychology, 58*, 479-514.

Gelfand, M. J., Brett, J. F., Imai, L. Tsai, H.H., & Huang, D. (2005). *Team Negotiation across Cultures: When and Where Are Two Heads Better Than One?* Paper presented at the 18th Annual Conference of the International Association of Conflict Management (IACM), Seville.

Gelfand, M.J., Higgins M., Nishii, L.H., Raver, J.L., Dominguez, A., Murakami, F., Yamaguchi, S., & Toyama, M. (2002). Culture and egocentric biases of fairness in conflict and negotiation. *Journal of Applied Psychology, 87*(5), 833-845.

Gelfand, M.J., Nishii, L., Dyer, N., Holcombe, K., Ohbuchi, K., & Fukuno, M. (1998). *Cultural influences on cognitive representations of conflict.* Paper presented at the 11th Annual Conference of the International Association of Conflict Management, University of Maryland.

Gelfand, M. J., Nishii, L. H., Holcombe, K. M., Dyer, N., Ohbuchi, K.-I., & Fukuno, M. (2001). Cultural influences on cognitive representations of conflict: Interpretations of conflict episodes in the United States and Japan. *Journal of Applied Psychology, 86*(6), 1.059-1.074.

Gerhart, B. (2008). How much does national culture constrain organizational culture. *Management and Organization Review, 5*(2), 241-259.

Gersick, C. J. (1988). Time and transition in work teams: Toward a new model of group development. *Academy of Management Journal, 31*(1), 9-41.

Ghauri, P., & Fang, T. (2001). Negotiating with the Chinese: A socio-cultural analysis. *Journal of World Business, 36*(3), 303-325.

Ghauri, P. N., & Usunier, J. C. (2005). *International business negotiations* (2. Aufl.). Amsterdam: Pergamon.

Ghoshal, S., & Bartlett, C. A. (1990). The multinational coorperation as an interorganization network. *Academy of Management Review, 15*(4), 603-625.

Gibson, C.B. (1997). Do I hear what I hear? A framework for reconciling intercultural communication difficulties arising from cognitive styles and cultural values. In P.C. Earley, & M. Erez M. (Hrsg.), *New perspectives on international industrial/ organizational Psychology* (S. 335-362). San Francisco: Jossey-Bass Inc.

Gibson, C. B. (2004). Building multicultural teams: learning to manage homogeneity and heterogeneity. In N. A. Boyacigiller, R. A. Goodman, & M. E. Philips (Hrsg.), *Crossing Cultures: Insights from Master Teachers.* (S. 221-234). London: Routledge.

Gibson, C. B., & Vermeulen, F. (2003). A healthy divide: Subgroups as a stimulus for team learning. *Administrative Science Quarterly, 48*(2), 202-239.

Gibson, C. B., & Zellmer-Bruhn, M. (2001). Metaphors and Meaning: An Intercultural Analysis of the Concept of Teamwork. *Administrative Science Quaterly, 46*(2), 274-303.

Gigerenzer, G. (2008). *Bauchentscheidungen: Die Intelligenz des Unbewussten und die Macht der Intuition.* New York: C. Bertelsmann.

Gillespie, J., Brett, J., & Weingart L., (2000). *Interdependence, social motives and outcome satisfaction in multiparty negotiation. European Journal of Social Psychology, 30*(6), 779-797.

Gintis, H. (2000). *Game theory evolving.* Princeton: University Press.

Girmscheid, G. (2006). *Strategisches Bauunternehmensmanagement: Prozessorientiertes integriertes Management für Unternehmen in der Bauwirtschaft.* Berlin: Springer.

Gonzalez, R. (2009). *Data analysis for experimental design.* New York: Guilford Press.

Götz, O., & Liehr-Gobbers, K. (2004). Analyse von Strukturgleichungsmodellen mit Hilfe der Partial Least Squares (PLS)-Methode. *Die Betriebswirtschaft, 64*(6), 714-738.

Gouldner, A.W. (1960). The norm of reciprocity: A preliminary statement. *American Sociological Review, 25*(2), 161-179.

Govindarajan, V., & Gupta, A.K. (2001). *The quest for global dominance: Transforming global presence into global competitive advantage.* San Francisco: Jossey-Bass.

Graen, G. B. (2006). In the Eye of the Beholder: Cross-cultural lessons in leadership from project GLOBE. *Academy of Management Perspectives, 20*(4), 95-101.

Graham, J.L. (1985a). Cross-cultural marketing negotiations: A laboratory experiment. *Marketing Science, 4*(2), 130-146.

Graham, J.L. (1985b). The influence of culture on the process of business negotiations: An exploratory study. *Journal of International Business Studies, 16*(1), 81-96.

Graham, J. L. (1993). The Japanese negotiation style: Characteristics of a distinct approach. *Negotiation Journal, 9*(2), 123-140.

Graham, J.L. (2002). Culture's influence on business negotiations: An application ofHofstede's and Rokeach's ideas. In F.J. Contractor, & P. Lorange (Hrsg.), *Cooperative strategies and alliances* (S. 461-493). Elsevier Science: Oxford.

Graham, J.L., & Herberger R.A. (1983). Negotiators don't shoot from the hip, *Harvard Business Review, 61*(4), 160-168.

Graham, J. L., & Mintu-Wimsatt, A. (1997). Culture's influence on business negotiations in four countries. *Group Decision and Negotiation, 6,* 483-502.

Graham, J.L., & Sano, Y. (1984). *Smart Bargaining: Doing Business with the Japanese.* Cambridge: Ballinger Publishing.

Graham, J. L., Mintu, A. T., & Rodgers, W. (1994). Explorations of negotiation behaviors in ten foreign cultures using a model developed in the United States. *Management Science, 40*(1), 72-95.

Graham, J. L., Kim, D. K., Lin, C. Y., & Robinson, M. (1988). Buyer-seller negotiations around the Pacific Rim: Differences in fundamental exchange processes. *The Journal of Consumer Research, 15*(1), 48-54.

Grensing-Pophal, L. (2002). Reaching for diversity. *HR Magazine* (May), 53-56.

Guasch, J.L., & Straub, S. (2006). Renegotiation of Infrastructure concessions: An overview. *Annals of Public and Cooperative Economics, 77*(4), 479-493.

Guetzkow, H. (1950). Unitizing and categorizing problems in coding qualitative data. *Journal of Clinical Psychology, 6*, 47-58.

Guilford, J. P. (1971). *Persönlichkeit* (5. Aufl.). Weinheim: Beltz.

Gupta, V., & Hanges, P.J. (2004). Regional and climate clustering of societal cultures. In R.J. House, P.J. Hanges, M. Javidan, P.W. Dorfman, & V. Gupta (Hrsg.), *Culture, leadership, and organizations – The GLOBE study of 62 societies* (S. 178-218). Thousand Oaks: Sage.

Guzzo, R. A., & Dickson, M. W. (1996). Teams in organizations: Recent research on performance and effectiveness. *Annual Review of Psychology, 47*, 307-338.

Hackman, J. R. (1987). The design of work teams. In J. W. Lorsch (Hrsg.), *Handbook of organizational behavior* (S. 315-342). Englewood Cliffs: Prentice-Hall.

Haft, F. (2000). *Verhandlung und Mediation: Die Alternative zum Rechtsstreit* (2., erw. Aufl.). München: Beck.

Hajro, A., & Pudelko, M. (2010). *Beyond cultural value dimensions: A study of cross-cultural interactions in multinational teams.* Paper presented at the Academy of Management Annual Meeting, Montreal.

Halevy, N. (2008). Team negotiation: Social, epistemic, economic and psychological consequences of subgroup conflict. *Personality and Social Psychology Bulletin, 34*(12), 1.687-1.702.

Halevy, N., Bornstein, G., & Sagiv, L. (2008). "In-group love" and "out-group hate" as motives for individual participation in intergroup conflict: A new game paradigm. *Psychological Science, 19*(4), 405-411.

Hall, E. T. (1959). *The silent language* (1. Aufl.). Garden City: Doubleday.

Hall, E.T. (1976). *Beyond culture.* New York: Doubleday.

Hall, E. T. (1998). The power of hidden differences. In M.J. Bennett (Hrsg.), *Basic concepts of intercultural communication: selected readings* (7. Aufl., S. 53-84). Boston: Intercultural Press.

Halverson, C. B. (2008). Group processes and meetings. In C. B. Halverson, & S. A. Tirmizi (Hrsg.), *Effective multicultural teams. Advances in group decision and negotiation* (S. 111-133). Eastbourne: Gardners Books.

Halverson, C. B., & Tirmizi, S. A. (Hrsg.) (2008). *Effective multicultural teams. advances in group decision and negotiation.* Eastbourne: Gardners Books.

Hanges, P. J. (2004). The development and validation of the GLOBE culture and leadership scale. In R. J. House (Hrsg.), *Culture, leadership, and organizations. The GLOBE study of 62 societies* (S. 122-151). Thousand Oaks: Sage.

Hanges, P.J., & Dickson, M.W. (2004). The development and validation of the GLOBE culture and leadership scales. In R.J. House, HP.J. Hanges, M. Javidan, P.W. Dorfman, & V. Gupta, V. (Hrsg.), *Culture, leadership, and organizations – The GLOBE study of 62 societies* (S. 122-151). Thousand Oaks: Sage.

Hannerz, U. (2009). *Transnational connections: Culture, people, places.* New York: Routledge.

Hannon, D. (2006). Dos and DON'Ts of doing business in China. *Purchasing, 135*(8), 52-54.

Harrison, D., Price, K., Gavin, J., & Florey, A. (2002). Time, teams, and task performance: Changing effects of surface and deep-level diversity on group functioning. *Academy of Management Journal, 45*(5), 1029-1045.

Harrison, L. E., & Huntington, S. P. (2000). *Culture matters: How values shape human progress* (1. Aufl.). New York: Basic Books.

Harrison, D.A., & Klein, K.J. (2007). What's the difference? Diversity constructs as separation, variety, or disparity in organizations. *Academy of Management Review, 32*(4), 1199-1228.

Harrison, P.A. (1983). *Behaving Brazilian.* Rowley: Newbury House.

Hart, W. B. (1998). Three levels of cultural studies. *The E-Journal of Intercultural Relations*, (6), 1.

Haselier, J. & Thiel, M. (2005). *Diversity management.* Berlin: John Verlag.

Haslam, A. (2001). *Psychology in organizations – The social identity approach.* London: Sage.

Hausken, K. (1997). Game-theoretic and behavioral negotiation theory. *Group Decision and Negotiation, 6*(6), 511-528.

Haviland, W. A., Prins, H. E. L., McBride, B., & Walrath, D. (2010). *Cultural Anthropology The Human Challenge.* Belmont: Wadsworth.

Hayes, N. (1997). *Successful team management.* London: International Thomson Business Press.

Helm, S., Eggert, A., & Garnefeld, I. (2010). Modelling the impact of corporate reputation on customer satisfaction and loyalty using pls. In V.V. Esposito, W.W. Chin, J.Henseler, & H. Wang (Hrsg.), *Handbook PLS and Marketing* (S. 515-534). Heidelberg: Springer.

Hendon, D. (2001). How to negotiate with Thai executives. *Asia Pacific Journal of Marketing and Logistics, 13*(3), 41-62.

Henseler, J., & Chin, W. (2010). A Comparison of approaches for the analysis of interaction effects between latent variables using Partial Least Squares path modeling. *Structural Equation Modeling: A Multidisciplinary Journal, 17*(1), 82-109.

Henseler, J., & Fassott, G. (2010). Testing moderating effects in PLS Path models: An illustration of available procedures. In V.V. Esposito Vinzi, W.W. Chin, J. Henseler, & H. Wang (Hrsg.), *Handbook of Partial Least Squares: Concepts, Methods and Applications* (S. 713-735). Heidelberg: Springer.

Henseler, J., Ringle, C. M., & Sinkovics, R. R. (2009). The use of partial least squares path modeling in international marketing. *Advances in International Marketing, 20*, 277-319.

Herbig, P.A., & Kramer, H.E. (1992). Do's and don'ts of cross-cultural negotiations. *Industrial Marketing Management, 21*(4), 287-98

Herbig, P., & Gulbro, R. (1997). External influences in the cross-cultural negotiation process. *Industrial Management & Data Systems, 97*(4), 158-168.

Herbst, U. (2007). *Präferenzmessung in industriellen Verhandlungen.* Wiesbaden: Gabler.

Herrmann, A. (2008). *Handbuch Marktforschung: Methoden- Anwendungen- Praxisbeispiele* (3., vollst. überarb. und erw. Aufl.). Wiesbaden: Gabler.

Herrmann, A., & Landwehr, J. R. (2008). Varianzanalyse. In C. Homburg, C. Pflesser, & M. Klarmann (Hrsg.), *Handbuch Marktforschung: Methoden, Anwendungen, Praxisbeispiele* (S. 579-606). Wiesbaden: Gabler.

Herrmann, A., Huber, F., & Kressmann, F. (2006). Varianz- und Kovarianzbasierte Strukturgleichungsmodelle – Ein Leitfaden zu deren Spezifikation, Schätzung und Beurteilung. *Zeitschrift für betriebswirtschaftliche Forschung, 58*(2), 34-66.

Hertel, G., & Fiedler, K. (1994). Affective and cognitive influences in a social dilemma game. *European Journal of Social Psychology, 24*(1), 131-146.

Heuer, M., Cummings, J.L., & Hutabarat, W. (1999). Cultural stability or change among managers in Indonesia. *Journal of International Business Studies, 30*(3), 599-610.

Hildebrandt, L. (2008). Hypothesenbildung und empirische Überprüfung. In C. Homburg, C. Pflesser, & M. Klarmann (Hrsg.), *Handbuch Marktforschung: Methoden, Anwendungen, Praxisbeispiele* (S. 81-106). Wiesbaden: Gabler.

Hildebrandt, L. & Temme, D. (2006). *Probleme der Validierung mit Strukturgleichungsmodellen.* SFB 649 Discussion Papers SFB649DP2006-082, Sonderforschungsbereich 649, Humboldt University, Berlin, Germany.

Hoegl, M., Weinkauf, K., & Gemuenden, H. G. (2004). Interteam coordination, project commitment, and teamwork in multiteam R&D projects: A Longitudinal Study. *Organization Science, 15*(1), 38-55.

Hoffrage, U. (2004). Overconfidence. In R. Pohl (Hrsg.), *Cognitive Illusions: A handbook on fallacies and biases in thinking, judgement and memory* (S. 235-254). New York: Psychology Press.

Hofstede, G. (1980). *Culture's consequences: International differences in work-related values. Cross-cultural research and methodology series* (Band 5). Beverly Hills: Sage.

Hofstede, G. (2000). Culture: National values and organizational practices. In N. M. Ashkanasy (Hrsg.), *Handbook of organizational culture and climate* (S. 401-415). Thousand Oaks: Sage.

Hofstede, G. (2001). *Culture's consequences: Comparing values, behaviors, institutions and organizations across nations* (2. Aufl.). Thousand Oaks: Sage.

Hofstede, G. H. (2006). What did GLOBE really measure? Researchers' minds versus respondents' minds. *Journal of International Business Studies, 37*(6), 882-896.

Hogg, M. A., & Vaughan, G. M. (2002). *Social Psychology* (3. Aufl.). London: Prentice Hall.

Holmes, M.E. (1992). Phase structures in negotiation. In L.L. Putnam, & M.E. Roloff (Hrsg.), *Communication and negotiation* (S. 83-105). Newbury Park: Sage.

Holt, J.L., & DeVore, C.J. (2005). Culture, gender, organizational role, and styles of conflict resolution: A meta-analysis. *International Journal of Intercultural Relations, 29*(2), 165-196.

Homburg, C. (1995). *Kundenähe von Industriegüterunternehmen. Konzeption – Erfolgsauswirkungen – Determinanten.* Wiebaden: Gabler.

Homburg, C., & Klarmann, M. (2006). Die Kausalanalyse in der empirischen Forschung – Problemfelder und Anwendungsempfehlungen. *Die Betriebswirtschaft, 66*(6), 727-748.

Homburg, C., & Giering, A. (1996). Konzeptualisierung und Operationalisierung komplexer Konstrukte. *Marketing ZFP, 18*(1), 5-24.

Homburg, C., Workman, J.P., & Jensen, O. (2002). A Configurational Perspective on Key Account Management. *Journal of Marketing, 66*(2), 38-60.

Hoppman, T. (1995). Two Paradigms of Negotiation: Bargaining and Problem Solving. *The ANNALS of the American Academy of Political and Social Science, 537*(1), 24-47.

House, R. J. (1997a). Cross-cultural research on organizational leadership: A critical analysis and a proposed theory. In P. C. Earley (Hrsg.), *New perspectives on international industrial organizational psychology* (1. Aufl., S. 535-625). San Francisco: The New Lexington Press.

House, R. J. (1997b). The social scientific study of leadership: Quo vadis? *Journal of Management, 23*(3), 409-473.

House, R.J., Hanges, H.P.J., Javidan, M., Dorfman, P.W., & Gupta, V. (Hrsg.) (2004). *Culture, leadership, and organizations – The GLOBE study of 62 societies*. Thousand Oaks: Sage.

House, R.J., & Javidan, M. (2004). Overview Over GLOBE. In R.J. House, H.P.J. Hanges, M. Javidan, P.W. Dorfman, & V. Gupta (Hrsg.), *Culture, leadership, and organizations – The GLOBE study of 62 societies* (S. 9-28). Thousand Oaks: Sage.

House, R.J., Javidan, M., Dorfman, P.W., & Sully de Luque, M. (2006). A failure of scholarship: Response to George Graen's critique of GLOBE. *Academy of Management Perspectives, 20*(4), 102-114.

Huber, V.L., & Neale, M.A. (1986). Effects of cognitive heuristics and goals on negotiators performance and subsequent goal setting. *Organizational Behavior and Human Decision Processes, 38*, 342-365.

Hughes, M.A., & Garrett, D.E. (1990). Intercoder reliability estimation approaches in marketing: A generalizability theory framework for quantitative data. *Journal of Marketing Research, 27*(2), 185-195.

Hui, C. H., & Triandis, H. C. (1989). Effects of culture and response format on extreme response style. *Journal of Cross-Cultural Psychology, 20*, 296-309.

Huntington, S. P. (2002). *Kampf der Kulturen: Die Neugestaltung der Weltpolitik im 21. Jahrhundert*. München: Goldmann.

Hutzenschreuter, T., & Voll, J. (2007). Internationalisierungspfad und Unternehmenserfolg – Implikationen kultureller Distanz in der Internationalisierung. *Zeitschrift für betriebswirtschaftliche Forschung, 59*(11), 814-846.

Hüsgen, M. (2005). *Projektteams: Das Sechs-Ebenen-Modell zur Selbstreflexion im Team. Psychologie und Beruf* (Band 3). Göttingen: Vandenhoeck & Ruprecht.

Hutt, M. D., & Speh, T. W. (2004). *Business marketing management: A strategic view of industrial and organizational markets* (8. Aufl.). Mason: Thomson/South-Western.

Hutt, M. D., Johnston, W.J., & Ronchetto J.R. (1985). Selling centers and buying centers: Formulating strategic exchange patterns. *Journal of Personal Selling & Sales Management, 5* (May), 33-40.

Hyder, E. B., Prietula, M. J., & Weingart, L. R. (2000). Getting to best: efficiency versus optimality in negotiation. *Cognitive Science, 24*(2), 169-204.

Iacobucci, D.(2008). *Mediation Analysis,* Thousand Oaks: Sage.

Imai, L., & Gelfand, M. J. (2010). The culturally intelligent negotiator: The impact of cultural intelligence (CQ) on negotiation sequences and outcomes. *Organizational Behavior and Human Decision Processes, 112*(2), 83-98.

Inglehart, R., & Baker, W.E. (2000). Modernization, cultural change, and the persistence of traditional values. *American Sociological Review, 61*(1), 19-51.

Inglehart, R., Basáñez, M., Díez-Medrano, J., Halman, L., & Luijkx, R. (2004). *Human Beliefs and Values: A Cross-Cultural Sourcebook Based on the 1999-2002 Values Surveys.* Mexico City: Siglo XXI Editores.

InternetWorldStats. (2011). *Internet Usage in Europe.* URL: http://www.internetworldstats.com/stats4.htm (last updated: 30.06.2010; retrieved at: 24.02.2011).

Ito, T., Hattori, H., & Klein, N. (2007). *Multi-issue negotiation protocol for agents: exploring nonlinear utility spaces.* Proceedings of the 20th International Joint Conference on Artifical Intelligence, San Francisco.

Ito, T., Klein, N., & Hattori, H. (2008). A multi-issue negotiation protocol among agents with nonlinear utility functions. *Multiagent and Grid Systems, 4*(1), 67-83.

Jackson S.E., & Joshi , A. (2004). Diversity in social context: A multiattribute, multilevel analysis of team diversity and sales performance. *Journal of Organizational Behavior, 25*(6), 665-702.

Jackson, S. E., Joshi, A., & Erhardt, N. L. (2003). Recent research on teams and organizational diversity: SWOT analysis and implications. *Journal of Management,* 29(6), 801-830.

Jäkel, C. (2008). *Mono- und multikulturelle Teams in der Unternehmung, Einsatzmöglichkeiten unter Effizienz- und Effektivitätsgesichtspunktenl*. Zugl. Dissertation, katholische Universität Eichstätt, Ingolstadt.

Jain, B.A., & Stern, S.J. (1999). The effect of ask complexity and conflict handling styles on computer-supported negotiations. *Information & Management, 37,* 161-168.

Jain, S.C. (2006). *Emerging Economies and the Transformation of International Business*. Northhampton: Edward Elgar Publishing.

Janosik, R. J. (1987). Rethinking the culture-negotiation link. *Negotiation Journal, 3*(4), 385-395.

Janssen, J., & Laatz, W. (2007). *Statistische Datenanalyse mit SPSS für Windows* (8. Aufl.). Heidelberg: Springer.

Jap, S. D., & Ganesan, S. (2000). Control mechanisms and the relationship life cycle: Implications for safeguarding specific investments and developing commitment. *Journal of Marketing Research, 37*(2), 227-245.

Javidan, M. (2004). Performance orientation. In R. J. House, P. J. Hanges, M. Javidan, P. W. Dorfman, & V. Gupta (Hrsg.), *Culture, leadership, and organizations – The GLOBE study of 62 societies* (S. 239-281). Thousand Oaks: Sage.

Javidan, M., & Hauser, M. (2004). The linkage between GLOBE findings and other cross-cultural information. In R.J. House, P.J. Hanges, M. Javidan, P.W. Dorfman, & V. Gupta (Hrsg.), *Culture, leadership, and organizations – The GLOBE study of 62 societies* (S. 102-121). Thousand Oaks: Sage.

Javidan, M. House, R.M., & Dorfman, P.W. (2004). A nontechnical summary of the GLOBE-findings. In R.J. House, P.J. Hanges, M. Javidan, P.W. Dorfman, & V. Gupta (Hrsg.), *Culture, leadership, and organizations – The GLOBE study of 62 societies* (S. 897-914). Thousand Oaks: Sage.

Jelinek M., & Wilson J. (2005). Macro influences on multicultural teams: A multilevel view. In D. L. Shapiro (Hrsg.), *Managing Multinational Teams: Global Perspectives* (S. 209-232). Amsterdam: Elsevier.

Jöreskog, K. G. (1973). A general method for estimating a linear structural equation system. In A. S. Goldberger, & O.D. Duncan (Hrsg.), *Structural equation models in the social sciences*. New York: Seminar Press.

Jöreskog, K. G., & Sörbom, D. (1996). *LISREL 8: User's reference guide*. Chicago: SSI.

Johnson, D.W., & Johnson, F. (1997). *Joining together: Group theory and group skills* (6. Aufl.). Boston: Allyn & Bacon.

Johnston, W.J., & Bonoma, T.V. (1981). The buying center: Structure and interaction patterns. *Journal of Marketing, 45*(3), 143-156.

Johnston, W.J., & McQuiston, D.H. (1984). The buying center concept, fact or fiction. Educator Proceedings of the American Marketing Association (AMA), Chicago (S. 141-144).

Joshi, A. (2006). The influence of organizational demography on the external networking behavior of teams. *Academy of Management Review, 31*(3), 583-595.

Joussen, P. (1996). *Der Industrieanlagenvertrag* (2. Aufl.). Heidelberg: Recht und Wirtschaft.

Judd, C. M., & Kenny, D. A. (2010). Data analysis. In S. Fiske, D. Gilbert, & G. Lindsay (Hrsg.), *The handbook of social psychology*, in Druck.

Judd, C. M., Kenny, D. A., & McClelland, G. H. (2001). Estimating and testing mediation and moderation in within-participant designs. *Psychological Methods, 6*, 115-134.

Kasper, H. (1987). *Organisations-Kultur: Über den Stand der Forschung*. Wien: Service Fachverlag.

Katzenbach, J. R., & Smith, D. K. (1997). *The wisdom of teams: Creating the high-performance organization*. Boston: Harvard Business School Press.

Kauffeld, S. (2001). *Teamdiagnose*. Göttingen: Verlag für angewandte Psychologie.

Kaushal, R., & Kwantes, C.T. (2006). The role of culture and personality in choice of conflict management strategy. *International Journal of Intercultural Relations, 30*(5), 579-603.

Keenan, P. A., & Carnevale, P. J. (1989). Positive effects of within-group cooperation on between-group negotiation. *Journal of Applied Social Psychology, 19*(12), 977-992.

Kern, E. (1990). *Der Interaktionsansatz im Investitionsgütermarketing: Eine konfirmatorische Analyse.* Zugl. Dissertation, Ludwig-Maximilians-Universität, München.

Kerr, N.L., & Tindale, R.S. (2004). Group performance and decision making. *Annual Review of Psychology, 55*(1), 623-655.

Kersten, G.E. (2001). Modelling distributive and integrative negotiations. Review and revised characterization. *Group Decision and Negotiation, 10*(6), 493-514.

Kersten, G. E. (2004). E-negotiation systems: Interaction of people and technologies to resolve conflicts. *International Negotiation Research Papers, 8*(1), 1-21.

Kersten, G. E., Köszegi, S.E., & Vetschera, R. (2003). The effects of culture in computer-mediated negotiations: Experiments in 10 countries. *Journal of Information Technology Theory and Application, 5*(2), 1-28.

Kelley, H. H. (1966). A classroom study of the dilemmas in interpersonal negotiations. In K. Archibald (Hrsg.), *Strategic interaction and conflict* (S. 49-73). Berkeley: Institute of International Studies.

Kelley, H. H., & Stahelski, A. J. (1970). The inference of intention from moves in the Prisoner's Dilemma Game. *Journal of Experimental Social Psychology, 6*(4), 401-419.

Kimmel, M. J., Pruitt, D. G., Magenau, J. M., Konar-Goldband, E., & Carnevale, P. J. D. (1980). Effects of trust, aspiration, and gender on negotiation tactics. *Journal of Personality and Social Psychology, 38*(1), 9-22.

Kirkman, B. L., & Shapiro, G. (2005). The impact of cultural value diversity on multicultural team performance. In T. Devinney, T. Pedersen, & L. Tihanyi (Hrsg.), *Advances in international management* (S. 33-67). Amsterdam: JAI-Press.

Kirkman, B. L., Lowe, K. B., & Gibson, C. B. (2000). *Twenty years of culture's consequences: A review of the empirical research on Hofstede's cultural value dimensions.* Working paper, Nr. T01-12(402), Center for Effective Organizations, Univeristy of North Carolina, Greensboro.

Kirkman, B.L., Lowe, K.B., & Gibson, C.B. (2006). A quarter century of culture's consequences. A review of empirical research incorporating Hofstede's cultural values framework. *Journal of International Business Studies, 37*(3), 285-320.

Kirkman, B. L., Tesluck, P. E., & Rosen, B. (2001). Assessing the incremental validity of team consensus ratings over aggregation of individual-level data in predicting team effectiveness. *Personnel Psychology, 54*(3), 645-667.

Kitayama, S. (2002). Cultural Psychology of the Self: A renewed look at independence and interdependence. In C. von Hofsten & L. Backman (Hrsg.), *Psychology at the turn of the millennium* (Band 2, S. 305-322). Florence: Taylor & Francis/Routledge.

Klein, A. (2000). *Moderatormodelle – Verfahren zur Analyse von Moderatoreffekten in Strukturgleichungsmodellen.* Hamburg: Kovac.

Kluckhohn, F.R. (1951). The study of culture. In D. D. Lerner (Hrsg.), *The policy sciences recent developments in scope and method,* (S. 86-101). Stanford: Stanford University Press.

Kluckhohn, F.R., & Strodtbeck, F.L. (1961). *Variations in value orientations.* Evanston: Row, Peterson & Co.

Koch, F. K. (1987). *Verhandlungen bei der Vermarktung von Investitionsgütern: Eine Plausibilitäts-und Explorationsanalyse.* Mainz: Universitätsverlag.

Koc-Menard, S. (2009). Team performance in negotiation: A relational approach. *Team Performance Management, 15*(7/8), 357-365.

Koeszegi, S. T., Srnka, K. T., & Pesendorfer, E. M. (2006). Electronic negotiations – A comparison of different support systems. *Die Betriebswirtschaft, 66*(4), 441-463.

Kolb, D. (2004). Staying in the game or changing it: An analysis of moves and turns in negotiation. *Negotiation Journal, 20*(1), 37-46.

Kolb, E. (2009). *The evolution of new york city's multiculturalism – Melting pot or salad bowl: Immigrants in new york from the 19th century until the end of the gilded age* (1. Aufl.). Norderstedt: Books on Demand.

Kolbe, R.H., & Burnett, M.S. (1991). Content-analysis research: An examination of applications with directives for improving research reliability and objectivity. *The Journal of Consumer Research,* 18(2), 243-250.

Komarraju, M., Dollinger, S.J., & Lovell, J.L. (2008). Individualism-collectivism in horizontal and vertical directions as predictors of conflict management styles. *International Journal of Conflict Management, 19*(1), 20-35.

Koutsovoulou, M. (2001). Behavioral dynamics in negotiation interaction. *European review of applied psychology*, 51(1-2), 93-109.

Krell, G. (2004). Managing diversity and gender mainstreaming: Ein Konzeptvergleich. *Sozialwissenschaften und Berufspraxis, 27*(4), 367-376.

Krippendorff, K. (1969). Models of messages: Three prototypes. In G. Gerbner, O.R. Holsti, K. Krippendorff, G.J. Paisly, & Ph.J. Stone (Hrsg.), *The analysis of communication content* (S. 101). New York: Wiley.

Krippendorff, K. (2009). *Content analysis: An introduction to its methodology* (2. Aufl.). Thousand Oaks: Sage.

Krishna, S., Sahay, S., & Walsham, G. (2004). Managing cross-cultural issues in global software outsourcing. *Communications of the ACM, 47*(4), 62-66.

Kroeber, A. L., & Kluckhohn, L. (1952). *Culture a critical review of concepts and definitions.* Cambridge: The Museum.

Kuhnen, U. (2009). Manipulation checks as manipulation: another look at the ease-of-retrieval heuristic. *Personality and Social Psychology Bulletin, 36*(1), 47-58.

Kumar, R. (2004). Culture and emotions in intercultural negotiations: An overview.In M. J. Gelfand, & J. M. Brett (Hrsg.), *Handbook of negotiation and culture* (S. 95-113). Stanford: Stanford University Press.

Kumar, R., & Worm, V. (2003). Social capital and the dynamics of business negotiations between the northern Europeans and the Chinese. *International Marketing Review, 20*(3), 262-285.

Kurasaki, K. S. (2000). Intercoder reliability for validating conclusions drawn from open-ended interview data. *Field Methods, 12*(3), 179-194.

Kutschker, M., & Schmid, S. (2008). *Internationales Management* (6., überarb. und akt. Aufl.). München: Oldenbourg.

Kutschker, M., & Kirsch, W. (1978). *Verhandlungen in multiorganisationalen Entscheidungsprozessen – Eine empirische Untersuchung der Absatz- und Beschaffungsentscheidungen auf Investitionsgütermärkten.* Planungs- und organisationswissenschaftliche Schriften (20). München: Kirsch & Herrsching.

Kwon, S., & Weingart, L. (2004). Unilateral concessions from the other party: concession behavior, attributions, and negotiation judgements. *Journal of Applied Psychology, 89*(2), 263-278.

Labianca, G., Brass, D. J., & Gray, B. (1998). Social networks and perceptions of intergroup conflict: The role of negative relationships and third parties. *Academy of Management Journal, 41*(1), 55-67.

Lai, G., Li, C., Sycara, K., & Giampapa, J. (2004). *Literature review on multi-attribute negotiations.* Pittsburgh: Carnegie Mellon University Publishing.

Laila, B., Knierim, B., Barth, J., Liewald, K. Duetz, M., & Abel, T. (2008). From text to codings: Intercoder reliability assessment in qualitative content analysis. *Nursing Research, 57*(2), 113-117.

Lam, S. K., Chen, X.-P., & Schaubroeck, J. (2002). Participative Decision Making and Employeee Performance in Different Cultures: The Moderating Effects of Allocentrism/Idiocentrism and efficacy. *Academy of Management Journal, 45*(5), 905-914.

Lawler, E. J., Thye, S. R., & Yoon, J. (2000). Emotion and Group Cohesion in Productive Exchange. *American Journal of Sociology, 106*(3), 616-657.

Lax, D.A. (1981). Optimal search in negotiation analysis. *Journal of Conflict Resolution, 29*(3), 456-472.

Lax, D. A., & Sebenius, J. K. (1986). *The manager as negotiator: Bargaining for cooperation and competitive gain.* New York: Free Press.

Lax, D. A., & Sebenius, J. K. (1987). *Measuring the degree of joint gains achieved by negotiators.* Unpublished manuscript, Harvard University, Cambridge.

Lax, D.A., & Sebenius, J.K. (1992). The manager as negotiator: The negotiator's dilemma: creating and claiming value. In S. Goldberg, F. Sander, & N. Rogers (Hrsg.), *Dispute Resolution* (2. Aufl., S. 49-62). Boston: Little Brown and Co..

Lee, C.D. (2005). Culture and language: Bi-dialectical issues in literacy. In P.Anders, & J. Flood (Hrsg.), *The Literacy Development of Students in Urban Schools* (S. 273-294). Newark: International Reading Association.

Lee, K.-H., Yang, G., & Graham, J. L. (2006). Tension and trust in international business negotiation: American executives negotiating with Chinese executives. *Journal of International Business Studies, 37*(5), 623-641.

Leung, K., & Bond, M.H. (2004). Social Axioms: A model for social beliefs in multicultural perspective. In M.P. Zanna (Hrsg.), *Advances in experimental social psychology* (Band 36, S. 119-197). San Diego: Elsevier Academic Press.

Leung, K., Rabi, S. B., Buchan, N. R., Erez, M., & Gibson, C. B. (2005). Culture and international business: Recent advances and their implications for future research. *Journal of International Business Studies, 36*(4), 357-378.

Levi, D. (2010). *Group dynamics for teams* (3. Aufl.). Thousand Oaks: Sage.

Lewicki, R. J., Barry, B., & Saunders, D. M. (Hrsg.) (2007). *Essentials of negotiation* (4. Aufl.). Boston: McGraw-Hill/Irwin.

Lewicki, R. J., Saunders, D. M., Minton, J. W., Roy, J., & Lewicki, N. (2004). *Essentials of negotiation* (4. Aufl.). New York: McGraw-Hill.

Li, M., Tost, L. P., & Wade-Benzoni, K. (2007). The dynamic interaction of context and negotiator effects: A review and commentary on current and emerging areas in negotiation. *International Journal of Conflict Management, 18*(3), 222-259.

Lienert, G. A., & Raatz, U. (1998). *Testaufbau und Testanalyse* (6. Aufl.). Weinheim: Psychologie Verlags Union.

Lichtenau, T. (2005). *E-Business und Geschäftsbeziehungen: Auswirkungen im Business-to-Business-Bereich*. Wiesbaden: Gabler.

Liebsch, B. (2004). Kultur im Zeichen des Anderen oder Die Gastlichkeit menschlicher Lebensformen. In F. Jaeger (Hrsg.), *Handbuch der Kulturwissenschaften* (S. 1-23). Stuttgart: Metzler.

Litfin, T., Teichmann, M., & Clement, M. (2000). Beurteilung der Güte von explorativen Faktorenanalysen im Marketing. *Wirtschaftswissenschaftliches Studium (WiSt), 5*, 283-286.

Lim, J. (2003). A conceptual framework on the adoption of negotiation support systems. *Information and Software Technology, 45*(8), 469-477.

Lim, J., & Yang, Y. P. (2008). Exploring computer-based multilingual negotiation support for English-Chinese dyads: Can we negotiate in our native languages? *Behaviour & Information Technology*, 27(2), 139-151.

Loch, K. D., Straub, D. W., Kamel, S., & Robinson, J. M. (2003). Diffusing the internet in the Arab world: The role of social norms and technological culturation. *Engineering Management*, 50(1), 45-63.

Locke, E.A., & Latham, G.P. (1990). *A theory of goal setting and task performance*. Englewood Cliffs: Prentice Hall.

Locke, E.A., & Latham, G.P. (2002). Building a practically useful theory of goal setting and task motivation. A 35-year odyssey. *American Psychologist*, 57(9), 705-717.

Loewenstein, J., Morris, M. W., Chakravarti, A., Thompson, L., & Kopelman, S. (2005). At a loss for words: Dominating the conversation and the outcome in negotiation as a function of intricate arguments and communication media. *Organizational Behavior and Human Decision Processes*, 98(1), 28-38.

Lombard, M., Snyder-Duch, J., & Bracken, C. C. (2002). Content analysis in mass communication: Assessment and reporting of intercoder reliability. *Human Communication Research, 28*, 587-604.

Lombard, M., Snyder-Duch, J., & Bracken, C. C. (2003). Correction. *Human Communication Research, 29*, 469-472.

Lucking-Reiley, D., Bryan, D., Prasad, N., & Reeves, D. (2007). Pennies from ebay: The determinants of price in online auctions. *The Journal of Industrial Economics*, 55(2), 223-233.

Lumsden, J., & Morgan, W. (Hrsg.) (2005). *Online-Questionnaire Design: Establishing Guidelines and Evaluating Existing Support*. Proceeding of the 16th International Information resources Management Association Conference (IRMA), Institute for Information Technology, Ottawa.

Lüsebrink, H. J. (2003). Kulturraumstudien und Interkulturelle Kommunikation. In A. Nünning, & V. Nünning (Hrsg.), *Konzepte der Kulturwissenschaften – Theoretische Grundlagen, Ansätze, Perspektiven* (S. 322-325). Stuttgart: Metzler.

Lüsebrink, H. J. (2004). *Konzepte der Interkulturellen Kommunikation: Theorieansätze und Praxisbezüge*. St. Ingbert: Röhrig.

Lytle, A. L., Brett J. M., & Shapiro, D. L. (1999). The strategic use of interests, rights and power to resolve disputes. *Negotiation Journal, 15*(1), 31-49.

Lytle, A. L., Brett, J. M., Barsness, Z. I., Tinsely, C. H., & Janssens, M. (1995). A paradigm for confirmatory cross-cultural research in organizational behavior. In L. L. Cummings & B. H. Staw (Hrsg.), *Research in organizational behavior* (Band 17, S. 167-214). Greenwich: JAI Press.

Ma, Z., Anderson, T., Wang, X., Wang, Y., Jaeger, A., & Saunders, D. (2002). Individual perception, bargaining behavior, and negotiation outcomes: A comparison across two countries. *International Journal of Cross-Cultural Management, 2*(2), 171-184.

Macharzina, K., Oesterle, M. J., & Wolf, J. (1996). Europäische Managementstile – Eine kulturorientierte Analyse. In K. Macharzina, & J. Wolf (Hrsg.), *Handbuch Internationales Führungskräfte-Management* (S. 29-63). Stuttgart: Raabe.

Majeski, S. (2008). *Small group dynamics and foreign policymaking: empirical evidence from experiments of repeated prisoners dilemma games.* Paper presented at the 49th Annual Convention of the International Studies Association, San Francisco.

Makimura, Y., & Yamagishi, T. (2003). A study of ingroup favoritism in groups with on-going interactions: A reward allocation experiment. *The Japanese Journal of Psychology, 73*(6), 488-493.

Malle, B. F. (2006). The actor-observer asymmetry in causal attribution: A (surprising) meta-analysis. *Psychological Bulletin, 132,* 895-919.

Mannix, E. A., & Neale, M. (2005). "What differences make a difference?": The promise and reality of diverse teams in organizations. *Psychological Science in the Public Interest, 6*(2), 31-55.

Matveev, A. V., & Nelson, P. E. (2004). Cross cultural communication competence and multicultural team performance: Perceptions of American and Russian managers. *International Journal of Cross Cultural Management, 4*(2), 253-270.

Maples, M. F. (1988). Group development: Extending Tuckman's theory. *Journal for Specialists in Group Work, 13*(1), 17-23.

Mayring, P. (2000). Qualitative content analysis. *Qualitative Social Research*, *1*(2), 2-10.

Mayring, P., & Brunner, E. (2009). Qualitative Inhaltsanalyse. In R. Buber, & H. H. Holzmüller (Hrsg.), *Qualitative Marktforschung: Konzepte- Methoden-Analysen* (S. 669-680). Wiesbaden: Gabler.

Maznevski, M.L. (1994). Understanding our differences: Performance in decision-making groups with diverse members. *Human Relations, 47*(5), 531-552.

McClelland, D. C. (1985). *Human motivation*. Glenview: Scott, Foresman and Company.

McGrath, J. E. (1964). Toward a "theory of method" for research on organizations. In R. T. Mowday, & R. M. Steers (Hrsg.), *Research in organizations: Issues and controversies* (S. 4-21). Santa Monica: Goodyear Publ Co., Inc..

McGrath, J. E. (1991). Time, interaction and performance (TIP): A theory of groups. *Small Group Research, 22*, 147-174.

McGrath, J. E. (1984). *Groups: Interaction and performance*. Englewood Cliffs: Prentice-Hall.

McLeod, P.L., & Lobel, S. (1992). The effects of ethnis diversity on idea genereation in small groups. *Academy Management Proceedings*, 227-231.

McSweeney, B. (2002). Hofstede's model of national cultural differences and their consequences: A triumph of faith – A failure of analysis. *Human Relations*, 55(1), 89-118.

Meade, A. W., Watson, A. M., & Kroustalis, C. M. (2007). *Assessing common methods bias in organizational research*. Paper presented at the 22nd Annual Meeting of the Society for Industrial and Organizational Psychology, New York.

Meffert, K. (1990). Implementierungsprobleme globaler Strategien. In M. K. Welge (Hrsg.), *Globales Management. Erfolgreiche Strategien für den Weltmarkt* (S. 93-115). Stuttgart: Poeschel.

Menkel-Meadow, C. (2004). Critical moments in negotiation: Implications for research, pedagogy, and practice. *Negotiation Journal, 20*(2), 341-347.

Messick, D. M., & Mackie, D.M. (1989). Intergroup relations. *Annual Review of Psychology, 40*, 45-81.

Metcalf, L. E., Bird, A., Peterson, M. F., Shankarmahesh, M., & Lituchy, T. R. (2007). Cultural influences in negotiations: A four country comparative analysis. *International Journal of Cross Cultural Management, 7*(2), 147-168.

Milne, M. J., & Adler, R. W. (1999). Exploring the reliability of social and environmental disclosures content analysis. *Accounting, Auditing & Accountability Journal, 12*(2), 237-256.

Mintu-Wimsatt, A., & Calantone, R.J. (1991). A comparative approach to international marketing negotiations. *Journal of Applied Business Research, 7*(4), 90-97.

Mintu-Wimsatt, A., & Calantone, R. (2005). Risk, trust and the problem solving approach: A cross-cultural negotiation study. *Journal of Marketing Theory and Practice, 13*(1), 52-61.

Mintu-Wimsatt, A., & Gassenheimer, J. (2002). The impact of demographic variables on negotiators' problem solving approach: A two country study. *Journal of Marketing Theory and Practice, 10*(1), 23-35.

Mintu-Wimsatt, A., & Graham, J. (2004). Testing a negotiation model on canadian anglophone and mexican exporters. *Journal of the Academy of Marketing Science, 32*(3), 345-356.

Mintzel, A. (1997). *Multikulturelle Gesellschaften in Europa und Nordamerika: Konzepte, Streitfragen, Analysen, Befunde.* Passau: Rohe.

Mintzberg, H., Raisinghani, D., & Théorét, A. (1976). The structure of "unstructured" decision processes. *Administrative Science Quarterly, 21*(2), 246-274.

Mohammed, S., & Dumville, B. C. (2001). Team mental models in a team knowledge framework. *Journal of Organizational Behavior, 22*(2), 89-106.

Mohammed, S., Mathieu, J. E., & Bartlett, A. L. (2002). Technical-administrative task performance, leadership task performance, and contextual performance: Considering the influence of team- and task-related composition variables. Journal *of Organizational Behavior, 23*, 795-814.

Mohammed, S., Rizzuto, T. E., Hiller, N. J., Newman, D. A., & Chen, T. T. (2008). Individual differences and group negotiation: The role of polychronicity, dominance, and decision-rule. *Negotiation and Conflict Management Research, 1,* 282-307.

Moore, D. A. (2004). Myopic prediction, self-destructive secrecy, and the unexpected benefits of revealing final deadlines in negotiation. *Organizational Behavior and Human Decision Processes, 94*(2), 125-139.

Moore, D., Kurtzberg, T., Thompson, L., & Morris, M. (1999). Long and short routes to success in electronically mediated negotiations: Group affiliations and good vibrations. *Organizational Behavior and Human Decision Processes, 77*(1), 22-43.

Moran, R. T., Harris, P. R., & Moran, S. V. (2007). *Managing cultural differences: Global leadership strategies for the 21st century* (7. Aufl.). Amsterdam: Elsevier.

Morgan, J. P. (2001). Cross-functional Buying: Why Teams are Hot. *Purchasing, 130*(7), 27-32.

Morgan, R.M., & Hunt, S.D. (1994). The commitment-trust theory of relationship marketing. *Journal of Marketing, 58*(3), 20-38.

Morris, M.W., & Fu, H. Y. (2001). How does culture influence conflict resolution? A dynamic constructivistic analysis. *Social Cognition, 19*(3), 324-349.

Müller, D. (2007). Moderatoren und Mediatoren in Regressionen. In A. Sönke, D. Klapper, U. Konradt, A. Walter, & J. Wolf (Hrsg.), *Methodik der empirischen Forschung* (2. überarb. und erw. Aufl., S. 245-260). Wiesbaden: Gabler.

Mumford, T.V., Morgeson, F.P., van Iddekinge, C.H., & Campion, M.A. (2008). The team role test: development and validation of a team role knowledge situational judgment test. *Journal of Applied Psychology, 93*(2), 250-267.

Naquin, C. (2003). The agony of opportunity in negotiation: Number of negotiable issues, counterfactual thinking, and feelings of satisfaction. *Organizational Behavior and Human Decision Processes, 91*(1), 97-107.

Nash, J. F. (1950). The bargaining problem. *Econometrica, 18,* 155-162.

Natlandsmyr, J.H., & Rognes, J. (1995). Culture, behavior, and negotiation outcomes: A comparative and cross-cultural study of Mexican and Norwegian negotiators. *International Journal of Conflict Management, 6*(1), 5-29.

Neale, M. A., & Bazerman, M. H. (1985). The effects of externally set goals on reaching integrative agreements in competitive markets. *Journal of Occupational Behavior, 6*(1), 19-32.

Neale, M.A., & Fragale, A.R. (2006). Social cognition, attribution, and perception in negotiations: The role of uncertainty in shaping negotiation processes and outcomes. In L.L. Thompson (Hrsg.), *Negotiation Theory and research* (S. 27-54). New York: Psychology Press.

Neale, M.A., & Northcraft, G.B. (1986). Experts, amateurs, and refrigerators: A comparison of expert and amateur negotiators in a novel task. *Organizational Behavior and Human Decision Processes, 38,* 305-317.

Neale, M. A., & Northcraft, G. B. (1991). Behavioral negotiation theory: A framework for conceptualizing dyadic bargaining. *Research in Organization Behavior, 13,* 147-190.

Nerlich, B. (2001). On language: On the diversity of human language construction and its influence on the mental development of the human species. *The Modern Language Review, 96*(2), 598.

Nesdale, D., & Flesser, D. (2001). Social identity and the development of children's group attitudes. *Child Development, 72*(2), 506-517.

Neuberger, O., & Kompa, A. (1987). *Wir, die Firma – Der Kult um die Unternehmenskultur.* Weinheim: Beltz.

Neuendorf, K. A. (2007). *The content analysis guidebook* (7. Aufl.). Thousand Oaks: Sage.

Nguyen, A. M., & Benet-Martinez, V. (2007). Biculturalism unpacked: Components, measurement, individual differences, and outcomes. *Social and Personality Psychology Compass*, (1), 101-114.

Nierenberg, G. I. (2008). *The complete negotiator.* New York: Simon & Schuster.

Nikkinen, J., & Sahlström, P. (2004). Does agency theory provide a general framework for audit pricing? *International Journal of Auditing, 8*(3), 253-262.

Nitzl, C. (2010). *Eine anwenderorientierte Einführung in die Partial Least Square (PLS)-Methode.* Arbeitspapier 21 (ISSN 1618-2952), Lehrstuhl für industrielles Management, Universität Hamburg.

Nolan, R. W. (1999). *Communicating and adapting across cultures: Living and working in the global village.* Westport, Conn: Bergin & Garvey.

Nübel. (2004). *Zum Verhältnis von Kultur und Nation bei Rousseau und Herder.* Goetheportal. URL: http://www.goethezeitportal.de/db/wiss/herder/nuebel_rousseau.pdf (last updated: 29.01.2004; retrieved at: 05.08.2010).

Nunnally, J.C. (1979), *Psychometric Theory.* New York: McGraw-Hill.

O'Connor, K. M. (1997). Groups and solos in context: The effects of accountability on team negotiation. *Organizational Behavior and Human Decision Processes, 73*(3), 384-407.

O'Connor, K.M., Arnold, J., & Maurizio, A. (2010). The prospect of negotiating: Stress, cognitive appraisal, and performance. *Journal of Experimental Social Psychology, 46*(5), 729-735.

Oetzel, J.G., & Ting-Toomey, S. (2003). Face concerns in interpersonal conflict: a cross-cultural empirical test of the face negotiation theory. *Communication Research, 30*(6), 599-624.

O'Keefe, D. J. (2003). Message properties, mediating states, and manipulation checks: Claims, evidence, and data analysis in experimental persuasive message effects research. *Communication Theory, 13*(3), 251-274.

Olekalns, M., & Smith, P. L. (2000). Understanding optimal outcomes: The role of strategy sequences in competitive negotiations. *Human Communication Research, 26*(4), 527-557.

Olekalns, M., & Smith, P.L (2003). Social motives in negotiation: The relationship between dyad composition, negotiation processes and outcomes. *International Journal of Conflict Management: Special Issue on Processes in Negotiation, 14,* 233-254.

Olekalns, M., & Smith, P.L. (2003). Testing the relationships among negotiators' motivational orientations, strategy choices and outcomes. *Journal of Experimental Social Psychology, 39*(2), 101-117.

Olekalns, M., & Smith, P. L. (2005). Cognitive representations of negotiation. *Australian Journal of Management, 30*(1), 57-76.

Olekalns, M., Smith, P. L., & Walsh, T. (1996). The process of negotiating: strategy and timing as predictors of outcomes. *Organizational Behavior & Human Decision Processes, 68*(1), 68-77.

Oliver, R. L., & Anderson, E. (1994). An empirical test of the consequences of behaviorand outcome-based sales control systems. *Journal of Marketing 58*(October), 53-67.

Oliver, R. L., Balakrishnan, P., & Barry, B. (1994). Outcome satisfaction in negotiation: A test of expectancy disconfirmation. *Organizational Behavior & Human Decision Processes, 60*(2), 252-275.

OnlineAffairs (2009). *Internet in Frankreich.* URL: http://www.online-affairs.com/2009/09/internet-in-frankreich/ (last updated at: 18.09.2009; retrieved at: 24.02.2011).

Ooi, C.-S. (2002). *Cultural tourism and tourism cultures: The business of mediating experiences in Copenhagen and Singapore* (1. Aufl.). Copenhagen: Copenhagen Business School Press.

Oppenheimer, D. M., Meyvis, T., & Davidenko, N. (2009). Instructional manipulation checks: Detecting satisficing to increase statistical power. *Journal of Experimental Social Psychology, 45*(4), 867-872.

Orsburn, J. D. (2000). *The new self-directed work teams: Mastering the challenge* (2. Aufl.). New York: McGraw-Hill.

Osborne, M. J., & Rubinstein, A. (2001). *A course in game theory* (7. Aufl.), Cambridge: MIT Press.

Osgood, C. (1951). Culture: It's empirical and non-empirical character. *Southwestern Journal of Anthropology, 7*(2), 202-214.

Osterloh, M. (1994). Kulturalismus versus Universalismus. Reflektionen zu einem Grundlagenproblem des interkulturellen Managements. In B. Schiemenz, & H.-J. Wurl (Hrsg.), *Internationales Management. Beiträge zur Zusammenarbeit* (S. 95-101). Wiebaden: Gabler.

Öttingen, G., & Gollwitzer, P. (2004). Goal setting and goal striving. In M. B. Brewer, & M. Hewstone (Hrsg.), *Perspectives on social psychology. Emotion and motivation* (S. 165-183). Malden: Blackwell.

Patton, C., & Balakrishnan, P. V. (2010). The impact of expectation of future negotiation interaction on bargaining processes and outcomes. *Journal of Business Research, 63*(8), 809-816.

Peterson, E., & Thompson, L. (1997). Negotiation teamwork: The impact of information distribution and accountability for performance depends on the relationship among team members. *Organization Behavior & Human Decision Processes, 72*(3), 364-383.

Pelled, L.H., Eisenhardt, K.M., & Xin, K.R. (1999). Exploring the black box: An analysis of work group diversity, conflict, and performance. *Administrative Science Quarterly, 44*(1), 1-28.

Pelletier, B. (2004). Process Makes Perfect. *Packaging Machinery Technology, 1*(Winter), 68-73.

Perlitz, M. (2004). *Internationales Management* (5. Aufl.). Stuttgart: UTB.

Petty, R. E., & Cacioppo, J. T. (1996). Addressing disturbing and disturbed consumer behavior: Is it necessary to change the way we conduct behavioral science? *Journal of Marketing Research, 33*(1), 1-8.

Pina, M. I. D., Martinez, A. M. R., & Martinez, L. G. (2008). Teams in organizations: Review on team effectiveness. *Team Performance Management, 14*(1/2), 7-21.

Plinke, W. (1985). Cost-based pricing – Behavioral aspects of price decisions for capital goods. *Journal of Business Research, 13*(5), 447-460.

Podsakoff, P. M., MacKenzie, S. B., Lee, J.-Y., & Podsakoff, N. P. (2003). Common method biases in behavioral research: A critical review of the literature and recommended remedies. *Journal of Applied Psychology, 88*(5), 879-903.

Polzer, J. (1996). Intergroup negotiations: The effects of negotiating teams. *Journal of Conflict Resolution, 40*(4), 679-699.

Polzer, J.T, Mannix, E.A., & Neale, M.A (1995). Multiparty negotiation in its social context. In R.M. Kramer, & D.M. Messick (Hrsg.), *Negotiation as a Social Process* (S. 123-142). Thousand Oaks: Sage.

Polzer, J. T., Milton, L. P., & Swann, W. B. (2002). Capitalizing on diversity: Interpersonal congruence in small work groups. *Administrative Science Quarterly, 47*(2), 296-324.

Poole, M., Seibold, D., & McPhee, R. (1996). The structuration of group decisions. In R. Hirokawa, & M.S. Poole (Hrsg.), *Communication and group decision making* (S. 114-146). Thousand Oaks: Sage.

Preacher, K.J., & Hayes, A.F. (2004). SPSS and SAS Procedures for Estimating Indirect Effects in Simple Mediation Models. *Behavior Research Methods, Instruments, and Computers, 36*(4), 717-731.

Preacher, K.J., & Hayes, A.F. (2008). Asymptotic and resampling strategies for assessing and comparing indirect effects in multiple mediator models. *Behavior Research Methods, 40*(3), 879-891.

Priem, R. L., & Shaffer, M. (2001). Resolving moral dilemmas in business: A multi-country study. *Business & Society, 40*, 197-219.

Pruitt, D.G. (1981). *Bargaining behavior*. New York: Academic Press.

Pruitt, D. G. (2001). Achieving integrative agreements. In I. Asherman, & S. Asherman (Hrsg.), *Negotiation sourcebook* (2. Aufl., S. 187-196). Oxford [u.a.]: HRD Press.

Pruitt, D.G., & Carnevale, P.J. (1993). *Negotiation in social conflict*. Buckingham: Open University Press.

Pruitt, D. G., & Lewis, S. (1975). Development of integrative solutions in bilateral negotiation. *Journal of Personality and Social Psychology, 31*(4), 621-633.

Pruitt, D.G., & Rubin, J.Z. (1986). *Social conflict: escalation, stalemate, and settlement*. New York: Random House.

Purdy, J., & Nye, P. (2000). The impact of communication media on negotiation outcomes. *International Journal of Conflict Management, 11*(2), 162-187.

Purdy, J. M., Nye, P., & Balakrishnan, P. V. S. (1993). The impact of communication media on negotiation outcomes. *International Journal of Conflict Management, 11*(2), 162-187.

Puri, S. J. (1992). Industrial vendor's selling center: Implications for sales management. *The Journal of Business & Industrial Marketing, 7*(Summer), 59-69.

Putnam, L. L. (1990). Emerging directions in organizational communication. *Australian Journal of Communication, 17*(3), 1-10.

Putnam, L.L. (2004). Transformations and critical moments in negotiations. *Negotiation Journal, 20*(2), 275-295.

Putnam, L. L., & Jones, T. S. (1982a). Reciprocity in negotiations: An analysis of bargaining interaction. *Communication Monographs, 49*(3), 171-191.

Putnam, R. D. (1993). *Making Democracy Work.* Princeton: Princeton University Press.

Qureshi, I., & Compeau, D. (2009). Assessing between-group differences in information systems research: A comparison of covariance- and component-bases SEM. *Management Information Systems Quarterly, 33*(1), 197-214.

Raiffa, H. (1982). *The art and science of negotiation.* Cambridge: Harvard University Press.

Ralston, D. A., Holt, D. H., Terpstra, R. H., & Kai-Cheng, Y. (2008). The impact of national culture and economic ideology on managerial work values: A study of the United States, Russia, Japan, and China. *Journal of International Business Studies, 39*(1), 8-26.

Rangarajan, D., Chonko, L.B., Jones, E., & Roberts, J.A. (2004). organizational variables, sales force perceptions of readiness for change, learning, and performance among boundary-spanning teams: A conceptual framework and propositions for research. *Industrial Marketing Management, 33*(4), 289-305.

Ravlin, E.C., & Meglino, B.M. (1993). *The influence of value congruence on performance of routine and non-routine tasks.* Paper presented at the annual meeting of the Academy of Management, Atlanta.

Redfield, R. (1948). Introduction to Malinowski, Bronislaw, Magic, Science and Religion. Boston: Beacon Press.

Reeve, J. (2005). *Understanding motivation and emotion.* Hoboken: John Wiley.

Reinartz, W., Haenlein, M., & Henseler, J. (2009). An empirical comparison of the efficacy of covariance-based and variance-based SEM. *International Journal of Research in Marketing, 26*(4), 332-344.

Reynolds, N., Simintiras, A., & Vlachou, E. (2003). International business negotiations: Present knowledge and direction for future research. *International Marketing Review, 20*(3), 236-261.

Richards, D., Wilson, R., Schwebach, V., & Young, G. (1993). Good times, bad times, and the diversionary use of force. *Journal of Conflict Resolution, 37*, 504-536.

Richardson, R. M., & Smith, S. W. (2007). The influence of high/low-context culture and power distance on choice of communication media: Students' media choice to communicate with Professors in Japan and America. *International Journal of Intercultural Relations, 31*(4), 479-501.

Richter, A.W. (2005). *Intergroup conflict in organisations : predictors and relationships with team working effectiveness.* Zugl. Dissertation, Aston University.

Rigdon, E. E., Schumacker, R. E., & Wothke, W. (1998). A comparative review of interaction and nonlinear modeling. In R.E. Schumacker, & G.A. Marcoulides (Hrsg.), *Interaction and Nonlinear Effects in Structural Equation Modeling* (S. 1-16). Mahwah: Lawrence Erlbaum Associates.

Ringle, C., Wende, S., & Will, A. (2005). *Smart PLS 2.0 (beta).* Universität Hamburg, URL: http://www.smartpls.de (retrieved at: 01.11.2010).

Rivers, C., & Lytle, A. L. (2007). Lying, cheating foreigners!! Negotiation ethics across cultures. *International Negotiation, 12*(1), 1-28.

Robbins, S. (2003). *Organizational behavior.* Upper Saddle River: Prentice-Hall.

Roberts, K. H. (1970). On looking at an elephant: An evaluation of cross cultural research related to organizations. *Psychological Bulletin, 74*(5), 327-350.

Rocher, G. (2001). *Introduction à la sociologie générale* (3. Aufl.). Montreal: Hurtubise HMH.

Rogator AG. (2009). *RogCampus Software:* Rogator AG. URL http://www.rogator.de/ (retrieved at: 01.10.2009).

Rossiter, J. R. (2008). Content Validity of Measures of Abstract Constructs in Management and Organizational Research. *British Journal of Management, 19*(4), 380-388.

Roth, A. E. (1995). Bargaining experiments. In J. H. Kagel, & A. E. Roth (Hrsg.), *Handbook of experimental economics* (S. 253-348). Princeton: Princeton University Press.

Rothlauf, J. (2009). *Interkulturelles Management: Mit Beispielen aus Vietnam, China, Japan, Russland und den Golfstaaten* (3., überarb. und akt. Aufl.). München: Oldenbourg.

Rotter, J.B. (1966). Generalized expectancies for internal versus external control of reinforcement. *Psychological Monographs, 80*, 1-28.

Rubin, J. Z., & Brown, B. R. (1975). *The social psychology of bargaining and negotiation.* New York: Academic Press.

Rüssmann, K., Dierkes, S., & Hill, P. (2010). Soziale Desintegration und Bindungsstil als Determinanten von Fremdenfeindlichkeit. *Zeitschrift für Soziologie, 39*(4), 281-301.

Ryan, T.P. (2007). *Modern experimental design.* Hoboken: Wiley.

Sackman, S.A. (1997a). Introduction. In S. A. Sackmann (Hrsg.), *Cultural complexity in organizations. Inherent contrasts and contradictions* (S. 1-13). Thousand Oaks: Sage.

Sackmann, S. A. (1997b). Single and multiple cultures in international cross-cultural management research. In S. A. Sackmann (Hrsg.), *Cultural complexity in organizations. Inherent contrasts and contradictions* (S. 14-48). Thousand Oaks: Sage.

Sackmann, S.A., & Phillips, M.E. (2004). Contextual influences on culture research: Shifting assumptions for new workplace realities. *International Journal of Cross Cultural Management, 4*(3), 370-390.

Salacuse, J. W. (1998). Ten ways that culture affects negotiating style: Some survey results. *Negotiation Journal, 14*(3), 221-240.

Salacuse, J.W. (1999). Intercultural negotiation in international business. *Group Decision and Negotiation, 8*(3), 217-36.

Salacuse, J. W. (2007). Intercultural negotiaiton in international business. In R. J. Lewicki, B. Barry, & D. M. Saunders (Hrsg.), *Essentials of negotiation* (4. Aufl., S. 366-384). Boston: McGraw-Hill/Irwin.

Salas, E., Cooke, N. J., Kiekel, P. A., Stout, R., Bower, C., & Cannon-Bowers, J. (2003). Measuring team knowledge: A window to the cognitive underpinnings of team performance. *Group Dynamics: Theory, Research and Practice, 7*(3), 179-199.

Salk, J. E., & Brannen, M.Y. (2000). National culture, networks, and individual influence in a multinational management team, *Academy of Management Journal, 43*(2), 191-202.

Sally, D. F., & O'Connor, K. M. (2006). Negotiating in teams. In A. K. Schneider, & C. Honeyman (Hrsg.), *The negotiator's fieldbook* (S. 547-555). Washington DC: American Bar Association Section of Dispute Resolution.

Samovar, L. A., Porter, R. E., & McDaniel, E. R. (2010). *Communication between cultures* (7. Aufl.). *Wadsworth series in communication studies.* Belmont: Wadsworth.

Schaeffer, R.K. (2003). *Understanding globalization: The social consequences of political, economic, and environmental change.* Lanham Rowman & Littlefield.

Schafer, J. L., & Graham, J. W. (2002). Missing data: Our view of the state of the art. *Psychological Methods, 7*(2), 147-177.

Schaffer, B. S., & Riordan, C. M. (2003). A review of cross-cultural methodologies for organizational research: A best-practices approach. *Organizational Research Methods, 6*(2), 169-215.

Schirmer, P. (2008). *Interkulturelle Kompetenz und deren Bedeutung für die Entwicklung interkultureller Synergiepotenziale.* München: GRIN Verlag.

Schneider, S. C., & Barsoux, J.-L. (2001). *Managing across cultures.* London: Prentice Hall.

Schnell, H., Hill, P. B., & Esser, E. (2005). *Methoden der empirischen Sozialforschung.* Oldenbourg, München.

Scholderer, J., & Balderjahn, I. (2006). Was unterscheidet harte und weiche Strukturgleichungsmodelle nun wirklich? Ein Klärungsversuch zur LISREL-PLS-Frage. *Marketing ZFP, 28*(1), 57-70.

Schoop, M., & Quix, C. (2001). DOC.COM: A framework for effective negotiation support in electronic marketplaces. Computer Networks, 37(2), 153-170.

Schoop, M., Köhne, F., & Ostertag, K. (2010). Communication quality in business negotiations. *Group Decision and Negotiation, 19*(2), 193-209.

Schoop, M., Köhne, F., & Staskiewicz, D. (2006). *An empirical study on the use of communication media in electronic negotiations.* Proceeding of the Group Decision and Negotiation Conference, Karlsruhe.

Schwartz, S.H. (1994). Beyond individualism/collectivism: New cultural dimensions of values. In U. Kim, H.C. Triandis, & G. Yoon (Hrsg.), *Individualism and collectivism* (S. 85-117). London: Sage.

Schweitzer, M. E., & DeChurch, L. A. (2001). Linking frames in negotiations: Gains, losses and conflict frame adoption. *International Journal of Conflict Management, 12*(2), 100-113.

Schwinn, T. (2006). Konvergenz, Divergenz oder Hybridisierung?: Voraussetzungen und Erscheinungsformen von Weltkultur. *Kölner Zeitschrift für Soziologie und Sozialpsychologie, 58*(2), 201-232.

Sebenius, J.K. (1992). Negotiation analysis: A characterization and review. *Management Science, 38*(1), 18-38.

Sepehri, P., & Wagner, D. (2002). Diversity and managing diversity: Verständnisfragen, Zusammenhänge und theoretische Erkenntnisse. In S. Peters, & N. Bensel (Hrsg.), *Frauen und Männer im Management: Diversity in Diskurs und Praxis* (2. überarb. und erw. Aufl., S. 121-143). München: Gabler.

Shannon, C.E., & Weaver, W. (1949). *The mathematical theory of communication.* Illinois: University of Illinois Press.

Shapiro, D.L. (2002). Negotiating emotions. *Conflict Resolution Quarterly, 20*(1), 67-82.

Shapiro, D. L., & Bies, R. J. (1994). Threats, bluffs, and disclaimers in negotiations. *Organizational Behavior and Human Decision Processes*, 60(1), 14-35.

Shapiro, D.L., Furst, S., Spreitzer, G., & Von Glinow, M. (2002). Transnational teams in the electronic age: Are team identity and high performance at risk? *Journal of Organizational Behavior*, 23(4), 455-467.

Shapiro, S. S., Wilk, M. B., & Chen, H. J. (1968). A comparative study of various tests for normality. *Journal of the American Statistical Association, 63,* 1.343-1.372.

Sherif, M., Harvey, O. J., White, B. J., Hood, W. R., & Sherif, C. W. (1961). *Intergroup conflict and cooperation: The Robbers Cave experiment.* Norman: University Book Exchange.

Shea, G., & Guzzo, R. (1987). Group effectiveness: What really matters? *Sloan Management Review, 28*(3), 25-31.

Sheer, V., & Chen, L. (2003). Successful Sino-Western business negotiation: Participants' accounts of national and professional culture. *Journal of Business Communication, 40*(1), 50-85.

Siegel, A. E., & Fouraker, L. E. (1960). *Bargaining and group decision making.* New York: McGraw-Hill.

Simintiras, A., & Thomas, A. (1997). Cross-cultural sales negotiations. A literature review and research propositions. *International Marketing Review, 15*(1), 10-28.

Simmel, G. (1898). The persistence of social groups. *American Journal of Sociology,* 4, 829-836.

Simmet-Bloomberg, H. (1998). *Interkulturelle Marktforschung im europäischen Transformationsprozess. Betriebswirtschaftliche Abhandlungen: Band 104.* Stuttgart: Schäffer-Poeschel.

Smith, P. B. (2004). In search of acquiescent response bias. *Journal of Cross-Cultural Psychology, 35*(1), 50-61.

Smith, P. B. (2006). When Elephants Fight, the Grass Gets Trampled: The GLOBE and Hofstede Projects. *Journal of International Business Studies, 37*(6), 915-921.

Smith, P.B., & Bond, M.H. (1998). Social Psychology across Cultures (2. Aufl.). Boston: Allyn & Bacon.

Song, Y-J., Hale, C., & Rao, N. (2004). Success and failure of business negotiations for South Koreans. *Journal of International and Area Studies, 11*(2), 45-65.

Speck, J. (1991). Grundprobleme der großen Philosophen. Philosophie der Neuzeit. Göttingen: Vandenhoeck und Ruprecht.

Spector, P. E. (2006). Method variance in organizational research: Truth or urban legend? *Organizational Research Methods, 9*(2), 221-232.

Stashevsky, S. & Elizur, D. (2000). The effect of quality management and participation in decision-making on individual performance. *Journal of Quality Management, 5*(1), 53-65.

Statistisches Bundesamt (2011). *Volkswirtschaftliche Gesamtrechnungen – Wichtige Zusammenhänge im Überblick.* Artikelnummer: 0310100-10901-1, Wiebaden: Statistisches Bundesamt.

Stauss, B., & Mang, P. (1999). "Culture shocks" in intercultural service encounters? *The Journal of Service Marketing, 13*(4/5), 329-346.

Steensma, H. K., Marino, L., & Weaver, K. M. (2000). Attitudes toward cooperative strategies: A cross-cultural analysis for entrepreneurs. *Journal of International Business Studies, 31*(4), 591-609.

Steiner, L.D. (1972). *Group Process and Productivity.* NewYork: Academic Press.

Steinel, W., van Kleef, G., van Knippenberg, D., Hogg, M.A., Homan, A., & Moffitt, G. (2010). How intragroup dynamics affect behavior in intergroup conflict: The role of group norms, prototypicality, and need to belong. *Group Processes Intergroup Relations October, 13*(6), 779-794.

Stening, B.W. (1979). Problems in cross-cultural contact: A literature review. *International Journal of Intercultural Relations, 3*, 269-313.

Stets, J.E., & Burke, P. J. (2000). Identity theory and social identity theory. *Social Psychology Quaterly, 63*(3), 224-237.

Stevens, M. J., & Campion, M. A. (1994). The knowledge, skill, and ability requirements for teamwork: Implications for human resource management. *Journal of Management, 20*(2), 503-530.

Stewart, G. L., & Barrick, M. R. (2000). Team structure and performance: Assessing the mediating role of intrateam process and the moderating role of task type. *Academy of Management Journal, 43*(2), 135-148.

Streukens, S., Wetzels, M., Daryanto, A., & de Ruyter, K. (2010). Analyzing factorial data using PLS: Application in an online complaining context. In V.V. Esposito, W. W. Chin, & J. Henseler (Hrsg.), *Springer handbooks of computational statistics. Handbook of Partial Least Squares. Concepts, methods and applications* (S. 567-588). Berlin: Springer.

Stuart, H.W. (2004). Surprise moves in negotiation. *Negotiation Journal, 20*(2), 239-251.

Stuber, M. (2004). *Diversity: Das Potenzial von Vielfalt nutzen – den Erfolg durch Offenheit steigern.* Neuwied: Luchterhand.

Stuhlmacher, A., & Citera, M. (2005). Hostile behavior and profit in virtual negotiation: a meta-analysis. *Journal of Business and Psychology, 20*(1), 69-92.

Süß, S., & Kleiner, M. (2005). *Diversity Management in Deutschland: Ergebnisse einer Unternehmensbefragung.* Arbeitsbericht Nr. 15, Lehrstuhl für Betriebswirtschaftslehre, Hagen.

Sundstrom, E., DeMeuse, K.P., & Futrell, D. (1990). Work teams: Applications and effectiveness. *American Psychologist, 45,* 120-133.

Swaab, R., Postmes, T., & Neijens, P. (2004). Negotiation support systems: communication and information as antecedents of negotiation settlement. *International Negotiation, 9*(1), 59-78.

Swann, W. B., Milton, L. P., & Polzer, J. T. (2000). Should we create a niche or fall in line? Identity negotiation and small group effectiveness. *Journal of Personality and Social Psychology, 79*(2), 238-250.

Tan, B. C. Y., Wei, K.-K., Watson, R. T., & Walczuch, R. T. (1998). Reducing status effects with computer-mediated communication: evidence from two distinct national cultures. *Journal of Management Information Systems, 15*(1), 119-141.

Tajfel, H. (1970). Experiments in intergroup discrimination. *Scientific American, 223,* 96-102.

Tajfel, H. (1978). *Differentiation between social groups: Studies in the social psychology of intergroup relations.* London: Academic Press.

Tajfel, H. (1982): *Gruppenkonflikt und Vorurteil.* Bern: Verlag Hans Huber.

Tajfel, H., & Turner, J. C. (1986). The social identity theory of intergroup behavior. In S. Worchel, & W. G. Austin (Hrsg.), *Psychology of intergroup relations* (S. 7-24). Chicago: Nelson-Hall.

Taras, V., Rowney, J., & Steel, P. (2009). Half a century of measuring culture: Approaches, Challenges, Limitations and Suggestions based on the analysis of 121 instruments for quantifying culture. *Journal of International Management, 15*(4), 50-75.

Tashakkori, A., & Teddlie, C. (2007). *Handbook of mixed methods in social & behavioral research* ([Nachdr.]). Thousand Oaks: Sage.

Tellis, G. J., & Chandrasekaran, D. (2010). Extent and impact of response biases in cross-national survey research. *International Journal of Research in Marketing*, 27(4), 329-341.

Temme, D., & Hildebrandt, L. (2009). Gruppenvergleiche bei hypothetischen Konstrukten – Die Prüfung der Übereinstimmung von Messmodellen mit der Strukturgleichungsmethodik. *Zeitschrift für betriebswirtschaftliche Forschung*, 61(2), 138-185.

Tewes, U., & Wildgrube, K. (1994). Psychologie-Lexikon (2.Aufl.). München: Oldenbourg.

Thomas, D. C. (1999). Cultural diversity and work group effectiveness: An experimental study. *Journal of Cross-Cultural Psychology*, 30(2), 242-263.

Thomas, D.C., & Ravlin, R.C. (1995). *Effective Cross-Cultural Teams: An Examination of Three Manufacturing Firms in Australia and New Zealand*. Working paper at the Carnegie Bosch Institute for Applied Studies in International Management. URL: http://cbi.gsia.cmu.edu/papers/cbi_workingpaper-1995-13.html (retrieved at: 28.03.2011).

Thomas, D.C., Ravlin, E.C., & Wallace, A. (1994). *Effect of cultural diversity in management training groups*. Paper presented at the annual meeting of the Academy of Management, Dallas.

Thompson, L. (1990). Negotiation behavior and outcomes: Empirical evidence and theoretical issues. *Psychological Bulletin*, 108(3), 515-532.

Thompson, L. (1991). Information exchange in negotiation. *Journal of Experimental Social Psychology*, 27(2), 161-179.

Thompson, L. (1995). They Saw a Negotiation: Partisanship and Involvement. *Journal of Personality and Social Psychology*, 68(5), 839-853.

Thompson, L. (2009). *The mind and heart of the negotiator* (4. Aufl.). Upper Saddle River: Prentice Hall.

Thompson, L., & Fox, C. R. (2001). Negotiation within and between groups in organizations. In M. E. Turner (Hrsg.), *Groups at work: Theory and research* (S. 221-265). Mahwah: Lawrence Erlbaum Associates.

Thompson, L., & Hastie, R. (1990). Social perception in negotiation. *Organizational Behavior and Human Decision Processes*, 47(1), 98-123.

Thompson, L., Peterson, E., & Brodt, S. (1996). Team negotiation: An Examination of Integrative and Distributive Bargaining. *Journal of Personality and Social Psychology*, *70*(1), 66-78.

Ting-Toomey, S., Gao, G., Trubisky, P., Yang, Z., Kim, H., Lin, S., & Nishida, T. (1991). Culture, face maintenance, and styles of handling interpersonal conflicts: a study in five cultures. *International Journal of Conflict Management*, *2*(4), 275-296.

Tinsley, C.H. (2001). How negotiators get to yes. Predicting the constellation of strategies used across cultures to negotiate conflict. *Journal of Applied Psychology*, 86(4), 583-593.

Tinsley, C. H., Curhan, J. J., & Kwak, R. S. (1999). Adopting a dual lens approach for examining the dilemma of differences in International business negotiations. *International Negotiation, 4*(1), 5-22.

Tinsley, H. E. A. & Weiss, D. J. (1975). Interrater reliability and agreement of subjective judgements. *Journal of Counseling Psychology, 22,* 358-376.

Tinsley, H. E. A. & Weiss, D. J. (2000). Interrater reliability and agreement. In H. E. A., Tinsley & S. D. Brown (Hrsg.), *Handbook of Applied Multivariate Statistics and Mathematical Modeling,* (S. 95-124). San Diego: Academic Press.

Tjosvold, D. (1998). Cooperative and competitive goal approach to conflict: Accomplishments and challenges. *Applied Psychology: An International Review, 47*(3), 285-342.

Toutenburg, H., Schomaker, M., & Wißmann, M. (2006). *Lineare Regression: Arbeitsbuch zur deskriptiven und induktiven Statistik.* Heidelberg: Springer.

Tran, T.V (2009). *Developing cross cultural measurement.* Oxford: Oxford Scholarship.

Triandis, H. C. (1996). The psychological measurement of cultural syndromes. *American Psychologist, 51*(4), 407-415.

Triandis, H.C., Davis, E.E., Vassiliou, V., & Nassiakou, M. (1965). *Some methodological problems concerning research on negotiations between monolinguals.* Working Paper at the Department of Psychology, Urbana University, Illinois.

Tripp, T., & Sondak, H. (1992). An evaluation of dependent variables in experimental negotiation studies: Impasse rates and pareto efficiency. *Organizational Behavior and Human Decision Processes, 51*(2), 273-295.

Tripp, T. M., Sondak, H., & Bies, R. J. (1995). Justice as rationality: A relational perspective on fairness in negotiations. In R. J. Bies, R. J. Lewicki & B. H. Sheppard (Hrsg.), *Research on negotiation in organization* (5. Aufl., S. 45-64). Greenwich: JAI Press.

Trompenaars, F., & Hampden-Turner, C. (1997). Riding the waves of culture. understanding cultural diversity in business (2. Aufl.). London: Nicholas Brealey Publishing.

Tsalikis, J., Deshields, O.W., & LaTour, M.L. (1991). The role of accent on the credibility and effectiveness of the salesperson. *Journal of Personal Selling and Sales Management, 9*(1), 31-41.

Tse, D., Lee, K.-H., Vertinsky, I., & Wehrung, D. (1988). Does Culture Matter? A cross-cultural study of executives' choice, decisiveness, and risk adjustment in international marketing. *Journal of Marketing, 52*(4), 81-95.

Tuckman, B. W., & Jensen, M. A. (1977). Stages of small group development revisited. *Group and Organizational Studies, 2*(4), 419-427.

Tung, R.L. (1988). Towards a conceptual paradigm of international business negotiations. *Advances in International Comparative Management, 3*, 203-19.

Turner, J. C., Hogg, M. A., Oakes, P. J., Reicher, S. D., & Wetherell, M. S. (1987). *Rediscovering the social group. A Self-Categorization Theory.* New York: Basil Blackwell.

Tutzauer, F., & Roloff, M. E. (1988). Communication processes leading to integrative agreements: Three paths to joint benefit. *Communication Research, 15*(4), 360-380.

Tversky, A., & Kahneman, D. (1974). Judgment under uncertainty – Heuristics and biases. Science. 185, 1.124-1.131.

Tversky, A., & Kahneman, D. (1981). The framing of decisions and the psychology of choice. *Science, 211*(4481), 453-458.

Tylor, E. B. (1871). *Primitive culture* (1. Aufl.). New York: Gordon Press.

Ulijn, J. (2000). Innovation and International Business Communication: Can European Research Help to Increase the Validity and Reliability for Our Business and Teaching Practice? *Journal of Business Communication, 37*(2), 173-187.

Ulijn, J., Lincke, A., & Karakaya, Y. (2001). Non-face-to-face international business negotiation: how is national culture reflected in this medium? IEEE Transactions on Professional Communication, 44(2), 126-137.

Ulrich, P. (1984). Systemsteuerung und Kulturentwicklung: Auf der Suche nach einem ganzheitlichen Paradigma der Managementlehre. *Die Unternehmung, 38*(4), 303-325.

Unterschütz, A. (2004). *Einfluss unternehmensübergreifender Informationssysteme auf Geschäftsbeziehungen.* Wiesbaden: Gabler.

Utikal, H. (2001). *Organisation industrieller Geschäftsbeziehungen: Strategie, Struktur, Effizienz.* Wiesbaden: Gabler.

Vacha-Haase, T., & Thompson, B. (2004). How to estimate and interpret various effect sizes. *Journal of Counseling Psychology, 51*(4), 473-481.

Vachon, M. A., & Lituchy, T. R. (2006). *The role of culture in the negotiation process*, montreal. Paper presented at the 19th Annual Conference of the International Association of Conflict Management (IACM), Montreal.

Vallaster, C. (2005). Cultural diversity and its impact on social interactive processes: Implications from an empirical study. *International Journal of Cross-Cultural Management, 5*(2), 139-163.

Van Dick, R., Stellmacher, J., Wagner, U., Lemmer, G., & Tissington, P. A. (2009). Group membership salience and task performance. *Journal of Managerial Psychology, 24*(7), 609-626.

Van Kleef, G. A., & De Dreu, C. K. W. (2002). Social value orientation and impression formation: A test of two competing hypotheses about information search in negotiation. *The International Journal of Conflict Management, 13*(1), 59-77.

Van Kleef, G.A., De Dreu, C.K., & Manstead, A.S. (2004). The interpersonal effects of emotions in negotiations: A motivated information processing approach. *Journal of Personality and Social Psychology, 87*(4), 510-528.

Van Kleef, G. A., Steinel, W., van Knippenberg, D., Hogg, M. A., & Svensson, A. (2007). Group member prototypicality and intergroup negotiation: How one's standing in the group affects negotiation behaviour. *British Journal of Social Psychology, 46*(1), 129-152.

Van Knippenberg, D., & Schippers, M. C. (2007). Work Group Diversity. *Annual Review of Psychology, 58*, 515-541.

Van Lange, P. A. M., Otten, W., De Bruin, E. M. N., & Joireman, J. A. (1997). Development of prosocial, individualistic, and competitive orientations: Theory and preliminary evidence. *Journal of Personality and Social Psychology, 73*(4), 733-746.

Van Ryzin, G.G. (2006). Testing the expectancy disconfirmation model of citizen satisfaction with local government. *Journal of Public Administration Research and Theory, 16*(4), 599-611.

Vedder, G. (2006). Diversity Management in der Organisationsberatung. *Gruppendynamik und Organisationsberatung, 37*(1), 7-17.

Venkatesh, R., Kohli A.K., & Zaltman, G. (1995). Influence strategies in buying centers. *Journal of Marketing, 59*(4), 71-82.

Voeth, M., & Herbst, U. (2006). Phase specific communication patterns in electronic negotiations. *Finanza Marketing e Produzione, Band 3-2005*, 25-32.

Voigt, K. I., Landwehr, S., & Zech, A. (2003). *Elektronische Marktplätze: Optionen für den Einsatz im B2B*. Heidelberg: Physica-Verlag.

Volkema, R.J. (2004). Demographic, cultural, and economic predictors of perceived ethicality of negotiation behavior: A nine-country analysis. *Journal of Business Research, 57*, 69-78.

Von Glinow, M. A., Shapiro, D. L., & Brett, J. M. (2004). Can we talk, and should we?: Managing emotional conflict in multicultural teams. *Academy of Management Review, 29*(4), 578-592.

Von Neumann, J., & Morgenstem, O. (1947). *Theory of games and economic behavior*. Princeton: Princeton University Press.

Walter, S.G. (2008). *Gründungsintention von Akademikern*. Wiesbaden: Gabler.

Walton, R. E., & McKersie, R. B. (1965). *A Behavioral Theory of Labor Negotiations: An Analysis of a Social Interaction System*. New York: McGraw Hill.

Watson, W. E., & Kumar, K. M.L. (1992). Differences in decision making regarding risk taking: A comparison of culturally diverse and culturally homogeneous task groups. *International Journal of Intercultural Relations, 16*, 53-65.

Watson, W. E., Kumar, K. M. L., & Michaelsen, L.K. (1993). Cultural diversity's impact on interaction process and performance: comparing homogeneous and diverse task groups. *The Academy of Management Journal, 36*(3), 590-602.

Weber, R. P. (2006). *Basic content analysis* (2. Aufl.). Sage university papers, quantitative applications in the social sciences, Band 49. Newbury Park: Sage.

Wegge, J. (2004). *Führung von Arbeitsgruppen.* Göttingen: Hogrefe.

Weiber, R., & Mühlhaus, D. (2010). Strukturgleichungsmodellierung: Eine anwendungsorientierte Einführung in die Kausalanalyse mit Hilfe von AMOS, SmartPLS und SPSS. Heidelberg: Springer.

Weibler, J., Brodbeck, F. C., Szabo, E., Reber, G., Wunderer, R., & Moosmann, O. (2000). Fühurng in kulturverwandten Regionen: Gemeinsamkeiten und Unterschiede bei Führungsidealen in Deutschland, Österreich und der Schweiz. *Die Betriebswirtschaft, 60*(5), 588-606.

Weingart, L. R., & Olekalns, M. (2004). Communication processes in negotiation: Frequences, sequences and phases. In M. J. Gelfand & J. M. Brett (Hrsg.), *The handbook of negotiation and culture* (S. 143-157). Stanford: Stanford Business Books.

Weingart, L. R., Bennett, R. J., & Brett, J. M. (1993). The impact of consideration of issues and motivational orientation on group negotiation process and outcome. *Journal of Applied Psychology, 78*(3), 504-517.

Weingart, L. R., Hyder, E. B., & Prietula, M. J. (1996). Knowledge matters: the effect of tactical descriptions on negotiation behavior and outcome. *Journal of Personality & Social Psychology, 70*(6), 1204-1217.

Weingart, L. R., Olekalns, M., & Smith, P. L. (2004). Quantitative coding of negotiation behavior. *International Negotiation, 9*(3), 441-456.

Weingart, L.R., Thompson, L.L., Bazerman, M.H., & Carroll, J.S. (1990). Tactical behavior and negotiation outcomes. *International Journal of Conflict Management, 1*(7), 7-31.

Weiss, S. E. (1987). Creating the GM-Toyota joint venture: A case in complex negotiation. *Columbia Journal of World Business*, 22(2), 23-37.

Weiss, S. E. (1993). Analysis of complex negotiations in international business: The RBC perspective. *Organization Science*, 4(2), 269-300.

Weiss, S.E. (1994a). Negotiating with "Romans" – part 1. *Sloan Management Review*, Winter, 51-61.

Weiss, S.E. (1994b). Negotiating with "Romans" – part 2. *Sloan Management Review*, Spring, 85-99.

Wells, L.T. (1977). Negotiating with Third World governments. *Harvard Business Review*, January/February, 72-80.

Wheeler, K.G. (2002). Cultural values in relation to equity within and across cultures. *Journal of Managerial Psychology, 17*(7), 612-627.

Wheelan, S. A. (2005). *The handbook of group research and practice*. Thousand Oaks: Sage.

Wildschut, T., Pinter, B., Vevea, J.L., Insko, C.A., & Schopler, J. (2003). Beyond the group mind: A quantitative review of the interindividual-intergroup discontinuity effect. *Psychological Bulletin, 129*(5), 698-722.

Wilken, R., Cornelißen, M., Backhaus, K., & Schmitz, C. (2010). Steering sales reps through cost information: An investigation into the black box of cognitive references and negotiation behavior. *International Journal of Research in Marketing, 27*(1), 69-82.

Wilson, B., Callaghan, W., Ringle, C.M., & Henseler, J. (2007). *Exploring causal path directionality for a marketing model using cohen's path method.* 5th International symposium on PLS and related methods (PLS'07), Oslo.

Williams, K. Y., & O'Reilly, C. A. (1998). Demography and diversity in organizations: A review of 40 years of research. In B. Staw, & R. Sutton (Hrsg.), *Research in organizational behavior* (20. Aufl., S. 77-140). Greenwich: JAI Press.

Williams, M. (2001). In whom we trust: Group membership as an affective context for trust development. *Academy of Management Review, 26*(3), 377-396.

Wilson, S.R., & Putnam, L.L. (1990). Interaction goals in negotiation. In J.A. Anderson (Hrsg.), *Communication yearbook 13*. Newbury Park: Sage.

Wirtz, M., & Nachtigall, C. (2008). *Deskriptive Statistik* (5., überarb. Aufl.). *Statistische Methoden für Psychologen*. Weinheim: Juventa-Verlag.

World Trade Organization (2010). *Trade to expand by 9.5% in 2010 after a dismal 2009.* URL: http://www.wto.org/english/news_e/pres10_e/pr598_e.htm (last updated: 26.03.2010; retrieved at: 12.03.2011).

Wright, J. (2004). The need for international qualitative research. In B. J. Punnett, & O. Shenkar (Hrsg.), *Handbook for international management* (S. 49-67). Cambridge: Blackwell.

Wright, K. B. (2005). Researching internet-based populations: Advantages and disadvantages of online survey research, online questionnaire authoring software packages, and web survey services. *Journal of Computer-Mediated Communication*, *10*(3), Artikel 11.

Yuan, Y., Head, M., & Du, M. (2003). The Effects of Multimedia Communication on Web-Based Negotiation. *Group Decision and Negotiation*, *12*(2), 89-109.

Zaidi, S., Saif, M., & Zaheer, A. (2010). The effect of workgroup heterogeneity on decision making: An empirical investigation. *African Journal of Business Management*, *4*(10), 2132-2139.

Zarkada-Fraser, A., & Fraser, C. (2001). Moral decision making in international sales negotiations. *Journal of Business and Industrial Marketing*, *16*(4), 274-293.

Zhang, X., Zheng, X., & Wang, L. (2003). Comparative research on individual modernity of adolescents between town and countryside in China. *Asian Journal of Social Psychology, 6*, 61-73.

Zhao, X., Lynch, J. J., & Chen, Q. (2010). Reconsidering Baron and Kenny: Myths and truths about mediation analysis. *Journal of Consumer Research, 37*(5), 197-206.

Ziegler, M., & Bühner, M. (2009). *Statistik für Psychologen und Sozialwissenschaftler.* Pearson: München.

EINZELSCHRIFTEN

Uwe V. Lobeck (Hrsg.)
Sylter Runde – Memoranden an Deutschlands Zukunft
Lohmar – Köln 2011 ♦ 448 S. ♦ € 68,- (D) ♦ Hardcover ♦ ISBN 978-3-8441-0077-8

Harald F. O. von Kortzfleisch (Ed.)
Scientific Entrepreneurship – Reflections on Success of 10 Years EXIST
Lohmar – Köln 2011 ♦ 352 S. ♦ € 69,- (D) ♦ Hardcover ♦ ISBN 978-3-8441-0078-5

Andreas Förster
Mundell-Fleming-Modell – Eine makroökonomische Analyse wirtschaftspolitischer Maßnahmen
Lohmar – Köln 2011 ♦ 128 S. ♦ € 24,- (D) ♦ ISBN 978-3-8441-0085-3

Nicolaus Schmidt
Kapitalaufbringung und Kapitalerhaltung im Cash-Pool nach Inkrafttreten des MoMiG und des ARUG
Lohmar – Köln 2011 ♦ 188 S. ♦ € 48,- (D) ♦ ISBN 978-3-8441-0095-2

Vasily Belkin
Multikriterielles Controlling von Geschäftsprozessen – Prozessverbesserung mit Hilfe der dynamischen Simulation
Lohmar – Köln 2011 ♦ 384 S. ♦ € 65,- (D) ♦ ISBN 978-3-8441-0096-9

David A. Maier
Cash Flow Prognosen bei Biotechnologieunternehmen mittels der systemdynamischen Modellierung
Lohmar – Köln 2011 ♦ 264 S. ♦ € 57,- (D) ♦ ISBN 978-3-8441-0100-3

Lena Katharina Fitzen
Kooperatives Distributionsmanagement und Distributionserfolg – Eine empirische Analyse aus Sicht des Automobilhandels
Lohmar – Köln 2011 ♦ 412 S. ♦ € 67,- (D) ♦ ISBN 978-3-8441-0105-8

Simone Kreyer
Multikulturelle Teams in interkulturellen B2B-Verhandlungen – Eine empirische Untersuchung am Beispiel der deutschen und französischen Kultur
Lohmar – Köln 2011 ♦ 380 S. ♦ € 65,- (D) ♦ ISBN 978-3-8441-0106-5

JOSEF EUL VERLAG